勝尾城と支城群全景

肥前・筑前・筑後の三国国境地帯を中心に勢力を伸ばした筑紫氏の拠点．山頂部の勝尾城を中心に派生する尾根上に支城群が整備され，麓の谷部には筑紫氏館をはじめ，家臣団屋敷などが展開する．

姉川城 空中写真

姉川氏の居城で，佐賀平野で特徴的なクリーク（溝渠）を縦横に巡らせた低平地城館の代表格．主郭を中心として周囲に浮島状に曲輪が設けられ，中地江川との間には，小規模な空間が密集する城下集落が広がる．

唐津城跡遠景

唐津藩の初代藩主寺沢広高（ひろたか）によって築城され，以降唐津藩主累代の居城となる．近年の調査では金箔瓦が出土するなど，文禄・慶長の役にともなう名護屋城の後詰（ごづ）めの城として整備された可能性が指摘されている．

岸岳城・三左衛門殿丸（さんざえもんでんまる）石垣

上松浦党の盟主である波多氏の居城．城域が1キロにもおよぶ県内最大の中世山城であるが，江戸時代には寺沢広高によって唐津城の支城として改修され，随所に織豊系城郭の築城技術による石垣が残る．

島原城・本丸大手口の巨石（宇土靖之 撮影）

大和五条から島原半島に入封した松倉重政（しげまさ）は，日野江城から居城を島原城へと移した．それは石高4万3000国の城としては極めて不相応な巨城であり，島原の乱の遠因となった．

玖島城・板敷櫓（林 隆広 撮影）

朝鮮出兵の経験から大村喜前（よしあき）は居城を内陸の三城城から玖島城へと移した．板敷櫓（いたじきやぐら）は大手門を守る玖島城の象徴であり，今日では模擬櫓が建てられて大村市民に親しまれている．

石田城・裏蹴出門に続く石橋（林 隆広 撮影）

江川城の消失以来，200 年以上にわたり幕府へ築城を願い続けた五島家の悲願はついに成就する．文久 3 年（1863）に石田城は落成するが，その 9 年後には廃藩置県を迎える．

勝本城・大手虎口（林 隆広 撮影）

秀吉の命を受け，松浦鎮信は朝鮮出兵における「つなぎの城」，勝本城を築城する．松浦党の山城に織豊系城郭の技術を融合させた城であり，城内には御座所が造営されたとされる．

九州の名城を歩く

佐賀・長崎編

岡寺 良・
渕ノ上隆介・林 隆広［編］

吉川弘文館

刊行のことば

本書で取り上げる佐賀県と長崎県は、九州島の西北部を占める、いわゆる「西九州」と呼ばれる地域である。律令制下においては、九州本土部はすべて肥前国に属する一方で、島嶼（とうしょ）部の壱岐（いき）と対馬（つしま）は、それぞれ壱岐国、対馬国に属していた。古くより朝鮮半島や中国大陸の影響を色濃く受け、日本列島における対外交流の窓口としての役割も果たしてきた。本書では、そこに所在する中近世城郭のうち、それぞれ三三城と三四城、併せて六八城を選び紹介している。

中世においては、鎌倉御家人の系譜をひく少弐（しょうに）氏や宗（そう）氏、さらには九州探題の渋川氏などが活躍するが、戦国時代の後半ともなると、それらの氏族は衰退、あるいは逼塞（ひっそく）していくこととなり、およそ郡ごとに国衆レベルの領主層が割拠することとなり、大名と呼べるような特定の領主が勢力を独占するようなことにはならなかった。代表的な氏族を上げると、筑紫（つくし）（ちくし）氏、神代（くましろ）氏、龍造寺（りゅうぞうじ）氏、有馬（ありま）氏、大村（おおむら）氏、松浦（まつら）氏、宗氏などである。佐賀平野ではクリーク状の水堀に囲まれた島が集まったような縄張の城や、松浦地方では、単郭円形の小規模な城など、各地でその様相が大きく異なるのは、そういった事情にもよるのだろう。

そのような状況の中、肥前の中で頭角を現したのが、「肥前の熊」の異名で呼ばれた龍造寺隆信（たかのぶ）であった。龍造寺氏は元々少弐氏の被官であったが、少弐氏衰退の中で台頭し、曾祖父・家兼から家督を継いだ隆信の代に、豊後の大友(おおとも)氏の攻勢をはねのけるとともに、近隣の有馬氏や松浦氏を撃退し、肥前を中心に筑後、肥後などにも勢力を伸ばして、大友、島津に次ぐ、いわば九州における「第三の勢力」となった。その後、隆信は沖田畷(おきたなわて)の戦いで敗死するが、龍造寺氏の後継となった佐賀藩鍋島家は、佐賀城を大改修して、近世肥前の最大の領主となっていくのである。

また、この地域の城郭で見逃せないのが、特別史跡の名護屋城跡および陣跡群と、世界遺産となった原城跡など、織豊期~近世の城郭である。朝鮮出兵、さらには島原・天草一揆において使用されたもので、総石垣の縄張を見ることで、これらの城が戦国期とはその様相を全く異にしているのがわかるだろう。

このようにバラエティ豊かな佐賀県・長崎県の城を扱った本書は、九州の名城を歩くシリーズの最後を締めくくる第四冊目の発刊となる。両県とも今世紀に入ってから、新たに各県教育委員会によって詳細分布調査が行われており、本書ではその成果も十分に活用させていただいた。

本書の発刊を契機に、あらたに佐賀県・長崎県内の城の存在や歴史的な重要性を知る方、さらには実際の城の現地を歩く方が一人でも増え、城に対する興味関心や愛着が少しでも増すことになれば幸いである。

令和五年十月

岡寺　良
渕ノ上隆介
林　隆広

目次

刊行のことば　岡寺　良・渕ノ上隆介・林　隆広――iii
佐賀県の中近世城館　渕ノ上隆介――1
長崎県の中近世城館　林　隆広――7
佐賀県・長崎県　名城マップ――13

佐賀――15

■城山城　16／■勝尾城と支城群　18／■綾部城　26／■江迎城　32／■勢福寺城　34／■横武城　40／■姉川城　42／■直鳥城　48／■佐賀城　50／■蓮池城　54／■三瀬城　56／■千葉城　60／■小城陣屋　65／■梶峰城　69／■須古城　74／■住吉城　80／■潮見城　84／■鹿島城(高津原屋敷)　88／■蟻尾城　96／■竹崎城　99／■唐津城　101／■名護屋城　107／■徳川家康陣　113／■木下延俊陣　117／■前田利家陣　120／■徳川家康別陣　123／■豊臣秀保陣　126／■堀秀治陣　129／■岸岳城　132／■波多城　137／■獅子城　142／■日在城　146／■和田城　148／■唐船城　150

長崎 ——155

■高城・諫早家御屋敷 156／■岡　城 160／■囲　城 162／■鶴亀城 164／■島原城 166／■日野江城 172／■原　城 177／■玖島城 183／■城の尾城 189／■松山城 191／■岳ノ山城 193／■魚見岳台場・四郎ヶ島台場 195／■長崎奉行所立山役所・西役所 203／■茂木秋葉山砦 209／■高浜城 211／■舞岳城 213／■俵石城 215／■八幡山城 219／■直谷城 221／■広田城 223／■針尾城 227／■鳥屋城 233／■亀岡(平戸)城 235／■箕坪城 239／■館　山 241／■籠手田城 243／■梶谷城 245／■石田(福江)城 247／■勝本城 252／■生池城 257／■高津城 259／■清水山城 261／■金石城 265／■撃方山城 270

お城アラカルト　龍造寺一門の屋敷——94
お城アラカルト　フェートン号事件と狼煙リレーの構築——153
お城アラカルト　長崎警備と台場構築——201
お城アラカルト　長崎県の特徴的な城構え——254
お城アラカルト　朝鮮出兵の御座所と渡航海路——272

佐賀県の中近世城館

渕ノ上隆介

【佐賀県の概況】　佐賀県は、九州の北西部に位置し、旧国名では肥前国の東部にあたる。北は玄界灘、南は有明海に面し、その間には標高一〇〇〇メートル級の脊振山地が東西に連なる。南部（三養基郡・神埼郡・佐賀郡・小城郡）には、有明海に面して広大な佐賀平野が広がり、脊振山地南麓部には有明海に流れ込む河川によって形成された舌状の丘陵地が展開する。古くは、この舌状の丘陵地に多くの遺跡が形成され、吉野ヶ里遺跡もその一つである。平野の西限は、杵島丘陵で区分され、それより西には丘陵地帯（杵島郡・西松浦郡）となる。北西部の玄界灘沿岸地域（東松浦郡・西松浦郡）は、複雑に入り組んだリアス式海岸や砂丘帯が形成され、南西部（藤津郡）には標高九九六メートルの多良岳がそびえ、その山麓部に山頂から放射状に延びる谷状地形が発達するなど、多様な地勢を見せている。近世期には、唐津湾沿岸域を中心とする佐賀北西部が唐津藩領、それ以外の地域のうち、対馬藩領となった浜崎・田代を除く大部分が佐賀藩領となり、大きく二分されることとなる。

　佐賀県の中近世城館については、佐賀県教育委員会によって平成十五年度（二〇〇三）から平成二十八年度（二〇一六）にかけて大規模な悉皆調査が実施されている。悉皆調査は、当時県教育委員会の担当者であった宮武正登（現佐賀大学教授）らによって、網羅的かつ詳細な調査が実施され、文献調査や現地踏査、地域での聞き取り調査などにより、約一〇〇〇ヵ所にのぼる城館跡が把握されるに至り、五冊の報告書が刊行されている（佐賀県教育委員会編、二〇一一〜二〇一七）。この全県的な悉皆調査を実施したことにより、城館の構造やその歴史性の詳細が明らかとなり、また多様な地勢を背景とした地域的な特徴が見出されることとなった。ここでは、城郭の構造から見える地域性について、代表的な城館を取り上げながらみていきたい。

【佐賀平野東部の大規模城館群】　佐賀平野東部では、核となる城郭を中心として、派生する尾根や周辺の山塊上に支城を置き、山麓部や谷部に居館や城下町を内包する構造を特徴とする大規模な城館群が形成される。こうした特徴は、地形的な特性によるものというよりは、むしろ当地域が筑前・筑後と国境を接し、対外勢力からの介入を受けやすいという地理的な特質によるものと言えるだろう。

勝尾城筑紫（ちくし）氏遺跡（国史跡）は、福岡県筑紫野市周辺を本貫地（ほんがんち）とし、戦国時代後期に肥前・筑前・筑後の国境地帯を中心に勢力を伸ばした筑紫氏の居城で、大規模城郭群の代表格である。山頂部には、中心となる**勝尾城**を配置し、周囲には鬼ヶ城、高取城、鏡城、葛籠（つづら）城などの支城を置く。それらが連なる山々に囲まれた谷部には、町家地区などの城下エリアを備え、谷部出口には惣構（そうがまえ）となる大規模な堀切（ほりきり）が設けられる。

綾部城は、室町時代には一色（いっしき）氏、今川氏、渋川氏ら歴代の九州探題が在城した城郭で、周囲に少弐（しょうに）山城、白虎山城を置き、後背地となる山頂部に鷹取山城、鷹取山城南城を設ける。**綾部城**の南側には、城下エリアが形成され、「綾部城群」が構成されている。

勢福寺城は、少弐氏の肥前における根拠地で、最後の居城である。周辺には土塁で囲まれた方形区画からなり、居館と想定される雲上城があり、また山麓部の谷生には「元屋敷」や「市場」などの地名が残り、部分的な発掘調査ではあるが、一五世紀中ごろから一七世紀前半にかけての遺構や遺物が確認されており、関連する城下が形成されていたと考えることができる。

【佐賀平野に展開する環濠集落】　有明海沿岸域に広がる低平地には、溝渠（いわゆるクリーク）が発達し、その総延長は約二〇〇〇キロに及ぶとも言われる。水稲耕作のための農業用水や物資運搬の水路として、あるいは増水時の水害軽減などのさまざまな機能があるが、城館に関して言えば、曲輪の周囲を囲繞し防御性を高めるために、縄張に溝渠を巧みに取り込まれており、この地域に特徴的な環濠集落が発達する。中世以来営まれた環濠集落のうち、在地領主の姉川氏の居城である**姉川城**や、犬塚氏の**直鳥城**など、城館へと発展するものもある。これらの環濠集落に由来する城館は、主郭となる曲輪を中心に、その周囲に浮島状に大小さまざまな曲輪が展開する。主郭は、そのほかの曲輪に比べてやや規模が大きく、城館全体の中央に配置されることが多いが、一見しただけではその判別が難しく、各曲輪が並列的な関係となる点が特徴として挙げられる。

近世佐賀藩の**佐賀城**では、外堀で囲まれた城内に大規模な家臣団屋敷地が内包されており、それらが並列的に配置される構造が特徴的である。宮武は、こうした構造上の特徴が中世以来の佐賀平野部で発達した環濠集落からの系譜が推測できるとともに、鍋島藩内部の権力構造を投影したものである可能性を指摘している（佐賀県教育委員会編、二〇一三）。

【脊振山間部の小規模城館】　脊振山地から有明海へと注ぐ嘉瀬川とその支流は、山間部を網目状に走行し、各河川単位で開析された平地（盆地）が散在する。それぞれの平地は、河川を介して互いに連絡することはできるが、山地で囲まれた半閉鎖的な空間となっている。当地域には、筑前―肥前間を往来する物流を背景に、独自の世界を築いた「山内衆」の城館が点在し、山頂部の城郭と麓の館とがセットになった形で把握されることが多い。半閉鎖的な空間が点在するという特徴的な地勢を背景に「山内二十六ヶ山」と称される在地領主が林立することとなったと考えられる。戦国時代に当地域を統括した神代氏の本拠である**三瀬城**は、中心部を大規模な土塁や石積みで防備するなど、規模・構造ともに傑出した城館となっている。神代勝利擁立以後、一六世紀後半には龍造寺氏との対立が激化し、一部の小規模城郭は支城化が図られ、改修が加えられたものもある。

【佐賀平野西部の丘陵地帯の大規模城館】佐賀平野西部には、室町時代前期から中期にかけて肥前地方で最大の勢力を誇った千葉氏の本拠である**千葉城**や、多久氏の居城で戦国時代に龍造寺長信によって改修された**梶峰城**、西肥前の国人領主後藤氏の居城である武雄城と**住吉城**、渋江氏の居城である**潮見城**など、大規模な城館跡が多く築かれる。**須古城**は、もとは室町時代の国人領主平井氏の居城であったが、それを龍造寺隆信が攻略し、その本拠とした城館である。近世期には、龍造寺信周をはじめとする須古鍋島家の本拠となり、麓には館が設けられ、城下域が形成されている。

【玄界灘沿岸域に広がる松浦党関連城郭】玄界灘に面した東松浦郡・西松浦郡一帯には、一四〜一五世紀を中心に活躍した松浦党諸氏によって築かれた城館跡が点在する。その多くは、単郭ないし主副二郭構造を基本とする単純な構造の小規模城郭であるが、**日高城**や**和田城**、鹿山城などでは主郭部周辺斜面に畝状竪堀群が構築されている。いずれも一六世紀後半代に改修されたものと推測されるが、これは龍造寺氏が当地域へ侵出してきたことに対する対応によるものと考えられている（宮武、二〇〇六）。

また、松浦党の盟主波多氏の居城である**岸岳城**や鶴田氏の居城である**獅子城**は、当地域を代表する大規模城郭である。いずれも、中世段階の縄張構造を基本として残してはいるものの、石垣などの特徴から近世期に唐津藩寺澤氏によって**唐津城**の支城として総石垣造りの城郭に改修されたことが判明している。

【名護屋城跡並びに陣跡】

名護屋城跡並びに陣跡（国特別史跡）は、豊臣秀吉による対外派兵である文禄・慶長の役（一五九二―九八）に際して、国内の拠点として築かれた**名護屋城**を中心する陣跡群である。半径約三キロ圏内に約一五〇ヵ所からなる陣跡が確認されているが、陣所の位置を明示した配陣図の中には、陣所の総数が約二〇〇ヵ所に及ぶものも存在することから、今後の踏査によってはさらにその数が増える可能性がある。総石垣造りの**名護屋城**をはじめ、この段階での築城技術の最高レベルのものが用いられたと考えられ、築城時期が明確であることから、中世以来発達してきた築城技術の到達点を知ることができるという点でも極めて重要な城館といえる。

この陣跡群が展開する東松浦半島一帯は、玄武岩を主体とする上場台地の北端に位置し、小規模な丘陵地が点在し、各大名が築いた陣所がそれぞれの丘陵地に配置されている。これらの陣跡群は、地域に伝わる所伝やさまざまな史料、各種の配陣図などの絵図資料に基づいて、参陣した大名が比定されており、「**徳川家康陣跡**」などのように比定された陣主名を冠して呼称することが多い。しかし、この比定は、これまで積み重ねてきた研究成果に基づくものではあるものの、史料や配陣図とで記載が異なるものがみられることや、一部の一次史料を除き、多くの資料・絵図が江戸時代後期以降に作成されたものであること、また在陣期間中の「陣替え」を示す史料が確認されていることなど不明確な点が多分に残されており、慎重に取り扱う必要がある（佐賀県教育委員会編、二〇一七）。

本書では、佐賀県下の城館のうち、地域の歴史を象徴するような拠点的な城館を中心に、各地域の特性を示すような城館や現地が公園として整備されるなど見学可能な城館などを取り上げている。本書を片手に、佐賀の城館を巡ることで、本県の豊かな自然と多様な地勢、そこから培われた歴史や風土を感じ取っていただければ幸いである。

【参考文献】

佐賀県教育委員会編『佐賀県の中近世城館』第一集　文献資料編（二〇一一）、佐賀県教育委員会編『佐賀県の中近世城館』第二集　各説編一（二〇一三）、佐賀県教育委員会編『佐賀県の中近世城館』第三集　各説編二（二〇一四）、佐賀県教育委員会編『佐賀県の中近世城館』第四集　各説編三（二〇一七）、宮武正登「伊万里市域の中世城館」『伊万里市史　原始・古代・中世編』（伊万里市編さん委員会、二〇〇六）

長崎県の中近世城館

林　隆広

【長崎県の概況】 長崎県は九州地方の西端に位置し、律令下における肥前国のうち高来郡・彼杵郡・松浦郡西部および壱岐国、対馬国に該当する。大村湾を抱くように彼杵郡が広がり、有明海と橘湾（千々石湾とも）に面するように高来郡が、また玄界灘と角力灘（五島灘とも）に松浦郡と対馬国、壱岐国が点在する。多良山系により佐賀県と県境を分かつ長崎県は、その三方を海に臨み、古来より海とともにその歴史を営んできた。三方に開かれた海は、漁撈など海に生活の糧を求める生業をさかんにしてきた。特に近世における壱岐や生月、五島における捕鯨は勇魚漁とも呼ばれ、我が国の食文化の伝統にも寄与した。また水平線の先には朝鮮半島、大陸、東南アジアの島々があり、異国との交易を求めて波頭を越えていった。このような海を主たる舞台とした長崎県の歴史は、逆に言えば農業生産力の乏しさ故の必然でもある。同じ肥前国でありながら、多良山系を境にした東西の地理的様相は大いに異なる。長崎県内最大の自然平野が壱岐（深江田原）にあることから分かるように、長崎県本土部およびほとんどの島嶼部は平野に恵まれず、よって養える人口には限りがあった。

【城館跡に関する古記録】 長崎県における中世城館の古い記録は、江戸時代の各藩によって編纂された地誌から知ることができる。松浦藩が嘉永三年（一八五〇）から編纂を開始し、文久元年（一八六一）に完成させた『壱岐名勝図誌』、また大村藩が天和元年（一六八一）以来、一八〇年をかけて編纂し、文久二年（一八六二）に完成させた『郷村記』がそれにあたる。また大正六年（一九一七）に刊行された『津島紀事』も、近世文書の編纂物であり、対馬島内の城館について記述されている。

【古代の城郭】　長崎県における古代の城郭としては、対馬における金田城が最も著名であろう。金田城とは対馬の中央部、浅茅湾の外浅茅にある城山（標高二七六メートル）の山上に築城された朝鮮式山城である。飛鳥時代の天智六年（六六七）に築城されたとされる。天智二年八月の白村江の戦いで敗北した後に、百済将軍の指導の下で築城された朝鮮式山城は高安城・茨城・常城・長門城・屋嶋城・大野城・基肄城（椽城）・鞠智城・金田城・三野城・稲積城の一一カ所とされる。近江大津宮遷都や水城築城と同様に、唐・新羅からの侵攻を意識した防御施設であった。

西日本各地に築城された一連の古代山城のうち、もっとも最前線に位置する。金田城は城山の急峻な自然地形を利用して築造されており、城山の東斜面では城壁とともに城門（城戸）や水門などの遺構を目にすることができる。他の古代山城が土塁を主な防御施設とするのとは異なり、石塁で城域を囲い込む構造である。また発掘調査も部分的に行われており、掘立柱建物跡の遺構から防人の居住が示唆されるほか、須恵器・土師器・鍛冶関連遺物・温石などが出土しており、須恵器からは金田城が七世紀中頃に築城され、七世紀末頃に修築されたことが推測される。金田城は古代における対朝鮮半島への最前線基地としての重要性、また遺構の良好な遺存状況と合わせて、文献では知りえない当時の防人の実情を考察するうえでも重要な城郭である。

【中世の城郭】 鎌倉時代から室町時代の前半（応仁の乱以前）にかけては、同時代史料および発掘調査も限られており、詳細はよく分からない。文永の役（元寇）においては対馬国や壱岐国において激しい地上戦が展開されたが、壱岐国では壱岐守護代平景隆が樋詰城で玉砕したと『八幡愚童訓』や『壹岐國続風土記』に記されている。なお、守護代の居城は船匿城とされ、ここでは弘安の役においても激しい海上戦が展開されていることが『歴代鎮西要略』に伝えられている。南北朝期になると『北肥戦誌』において九州探題の今川了俊が南朝方の伊佐早城の伊佐早氏、宇木城の西郷氏、船越城や永野城などを攻めている様子が伺える。

戦国時代に入ると、高来郡では有馬貴純が**日野江城**を本拠に高来郡を勢力以下に収め、さらには藤津・杵島両郡へと影響力を強めた。後に島原天草一揆の舞台となる**原城**が築城されたのはこの頃といわれる。さらに有馬晴純は肥前六郡への支配を強め「肥前の屋形」と称されるとともに南蛮貿易を行うなどして肥前有馬氏の最盛期を迎えるに至った。天文十五年（一五四六）には龍造寺家兼の居城である水ヶ江城を攻め落とすなど、佐賀平野への侵出も試みている。また次男・純忠を大村氏へ養子に出したのをはじめ、千々石氏に三男・直員（釜蓋城主）を、相神浦松浦氏に四男・盛（飯森城主）を養子として送り、肥前国支配の強化を図った。ちなみに西郷純久（伊佐早・**高城**領主）は晴純の弟であり、いかに養子政略で有馬氏が肥前国西部への支配を強めたかが分かる。しかし永禄六年（一五六三）の丹坂峠の戦いで龍造寺隆信に敗れると急速に勢いを失った。また**高城**城主の西郷純尭は豊臣秀吉の九州攻めに参陣しなかったため改易され、代わりに龍造寺家晴が入封するが後に佐賀鍋島藩の親類同格として臣従している。彼杵郡では大村氏が三城城を本拠に勢力を有していたが、大村純伊が文明六年（一四七四）に有馬晴純に敗れると大村氏は有馬氏の従属下に置かれることとなり、次の大村純前の代には有馬晴純の圧迫を受けて実子を他家に養子とした（武雄城主の後藤貴明）うえで晴純の次男・大村純忠を養子として迎え、天文十九年に家督を譲っている。有馬氏から養子で入った純忠は日本初のキリシタン大名として知られるが、その嫡子である大村喜前（よしあき）は居城を三城城から**玖島城**へ移し、家臣団統制の強化を図った。

下松浦（松浦郡西部）の松浦氏は嫡流である相神浦松浦氏が、後に台頭した傍流の平戸松浦家により、その惣領としての地位を失う。永禄六年に相神浦松浦氏が後楯とする有馬氏が龍造寺氏に敗れると、平戸松浦氏の松浦隆信はこれを好機として相神浦松浦氏の松浦盛（有馬晴純の四男）の飯森城を襲った。この戦いは永禄九年まで繰り返されたが、平戸松浦勢は**鳥屋城**を本陣にしたとされる。ついに松浦親は龍造寺氏らの仲介を受けて松浦隆信の三男である九郎親を養子に迎え、平戸松浦氏に降った。また下松浦の五島列島では宇久（うく）島の宇久氏が徐々に勢力を伸ばして福江島の玉之浦城を足掛かりとして福江島へ進出し、さらには江川城から**石田城**へと本拠を移しながら五島列島の領主となり、朝鮮出兵時に五島氏と改称している。対馬国では在庁官人であった阿比留（あびる）氏を大宰府の在庁官人であった宗（そう）氏が討伐すると、その後も対馬の領主として勢力を保ち、**金石城**を本拠とした。壱岐国では松浦党の五氏（鴨打（かもうち）・志佐（しさ）・佐志（さし）・塩津瑠（しおつる）・呼子（よぶこ））による分治が続いていたが、文明四年（一四七二）に岸岳城主の波多泰（はたやすし）が壱岐国に進攻し、五氏は籠城で籠城するが敗れた。その後、波多盛の死後に家督争いに乗じた日高喜が壱岐を奪い亀石城に城代を置いていたが、やがて日高氏が平戸松浦氏に降ったため壱岐国は平戸松浦氏の所領となった。

【朝鮮出兵・近世の城郭】 豊臣秀吉による全国統一、さらには朝鮮出兵を通して西国の在地系大名にも織豊系城郭の技術が導入された。朝鮮出兵に際して松浦氏は壱岐国に**勝本城**を築くが、これは松浦党の山城に織豊政権の城郭技術が加味された独特な構造である。対馬国には**清水山城**や**撃方山城**などが築かれた。

徳川氏による幕藩体制が確立していくなかで、大名居城への規制が強められていく。そのようななかで大和国五条から移封された松倉重政が築いた**島原城**は四万石の居城としては大規模かつ重武装であり、「分不相応」な城といえ特異である。結果、島原では後に島原天草一揆が起こっている。対馬国一〇万石の宗氏は居城を**金石城**から延宝六年（一六七八）に桟原城へと移しているが、これは朝鮮通信使を迎接するうえで威容を整える必要性があったことがその要因とされ、幕府も配慮したとされる。下松浦郡および壱岐国約六万石の平戸松浦氏は慶長四年（一五九九）に日之嶽城を築城するが、すぐに焼失している。その後、宝永四年（一七〇七）に再築城の嘆願を幕府に容れられ、**亀岡城**を築城した。五島列島一万五〇〇〇石の五島氏は江川城焼失後に石田陣屋を本拠としていたが、異国船警備を理由に幕府へ築城を願い出、嘉永二年（一八四九）に許可されている。これはまさに幕末の出来事で、**石田城**（**福江城**）はもっとも新しい城の一つといえる。彼杵郡二万七〇〇〇石の大村氏は慶長三年にそれまでの内陸に位置する三城城から海に臨んだ**玖島城**（大村城）へと本拠を移した。その後、慶長十九年に大手門を移動するなどの大規模な改修を行っているが、これは豊臣期の城から徳川期の城への大転換であった。

【台場と番所】 出島と唐人屋敷を有する長崎は江戸時代を通して天領として長崎奉行所の管轄する港湾都市であり、海外からの貴重な情報を得る窓口であると同時に海外勢力の圧力を受ける場所でもあった。そのため長崎湾岸には数多くの台場や番所が整備される。寛永十八年（一六四一）にポルトガル船を締め出し、平戸のオランダ商館を長崎の出島に移すとともに、長崎港最狭部の戸町と西泊に番所を設置し、佐賀鍋島藩と福岡黒田藩に警備を命じた。台場は承応二年（一六五三）に太田尾、神崎、女神、白崎、高鉾、長刀岩、陰ノ尾の七ヵ所に設置するが、これらを古台場（在来台場）と呼ぶ。その後、フェートン号事件の教訓から文化五年（一八〇八）に女神、神崎、高鉾、陰ノ尾に増設し、沙崩（すずれ）に新設し新台場（新規台場）と呼んだ。さらに文化七年には神崎、高鉾、長刀岩に増設し、魚見に新設して増台場と呼んだ。こののちも長崎港の外港部である伊王島、神ノ島に台場を設けるなど、長崎港の防衛に力が注がれている。

●佐賀県名城マップ

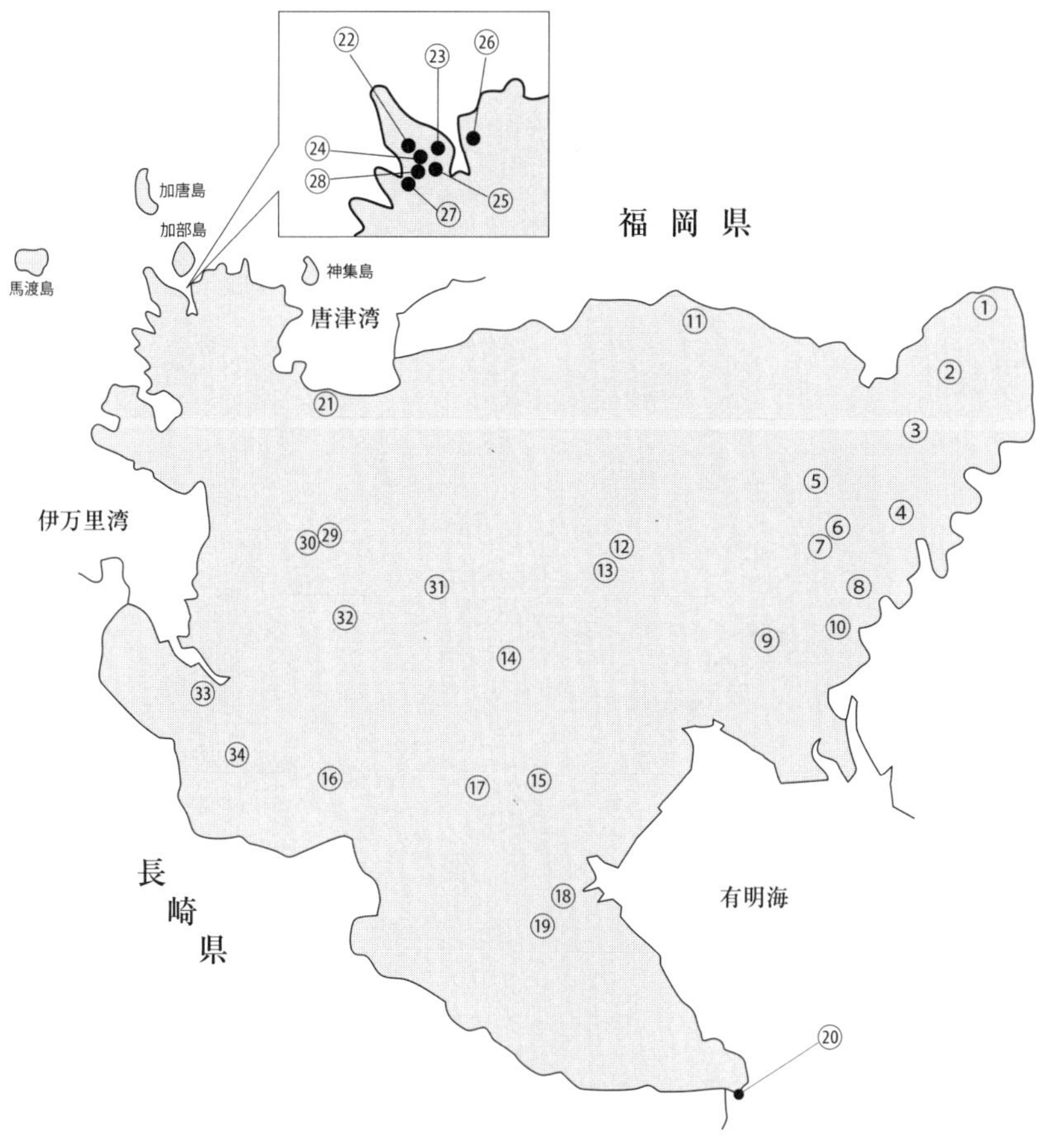

〈佐賀県〉
①城山城
②勝尾城と支城群
③綾部城
④江迎城
⑤勢福寺城
⑥横武城
⑦姉川城
⑧直鳥城
⑨佐賀城
⑩蓮池城
⑪三瀬城
⑫千葉城
⑬小城陣屋
⑭梶峰城
⑮須古城
⑯住吉城
⑰潮見城
⑱鹿島城（高津原屋敷）
⑲蟻尾城
⑳竹崎城
㉑唐津城
㉒名護屋城
㉓徳川家康陣
㉔木下延俊陣
㉕前田利家陣
㉖徳川家康別陣
㉗豊臣秀保陣
㉘堀秀治陣
㉙岸岳城
㉚波多城
㉛獅子城
㉜日在城
㉝和田城
㉞唐船城

●長崎県名城マップ

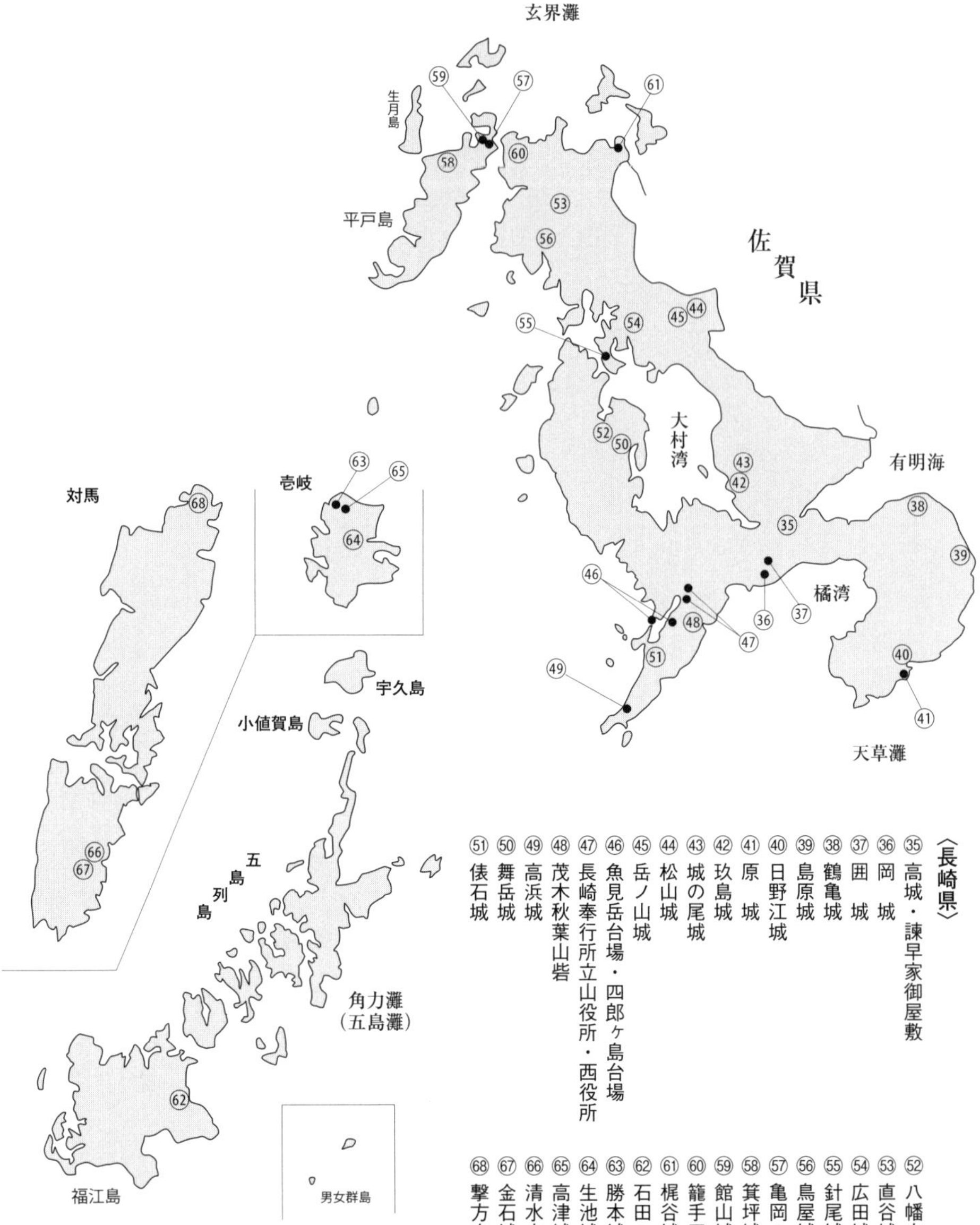

〈長崎県〉

㉟ 高城・諫早家御屋敷
㊱ 岡　城
㊲ 囲　城
㊳ 鶴亀城
㊴ 島原城
㊵ 日野江城
㊶ 原　城
㊷ 玖島城
㊸ 城の尾城
㊹ 松山城
㊺ 岳ノ山城
㊻ 魚見岳台場・四郎ヶ島台場
㊼ 長崎奉行所立山役所・西役所
㊽ 茂木秋葉山砦
㊾ 高浜城
㊿ 舞岳城
51 俵石城
52 八幡山城
53 直谷城
54 広田城
55 針尾城
56 鳥屋城
57 亀岡（平戸）城
58 箕坪城
59 館山城
60 籠手田城
61 梶谷城
62 石田（福江）城
63 勝本城
64 生池城
65 高津城
66 清水山城
67 金石城
68 撃方山城

佐賀

城山城の堀切群（イモのガンギ）

●古代山城に築かれた中世山城

城山城（きやまじょう）

〈所在地〉基山町宮浦・小倉
〈比　高〉三〇〇メートル
〈分　類〉山城
〈年　代〉一四～一六世紀
〈城　主〉今川了俊、渋川氏、筑紫氏か
〈交通アクセス〉ＪＲ鹿児島本線「基山駅」下車、きやまコミュニティバス宮浦線「丸林」停留所から徒歩約六〇分。〈山頂西側の草スキー場〈城まで山道徒歩約一〇分〉までは自家用車通行可〉

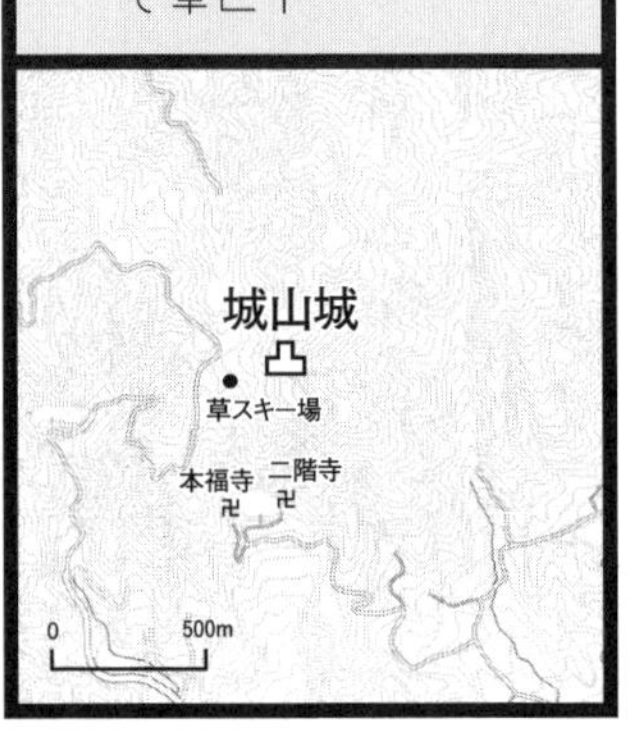

【城の位置と歴史】　脊振山系の東端、佐賀県と福岡県との境に聳える基山（標高四〇四メートル）には、天智四年（六六五）に大宰府の大野城とともに築かれたと『日本書紀』にみえる古代山城の基肄城がある。山頂を中心に総延長約四・三キロの土塁の他、城門、水門、礎石群などが点在し、国の特別史跡に指定されている。一方で、山頂の西側には、基肄城の土塁を断ち切るように「イモのガンギ」と呼ばれる凹凸地形がみられるが、その一帯は中世の段階で改修された山城である。

基山には、南北朝時代の応安年間以来、「城山御陣」あるいは「城山」として一次史料に散見されるようになり、九州探題の今川了俊や渋川氏、あるいは少弐氏が関与したことが推察される。

戦国末期には文献記載がまったく見られないものの、一帯は筑紫氏の領域となり、また谷を挟んだ西側には筑紫氏の城郭の一つ、宮浦城もあることから、この城も、宮浦城との関連により筑紫氏によって改修されたものと考えられる。

【城の構造】　山頂には、古代山城以前から鎮座する荒穂宮の上宮とタマタマ石と呼ばれる磐座があり、今でも多くの人に信仰されている。その山頂を中心に、城域は展開する。山頂部には南北四〇メートル、東西一〇メートルの主郭Ⅰが置かれ、北側には「イモのガンギ」と呼ばれる四本の連続堀切群ａを設け、北側からの攻撃に備える。主郭Ⅰの西側、切岸直下には、横堀ｂが掘られ、それぞれ東西の谷に竪堀として尾根を断ち切り、さらに防御性を高めている。横堀ｂの南には、虎口状の遺構cが確認でき、東側への進入の防御とする。Iの南東側にも堀切が構築され、さらにその南東側には平坦面が続いているが、dのように古代山城の土塁遺構をほぼそのまま残している部分もあり、中世段階においてどこまで積極的に利用していたかについては不明である。

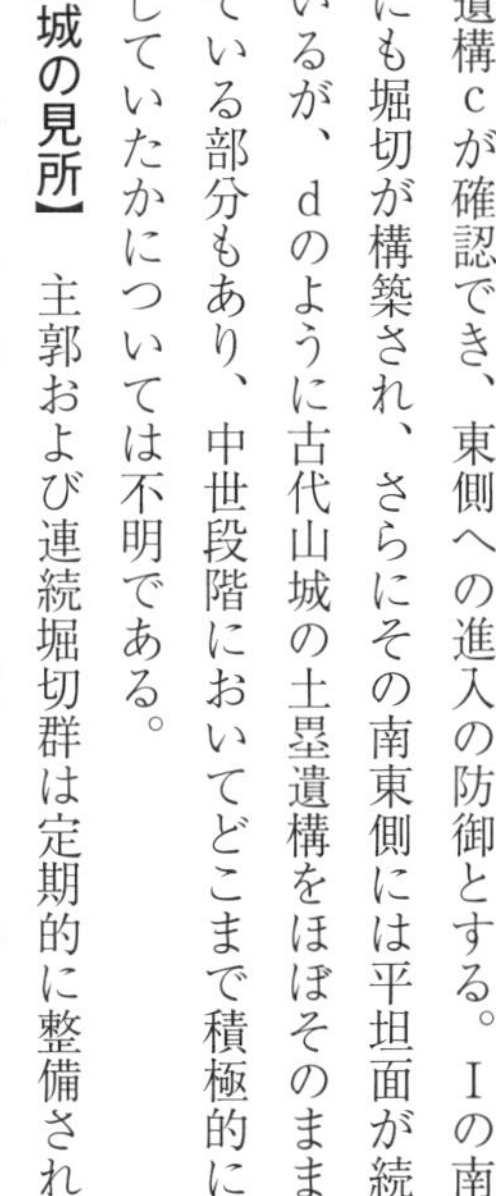

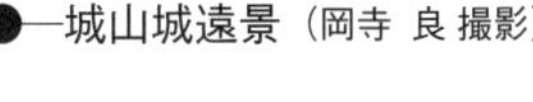

●―城山城遠景（岡寺 良 撮影）

【城の見所】 主郭および連続堀切群は定期的に整備されており、造成された姿を生々しく観察することができる。また、当城が古代山城の土塁線上に築かれただけあって、眺望は抜群で南は筑後平野、北は大宰府、博多湾方面まで一望することができる。筑紫氏の領域のほぼ東半分を見渡せることから、非常に重要視された城であったことが窺われる。

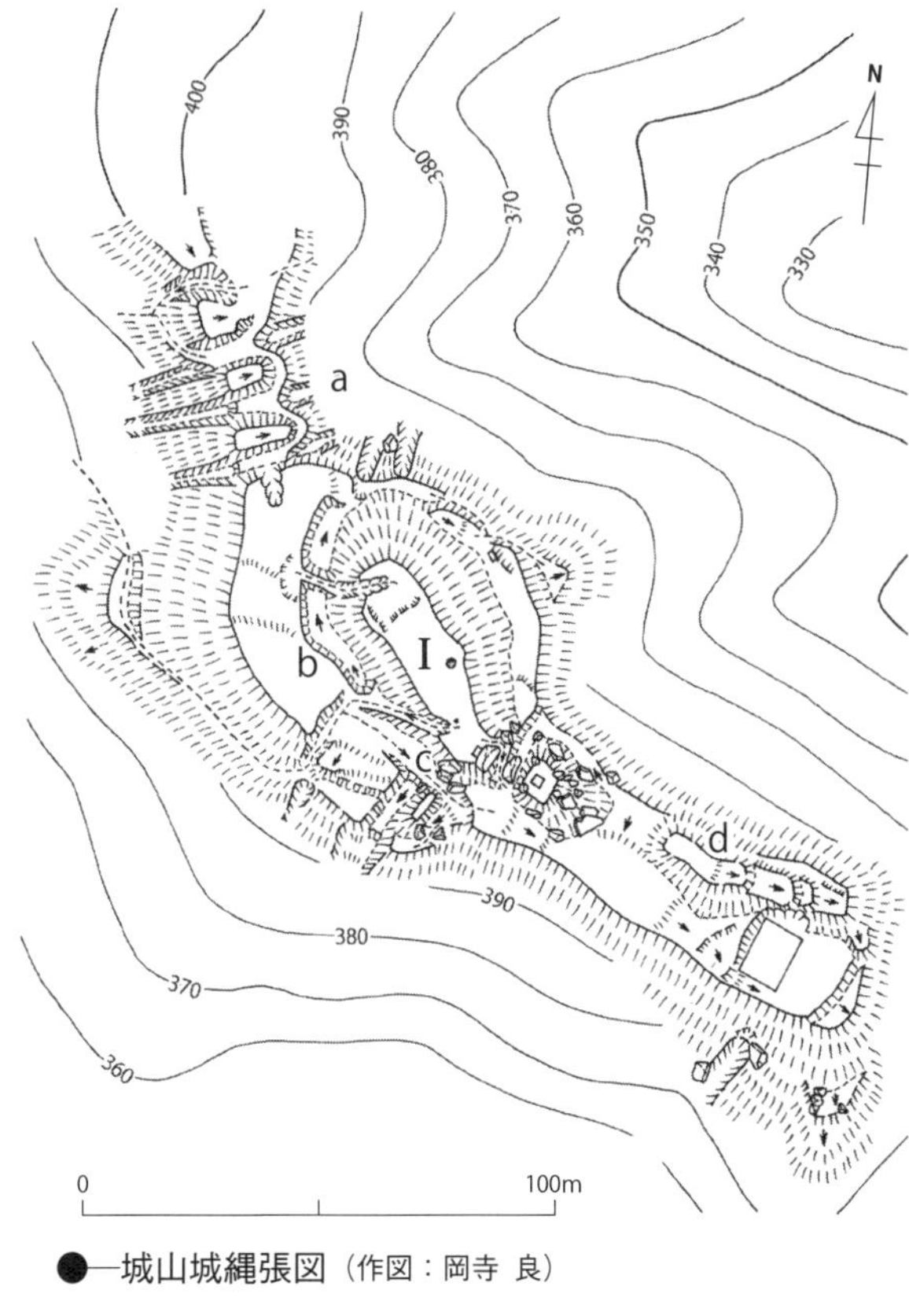

●―城山城縄張図（作図：岡寺 良）

【参考文献】岡寺良「坊中山城」『歴史史料としての戦国期城郭』（花書院、二〇一一）、佐賀県教育委員会編『佐賀県の中近世城館 第二集 各説編一』（二〇一三）

（岡寺　良）

●九州の要衝に展開する巨大城郭群

勝尾城と支城群〔国史跡〕

〔所在地〕鳥栖市牛原町・河内町・山浦町
〔比　高〕約四四〇メートル
〔分　類〕山城
〔年　代〕一五〜一六世紀
〔城　主〕筑紫氏・渋川氏
〔交通アクセス〕JR鹿児島本線「鳥栖駅」下車、西鉄バス「東橋」停留所下車。勝尾城まで徒歩約一〇〇分。

佐賀県鳥栖市の北西部一帯には、勝尾城を中心に鬼ヶ城・高取城・葛籠城・若山砦・勝尾城東出城・鏡城などの城が展開しており、三国国境地帯（肥前・筑前・筑後）に勢力を誇った国人領主である筑紫氏の拠点である。総称して「勝尾城筑紫氏遺跡」として約二三〇ヘクタールが国史跡に指定されている。

城域は東西二・五キロ、南北に二キロを測り、尾根上には支城が立地し、館、家臣団屋敷、町屋、寺社などが狭長な谷奥の山あいを流れる河内川を挟んで点在しており、その谷筋は城下町的な諸要素を備えている。また、その谷筋を長大な堀や土塁を用いて区切り、それぞれに空間を造り出している。特に城域の南の外郭線にあたる地区には、「惣構」と呼ばれる東西に約四二〇メートル、上幅約一〇メートル、土塁頂部から堀底まで深さ約五メートルの巨大な堀と土塁が配置されている。

ここでは、城域内の代表的な城と筑紫氏館を紹介したい。

・勝尾城

【城の歴史】標高約五〇〇メートルに立地しており、勝野尾城・山浦勝尾城・筑紫城・勝山城・三上山城などの別称をもつ。応永三十年（一四二三）九州探題渋川氏が築造し、明応六年（一四九七）頃に筑紫満門が入城したとされるが、同時代の史料では確認できない。廃城は天正十四年（一五八六）の島津氏との戦いで落城し、翌十五年に筑紫氏が筑後国上妻郡（現在の八女市周辺）に移封されたことで城の役割を終えている。ただ同年、豊臣秀吉が肥後国衆一揆の際、「前筑紫

●―勝尾城筑紫氏遺跡全景

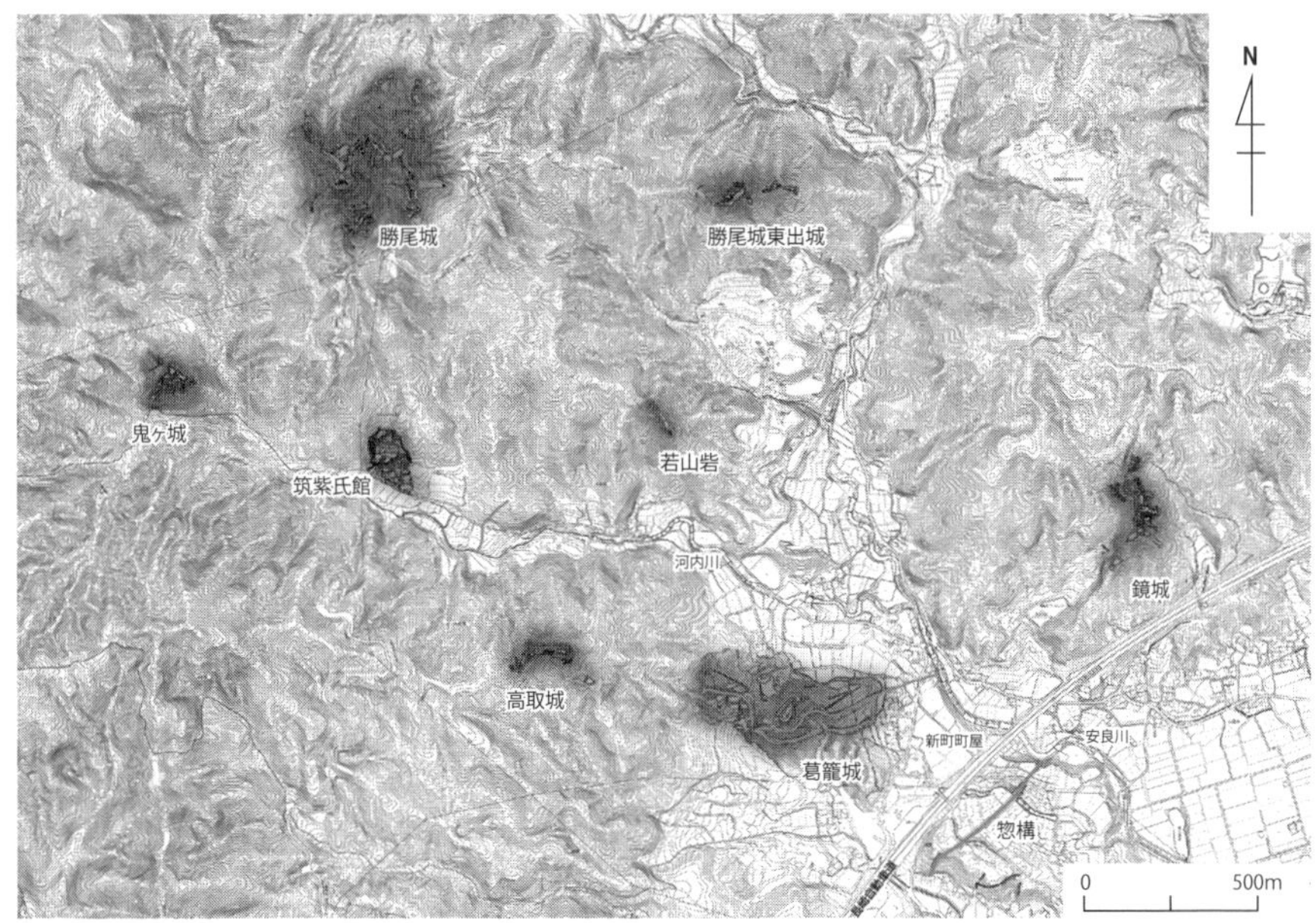

●―勝尾城および周辺支城全体図（佐賀県教育委員会 2013 より転載）（作図：宮武正登）

居候つる城……」と人数を配置するよう指示していることからも、城としての機能が残っていたものと推測されるとともに、勝尾城の戦略的重要性も伺える。

城主は渋川氏から筑紫氏に移行後、筑紫氏五代九〇年とされている。筑紫氏は少弐氏の一門とされるが、それ以外にも複数の系譜が指摘されている。また、大友・大内氏らの北部九州の抗争の中で、継続的に筑紫氏の領域の中心地であったかは明らかではなく、勝尾城が安定して筑紫氏の領域の中核として機能したのは最後の城主である筑紫広門の代と思われる。

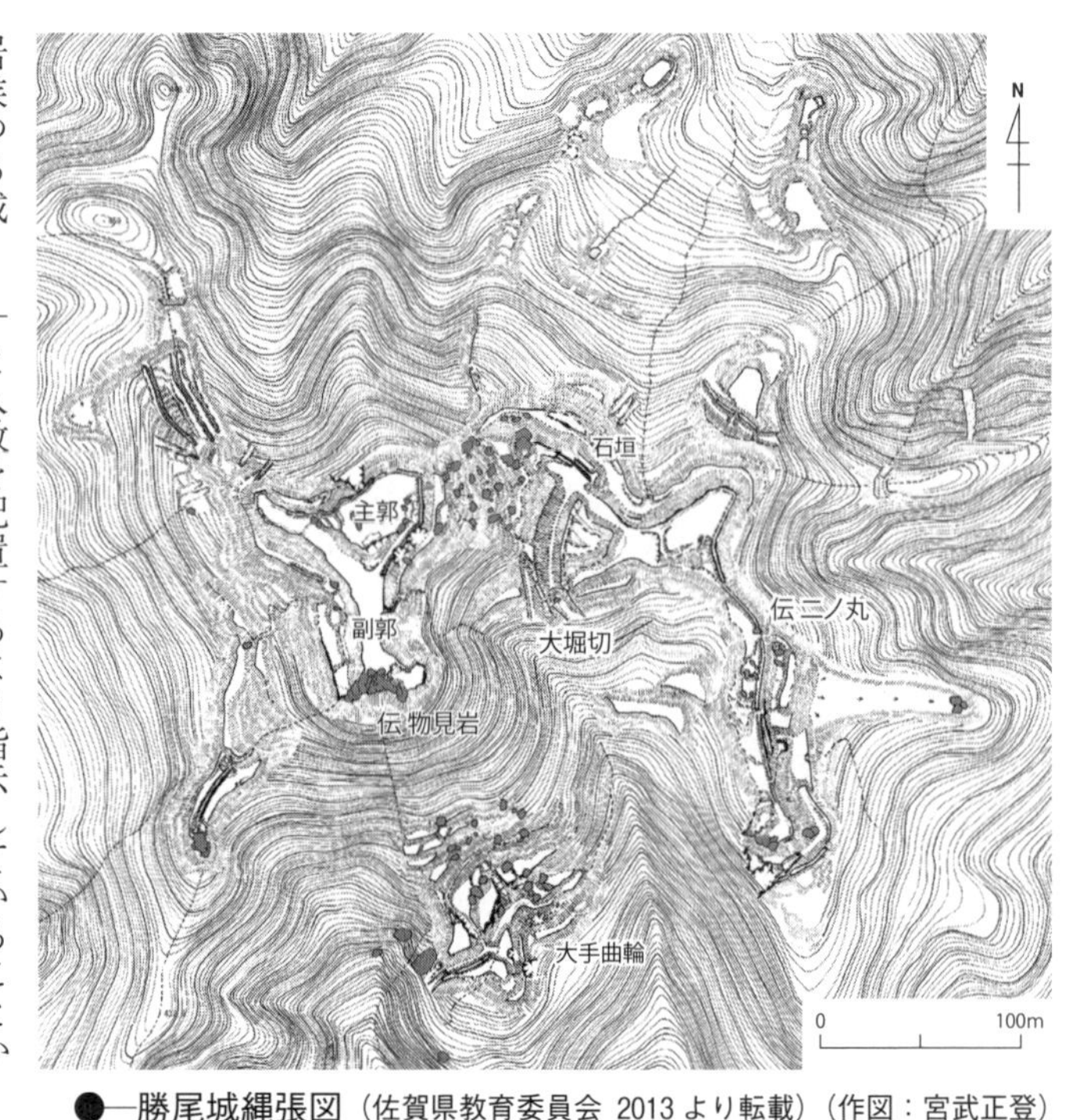

●—勝尾城縄張図（佐賀県教育委員会 2013 より転載）（作図：宮武正登）

●—勝尾城石垣

【城の構造】 基本構造は、最高所（主郭）から派生する尾根線上に連続して石垣を築き、谷を内に取り込むような造りである。遺構の広がりは、東西約四〇〇メートル、南北約五〇〇メートルを測る。山頂部は主郭と主郭の南下に配置されている細長い曲輪（副郭）から構成されており、主郭は東西四五メートル、南北二五メートルの広さをもち、形状は五角形状である。周囲には石塁が巡っており、発掘調査では、主郭へ向かうための石段を備える虎口や石敷遺構などが明らかになっている。また、副郭の西側地区斜面には石が多数散乱しており、広範囲に石垣が築かれていたことが想像される。

副郭のもっとも南の地区は「物見岩」と伝わる場所であり、西は雲仙普賢岳（ふげんだけ）、東は英彦山（ひこさん）、南は耳納連山（みのう）、眼前には筑紫平野を一望できる。さらに主郭北側からは大宰府が視野に入り、北部九州一帯の動きを把握できる場所であることを実感する。

主郭部より東に下り、二ノ丸地区へと向かう間には、南北に走る大堀切（おおほりきり）（幅約一五メートル、長さ約七五メートル）やその堀切を閉塞している石垣がみられる。この石垣は高さ三メートルあり自然石を約一・五メートルの高さまで積み上げ、一度セットバックして二段積みとしている。さらに東に進むと、主郭に次ぐ規模の曲輪がみられ、その東尾根を南東に進んでいくと長さ約一〇〇メートルの長大な石塁とつづき、桝形（ますがた）状の虎口に至る。

大手曲輪地区では多くの曲輪とともに石垣、櫓台（やぐらだい）や虎口が配置されている。石を多用した作りで、筑紫氏の城づくりの高度な技術を垣間見ることができる。

ただし、大手曲輪地区、二ノ丸地区、主郭といった主要施設を結ぶ経路が不明瞭である。おそらくは城域の拡大や整備を図っていくなかで、主要箇所を繋ぐ前に未完成のまま廃城となったと推測している。

・筑紫氏館跡

【館の歴史】 勝尾城から南山麓に延びる二つの尾根に挟まれた谷内には、領国支配の中心地である居館が立地している。地元では「御タチ」と呼ばれていた場所である。出土遺物は瓦をはじめ硯（すずり）、小柄、明銭、土鈴（どれい）、漆塗りの椀、輸入陶磁器、土師器皿（はじきざら）や灯明（とうみょう）皿など多種にわたり、出土した陶磁器は一六世紀後半代を中心とし、最後の城主である筑紫広門の時代に現在の姿に整備されていたことが窺える。

【館の構造】 居館の中心部は、東西八〇メートル、南北六五メートルの敷地を有し、南斜面地には石塁や土塁が配置され、居館に伴う

●—筑紫氏館測量図（『鳥栖市教育委員会報告書』1999より転載）

●—筑紫氏館発掘状況（居館北地区）

平場が数段にわたって連なる。その一角には石垣で造られた桝形状の虎口が館中心部へと繋がっている。

居舘には、瓦葺きの礎石建物や、儀式や儀礼を行う主殿・会所などが配置されていたと推測されているが、それを補完するように集石遺構と大量の瓦が出土している。また、居館背面の北側山腹には、小規模な平場が谷奥へと続き、火災を受けたのか焼け崩れた壁土と柱穴が確認されている。天正十四年の島津氏との戦いで焼き討ちにあった痕跡と推測している。

近年、新たな石垣や勝尾城へとつづく登城道の一部が確認されており、今後の発掘調査によって館の姿が大きく変わる可能性もある。

・勝尾城東出城

【城の歴史】　勝尾城から東に派生する尾根上に立地するが、史料にも記録がない城である。勝尾城の搦手（からめて）方面への押さえとして、また南に立地する若山砦とともに勝尾城東域の防衛のため置かれた城と思われる。

【城の構造】　詳細は不明だが、標高三二二メートルの最高所から数段の曲輪が連なり、その曲輪群を囲むように帯（おび）曲輪が配置されている。さらに東尾根上を進むと不明瞭ではあるが曲輪を追うことができる。

・鬼ヶ城

【城の歴史】　勝尾城の南西方面の守りに備えた城で、葛籠城・高取城・筑紫氏館

●—勝尾城東出城縄張図（佐賀県教育委員会 2013 より転載）（作図：宮武正登）

を突破された際、勝尾城の側面からの攻撃を防ぐ最後の支城として機能する。別名は叔父ヶ城とも呼ばれているが、史料には記載がない城である。

出土遺物から大きく一四世紀後半から一五世紀中頃、一六世紀後半の二時期が想定される。

【城の構造】　主郭は標高三六四㍍地点にあり、五角形に近いプランで、東西一七㍍×南北二〇㍍を測る。さらに東側には主郭と同規模の長方形状の曲輪が立地しており、主郭から南麓に向かって帯曲輪がみられる。また、南西部の尾根線には小曲輪を階段状に配列し、その曲輪列の最南端には総石垣造の桝形虎口を配置している。

・高取城

【城の歴史】　別称は鷹取城・鷹取山城。南麓からの侵攻に対応するとともに、若山砦とともに谷筋一帯を防衛する役割も果たす。城主は筑紫広門の弟ともいわれる筑紫春門（はるかど）（晴門）と伝わる。なお、城の北麓直下には「ハルカド」という、しこ名が残る地点があり、発掘調査では石列、柱穴などが確認されている。

●—鬼ヶ城縄張図（佐賀県教育委員会 2013 より転載）
（作図：宮武正登）

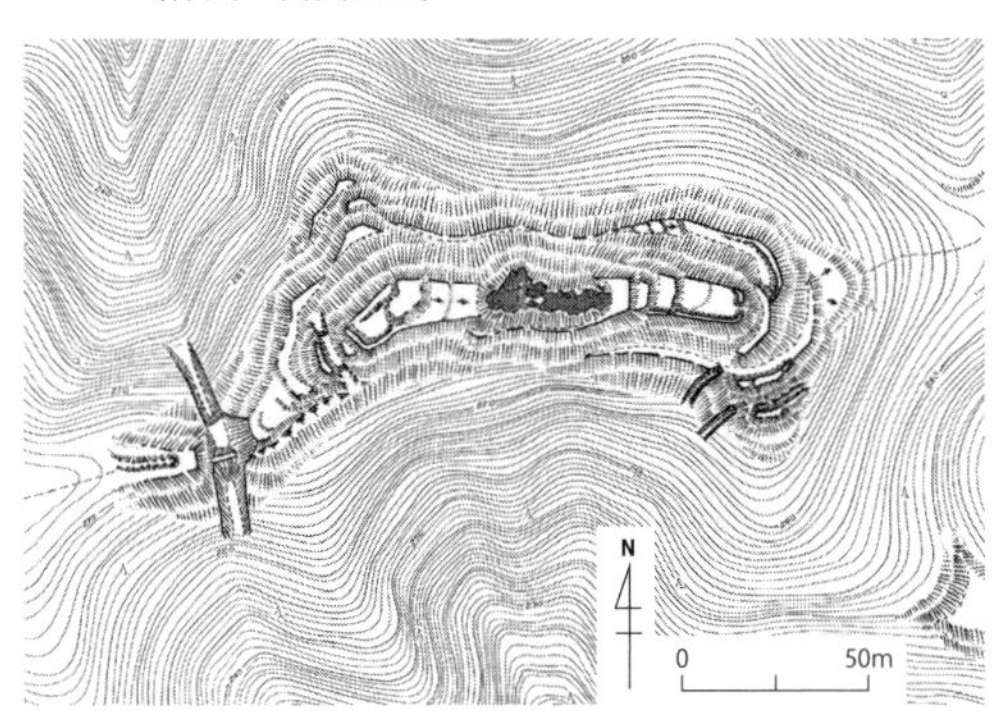

●—高取城縄張図（佐賀県教育委員会 2013 より転載）
（作図：宮武正登）

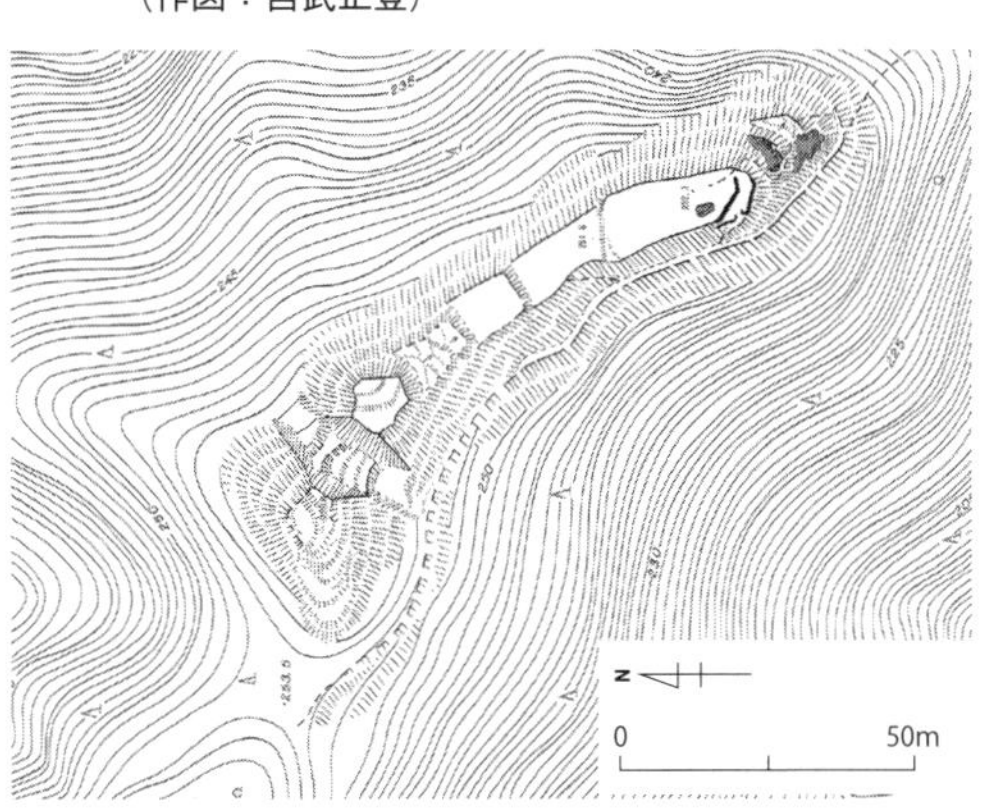

●—若山砦縄張図（佐賀県教育委員会 2013 より転載）
（作図：宮武正登）

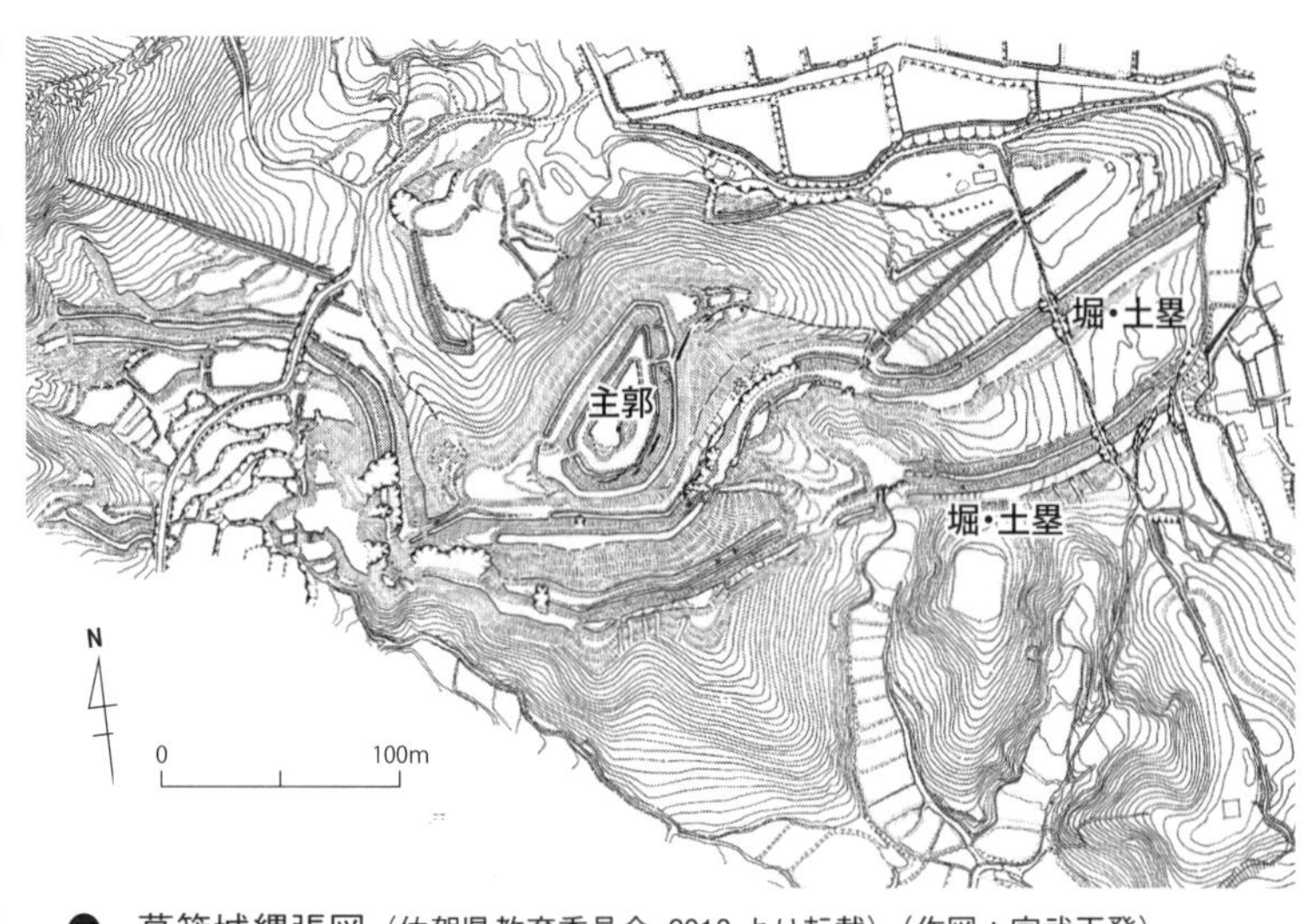

●—葛籠城縄張図（佐賀県教育委員会 2013 より転載）（作図：宮武正登）

【城の構造】　山頂部は標高二九〇メートルであり、狭長な屋根の最高所には岩塊が露呈した自然地形がみられる。その地形的な制約から東側と西側に階段状に曲輪群が配列されており、城域は東西方向に一七〇メートル、南北方向が四〇メートルの規模を測る。東端の曲輪の中央部には虎口が開口し、帯曲輪が周囲に走り、南東部には堀切・土塁がみられる。

　最高所から西側の約一〇〇メートル離れた地点には、幅三～四メートル、高さ約二メートルの土塁状遺構が約三〇〇メートル続いている。この土塁も含めて高取城から葛籠城の堀・土塁とともに防衛線として連動して機能していた可能性も指摘できる。なお、発掘調査では前立（兜の正面飾り）が出土しており、戦いのはげしさが伺える。

●—葛籠城　堀・土塁

・若山砦

【城の歴史】　勝尾城の南東に築かれた標高二五八メートルの支城で、谷山ノ城とも呼ばれる。勝尾城東出城と同様、勝尾城から延びる尾根線上に位置し、勝尾城東域の防衛、加えて高取城とともに谷筋を守る役割を果たしている。

【城の構造】　北西から南東にかけて、東西一五メートル×南北一〇〇メートルを測り、最高所から南へ連続した階段状の曲輪で構成されている。この城でもっとも広い曲輪である南端部の曲輪には、高さ約一メートルの石垣とともに虎口が配置されている。また、最高所の背後には堀切が配置され、勝尾城へと続くルートを遮断している。

・葛籠城

【城の歴史】　勝尾城の南東の丘陵に築かれた支城で、別称は津倉城・ツブラ城とも呼ばれる。一次史料には記録はないが、南からの侵攻に対応することを基本的な意義としつつ、勝尾城へと向かう谷筋を流れる河内川右岸の押さえとしての役割を持つ。城主は、筑紫氏家老の島備後守鎮慶（しまびんごのかみしげよし）とされている。発掘調査では、一六世紀後半の土師器皿がみられるが遺物は希薄である。なお、島津戦のものなのか槍先が出土している。

【城の構造】　標高一二六メートルに位置する主郭は、東西約三〇メートル、南北約七〇メートルの楕円形状に近いプランで、主郭内部は自然地形を残しつつ、土塁、石塁が周囲に配置されている。発掘調査では施設などの確認には至っていない。また、主郭の外周には一条の横堀が巡り、土橋（どばし）を伴う虎口が南西部に認められる。

葛籠城の最大の特徴は、主郭南側を東西に併走する二重の堀・土塁である。勝尾城の城域を塞ぐように造られている惣構（そうがまえ）と並行に配置されており、惣構が城下防備の外郭ラインとすると、第二防衛線となる役割を担っている。

主郭の下を走る堀・土塁の規模は、長さ約七〇〇メートル、幅約五メートル、深さ約五メートル以上の規模をもつ。また、東側は安良川（やすらがわ）まで延びて谷を遮断しており、西側に目を向けると高取城の東山麓まで堀を追うことができ、高取城とともに防衛ラインを形成していたのだろう。

遺構は主に南斜面を中心に展開しており、堀・土塁とともに出丸（でまる）などがみられる。ただ、丘陵上部から北斜面にかけては特質すべき遺構は見ることができず、このことからも葛籠城の役割が南からの防衛に徹した城であることがわかる。

その南地区には一部、堀・土塁が途切れたような地点があり、堀を横断するように幅が約一・五メートルの土橋が設置されている。城内へとつづく通路であり、堀を掘削した際に合わせて配置されたもので、法面（のりめん）は石積（いしづみ）と盛土で補強している。このことからこの場所が葛籠城の大手と推測している。また、土塁上に規則的に並ぶ直径五〇センチ程度の平石の配列、さらに一メートルの間隔で小穴も確認されている。現状では柵列と判断しており、大手一帯の全容が解明されつつある。

【参考文献】『鳥栖市誌　第三巻　中世・近世編』（鳥栖市、二〇〇八）、佐賀県教育委員会編『佐賀県の中近世城館　第二集　各説編二』佐賀県文化財調査報告書二〇一集（二〇一三）

（島　孝寿）

●九州探題、筑紫氏が拠点とした城郭群

綾部城（あやべじょう）

〔所在地〕みやき町綾部
〔比　高〕七〇メートル（宮山城）
二八〇メートル（鷹取山城）
〔分　類〕山城
〔年　代〕一四～一六世紀
〔城　主〕一色氏、今川了俊・渋川氏・筑紫氏
〔交通アクセス〕JR鹿児島本線「鳥栖駅」または「久留米駅」から西鉄バス綾部線「綾部」停留所下車、徒歩一〇分（綾部八幡宮）。鷹取山城は、山頂近くまで自家用車通行可。JR長崎本線「中原駅」から綾部八幡宮まで徒歩約三〇分。

（宮山城）
綾部城
長崎自動車道
31
西鉄バス
「綾部」
寒水川
JR長崎本線
中原駅
0
1000m

【城の位置と歴史】　脊振（せふり）山系の南麓、みやき町中原は、近世長崎街道の宿場町であるとともに、中世以来の綾部八幡宮の門前町として、地元銘菓「綾部のぼたもち」などでも有名であるが、中世は九州探題の拠点として綾部城が築かれた。

平安時代末期、平氏に反抗した日向通良（ひゅうがみちよし）が立て籠もったのが始まりともされるが、伝承の域を出ない。一次史料で確実なのは、南北朝の争乱の中で、一色範氏（いっしきのりうじ）、今川了俊（いまがわりょうしゅん）が取り立て、九州探題を渋川（しぶかわ）氏が継いだ後は、渋川氏の居城となった。一六世紀に入り、渋川氏が衰退すると、少弐（しょうに）氏や筑紫（つくし）氏が入ったようである。

みやき町の綾部には、元文二年（一二〇五）創建とされる綾部八幡宮の裏山の宮山城をはじめ、少弐山城、白虎山城、鷹取山城など数多くの城郭が残されており、古文書に登場する「綾部城」は、これらの城郭群の総称と考えられる。

戦国末期には文献記載がみられないものの、一帯は筑紫氏の領域となることから、この城も、筑紫氏によって改修されたものと考えられる。

【宮山城の構造】　綾部八幡宮は、綾部集落を南北に貫く街路の最北部の丘陵上に位置し、綾部の町形成の中核的な存在であるが、その北西背後、標高一一四メートルの宮山（風天山）山頂に位置するのが、宮山城である。その位置からも綾部城の中核的な存在であり、また、一般的に綾部城というと、この城郭を指す場合が多い。

宮山山頂（Ⅰ）には、現在、風天神の石祠（せきし）があるが、その

一帯が主郭である。主郭Ⅰの南には、「城ダン」と通称される曲輪Ⅱがあり、下りる道には、石列なども見られ、往時の造作が残されている。Ⅱの南側にも平坦面が続いているが、これは宮山一帯を風天山公園として整備する際の造作と見られ、往時の様子はよくわからない。一方で、城郭遺構を残しているのが、北～西側斜面である。特に西側斜面には、竪堀群が斜面三段にわたって構築されており、二〇本前後の竪堀により、畝状空堀群が構築される。またⅠの北西側の堀切を挟んだ北側斜面にも浅く小さいが竪堀八本が構築される。

●─「綾部城」の城郭分布図

その北側は高速道路によって削られているが、堀切などが存在したことが判明している。

【少弐山城の構造】　宮山城の谷を挟んで西側の尾根の突端、標高約一〇〇メートル地点に位置する。当城は、特定の曲輪を中心として展開する縄張ではなく、幅一〇メートル近くもある横堀によ

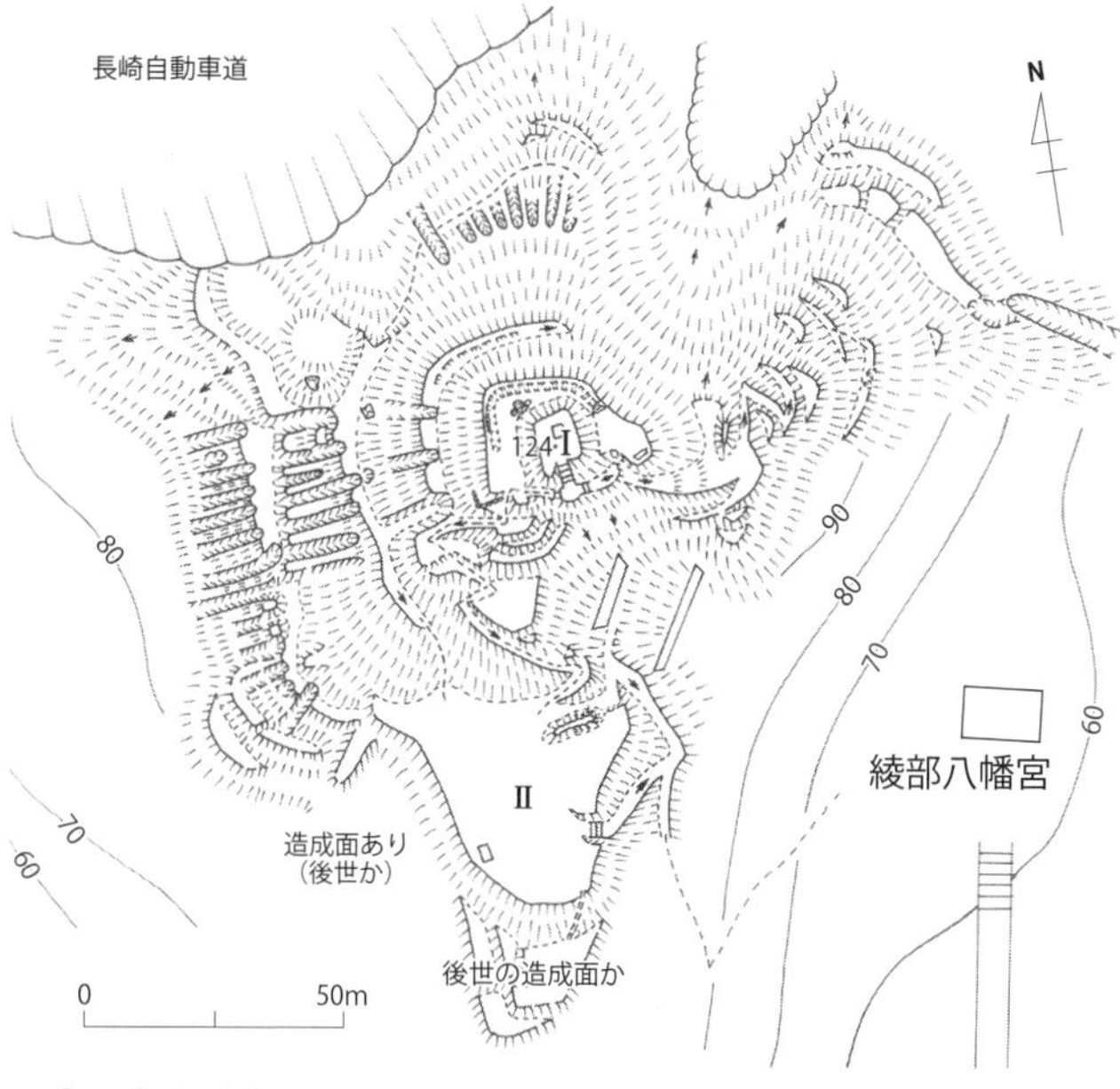

●─宮山城縄張図（作図：岡寺 良）

って、尾根を一〇〇メートル以上にもわたって分断するという非常に特徴的なものである。大きく四本の大堀切によって尾根を分断し、ところどころ、竪堀などによって、防御を補強している。堀切と堀切の間には、平坦面が確認できるが、古い航空写真では耕地化されてしまっており、おそらくは曲輪ではなく後世の耕地であると考えられる。そうなると、当城の主たる施設は、大堀切、竪堀のみとなり、この場所は、軍勢が駐屯、滞在するための空というよりは、尾根上の通行を極端に妨げるための「障碍」の施設であったということがいえるのではないだろうか。

●―少弐山城縄張図（作図：岡寺 良）

●―宮山城・少弐山城遠景（昭和23年国土地理院撮影）少弐山城の横堀が見える

【白虎山城の構造】　少弐山城の谷を挟んだ北西側の尾根上、標高約一三〇メートル地点の頂部に位置する。中心部には、主郭Ⅰと浅い堀切を挟んだ曲輪Ⅱが、やや不明瞭な平坦面により形成される。一方で、その南側には幅広い曲輪Ⅲが設けられ、石組みの井戸なども確認される。主郭Ⅰの北側の尾根鞍部には、尾根道を掘り残すような形で、東西両側の斜面には、幅五メートル近くもある大きな空堀群aが構築される。尾根を完全には断ち切らず、道を残しているのは、さらに北側にある鷹取山城の連絡を重視していたためであろうか。

また、曲輪Ⅰ・Ⅱの西側の斜面にも、乱雑ながらも大規模な竪堀一〇本前後による畝状空堀群が構築されており、厳重な防備を見せる。一方で東側斜面には竪堀群は顕著ではないが、曲輪Ⅲの東側にも不明瞭ながら、竪堀群状の凹凸地形が確認でき、畝状空堀群と考えられる。また、bの竪堀群の南、dの平坦面には、石垣も構築され、土塁なども確認できる。曲輪Ⅲの南側斜面は、他の場所よりもさらに乱れた竪堀状の落ち込みeが数多く確認でき、一見、自然作用による地形ともみられるが、これも城の南側を防御する空堀群であろ

●―白虎山城縄張図（作図：岡寺 良）

●―白虎山城の石組み井戸

●―鷹取山城の主郭

う。

【鷹取山城の構造】 宮山城をはじめとする山麓の城郭群から北へ尾根を登り続けると、標高四〇三㍍の鷹取山山頂にたどり着く。ここにも城郭遺構が残されており、山麓の「綾部城」と関連のある城郭と考えられる。鷹取山山頂を中心に曲輪群Ⅰが約一〇〇㍍にわたって展開する。その平坦面はやや不明瞭であるが、その北側の尾根上には三本の堀が連続する堀切群aが設けられる。一方、曲輪群Ⅰの南側は、階段状の小平坦面群が展開するばかりであるが、Ⅰから南へ約二〇〇㍍下がった場所のⅡには、堀切群bが設けられるとともに、尾根上に土塁で囲まれた虎口（こぐち）cやdを有する空間が設けられ、平坦面は不明瞭であるものの、明瞭な駐屯空間が構築されている。さらにcの南側には一部埋没した堀切群eがあり、Ⅱが完結した防御空間であることがわかる。

さらにⅡから山麓の城郭群にかけての尾根上の各所には、不明瞭ながらも平坦に造成された小規模平坦面群や一部には堀切なども確認でき、鷹取山山頂を頂点に、山麓にかけて駐屯空間が広大に広がっていたことが想定される。

【「綾部城」の城郭群】 以上のように、綾部には複数の城郭遺構が点在し、総体として「綾部城」として認識されていたものと考えられる。それは各々の城郭の縄張を見ることでより明瞭となる。宮山城、白虎山城などは、単体でも城郭として機能し得る縄張であるのに対し、少弐山城は、尾根を大胆に分断する大堀切群のみで構成されており、明らかに防御拠点ではなく、鷹取山城方面への尾根上の通行を妨げる意図が看取できる。

鷹取山城も山頂の曲輪Ⅰを中心としながらも、山麓にかけての尾根上には、大駐屯地ともみられる平坦面群の造成が構築されている。さらに詳細な分布調査が必要ではあるものの、大軍勢が一時的に駐屯した可能性も考えられよう。渋川氏や少弐氏の利用に加え、畝状空堀群の存在などから、筑紫氏も積極的に改修したのであろう。

【参考文献】『日本城郭大系 第十七巻 長崎・佐賀』（新人物往来社、一九七七）、佐賀県教育委員会編『佐賀県の中近世城館 第二集 各説編二』（二〇一三）

（岡寺 良）

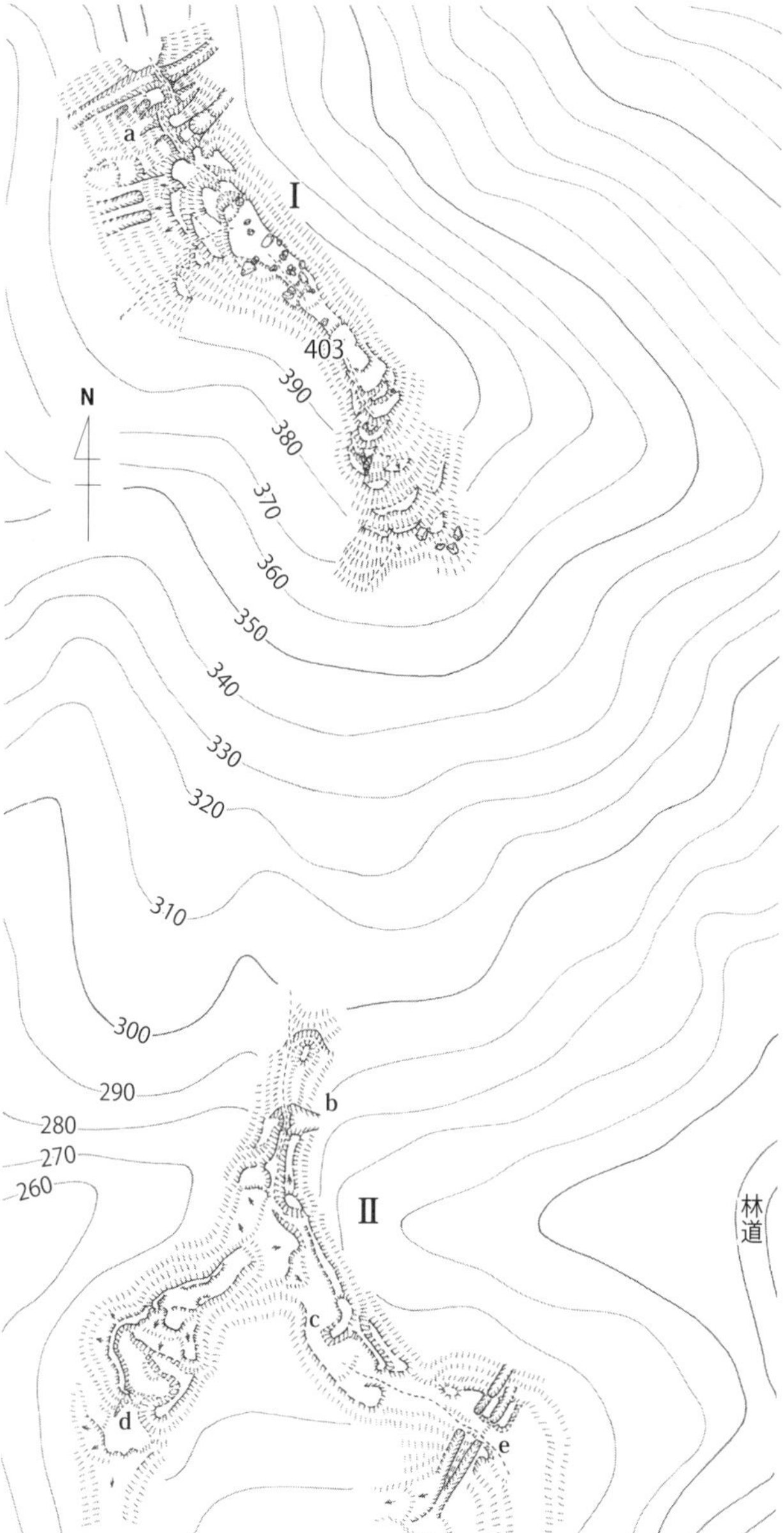

●―鷹取山城縄張図（作図：岡寺 良）

●クリークを取り込んだ低平地城館

江迎城（えむかえじょう）

〔所在地〕上峰町江迎
〔比　高〕〇メートル
〔分　類〕平城
〔年　代〕一三〜一四世紀
〔城　主〕——
〔交通アクセス〕ＪＲ長崎本線「吉野ヶ里公園駅」下車、西鉄バス久留米行き「中津隈」停留所下車、徒歩約二五分。

【築城の背景と立地】　低平地に立地し、網目状に走行するクリークによって各曲輪が区画された佐賀平野に特徴的にみられる「低平地城館」である。関連する資料がなく、城主が不明であるが、平成三年（一九九一）に公園整備に際して実施された発掘調査では、一三世紀後半の青磁・白磁などの陶磁器類や掘立柱建物跡などの遺構が確認されており、当該期の在地領主の居館から発展したものを推測される。現在はウォーターランド江迎公園として整備されている。

また、南西には一ノ橋環濠集落があり、「ゾウサン屋敷」などの屋敷呼称が残され、中世の石塔類も確認できる。

【城の構造】　宮武正登による調査では、明治期の地籍図（旧字図）や昭和二十三年（一九四八）の米軍空撮写真などを用いて、失われたクリークや浮島状の曲輪が復原されている（佐賀県教育委員会編、二〇一三）。

それによると、城郭中心部には、本来は東西に並ぶ二つの浮島状の曲輪があり、その間の堀を埋めて、一つの島に統合していることがわかる。東側に南北五五メートル、東西一三メートルの南北に細長い曲輪と、西側に南北四五メートル、東西三〇メートルの平面方形の曲輪があり、このうちの西側の曲輪が主郭であったと推測される。主郭周辺にも浮島状の曲輪が展開していたが、現在は宅地整備などにより、いくつかの島が統合され、現在は一部のクリークや道路にその旧状を留めているのみである。

●—江迎城，一ノ橋環濠集落平面復元図（佐賀県教育委員会 2013 より転載）（作図：宮武正登）

●—江迎城主郭部（江迎公園）

【参考文献】佐賀県教育委員会編『佐賀県の中近世城館　第二集　各説編一』（二〇一三）

（渕ノ上隆介）

勢福寺城

●少弐氏の本拠から龍造寺方の重要拠点へ

〔所在地〕神埼市神埼町城原
〔比　高〕約一七〇メートル
〔分　類〕山城
〔年　代〕一四～一六世紀
〔城　主〕一色直氏、少弐氏、江上氏、江上武種、江上家種
〔交通アクセス〕JR長崎本線「神埼駅」下車、ジョイックス交通「飯町」停留所下車、徒歩約三〇分で登山口（種福寺）到着。登山口から城山山頂まで徒歩約五〇分。

【城の位置と歴史】　脊振山系最高峰・脊振山の南麓を水源とする城原川は、佐賀平野に流れ出て神埼市仁比山を通り筑後川に合流する。その仁比山の西側に位置する城山には、戦国時代・北部九州に君臨した少弐氏の肥前における居城勢福寺山城があった。

当城は、南北朝時代に九州探題・一色直氏によって築城されたとされ、一時は大内方の江上氏が入るが、一六世紀代には少弐資元が居城とした。その後、龍造寺隆信の圧迫を受けた少弐氏は、永禄二年（一五五九）、当主冬尚は自害、少弐氏の宗家は滅亡、少弐氏重臣だった江上武種が当城に入るも、隆信の攻勢は衰えることなく、元亀二年（一五七一）に当城を攻撃、江上武種を降伏させると、隆信次男を江上家に入れて家督を継がせて家種と名乗らせ、事実上、勢福寺城と江上家を我が物とし、以後龍造寺方の重要拠点となった。

その後、天正十七年（一五八九）の鍋島直茂の佐賀移転に伴い、家種が蓮池（佐賀市）に移転したため、当城の重要性は大きく

●―勢福寺城遠景

佐賀

失われ、遅くとも文禄二年（一五九三）に城主・江上家種が朝鮮出兵中の釜山で陣没したことで、完全に当城は廃城となったとみられるが、山上の城郭遺構がその段階まで存続していたかは不明である。

【勢福寺城主要部の構造】　城山の南麓には、天正七年に江上家種によって創建された曹洞宗・種福寺があり、その背後の尾根伝いに城へ上っていくことができる。

標高一九六メートルの城山山頂を中心に、約二五〇メートル四方の範囲に曲輪群を展開させる。曲輪群は大きく南側（Ⅰ～Ⅳ）と北側（Ⅴ～Ⅶ）に分かれている。南側の曲輪群の最高所Ⅰが主郭で、北側背後には高さ約二メートルの土塁を有し、一部には石列なども確認できる。北側には土塁に挟まれた虎口ａが見られ、石敷きによって固められている様子が窺われる。Ⅰの南側にはⅡ・Ⅲの曲輪があまり高低差を持たずに並列している。いずれも低土塁に囲まれ、Ⅱには井戸が残されており、長期にわたる在城を想定したつくりとなっていることがわかる。

Ⅰの西側斜面には数本の竪堀群ｃもあり、またⅠとⅣとの間には堀切も設けられている。

Ⅳの北側は尾根の鞍部となっており、大岩の露頭がみられる自然地形ｂが続く。一部には竪堀などもみられるが、岩がちな地形であるため、明瞭な堀切群などは形成されていない。ｂを挟んだ北側には曲輪群Ⅴ～Ⅶが展開している。いずれの曲輪も土塁で囲まれる。Ⅴの曲輪の南北斜面には、小曲輪群が展開しているのに対し、Ⅵとの間には、横堀状を呈する堀切ｄが掘られ、一部には石垣も確認することができる。Ⅴ・Ⅵの北側の尾根上には、堀切ｅ・ｆが掘られ、北の山稜側からの攻撃に備えている。一方、Ⅶの南側斜面には、斜面下方向に約一〇〇メートルにもわたって竪堀が数多く掘られ、畝状空堀群ｇが構築されている。竪堀は途中で屈曲したり、地形に応じて斜面途中から竪堀を新たに何本も構築したりと、厳重な守りをみせている。これは曲輪Ⅶの西側から南斜面を回り込んで、ⅠやⅤあたりの曲輪に取り付かれることを極度に警戒していることがわかる。

また、主要部から種福寺側へ約一五〇メートル下った尾根上にも堀切二本（ｈ）を構築して、麓側からの防御に備えている。

このように、城山山頂を中心とする主要部は、南北に分かれた二つの曲輪群からなる、いわゆる「一城別郭」とよばれる配置であるが、曲輪間に構築段階の差があったかどうかはわからない。いずれの曲輪も低土塁で囲まれ、要所を堀切、あるいは畝状空堀群で厳重に防備する様子が窺われる。曲輪配置の大枠は、少弐氏段階で施工されていたのであろうが、

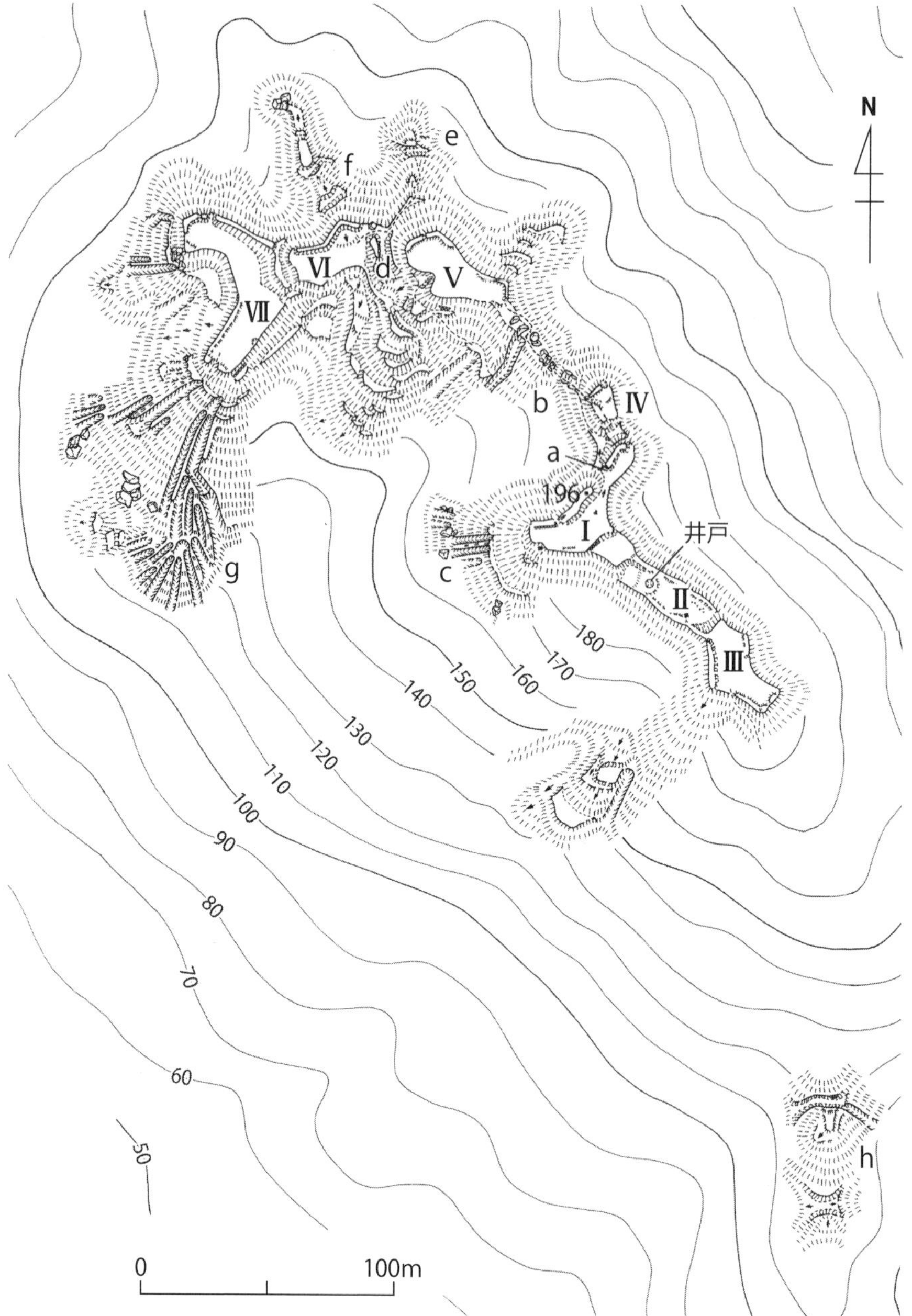

●—勢福寺城主要部縄張図（作成：岡寺 良）

畝状空堀群などの防御遺構は、それよりも後の段階のものとも考えられ、龍造寺方に組み込まれた天正年間以降に城全体が改修された可能性が指摘できよう。

【山麓の城郭遺構】　城山山頂部だけでも、この城の凄さはおわかりいただけるが、山麓部にも遺構は残されている。種福寺の谷を挟んで東側には、東西約一三〇メートル、南北約一〇〇メートルの長さでL字形に屈曲した多重の空堀遺構が残されており、平地側からの進入に備えている。

　さらに、谷を挟んで東側は、低平な台地地形となっており、「雲上城（うんじょうのき）」と呼ばれている。東西約三〇〇メートル、南北約一〇〇メートルの範囲を南北方向の土塁や空堀によって区画した平坦面となっており、武家居館が建ち並んでいた可能性が高い。そして、雲上の城の北西側には、「伊勢福寺」の跡として、石祠が残された一角があるが、そこも空堀や堀切に囲まれた一辺約七五メートルの区画となっている。

●―主郭背後の土塁

●―曲輪Ⅳ北側の堀切

　以上のように、城山の南東麓を中心とした一帯には、現在でも空堀や土塁などの防御遺構の残る遺構群が展開しており、城の居館機能として重要な役割を果たしていた可能性が考えられる。

【城下集落と周辺の様相】　居館群と推定される城山南東麓の南側は、菅生（すごう）川が東流する谷平野地形となっており、そこには城下集落が形成されていた。雲上城の南側にはモトヤシキ（本屋敷）や、イ

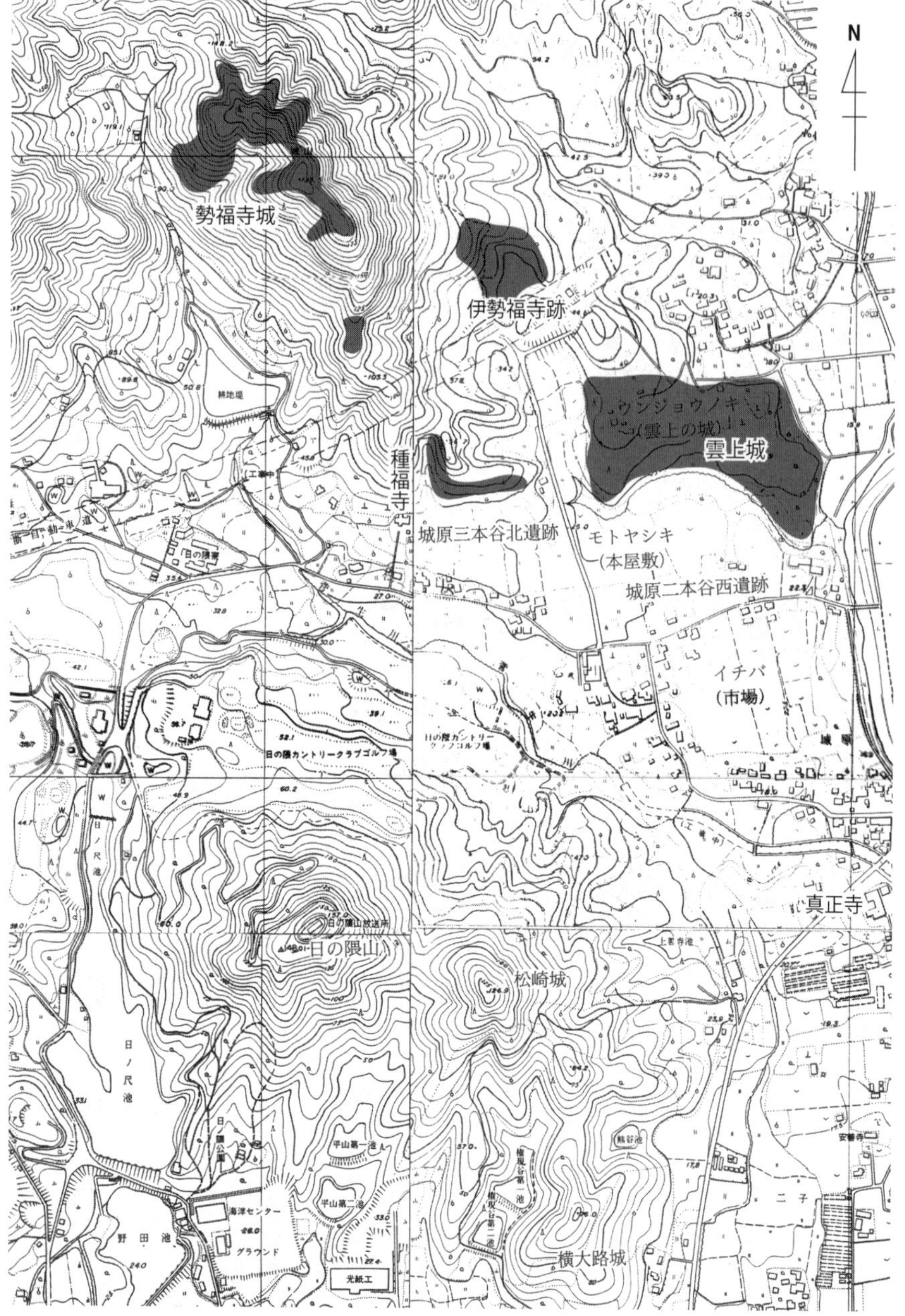

●—勢福寺城周辺関連位置図（神埼町教育委員会 1994 掲載図を一部改変して岡寺良作成）

チバ（市場）という地名が残され、現状でも残存する土塁遺構の他、発掘調査においても戦国時代の建物跡や空堀などが検出されている。おそらくモトヤシキの一帯には、武家屋敷群、イチバには町家が展開していたと想定される。また、平野を挟んで南側には、日の隈山の丘陵群が迫り、各ピークには、松崎城や横大路城などの城郭遺構が認められ、勢福寺の前衛として機能していたのではないだろうか。このように、勢福寺城は山上の城郭に加え、山麓には居館、武家屋敷群、町家遺構と階層的に配置されていた様子が推察され、戦国城下としての全容を伺うことができる。これは肥前の守護所としての機能を果たした時期もある勢福寺城の重要性を物語るものであるといえよう。

●―少弐冬尚の墓（真正寺西側）

●―江上家種の墓（種福寺境内）

【その他の見所】 山麓の種福寺には、元亀～天正年間の城主・江上家種の墓と伝えられる五輪塔が本堂左奥にあり、その手前には、家種の室・於二九（おにく）（大村純忠次女）の墓も建てられている。ちなみに家種に家督を譲った武種の墓は、隠居したとされる日吉城（吉野ケ里町）近く、現在の吉野ケ里歴史公園内に五輪塔が残されている。

さらに、城原地区の南・県道沿いの菅生橋の西側にある真正寺の西側には、少弐冬尚（ふゆひさ）の墓とされる五輪塔があり、その傍らには、少弐氏の由緒が刻まれた石碑も残されている。

【参考文献】『日本城郭大系 第十七巻 長崎・佐賀』（新人物往来社、一九七七）、神埼町教育委員会『城原三本松北遺跡 城原三本松南遺跡』神埼町文化財調査報告書 第三九集（一九九四）、佐賀県教育委員会編『佐賀県の中近世城館 第二集 各説編一』（二〇一二）

（岡寺 良）

●佐賀平野を代表する溝渠地帯の低平地城郭の一つ

横(よこ)武(たけ)城(じょう)

〔所在地〕神埼市神埼町横武
〔比　高〕〇～一メートル
〔分　類〕低平地城郭
〔年　代〕一四世紀～一六世紀
〔城　主〕不明
〔交通アクセス〕ＪＲ長崎本線「神埼駅」下車、西鉄バス「横武」または「大町橋」停留所下車、徒歩約一五分。

【立　地】　横武城は、神埼市神埼町南部の城原川西岸の水田地帯に築かれた城館跡であり、佐賀平野に特徴的な「堀（クリーク）」に囲まれた環濠(かんごう)集落の様相を呈している。

周辺には姉川城跡や柳郷(やなぎさと)城跡・野田城跡などの「城」としての伝承が残るものの他に、上六丁環濠集落や下六丁環濠集落といった、同様の「堀（クリーク）」に囲まれているが「城」としての伝承の残らないものも多く存在している。城郭は四〇×一〇〇メートルの規模で、その周囲五五〇×五二〇メートルの範囲に島が取り巻いている。

【沿　革】　関連する文献史料が少ないためそこからは、その創始者や主体については詳らかにできない。三根郡西島城主の横岳氏によるものとの俗説があるが証拠に乏しい。大友宗(おおともそう)麟(りん)が横岳鎮貞(しげさだ)に充てて預け置いた神埼郡内の複数の所領中に「横武村六十町」が含まれ、これを大友側では横岳氏の本領と表現している。横岳氏との繋がりを窺わせるのはこの史料のみ

●―横武城跡航空写真（圃場整備前）

で、正確な城史・沿革については不明である。おそらく近年になって、地名と苗字の類似性から、三根郡領主の横岳氏との関係が発想されて、「横武城」の城主として創造されたと考えられる。

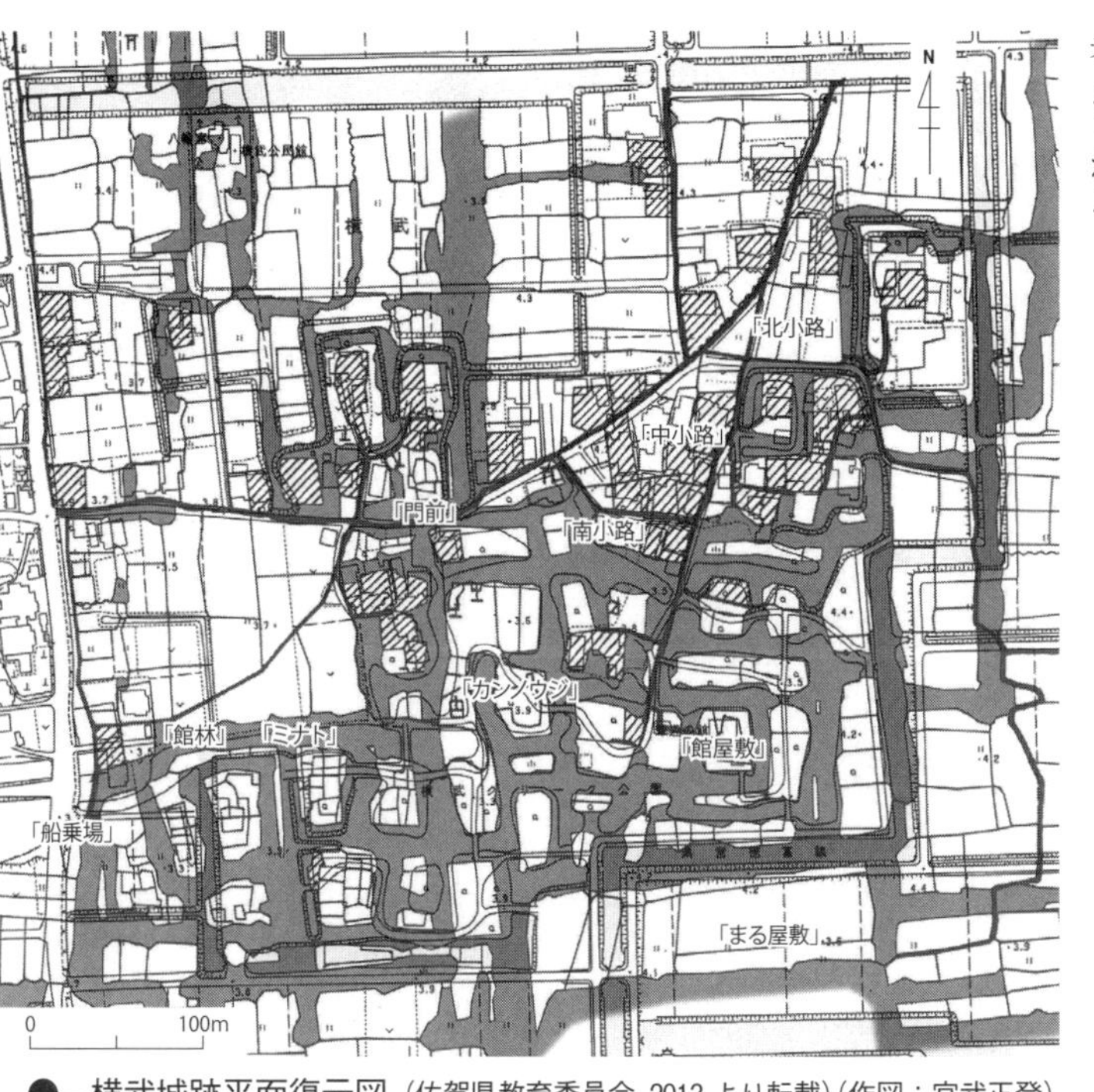

●—横武城跡平面復元図（佐賀県教育委員会 2013 より転載）（作図：宮武正登）

【城の概要】　横武城には、城内の島の性格を窺わせるような地名が伝承されている。

城の南東寄りの位置に平面方形基調の島が三つ東西に並んでおり、この中の東端の島は「館屋敷」と称されている。この「館屋敷」という領主層の居住場所を窺わせる地名に加え、発掘調査（平成四年度）の結果、掘立柱建物跡が三棟検出されていることより、この島群が城の中枢曲輪と捉えられ、周囲に小規模な島が多数取り巻いている。

この中枢部の西側には「カンノウジ」あるいは「タンノウジ」・「門前」と称される寺境内としての伝承が残り、さらにその西には「ミナト」や「船乗場」といった、各島に渡る舟の係留地を想像されるしこ名が残る他、「北小路」や「中小路」・「南小路」といった道路や「館林」という領主層の生活圏の存在を窺わせるしこ名（地名）が残る。

城跡の一帯には圃場整備が施工されているが、城跡本体は現在「横武クリーク公園」として水辺の農村公園というコンセプトで整備がなされている。

【参考文献】神埼町教育委員会『横武城跡Ⅻ区』（一九九三）、神埼町教育委員会『横武城跡』（一九九七）、佐賀県教育委員会編『佐賀県の中近世城館　第二集　各説編二』（二〇一三）

（桑原幸則）

●佐賀平野最大規模の低平地城館

姉川城（あねがわじょう）

〔国史跡〕

〔所在地〕神埼市神埼町姉川
〔比　高〕〇メートル
〔分　類〕低平地城郭
〔年　代〕一四世紀～一六世紀
〔城　主〕姉川氏
〔交通アクセス〕JR長崎本線「伊賀屋駅」下車、東に徒歩三〇分。西鉄バス「姉川」停留所下車、北に徒歩約一〇分。

【立　地】　姉川城は、神埼市神埼町南部の城原（じょうばる）川西岸の水田地帯に築かれた低平地城館であり、「堀（クリーク）」に囲まれた環濠（かんごう）集落の様相は、中世遺跡の痕跡を窺わせるもので、佐賀平野の特徴的な景観を形成するものである。

周辺には東側に柳郷（やなごう）城跡、南側に野田城跡などの支城と考えられる小規模な城跡が存在している。本城の北側には、上六丁環濠集落や下六丁環濠集落といった、同様の堀に囲まれているが「城」としての伝承の残らないものも存在している。

城郭は四八〇×三八〇メートルの規模で、その周囲九〇〇×五五〇メートルの範囲に大小の島が取り巻いている。

【沿　革】　姉川城は、姉川氏の居城とされる。史料によると、肥後の菊池武安が、延文五年（一三六〇）肥前に侵攻して、仁比山（にいやま）城（神埼市）を拠点に近隣の諸城に軍勢を配置したという。これに対抗して高木貞房（さだふさ）ら佐賀郡の北朝勢力が松崎城・本告（もとおり）城（神埼市）を攻撃し、同時に「姉河牟田城」を攻略し

●―姉川城跡航空写真（圃場整備前）

た。この戦いののち姉川城は北朝方の拠点として転用されたと考えられ、龍造寺家経・家平が「阿禰河御陣」での宿直警護にあたったことを注進している。

この南北朝期における菊池氏の軍事利用が城形成の発端と考えられ、その後に城主として登場するこの姉川氏は肥後の菊池氏の分流を名乗り、神埼地方の有力領主となったが、いつ頃から姉川城に定着したかは不明である。

二次史料（『北肥戦誌』）によれば、戦国期後半には姉川氏は龍造寺氏に帰属していたようで、永禄元年（一五五八）の少弐勢との合戦「長者林の戦」では、龍造寺隆信が「姉川弾正忠が姉河の城に入りて本陣とせらる」とある。

そして元亀三年（一五七二）に三根郡の横岳氏（西島城主）への押さえとして「姉川中務大輔信安を姉川より米田に移し」たと記されており、この頃に姉川氏は隆信により米多（三養基郡上峰町）に移封されたことは確かである。

その後、隆信が姉川氏と交代に誰かを姉川城に配置した様子は窺えない。この前年に江上氏の家督を襲い勢福寺城主となった隆信の次男家種が、神埼郡一帯の統括的な立場にあったことから、姉川城もその管理下に置かれ、龍造寺支城化が図られたと考えられる。

最終的な廃城の時期は定かでないが、佐賀平野の統治にあ

●—姉川城跡周辺航空写真（圃場整備前）

①姉川城跡　②柳郷城跡　③野田城跡　④横武四本黒木遺跡（伝宝蔵寺跡）　⑤下六丁環濠集落　⑥上六丁環濠集落　⑦横武城跡　⑧本告牟田城跡　⑨莞牟田環濠集落　⑩大石環濠集落　⑪上黒井環濠集落

たっては姉川城の位置する一帯は軍事上の要衝として重視され続けたようで、慶長五年（一六〇〇）の「関ヶ原合戦」の際に、筑後立花勢への攻撃を企図した鍋島直茂は、家臣からの千栗城（みやき町）の「城取」の進言を退けて、「姉川村江切寄」しかるべしとの判断を下している。これは、姉川を「城」として再活用するのではなく、「切寄」という臨時性の強い城塞を構築するという選択の違いより、すでに姉川城は再利用が容易でないほどの荒廃状態にあって、この地に暫定的な城塞を新設するほうが手っ取り早かったと推察することができ、これ以前に姉川城は廃絶していたと考えることができる。

●―姉川城跡平面復元図（明治20年代の濠割）（佐賀県教育委員会 2013より転載）（作図：宮武正登）

【城跡の概要】姉川城は、城原川の西方に位置している。その支流である中地江川を西の外濠に見立てて、方形居館型式

●—「館」地区 調査状況（南より）（神埼市教育委員会提供）

の「館城」とその周囲に付属城下集落が展開している。城の中枢部は、城域の南東端にある「館」と称される島で、南北一一五メートル、東西短軸五四メートル・長軸九二メートルの規模の台形の平面形を呈している。以前は北・東・西の三方を「コ」の字状に囲む土塁が巡っていたと伝えられる。さらに、島の南端の東・西隅に濠と直結した池がある。東の池は「東の泉水」、西の池は「西の泉水」と称されている。

この島の地下遺構の内容確認のための調査（平成元〈一九八九〉～三年）の結果、二×七間の庇付大型建物をはじめ一四棟の掘立柱建物跡が検出されており、城の中枢施設として充実した様子が確認できた。さらに、南辺中央部の外部からのアプローチとなる土橋の起点付近では門跡を構成する柱穴や溝跡が検出されている。出土遺物には武家儀礼に則った宴式の跡を示す多量の土師器皿や李朝・明の陶磁器類、瓦器質の鍋・釜・火鉢などの生活雑器の他に茶臼や天目茶碗（舶載品）などの嗜好品もある。年代的には一五世紀後半から一六世紀後半を盛期としており、戦国時代に拡充を遂げたことが窺える。この下層からは一四世紀代を中心とする小さな方形区画が複数集まる様子が認められ、鎌倉末から南北朝期の屋敷区画群を統合するように埋め立てて、館のアウトラインを完成させたものと考えられる。

この「館」の北側には「奥館」と称される、「館」の北・東を囲むような細長い島で、「館」のサブ機能を持つ別郭が隣接していたと考えられる。また、「館」南・西側には横武城跡などと同様の小さな方形島状地が囲み、西側には「妙法

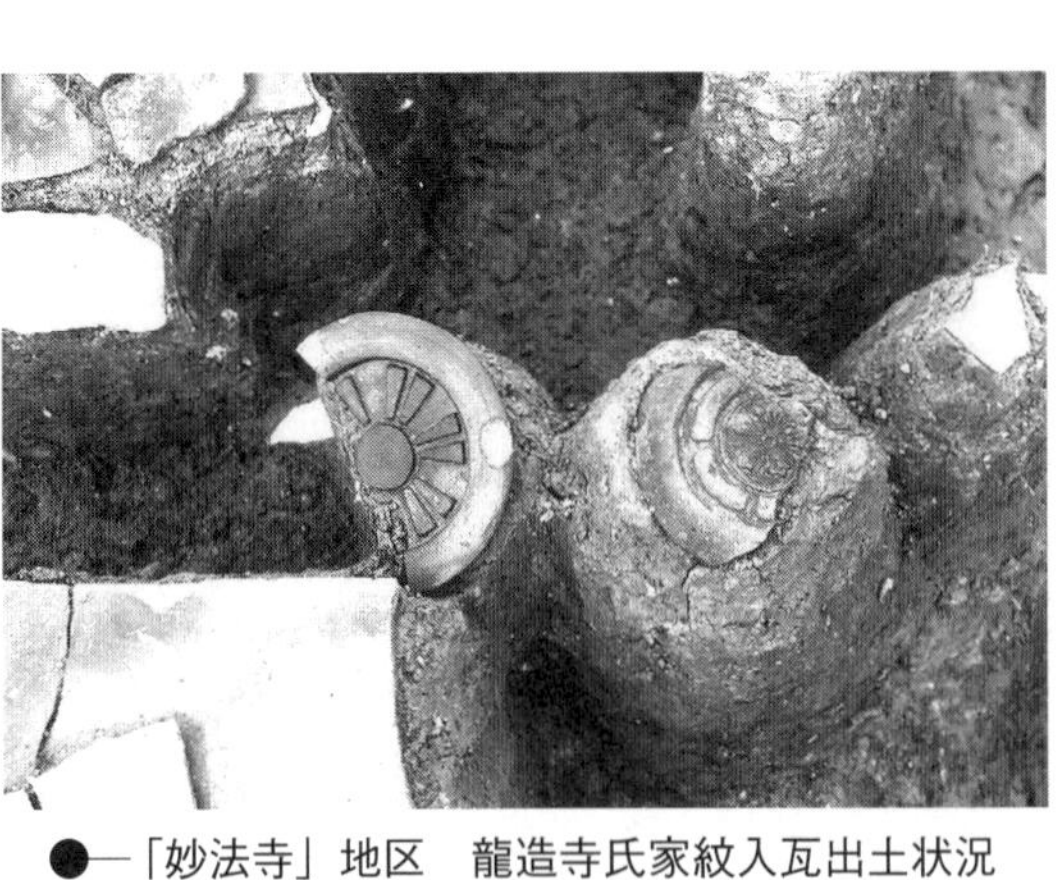

●—「妙法寺」地区　龍造寺氏家紋入瓦出土状況
（神埼市教育委員会提供）

寺」と称され、姉川氏の菩提寺と伝えられる島が隣接している。この島の確認調査で、龍造寺氏定紋の「十二日足紋」の軒丸瓦が出土しており、姉川城と龍造寺氏の関係を窺うことができる。この他にも「館」の南側には「阿弥陀寺」・「観世音寺」と称される寺跡を示す島や、「館」南側の入り口に近接した位置には「天満宮」が祀られた島があり、「館」の周辺に宗教施設が集中していた様子が窺える。「館」の南側の方形島群は「小路」と総称されており、東西方向の「館」への唯一のアプローチ道で、その西端には「構口」のしこ名（地名）が残っており、これ以東が城の直属空間で、姉川城の中心部と考えられる。

中心部の西側は、一〇〇メートル規模の大きな方形区画を内容した、南北四八〇メートル・東西一二〇メートルの長方形ブロックになっており、その北側に「北屋敷」と称される地点があり、被官層の屋敷地の存在を窺わせる。

さらに西側の縁辺は、中地江川に沿って並ぶ二五メートル程度の小区画が密集しており、東西六〇～八〇メートル・南北八〇〇メートルにわたって小規模島群が連続している。この帯状ブロックの西は中地江川の東岸の堤で仕切られた濠が循環しており、姉川城跡の外郭線を形成している。現在の「中の橋」を渡って城に通じる地点に「下馬口」と称される地点があり、この西堀までが城の求心力の波及範囲と考えられる。このブロックは本告牟田城などの類似する城館の調査例などからみて、一般村民の集住地区に該当すると考えられ、ここにも「専称寺」という寺跡の存在を示すしこ名もあり、この小規模区画群においても宗教施設が設けられていたことを窺わせる。このブロックは確認調査（平成四～六年度）による出土遺物から、一六世紀後半～一七世紀初頭にかけての存続期間が想定されており、城の最終段階に形成されたものと考えられる。

姉川城とその城下集落の発展は、**【1期】**鎌倉末期の集村の一部を統合して室町後期頃までに方形居館体裁の平城が完成し、**【2期】**続いて戦国期に周囲の付属郭群を整備し、寺院などの宗教施設が建立される。**【3期】**最後に戦国後半期

●―現在の姉川城跡（南より）（神埼市教育委員会提供）

から織豊期にかけて被官層の屋敷地区や一般住民の居住区を充実させていったという変遷をたどったものと考えることができる。

中枢施設である「館」の南端東西隅に設けられた「東・西の泉水」は、当地域には二〇世紀初頭まで、田植え前の時期に濠（クリーク）を小舟で辿りながら下流の城館や環濠集落を巡回して祭礼を行う「舟ナグ祭」という農耕儀礼が続いていた。姉川城ではこの「泉水」に舟を停泊して祭祀や宴を行っていたと伝えられ、水系ネットワークを下地とする農村儀礼として興味深い年中行事が残っていた。

姉川城跡は、居館型式の中心部単郭構造の城館跡と、寺社境内地や被官屋敷および一般作人居住区等の城下集落が良好に残存しており、近世城郭・城下町の祖型を知るうえでも重要な遺跡で、平成二十二年二月二十二日に国史跡に指定されている。

【参考文献】神埼町教育委員会『姉川城跡』（一九九六）、佐賀県教育委員会編『佐賀県の中近世城館　第二集　各説編一』（二〇一三）

（桑原幸則）

●在地領主犬塚氏の居城

直鳥城(なおとりじょう)

〔所在地〕神埼市千代田町直鳥
〔比　高〕〇メートル
〔分　類〕低平地城郭
〔年　代〕一六世紀
〔城　主〕犬塚氏
〔交通アクセス〕ＪＲ長崎本線「佐賀駅」から西鉄バス「直鳥」停留所下車、徒歩約一〇分。

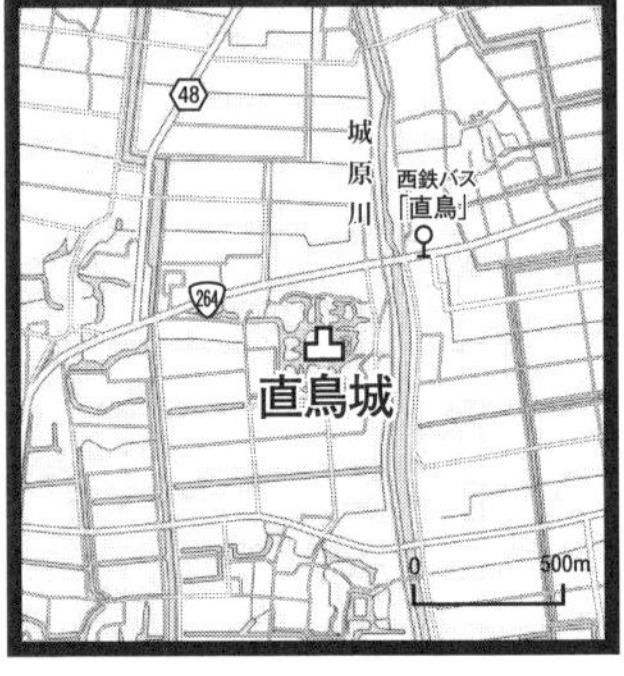

【立　地】　直鳥城は、神埼市千代田町ほぼ中央部の城原川(じょうばるがわ)西岸近くに張り付くように立地しており、ほぼ方形のアウトラインで、「堀（クリーク）」に囲まれた環濠(かんごう)集落の様相を呈している。

城郭は一一〇×九〇メートルの規模で、その周囲三五〇×三二〇メートルの範囲に島が取り巻いている。

【沿　革】　犬塚(いぬづか)氏は筑後宇都宮氏族で蒲池(かまち)氏庶流とされる。当該時期の史料に乏しいが『千代田町誌』によると、室町期の明応年間（一四九二―一五〇〇）に筑後三潴郡犬塚郷（福岡県久留米市三潴町）から崎村城（千代田町渡瀬）に本拠を移した犬塚家貞(いえさだ)の四男家久(いえひさ)が直鳥城を構えたのを創始とされる。その年代は定かでないが、永正年間（一五〇四―二一）と推測される。

史料によると、直鳥城主二代目の家清の母は龍造寺家員(りゅうぞうじいえかず)の娘で、またその妻は龍造寺家純の娘（隆信の伯母）であり、当時直鳥犬塚氏と龍造寺氏とは婚姻関係があった。

天文二年（一五三三）大内勢(おおうち)の肥前侵攻の際には犬塚氏（家久か）は少(しょう)

●―直鳥城跡航空写真（神埼市教育委員会提供）

弐資元勢として参戦して直鳥城に籠ったことが史料（『北肥戦誌』９）に見える。家久の後は家清が家督を継ぐが、永禄三年（一五六〇）大友方に属して筑紫氏と争うが敗れ、嫡男尚家と共に戦死したため、尚家の弟である鎮家（盛家）が家督を継いだ。その後は反龍造寺隆信派として、直鳥城・蒲田江城（犬塚家貞の次男家重が構える・佐賀市）を拠点に佐賀勢へ抵抗姿勢をとったが、元亀元年（一五七〇）の「今山合戦」直後に隆信軍の総攻撃を受け、筑後に敗走したとされている。これを信じるなら、直鳥城はこの段階で廃城となったと想定でき、直鳥城の城として機能していたのは七〇年程度であったと想像されるが、発掘調査（平成六〈一九九四〉～十年）の結果、犬塚氏の入部以前の一四～一五世紀にも一つの盛期があったことが判明している。

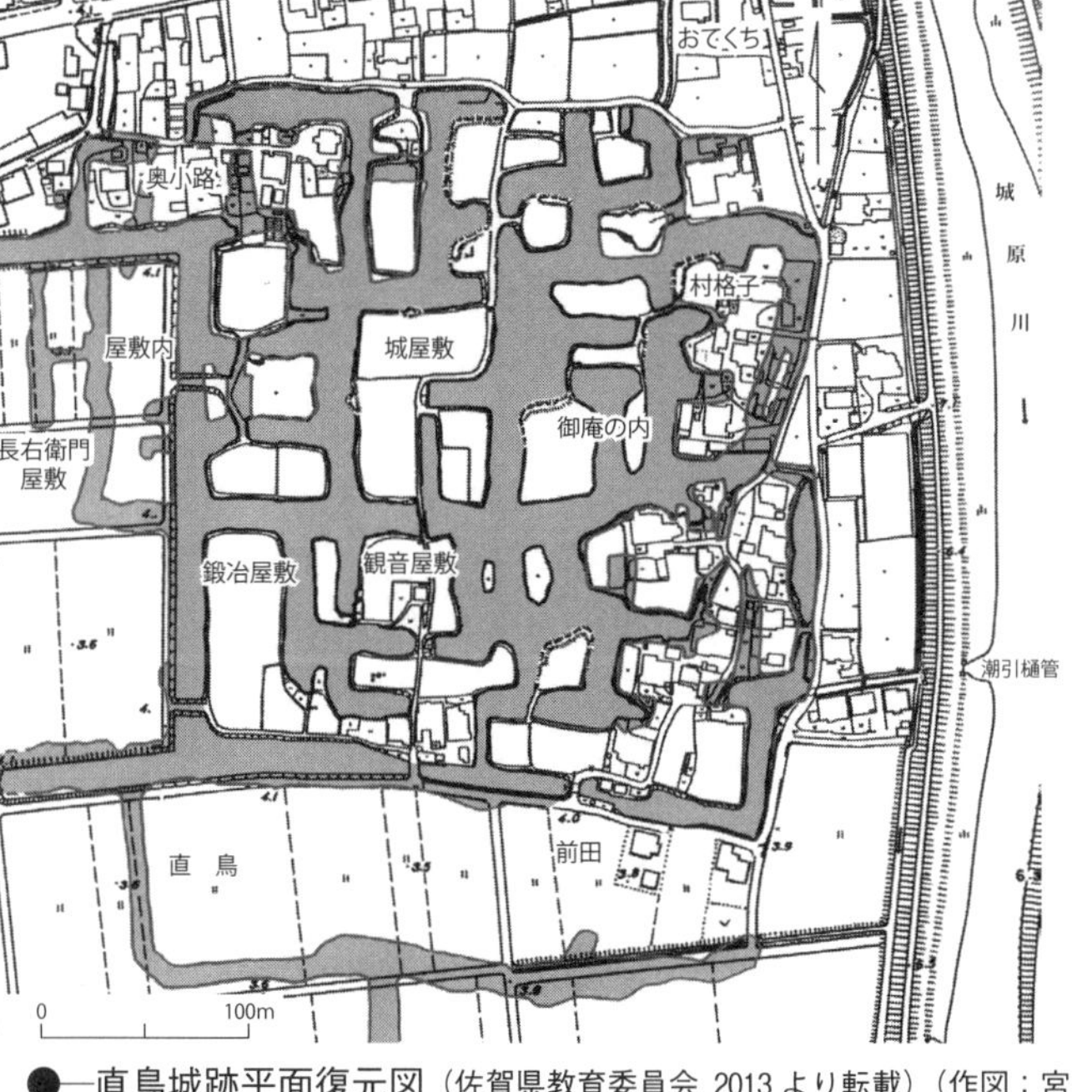

●―直鳥城跡平面復元図（佐賀県教育委員会 2013 より転載）（作図：宮武正登）

【城の概要】城の中央には、「城屋敷」の地名が伝えられる平面L字形の最大規模の島があり、これが城の中心部を形成する曲輪と考えられる。この中心部の西・南には「長右衛門屋敷」や「鍛冶屋敷」・「屋敷内」などの屋敷地名が伝えられており、中心部の外縁に被官屋敷群があったものと推測される。これらの島の中には縁辺に土塁の痕跡が認められるものもある。また中心部の南に隣接した島には「観音屋敷」の地名が伝えられ、城内における宗教施設の存在を窺わせる。

現在の直鳥城跡は、廃城後の農村風景をコンセプトとした「直鳥クリーク公園」として修景・整備されている。

【参考文献】千代田町教育委員会『直鳥城跡』（一九九九）、佐賀県教育委員会編『佐賀県の中近世城館　第二集　各説編一』（二〇一三）

（桑原幸則）

●佐賀藩鍋島家累代の居城

佐賀城

〔佐賀県史跡〕

〔所在地〕佐賀市城内
〔比　高〕一メートル
〔分　類〕平城
〔年　代〕慶長十六年（一六一一）～明治
〔城　主〕鍋島直茂・勝茂、鍋島氏
〔交通アクセス〕ＪＲ長崎本線「佐賀駅」下車、駅前バスセンターから広江線「博物館前」下車、徒歩三分。

【築城の背景と立地】　佐賀城の普請は、蓮池城の普請と並行して、慶長四年（一五九九）頃には開始されていたとみられ、慶長七年に本丸の台所建築が行われるなど、龍造寺家の本城としての佐賀城の改修・整備が進められていた（佐賀県教育委員会編、二〇一三）。しかし、慶長十二年に龍造寺高房、政家が没すると、鍋島勝茂が龍造寺家の家督を相続し、佐賀藩の初代藩主となり、翌慶長十三年には、勝茂が佐賀城の総普請に着手している。この総普請は、それまでの龍造寺の居城であった村中城を拡張し、整備する形で進められた。堀の拡張の際には、黒田藩の加勢も請けていた。天守台周辺の石垣については、佐賀郡川上（現在の佐賀市大和町川上）から運搬された石材を用いて構築され、慶長十四年に五重の天守が完成している。佐賀城の総普請が完了したのは慶長十六年で、鍋島直茂・勝茂は、蓮池城から本丸へと移った。城内には武雄鍋島家、諫早家、伊万里鍋島家、川久保鍋島家、横田家鍋島家、姉川鍋島家、深堀鍋島家、川久保神代家、多久家など各重臣たちが屋敷地を与えられている。

享保十一年（一七二六）、佐賀城の東方にある藩士宅から出火した大火により、二ノ丸、三ノ丸、本丸など、中心部分の大半が焼け、天守も焼失した。二ノ丸と三ノ丸のみが復旧され、本丸はこの時点では再建されず、二ノ丸に藩主の御殿や政庁が置かれることとなる。なお、天守は以後再建されることなく、現在まで至っている。

天保六年（一八三五）には、二ノ丸の長屋から出火し、御

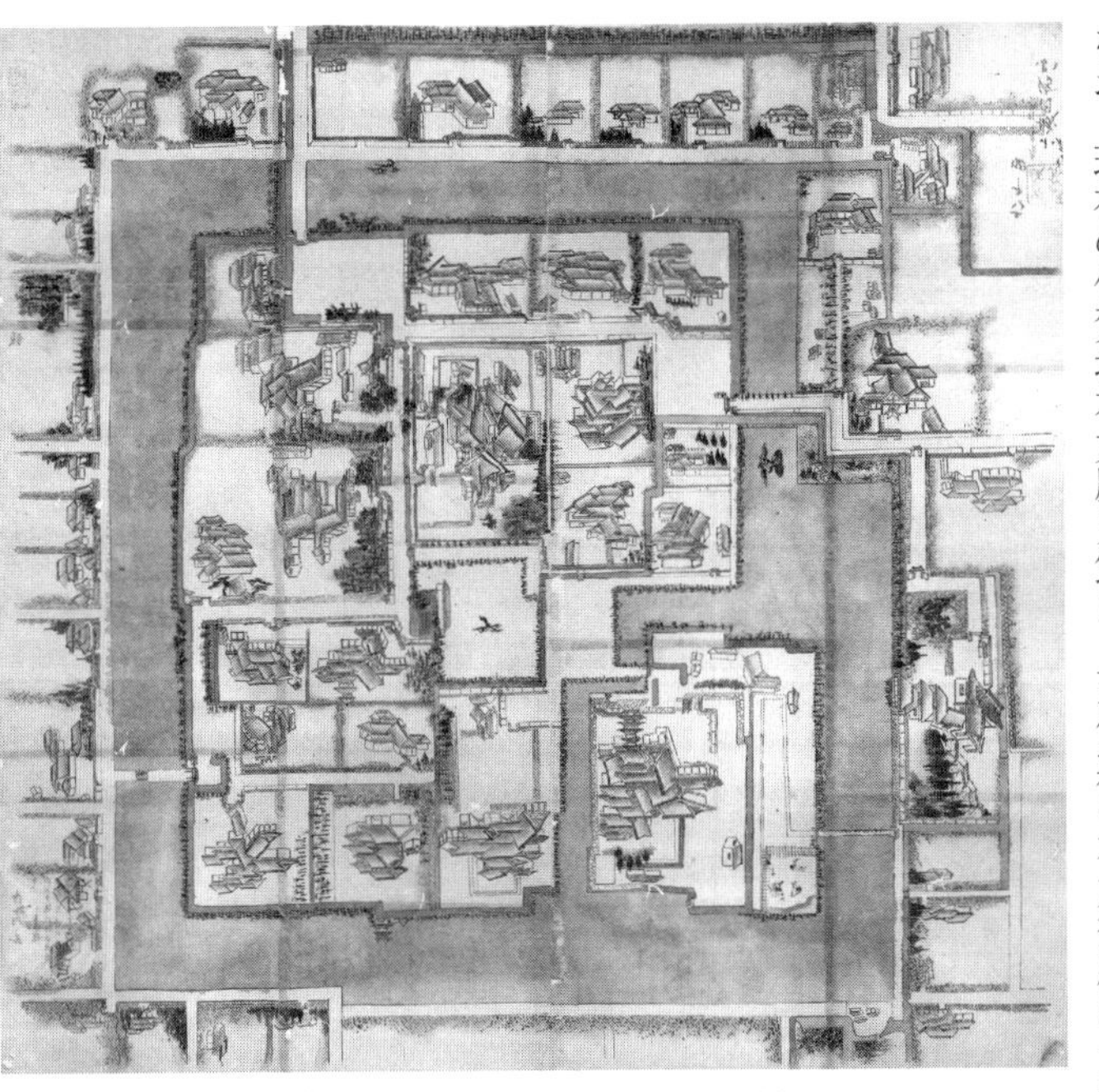

●—佐嘉小城内絵図（公益財団法人鍋島報效会所蔵）

殿はほぼ焼失し、一〇代藩主鍋島直正（なおまさ）は、本丸御殿の再建を決定する。天保九年には、本丸御殿が完成している。この時に合わせて本丸の表門として建築された鯱（しゃち）の門と続櫓（つづきやぐら）は、昭和二十八年（一九五三）に国重要文化財に指定されている。なお、現在の佐賀城本丸歴史館は、天保期の本丸御殿の一部を復元・再建したものである。

【縄張とその特質】　佐賀城は、低地に造営された平城で、最大幅が九〇メートルにもおよぶ巨大な堀で周囲を取り囲まれている。南北八〇〇メートル、東西八七〇メートルの方形を基調としたプランで、南東部にある本丸と二ノ丸からなる中核部分がやや張り出す構造となっている。この中核部分は、内堀で区画され、他の空間とは明確に区別される。城内への入り口は、北門、東門、西門の三ヵ所で、このうち北門が大手となる。また、本丸の南東には「裏門」が設けられる。西門には、内桝形虎口（うちますがたこぐち）が採用されているものの、北門および東門、裏門は平入虎口で、城内に入ったところには「勢溜（せいだまり）」と呼ばれる空間を持つのみである。

本丸の西辺、北辺および天守台に高石垣が用いられるほかは、土居造りを基本としている。現状では、外濠に面した部分に石垣が用いられているが、この腰石垣も一八世紀になって改修されたもので、築造当初は「板搦（いたがらみ）」であった。

本丸の北西に位置する天守台は、続櫓を通って登ることとなるが、本丸側（南側）には続櫓に通じる石段は確認されておらず、北側の石段を使って上がることしかできない。詳細な理由は不明だが、いったん門を通って本丸の外に出てからでないと、天守に上がれないという特異な構造となってい

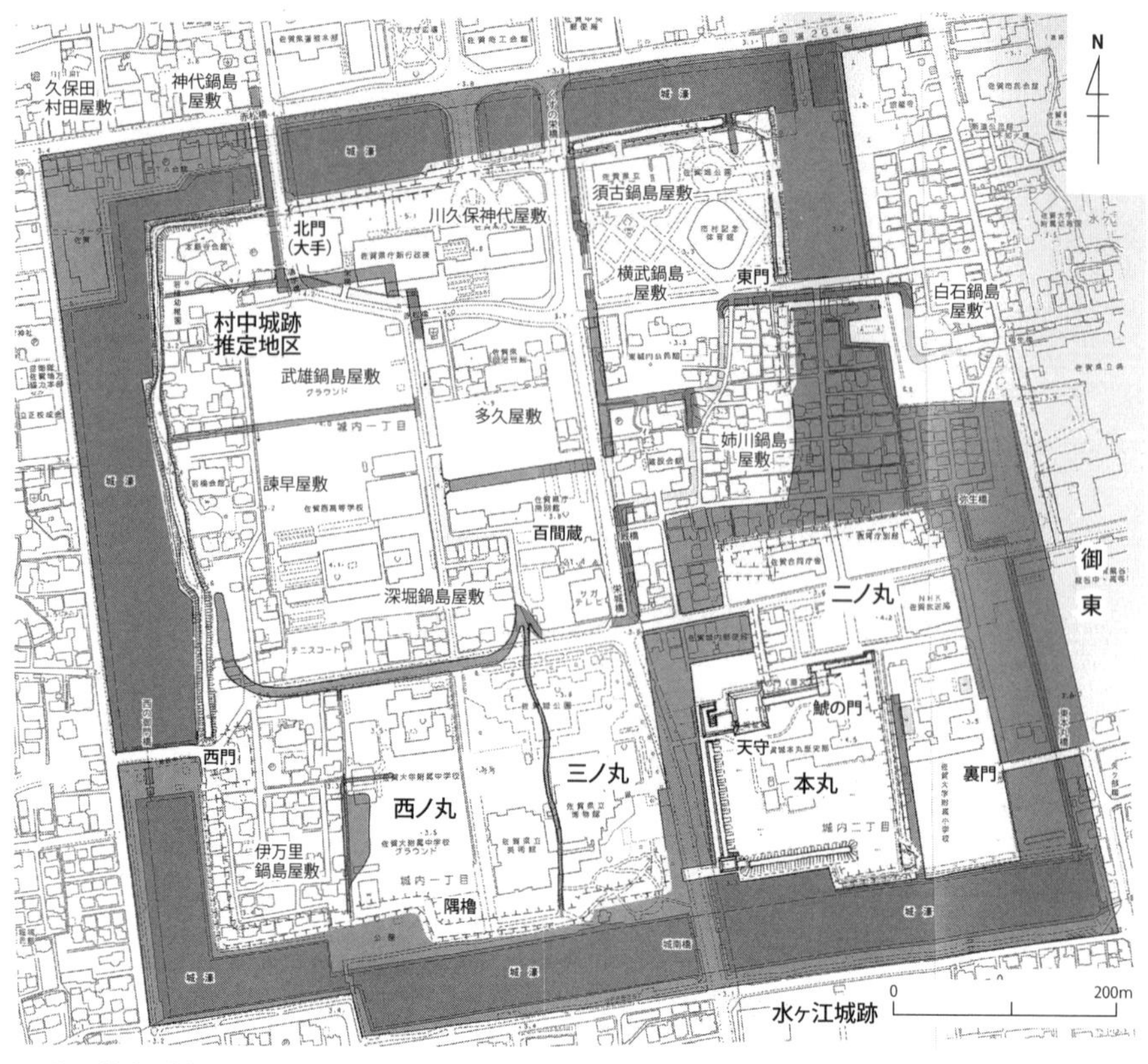

●―佐賀城縄張図（『佐賀県の中近世城館』第２集，2013より転載）（作図：宮武正登）

る。

本丸の西側に、内堀を隔てて三ノ丸、西ノ丸が南堀に沿って並列的に配置されている。これらの曲輪は、中核部分との直接的な連絡性は見出せず、あくまでも独立的に配置されている。また、各重臣屋敷についても城内に並列的に立ち並んでおり、居館の集合状態のような様相を呈している。こうした状況は、宮武正登が指摘するように、中世佐賀の低平地に特有の、溝渠で区画された屋敷の集合体としての低平地城館をベースとした縄張構造の地域性を表出しているものであると同時に、藩政初期の鍋島家と重臣層との間の微妙なパワーバランスの反映とみることもできる（佐賀県教育委員会編、二〇一三）。

【本丸御殿の発掘調査】 明治から大正期にかけて、佐賀藩庁舎、佐賀県庁舎として利用され、その後学校の校舎としても利用されていた。しかし、大正九年（一九二〇）には赤松尋常小学校の新校舎が建設され、御殿の大部分は解体されることとなった。昭和五十八年に当地に近代歴史資料館が建設されることとなり、それに伴う発掘調査

●―蝋燭地業

が実施された。平成五・六年（一九九三・四）度に行われた発掘調査では、天保期の本丸御殿に関連する遺構が良好に残存していることが確認され、資料館建設の方針が見直されることとなった。当時の指図や幕末期に撮影された写真をもとに復元が検討され、主要な建物（「御玄関」「御式台」「外御書院」「御座間」「御料理間」「屯之間」など）が再建され、平成十六年に佐賀城本丸歴史館として開館した。

平成二十九・三十年度には、将来的な遺跡活用を見据えて基礎資料を収集するために、未調査部分の発掘調査が実施されている。この調査では蝋燭地業などの礎石の下部構造が明らかとなり、軟弱地盤に対応した技術力をみることができる。また、本丸の地下に赤石で構築された上水用の暗渠が巡らされていることが明らかとなり、「奥」にあたる箇所では地下式の取水施設も発見されている。

現在は、最新の発掘調査成果や指図などとを突き合わせて建物の平面表示が整備されており、本丸御殿の規模を体感することができる。

【参考文献】佐賀県教育委員会編『佐賀県の中近世城館　第二集　各説編一』（二〇一三）、佐賀県立佐賀城本丸歴史館編『佐賀城本丸跡』（二〇二一）

（渕ノ上隆介）

●鍋島直茂が整備した水濠の城！

蓮池城

〔所在地〕佐賀市蓮池町
〔比　高〕約一メートル
〔分　類〕平城
〔年　代〕一六世紀代
〔城　主〕小田氏、龍造寺氏、鍋島氏
〔交通アクセス〕ＪＲ長崎本線「佐賀駅」から、佐賀市営バス蓮池線「蓮池公園前」停留所下車、徒歩五分。

【歴　史】　永禄十一年（一五六八）、蓮池領主の小田氏が龍造寺隆信により梶峰城に移封されると、代わりに梶峰城主の龍造寺長信（隆信の弟）が入城する。しかし元亀元年（一五七〇）に小田氏が龍造寺氏に背き追放されると、代わりに龍造寺家晴が柳川城から移る。その後、天正十二年（一五八四）に龍造寺隆信が沖田畷で討ち死にすると、柳川城主であった鍋島直茂と家晴が交替する。これは村中城にあって龍造寺家当主となった政家を、距離的に近い蓮池城から直茂に補佐させるとともに、直茂の離反を警戒するために龍造寺一門が行った措置と思われる。蓮池城に入城した直茂が積極的に整備を行った様子がいくつかの史料で確認される。当時の龍造寺家と鍋島家はお互いに補完的な存在であった一方で、常に警戒する関係でもあったからである。慶長十二年（一六〇七）に龍造寺高房（政家の子）および政家が相次いで没すると、その後の鍋島勝茂による龍造寺家家督相続、およびその代償ともいえる龍造寺一門（多久・武雄・須古・諫早）による集団執政体制の容認と、佐賀鍋島藩の複雑な藩政構造が形成されていく。元和元年（一六一五）の「一国一城令」を受けて破却した後に、寛永十六年（一六三九）に勝茂の五男である直澄が分知され五万三〇〇〇石の蓮池藩が成立すると、その藩庁として修繕された。蓮池城は、このような複雑な政治状況下で廃城と再整備を経験することになる。

【縄　張】　佐賀江川が袋状に蛇行する箇所の北側に、主郭に相当する「牙城」およびその中心部に「御屋形」が配置された。その北側は「城内」「郭内」「郭外」に濠で区画される。「城内」とは上級家臣の屋敷が置かれていた方形の区画で、現在は水田と化している。「郭内」とは魚町・本町・神崎町・城原町・紺屋町などの町屋が形成され、その外部には士分屋敷と寺社が配置された。さらに「郭外」は中路・小松・小曲地区に分けられ、ここにも士分屋敷が置かれた。

佐賀平野特有のクリーク（濠）を駆使した城郭で、曲輪は方形を基本としている。主郭である「牙城」は「御屋形」を中心に単郭といえ、南側に馬屋があり、北側に虎口が確認されるが平入りである。文献史料から「牙城」に瓦葺、漆喰塗籠の天守や櫓が存在したようであるが、その位置は現状からも、また『元蓮池藩陣屋地所圖』などの近世史料からもよくわからない。「牙城」南側の防御は佐賀江川に大きく依存している。それ以外の方位は幅一〇メートルほどの水濠で区画し、横矢構造の塁線や、桝形虎口など導線の工夫も見られない。強いていえば「城内」「郭内」「郭外」と呼ばれる方形を基調とした島状の曲輪群を重層的に展開して取り囲み、防御しているという状況である。佐賀平野のクリークを利用した城郭では、濠に「仕切り」状土塁を設けて防御力を高める工夫がよく見られるが、そのような構造もない。同じことは「城内」と「郭内」（町屋区画）との間においても言える。つまり蓮池城の縄張とは、領主館である「牙城」と上級家臣団の「郭内」との間に明確な差異が見られず、また曲輪塁線に横矢構造や導線に桝形虎口などの織豊系城郭の技術が導入されていない、在地の伝統的な方形居館を踏襲したものであると評価できよう。

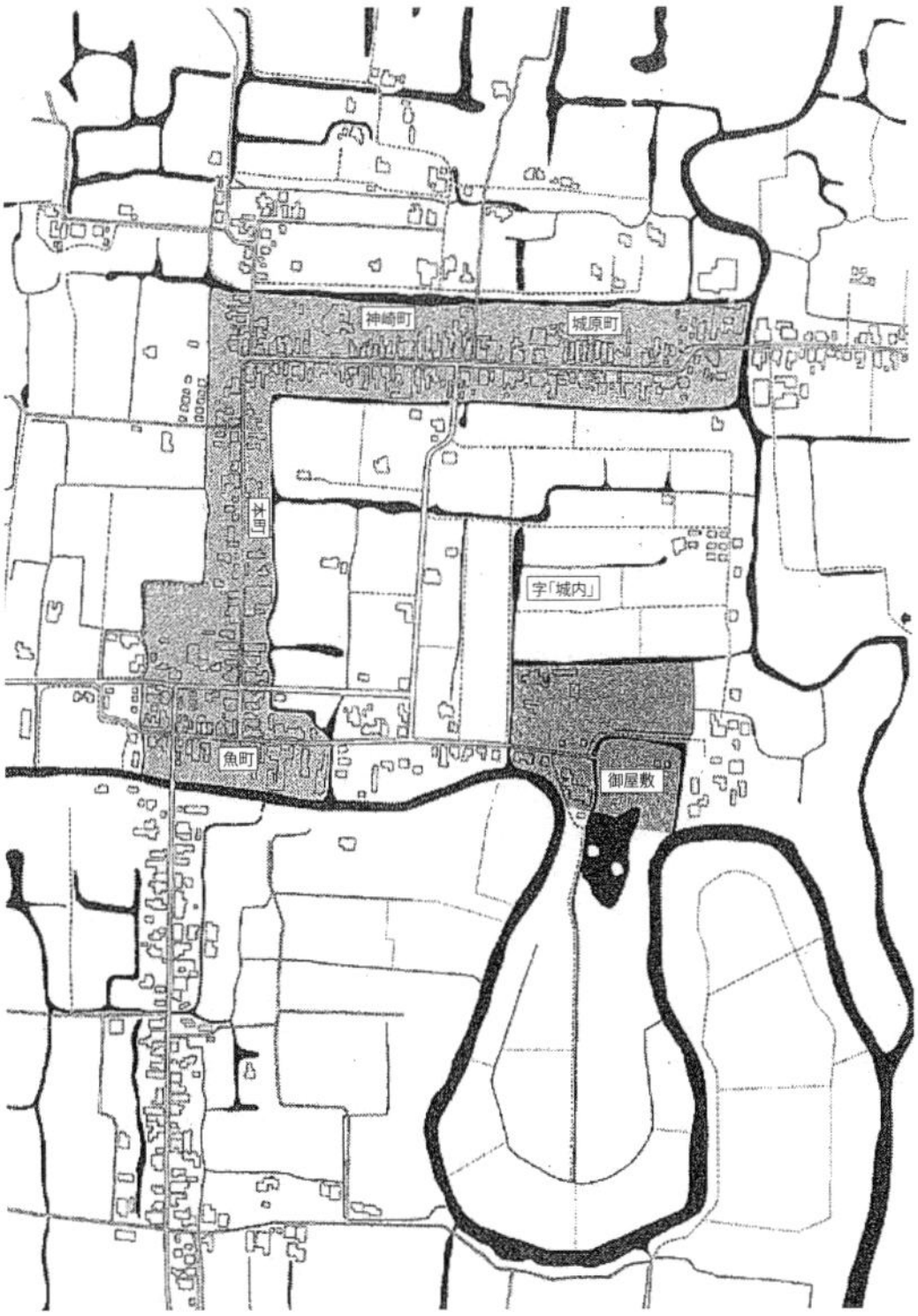

●—蓮池城図（作図：木島孝之）

【参考文献】木島孝之『城郭の縄張り構造と大名権力』（九州大学出版会、二〇〇一）

（林　隆広）

三瀬城（みつせじょう）

●龍造寺隆信を苦しめた好敵手・神代勝利の山城！

〔所在地〕佐賀市三瀬村
〔比　高〕約二六〇メートル
〔分　類〕山城
〔年　代〕一六世紀代
〔城　主〕神代氏
〔交通アクセス〕三瀬地区コミュニティバス「宿（ロッジやまびこ前）」停留所から登山口まで徒歩二〇分、登山道を徒歩三〇分で主郭部。

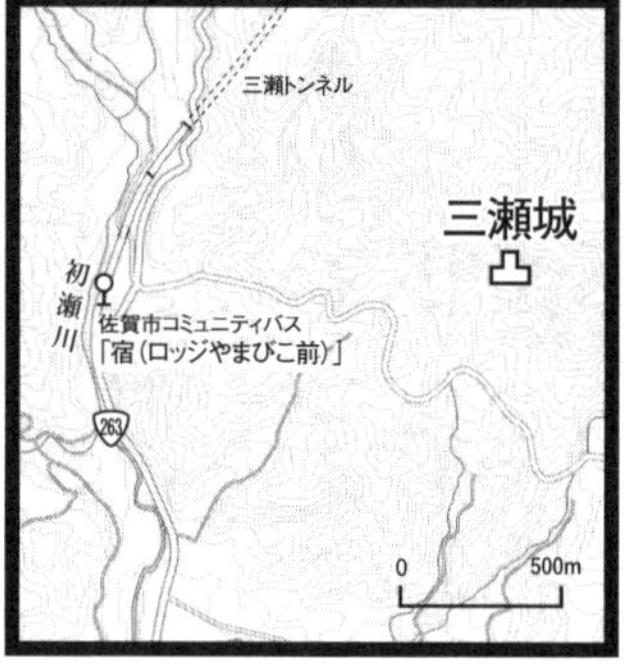

【立地と歴史】　三瀬は脊振（せふり）山の西部に位置し、初瀬・高瀬・鳴瀬の三つの河川が合流することから三瀬と呼ばれるようになったといわれる。三瀬地域は小規模な盆地が点在し、山内衆とよばれる在地領主がそれぞれの盆地を支配した。その数は二六ともいわれ、時には敵対し、ある時は佐賀平野の勢力から受ける圧力に結束して対抗した。肥前国と筑前国の境目に位置し、古来より峠道の要衝として人々の往来があった地域である。

　三瀬城は三瀬宗利の時代に築城されたといわれるが、一般的には戦国武将の神代勝利（くましろかつとし）の居城として有名である。神代氏はもともと筑後国高良山玉垂宮（こうらさんたまたれぐう）の大宮司であったが、文治元年（一一八五）に筑後国の神代へ移った際に神代と改称しているようである。南北朝時代には肥後の菊池氏と抗争するなど活躍したが、六代の神代宗元の時代に蒲池・草野・西牟田といった周辺国人との争いに敗れ、筑後国神代を追われている。松浦（まつら）党の波多氏を頼った神代氏であったが、宗元の子である新次郎が三瀬宗利（むねとし）に請われて三瀬城主となり、勝利と名乗ったとされる。神代勝利は武勇に優れ、瞬く間に三瀬に盤踞する山内衆（二六の国人衆）を束ねる存在となった。勝利は少弐（しょうに）氏滅亡後も龍造寺隆信（りゅうぞうじたかのぶ）と敵対するが敗れて流浪するが、弘治二年（一五五六）と永禄四年（一五六一）の二度に渡り三瀬城への復帰を果たしている。永禄五年に勝利の孫娘と隆信の三男・家信の婚儀を約して龍造寺氏と和睦すると勝利は畑瀬城に隠居したとされる。嫡男の長良（ながよし）の後に隆信に攻められて大友氏へ身を寄せていたが、元亀二年（一五七一）に龍造寺氏の家臣となり、小河信俊（鍋島直茂の弟）の息子の家良を養子とした。以後子孫は川久保鍋島氏として幕末を迎えた。

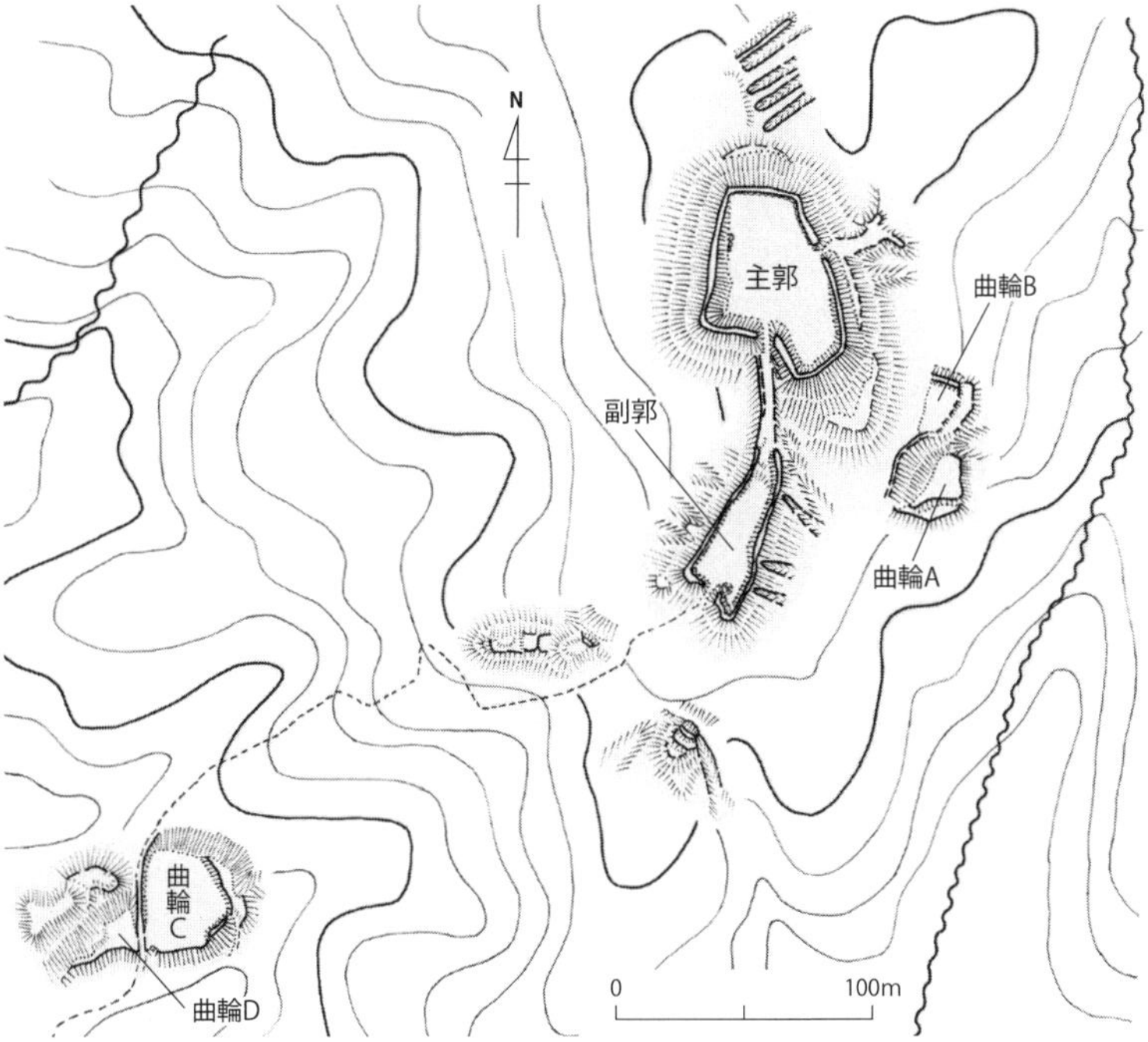

●―三瀬城縄張図（作図：林 隆広）

【縄　張】主郭は変則的な五角形を呈し、曲輪内は平坦に削平されている。塁線は土塁で囲まれており、特に西側塁線は土塁が最高所で六メートルと高く、また馬踏や土塁基底部の幅も広く分厚い。塁線北側の土塁内側は石積みにより土留めがなされている。主郭北側斜面から北側に延びる尾根筋の東側斜面には四条の竪堀群が作られ、虎口がある主郭東側への横移動を制約しているようである。土塁東側に平入りの虎口が開き、主郭から北東部に伸びる尾根筋へと導線が下る。この平入虎口から降る尾根筋は南北から自然地形による谷部が食い込むため土橋状の導線となり、やや折れのある構造となっている。図化していないが、その東側には登山道などの跡なのかよく性格がわからない凹凸が見られる。研究者によってはこれらを竪土塁や竪堀と評価しているが、これらが防御遺構であればあまりにも長大な防御線を構成しなければならなくなり、籠城戦を行ううえで合理的でないように思われる。主郭北側尾根筋の竪堀群よりも外側に防衛線を形成することにもなり、防衛上の矛盾となるのではないだろうか。

主郭南側の虎口は平入りながらも主郭南東部が突出することで横矢を掛ける構造となっている。同様の構造は副郭の南側虎口にも見られ、三瀬城の構造上の大きな特徴といえる。

●—主郭虎口

主郭南東部の斜面を下ると、主郭と同様に平坦化された二段の曲輪Aがある。この曲輪の斜面上部に土塁状の高まりがあるが、用途としては降雨時に主郭側からの雨水を曲輪へ直接流れ込ませないためのものであろうか。あるいは曲輪を攻城勢に押さえられた際に、籠城勢が反撃するために用いる胸壁のようなものであろうか、その性格はよくわからない。また平坦化は不徹底ながらも明確な土塁を伴う曲輪Bがその北側にあり、ちょうど同程度の規模を持つ曲輪が並ぶように位置している。

主郭南側の虎口を南側に下ると、細長い三角形を呈する副郭へ至る。主郭と副郭を結ぶ回廊のような導線はかなり急な傾斜である。またその西側には土塁の痕跡が残る。なお、回廊状導線の東側は自然地形の谷部が食い込み、曲輪A・Bと遮断する格好となっている。副郭も主郭と同様に土塁で囲まれており、北西側塁線の土塁内側に石積みによる土留めがなされている。副郭南側の虎口は平入りながら副郭南部がやや突出し、また副郭西部の隅部が張り出すことにより逆凹字のような形状となり、横矢が掛かる構造となっている。副郭の東側斜面には五～八メートルほどの幅がある竪堀が三条確認される。また塁線中央に折れが見られ、側射できる構造となっている。

一方の西側斜に竪堀は見られないが、自然地形の凹みにより横移動を制約しているようである。副郭南側虎口を南西側にかなり下ると堀切（ほりきり）が二条あり、副郭と接続する尾根筋を遮断している。また堀切の外側には小規模な曲輪群を構築し、両堀切の間に食い込む自然地形の谷部に沿う導線（登山道）へ側射できる構造となっている。

副郭から距離で約二五〇メートル、標高で約一〇〇メートル下ったところに『神崎奥山内図』で「舘跡」とされる曲輪Cがある。東西および南北に約四〇メートルの規模で、東側は段がある。導線（登山道）が土塁状となり、曲輪Cの西側には小規模の曲輪Dも見られる。両者の性格はよくわからないが、曲輪Dの北側は頂部となり、平坦化の未徹底な空間が見られる。これらは平時における居住用の空間と思われるが、そうすると主郭南東部の曲輪A・Bは何であろうか。家臣団の屋敷という見解もあるが、今後、さらなる多くの視点からの検証を待ちたい。

●—主郭土留め石積

以上、主郭と副郭の縄張を見てきたが、主郭の斜面に竪堀がないことに興味を覚える。副郭には三条の竪堀があり、また自然地形の凹みも利用して横移動を制約しようという意図が窺えるが、主郭斜面には竪堀がない。一方、副郭の土塁は高さも馬踏も小規模で、主郭の土塁とは大きく異なる。そのように考えると、主郭と副郭とでは防衛戦術に違いがあったのかもしれない。副郭は攻城兵の横移動を制約しつつ射撃焦点（キルゾーン）をいくつかに集中することを意図したのではないだろうか。そのため土塁は胸壁のような役割を果たしたと思われる。一方の主郭では広い馬踏の上を籠城兵は移動し、攻城兵の動きに合わせながら火点（ファイアポイント）を集中することを意図した、という想定である。

（林　隆広）

【参考文献】『日本城郭大系　第一七巻』佐賀・長崎（新人物往来社、一九八〇）

●東西九〇〇メートルの大規模山城

千葉城（ちばじょう）

〔所在地〕小城市小城町
〔比　高〕約一〇〇メートル
〔分　類〕山城
〔年　代〕一四世紀中頃〜一六世紀中頃
〔城　主〕千葉胤貞
〔交通アクセス〕JR唐津線「小城駅」下車、北へ二キロ。または、長崎自動車道「小城スマートIC」から車で約五分。展望台そばに駐車場有

【城の歴史】　千葉城は小城市小城町の市街地北部に位置し、祇園川沿いに東西に延びる丘陵部に肥前千葉氏の本拠として築城された山城で東西約九〇〇メートルを測る。

鎌倉時代に下総国千葉荘を本拠とした関東御家人千葉氏と肥前小城の関わりは、鎌倉幕府を開設した源頼朝が、平氏打倒の恩賞として千葉常胤に上総、武蔵、相模、常陸、美濃、薩摩五郡と肥前晴気荘を安堵し惣地頭職に補任したことに始まったと考えられている。常胤から六代目にあたる千葉頼胤は、蒙古襲来に伴い、それまで代官派遣による開発・経営を持続していた九州に異国警固番役として赴いている。所領の一つであった肥前国に居住するようになるが、文永の役での傷がもととなり小城で没している。頼胤には宗胤と胤宗という子がいたが、頼胤の没後、長兄である宗胤が家督を継ぐことなく下向し肥前千葉氏の初代となっている。

牛首城や国府城などの別称を持つ千葉城だが、いつ築城されたのかを裏付ける一次史料は伝わっていない。後年に編纂された『北肥戦誌』には二代胤貞が「国府の城」に居住したとある。一方、「千葉系図」では胤貞は松尾山開基とあり、三代胤泰は高田城住、四代胤基は松尾城住、五代胤鎮になってようやく「牛首城」の名称が現れる。千葉城の存在を示す史料としては、観応二年（一三五一）の今村利廣軍忠状があり、そこに記された「吉田河原」や「當御城水手」といった場所が現在も千葉城とその周辺に残る「吉田」や「水ノ手」といった地名に該当すると考えられている。このことから、

●―千葉城遠景（南から）（小城市教育委員会提供）

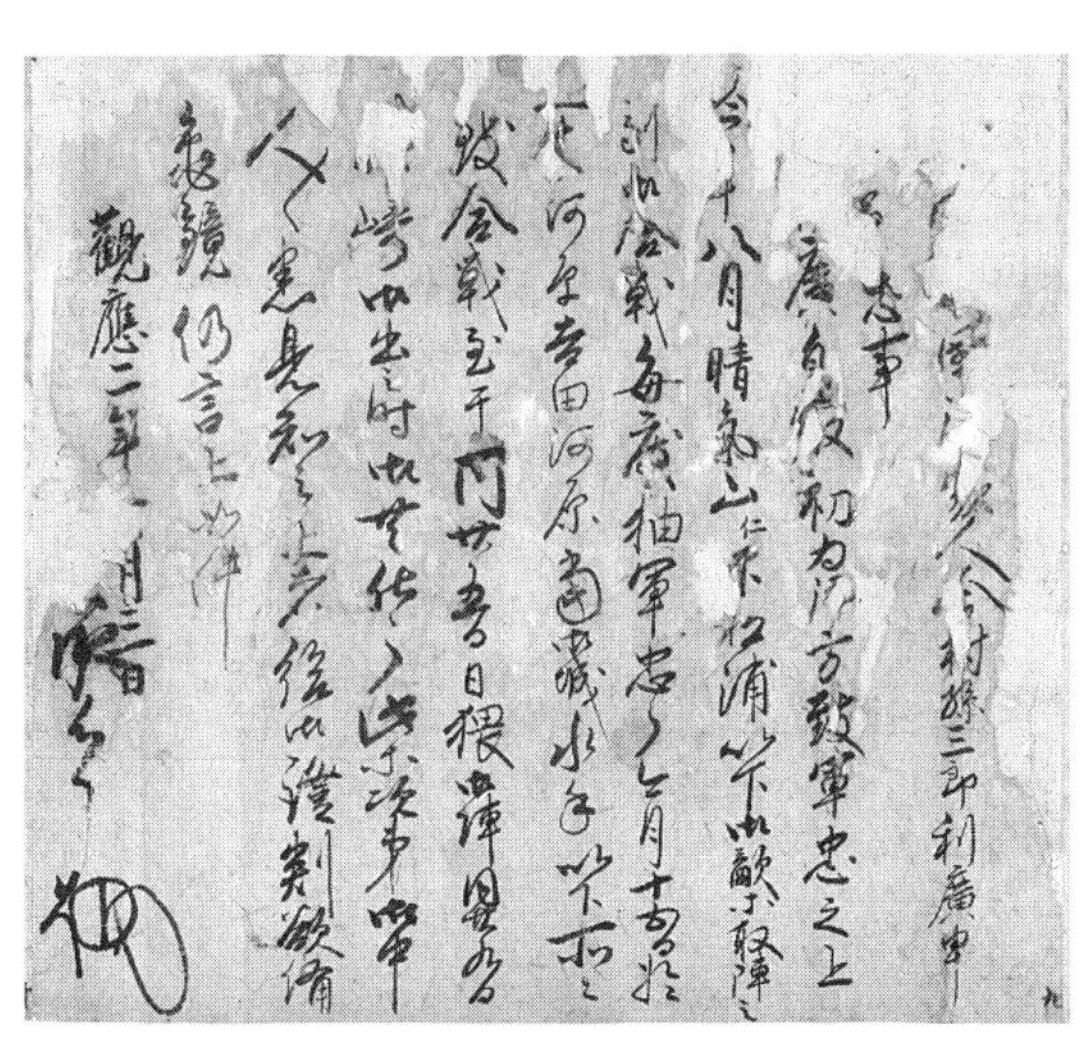

●―今村利廣軍忠状（小城市立歴史資料館所蔵）

観応年間以前にはすでに千葉城が存在していたことが窺われる。

　千葉氏の勢力は一五世紀中頃に全盛期を迎えるが、文明年間になると家督争いから東西千葉氏に分裂し、西千葉氏は晴気城を、東千葉氏は赤司城や平井館を拠点としたとされている。分裂後、両千葉氏のどちらかが千葉城を拠点としたことを示す史料は確認されていない。後世の編纂であるが『北肥戦誌』や『歴代鎮西誌』には、天文十四年（一五四五）三月に少弐氏重臣の馬場頼周が主君冬尚の居城にするため千葉城の普請を進めていたところ、かつて頼周の謀略によって没落していた龍造寺剛忠が、佐賀に復帰した直後の四月二日に西千葉側の千葉胤

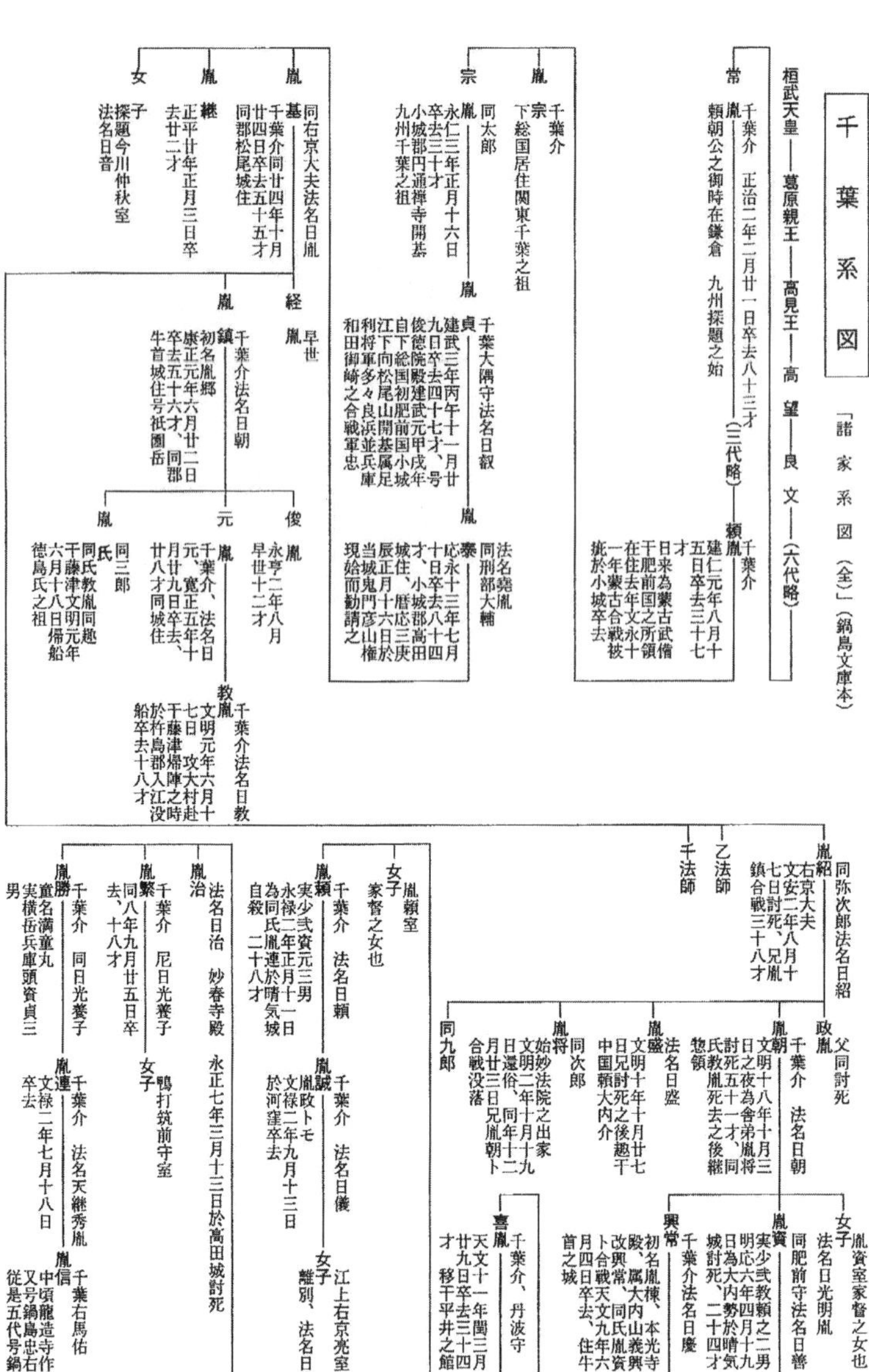

勝の協力を得て千葉城を攻撃し、頼周・政員父子を討ち取ったとある。これによって、千葉城が落城したと考えられている。

●―千葉系図（『小城町史』1974より）

【城の構造】　宮武正登による城郭研究では、千葉城は総合的な造作の大きさに比して、単調な防備発想に基づく曲輪の直列配置を空間構成の基軸としている点に室町期前半の山城の特性を如実に示す一方で、戦国期に入ってから追加された防御要素が混在しているとの指摘がある。

また、これまでの発掘調査の成果からは掘立柱建物跡や柵列などの建造物跡や、石垣や石積、土塁や竪堀などの防御施設が確認されている。出土した遺物は、おおむね南北朝時代

～戦国時代前期と廃城後にあたる江戸時代後期の大きく二期に分けられ、一五世紀代の遺物が中心となっている。この時代が千葉城の最盛期と考えられているが、なかでも主郭部分からは多量の土師器とともに龍泉窯系青磁、磁州窯系鉄絵壷、天目碗、ベトナム産青花皿などの貿易陶磁器が出土しており、武家儀礼を執り行うことのできる「御殿」や「会所」といった建物群の存在が想定されている。従来の研究では、このような施設は戦国最盛期（一六世紀中頃以降）に出現すると考えられているため、千葉城ではそれらの施設が一世紀前後遡る時期から存在していたことが確認されたことになる。また、竪堀跡などからの表採資料ではあるが、茶臼も出土しており、この山城を平時も利用していたことを裏付ける資料となるのではないだろうか。

●—千葉城跡主郭部出土土師器
（小城市教育委員会所蔵）

　城域の大部分が民有地であり、一般の立ち入りは制限され、見学できる場所は西側の展望台付近と限られている。実際、現地で遺構などを確認することは難しいが、宮武が作成した縄張図や論文を引用して千葉城の様相を概観していきたい。

　中心部にあたる山頂周辺には、東西に六ヵ所の曲輪が配置されている。頂上部の曲輪Aは主郭にあたり、南北三〇メートル、東西四五メートルを測る。小城市教育委員会が実施した確認調査では、土塁築造の際に行われる下地整形と考えられる階段状の地山掘削痕と土塁基底部の盛土が確認されており、曲輪北縁に土塁が備わっていたと推定されている。主郭Aに付随する腰曲輪B・Cの北縁にも土塁が残存しており、土塁線が中心部の北縁全体を巡っていた可能性が考えられている。

●—千葉城跡出土遺物（小城市教育委員会所蔵）

　主郭Aの東側にも三つの曲輪が並んでいるが、中心部を構成する総延長二七〇メートルにおよぶ曲輪群には堀切や横堀などの分断施設は見当たらず、各曲輪間は切岸による段差によるのみである。切岸の発達は顕著であり、腰曲輪B・Cでは五メートル以上、帯曲輪Eでは八～一

●—千葉城縄張図（佐賀県教育委員会 2014 を転用）（作図：宮武正登）

〇㍍に達している。千田嘉博は南北朝期城郭から室町期城郭への転換期的特徴の一つとして、堀切や帯曲輪との併用により切岸の発達現象を指摘している。土木規模の増大と技術発展により、自然地形を利用した造作の少ない山城から切岸や堀切といった物理的な障害物を積極的に施した山城へ転換するという方向性を示したもので、千葉城の中心部の構造はこの転換期の特徴が如実に表れていると考えられている。

主郭西側の展望台付近では、櫓台（やぐらだい）状のマウンドGを中心に帯曲輪群が巡り、須賀神社の社殿西側では堀切を確認することができる。櫓台状マウンドGの南東側には、広い平坦空間M・Nがあり、ある時期の付属居館跡とも考えられている。鞍部Iからは南北に総延長四五〇㍍に達する最大幅一四㍍の大竪堀があり、「惣構（そうがまえ）」と呼ばれる戦国期の城館特有の外郭線に相当している。さらにこの竪堀の東側の尾根には一六世紀後半に流行する畝状（うねじょう）竪堀群を備えた単独の曲輪Lが存在している。これら戦国期の遺構は、千葉城の最終的な利用時期を示していると考えられている。

【引用文献】宮武正登「小城の城館の消長とその政治的背景」『千葉の城・鍋島の城』（佐賀大学地域学歴史文化研究センター、二〇一八）

【参考文献】小城町役場『小城町史』（一九七四）、千田嘉博『織豊系城郭の形成』（東京大学出版会、二〇〇〇）、小城市教育委員会『千葉城跡 妙見遺跡』（二〇一〇）、佐賀県教育委員会編『佐賀県の中近世城館』第三集（二〇一四）、佐賀大学地域学歴史文化研究センター『千葉の城・鍋島の城』（二〇一八）

（太田正和）

●城郭レベルの規模と構造の陣屋

小城陣屋

〔所在地〕小城市小城町
〔比　高〕約二〇メートル
〔分　類〕陣屋
〔年　代〕一七世紀前半～廃藩置県
〔城　主〕小城鍋島家
〔交通アクセス〕JR唐津線「小城駅」下車、北西へ五〇〇メートル。

【陣屋の歴史】　小城陣屋は小城市小城町の市街地中心部、標高二〇メートル程度の平野部に位置する。標高四〇メートルの独立丘陵部やその南側に茶屋や庭園が造営され、丘陵北側には屋敷が築かれた。

肥前佐賀藩主の鍋島家は知行内から分知し、小城・蓮池・鹿島に三つの支藩を立てている。小城藩は七万三〇〇〇石という大身の支藩で参勤交代などの幕府への公役も負担し、江戸城では柳の間詰の上席でありながら無城格大名という位置づけにあった。小城陣屋は一般に「桜岡城」や「小城藩邸」とも呼称されているが、一国一城令のもと「城」という名称を用いることができなかったため、諸史料では「御茶屋」や「御館」、「屋敷」としか確認できない。また、茶屋や屋敷より格上の「陣屋」という名称も史料で確認することができないが、佐賀県教育委員会が実施した中近世城館緊急分布調査の成果より「小城藩邸」の規模や構造、「大手」の概念を持った町屋の様相から城構えの「陣屋」という評価を得た。

小城陣屋は肥前佐賀藩の分家である小城鍋島家が造営したもので、桜岡と呼ばれる陣屋域および西岡や濱と呼ばれる庭園域からなる。陣屋の造営は、小城藩初代鍋島元茂が祖父鍋島直茂（佐賀藩祖）より譲り受けた知行所のうち「岡」や「娑婆岡」と呼ばれていた独立丘陵部に茶屋を設けたことに始まる。陣屋として整備に着手したのは二代直能で、承応元年（一六五二）頃に「岡」や「娑婆岡」での作事を見立て桜の増殖を行う一方で、丘陵部南西側の西岡を中心に茶屋など

●—小城陣屋遠景（南東より）（小城市教育委員会提供）

の施設整備を進め、天和四年（一六八四）には整備した庭園部分を『資治通鑑』の編者司馬光（温公）の庭園「独楽園」に擬え「自楽園」と名付けている。陣屋の作事に関しては万治元年（一六五八）頃に開始し、延宝六年（一六七八）には桜岡に玄関式台を建てていることが年譜などの文献史料で確認することができる。

直能は佐賀本藩に隠居願を提出して自らは西岡の屋敷に隠居し、受理された延宝七年にはその子元武に家督を譲っている。初代元茂や二代直能は佐賀城西の丸に居住していたが、小城陣屋に藩主が常住するのは三代元武からで、直能が死去した翌年の元禄三年（一六九〇）に桜岡の屋敷を居住所にしたことに始まる。宝永七年（一七一〇）に桜岡大広間の棟上げが行われており、この頃には陣屋の主要な建物が完成していたと考えられる。

【陣屋の構造】　陣屋の建物群がどの場所に造営されたかを示す史料は少ないが、御用大工の子孫に伝わっていた安政六年（一八五九）に作成されたと考えられる指図や立面図（小城市重要文化財「小城藩邸図」）には、石橋や冠木門、表御門、三階御蔵や玄関式台などが描かれており、幕末期の建物などが把握できる。年譜などの文献史料では「西岡」の屋敷と「桜岡」の屋敷とが区別されて表記されており、これらの絵図に描かれている部分は陣屋の北部（現小城高等学校）に造営された桜岡の屋敷にあたると考えられる。

現在は、神社の境内や公園となっているが、現地では小城陣屋ならではの特徴的な空間構造を確認することができる。宮武正登が作成した縄張図や論文を引用して小城陣屋の様相を概観していきたい。独立丘陵の頂上部分Aは四世紀後半に築造された茶筅塚古墳の後円部にあたる。そこから南側へ方形空間Bや鳥森神社境内D、岡山神社境内Eといった南東側に出入口が開口する曲輪群がつづく。鳥森神社の北西には石垣造りの鐘突堂Cがあり、Bを曲輪に見立てた際の「隅櫓」の性格がみえてくる。また、岡山

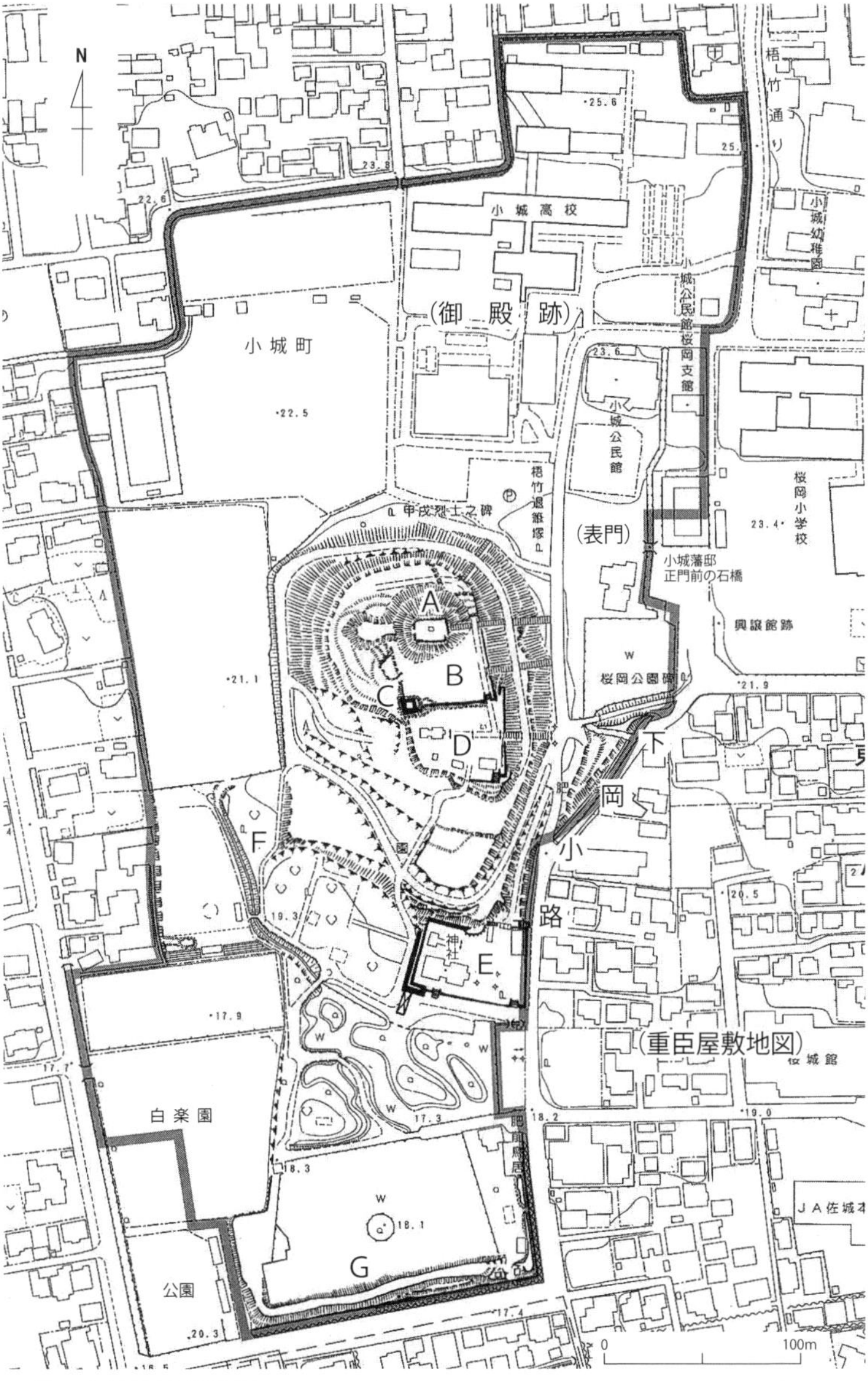

●—小城陣屋縄張図（佐賀県教育委員会 2014 より転載）（作図：宮武正登）

神社境内Eの南西側にある濱の御門では「横矢」とみて取れる出隅部が残っている。これら曲輪などの配置は東側に位置する町屋や御式台前の眺望を意識したもので、陣屋の東側に位置する大手からの攻撃を想定していた可能性が指摘されている。そのほかにも、庭園部の北側には桜岡の屋敷へと延びていた水路Fを、南端部には土塁の痕跡を示す帯状のマウンドGを見ることができる。このように小城陣屋は、表向きには屋敷や茶屋、庭園として造営されたものであるが、残された空間構造からは軍事的性格を強く残した城郭レベルの空間構造を読みとることができる。

小城陣屋での発掘調査で、礎石など建造物に関わる明確な遺構は確認されていないが、唯一、小城市教育委員会が実施した小城陣屋跡二区の発掘調査で、表御門側に架設された石橋周辺で護岸として積まれた石垣や冠木門基礎部分の根固石と考えられる集石遺構を確認している。確認された石垣は、打込接ぎの布積み（江戸時代前期）、亀甲状の切込接ぎの布積み（江戸時代後期）、切込接ぎの布積み（幕末期）の大きく三つの技法があり、布設された時期によって積み方や石材加工状況が異なることから最低二回の石垣改修が行われていたことがわかった。

初代元茂、二代直茂が作事・普請を進め、三代元武の治世より小城藩の藩庁として機能した小城陣屋は、明治維新まで持続したが廃藩後に小城陣屋の建物は解体され、陣屋跡地は旧制中学校の学校用地や郡役所として利用されていた。現在は小城高等学校や西九州大学看護学部が立地している。

桜岡の丘陵部分は、明治八年（一八七五）に明治新政府が施行した「公園法」によって県内最初の公園「桜岡公園」となった。第二次世界大戦後の昭和二十六年（一九五一）には、鍋島家より丘陵南側の自楽園と呼ばれていた庭園部分を小城町が譲り受け桜岡公園と併せて「小城公園」として整備され、現在もなお桜の名所や憩いの場として市民をはじめ多くの方々に愛され続けている。

【引用文献】宮武正登「小城の城館の消長とその政治的背景」『千葉の城・鍋島の城』（佐賀大学地域学歴史文化研究センター、二〇一八）

【参考文献】小城町役場『小城町史』（一九七四）、佐賀県教育委員会編『佐賀県の中近世城館　第三集　各説編二』（二〇一四）、小城市教育委員会編『小城陣屋跡二区』（二〇一九）

（太田正和）

●多久氏から龍造寺多久氏へ、歴代の多久領主の城！

梶峰城

〔所在地〕多久市多久町
〔比　高〕約一五〇メートル
〔分　類〕山城
〔年　代〕一二世紀～一六世紀代
〔城　主〕多久氏
〔交通アクセス〕JR唐津線「多久駅」下車、昭和バス「本多久」停留所下車、多久神社まで徒歩一〇分、登山道を徒歩約三〇分で山頂部の主郭。

【多久氏の立地と来歴】　多久は牛津川の上流、四方を山に囲まれた盆地である。梶峰城は多久の南方に位置する鬼ノ鼻山（標高四三四メートル）から北に広がる丘陵に選地され、多久盆地を一望できる立地である。丘陵の北東には宝永五年（一七〇八）に四代領主である多久茂文により孔子像を安置し、領民に「敬」の心を培わせるために孔子廟が建立された。現存する聖廟としては足利学校（栃木県）、閑谷学校（岡山県）に次ぐ古い建物であり、多久地方を象徴する場所となっている。

　多久氏は建久年間（一一九〇—九九）に鎌倉御家人として摂津国難波の多久より下向してきた多久太郎宗直に始まる系譜である前多久氏と、龍造寺隆信の弟である長信に始まる系譜である後多久氏（または龍造寺多久氏）の二つに分けられる。鎌倉御家人に始まる前多久氏は当初は多久地方の南部に位置する陣内城に本拠を構えたが、建久四年（一一九三）に梶峰城を築城して本拠を移し多久荘を治めたとされる。しかしながら、今日、梶峰山頂に広く展開する遺構群は恐らく戦国時代に入って構築されたものと思われる。なお、後述する主郭の位置する山頂から北の尾根筋には地元で「雄城」と呼ばれる頂部が、また山頂から南東の尾根筋に「雌城」と呼ばれる頂部があるが、ともに自然地形で特に遺構は見られない。

　多久地方は永禄年間になると有馬氏と龍造寺氏の境目となり、当時の多久氏当主である多久宗時は有馬氏と龍造寺氏の間で立ち回り、最終的には有馬氏に属したようである。永禄四年（一五六一）におこった小城丹坂の戦いで勝利した龍造寺隆信は多久宗時を追放し、弟の長信に多久地方を任せて大村氏や松浦氏、有馬氏といった肥前国西部の諸氏に備えさせた。その後、永禄十一年に大友宗麟の侵攻がおこると長信は蓮池の小曲城へ入り、代わりに小曲城の小田鎮光が梶峰城に入った。しかし小田鎮光が大友氏に寝返り、これを鍋島直茂が攻撃、梶峰城を奪還すると再び長信が元亀元年（一五七〇）に入城している。これ以降、多久龍造寺氏は豊臣秀吉から朱印を得て幕末まで多久地方を知行した。やがて龍造寺氏の家督を鍋島氏が継承して佐賀藩が成立した後は、安順の治世に多久氏を称するようになり、親類同格として家老職を歴任した。なお近世においては元和の城割により梶峰城は破却されて「屋敷構」となる。しかし後多久氏（龍造寺多久氏）は佐賀城の城下に集住することなく梶峰山麓の「御屋敷」に居住し、多久地方の邑主として独自性を確保した。

【前多久氏段階の縄張】『丹邱邑誌』巻之五「雑識」には前多久氏の初代である宗直は下多久荘陣内に館を構え、その後に上多久庄に建久四年、梶峰城を築いたとある。ここでいう梶峰城は、梶峰山の北側裾部に位置する梶峰社の背後に広がる曲輪①である可能性が高い。この曲輪①は東西八〇メートル、南北五〇メートルを測り、長方形を呈する。この曲輪①から南側に延びる尾根筋には一段高い所に詰所のような曲輪②が設けられ、さらに一条の堀切で遮断されている。

一般論として、在地領主が山頂部に城館を恒常的に構えるようになるのは戦国期からであり、前多久氏初代の宗直が多久地方の支配のために構えた「城館」としては、この梶峰社の背後に広がる曲輪①がふさわしいと思われる。またこの曲輪①が後に天理（龍造寺長信）屋敷や芳岩（長信妻）屋敷が構えられた場所であることから、多久地方支配における権威的な場所であると思われる。

それが戦国期以降になると、曲輪①のような「城館」では防御力不足となり、やがて梶峰山頂へ防衛拠点としての城郭を整備するようになったと思われる。戦国期になると国人領主はより広範囲にわたって支配権を確立しようとし、勢力を拡張していく。その結果、周辺勢力との軍事的緊張が高まり、場合によっては軍事的衝突に発展する。そのため、曲輪①を政治的な拠点として機能させつつ、一方で梶峰山頂の城郭を整備する必要性に迫られたと思われる。

【後多久氏段階の縄張】前多久氏が何時の段階で梶峰山頂に防御施設を構築し始めたのかは不明であるが、今日、山頂で確認される遺構群は戦国期の後半に見られる要素が多い。梶峰山頂の曲輪③は長辺一〇〇メートル、短辺一〇〜三〇メートルの細長い

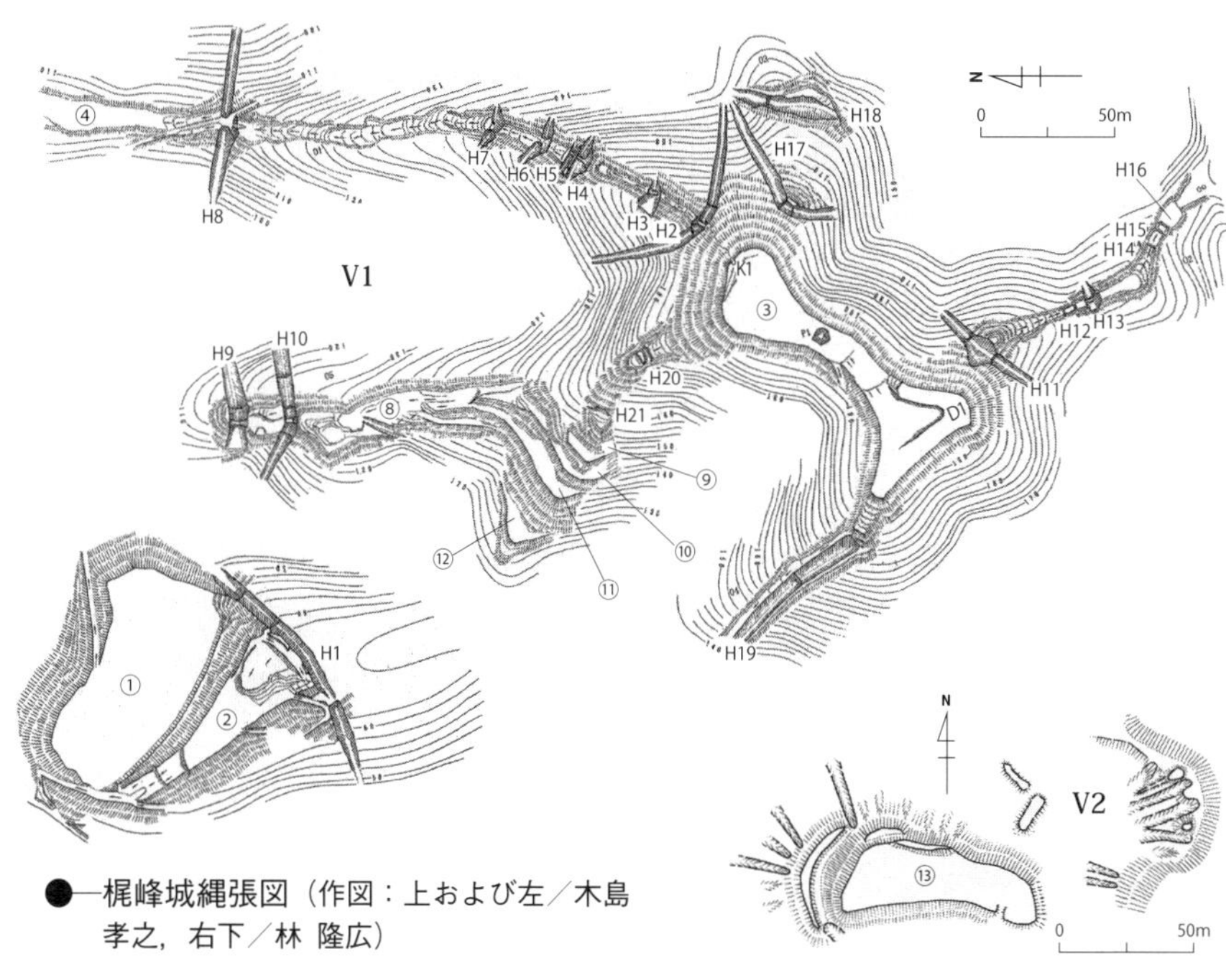

●—梶峰城縄張図（作図：上および左／木島孝之，右下／林 隆広）

瓢箪のような形状を呈する。長辺が一〇〇メートルにも及ぶ長大な曲輪であるが、それを細分する堀切や土塁（どるい）などは見られない。曲輪③の南側に土塁Ｄ１が見られるが、高さは五〇センチ程度であり、とても防御力を発揮するとは思えない。また曲輪③の切岸（きりぎし）も傾斜が緩やかで、防御面で心もとない構造である。

梶峰城の遺構で見応えがあるのは堀切であろう。曲輪③から五方向へ尾根が延びるが、西側尾根筋以外に堀切が展開する。ちなみに西側尾根筋は堀切ではなく長大な竪堀（たてぼり）が曲輪⑬へと延びる。これはあまりにも長大なため竪堀ではなく登山道の痕跡とみる研究者も多いが、実際に登ってみるとあまりに急峻なため竪堀底を登ることは難しい。そのため個人的には竪堀と評価してよいのではないかと思われる。曲輪③の北側に平入虎口（こぐち）があるが、これから北側に延びる尾根筋には都合七条の堀切が連続する。特に曲輪③にもっとも近い堀切Ｈ２およびもっとも遠い堀切Ｈ８は規模が大きく、尾根筋から裾部に堀切が竪堀となって延びる。また急勾配から緩やかな傾斜に変わる地点に設けられている共通点も窺える。曲輪③の南東側に延びる尾根筋には三条の堀切Ｈ11〜Ｈ13と、ほぼ垂直な傾斜の切岸「切落し」が見られる。曲輪③の虎口Ｋ１から東側に延びる尾根筋は比較的傾斜が緩やかで防御上、弱点となりかねない。そのため、ここには堀幅の広い二条の堀切H17〜H18で防御しており、その堀切は北側斜面に向かって竪堀と化している。結果、三本の竪堀化した堀切が合流するような様相を見せており興味深い。曲輪③の北西側尾根筋は浅くて堀幅も狭い堀切H20があり、その外側には平坦面⑨〜⑬が腰曲輪のように標高を下りながら展開する。そして尾根筋に傾斜地⑧が続いた後、二条の堀切H9〜H10が現れる。しかもこの二条の堀切は堀幅が広く大規模である。さらに興味深いのは、この堀切H9と曲輪③北側尾根筋の最遠部に位置する堀切H8が、平面図に見るとほぼ横に並ぶ配置になる点である。これは谷部V1を挟んだ堀切H8と堀切H9でもって、まずは防御線を構想していたことが窺える。

さらに防御線という視点で改めて梶峰城の縄張を見てみると、曲輪③にもっとも近い三ヵ所の堀切H2・H17・H11の規模が相対的に他の堀切に比べて大きい。例外的に曲輪③の北西側に伸びる尾根筋の堀切H20が小規模であるが、この三ヵ所の堀切H2・H17・H11をもって曲輪③の最終防御線としているようである。つまり、この梶峰城における防衛線は、第一防御線である堀切群H8・H9・H10や「切落し」H14〜16で攻城兵の侵入を阻止し、それを突破されたら最終防御線に至るまでの空間で暫時後退しつつ（ただし急な勾配を登りながら）攻城兵の消耗を図り、最終的には曲輪③に撤収した後に最終防御線である堀切群H2・H17・H11でもって攻城兵の曲輪③への侵入を阻止する、という構想であろう。

このように、梶峰山頂の曲輪③から展開する堀切などの防御遺構をもとに、梶峰城の縄張を検討したが、確かに堀切などが広範囲にわたって構築され、防御線が整備されていることは窺えた。しかし主郭である曲輪③を最終的に防衛する、たとえば虎口であるとか、また長大な曲輪③の塁線を固める土塁や竪堀など、佐賀県の他の山城で普通に見られる技術が使用されていないことが一方ではわかる。後多久氏（龍造寺多久氏）が梶峰城にて肥前西部の有馬氏・大村氏・武雄氏といった勢力に備えた城郭であるとすれば、やや見劣りする主郭の構造であるといえるがどうだろうか。

前多久氏段階の城郭（舘）と思われる曲輪①②と、後多久氏（龍造寺多久氏）段階の城郭と思われる梶峰山頂との間に、曲輪⑬が構築されている。東西約七〇メートル、南北約二〇メートルの規模で台形状を呈し、北側塁線には部分的に土塁を備えている。西側斜面には堀切が一条（その北側堀底は北側斜面へ竪堀化している）あり、その外側には三条の竪堀が掘られる。東側斜面には自然地形なのか浅い凹み状の地形がいくつか見ら

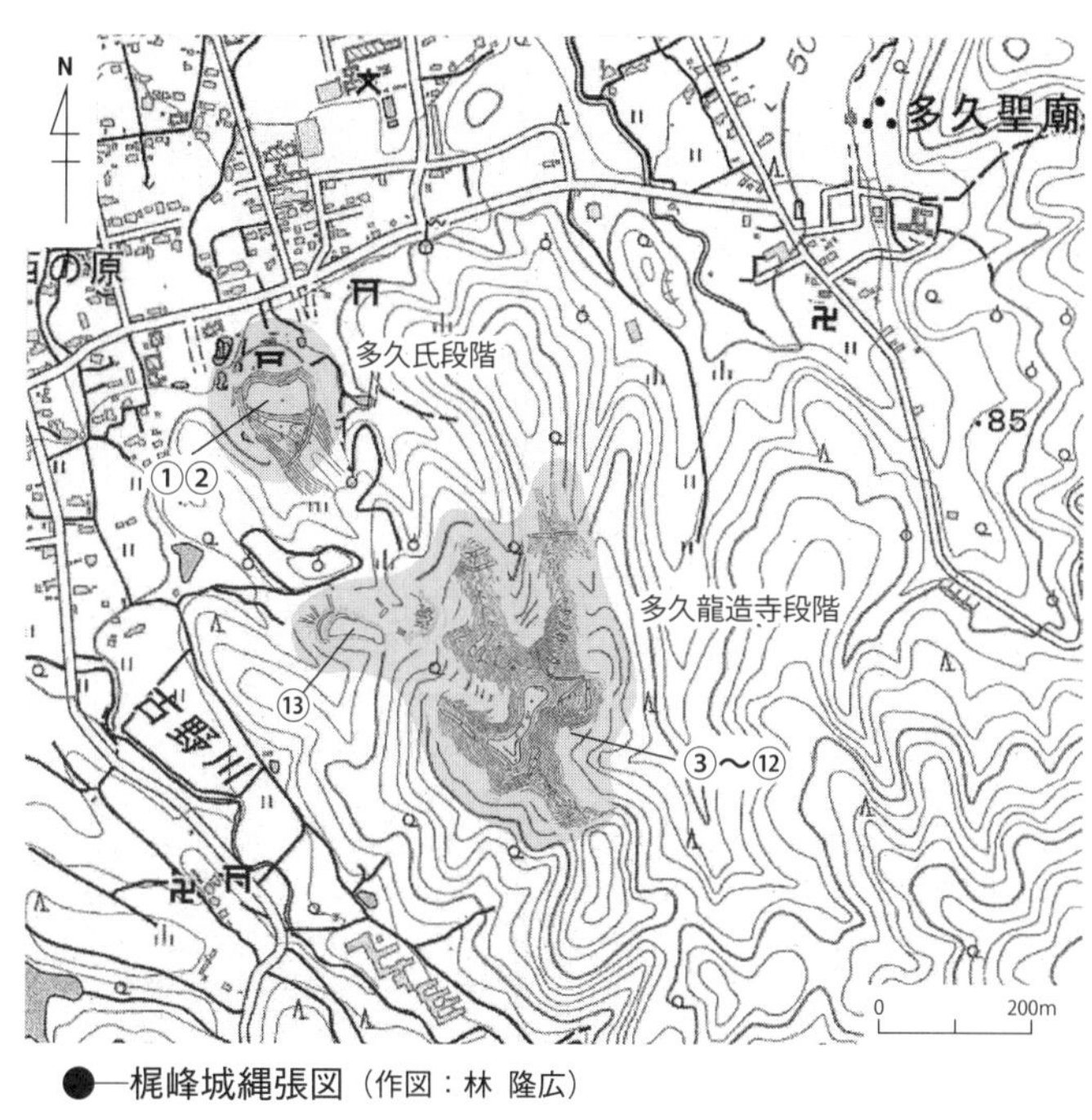

●—梶峰城縄張図（作図：林　隆広）

れる。これを積極的に竪堀（引いては畝状竪堀群）と評価する研究者もいるが、個人的には難しい判断だと考えている。前述の通り曲輪⑬の西側堀切の外側には明確な竪堀の痕跡が見出せる。場所もさほど違わない曲輪の斜面で、果たして堆積状況が大きく変わるのだろうか。また曲輪⑬の北側は谷部となり、土塁状の高まりが見られる。この谷部をさらに東側へ登ると堀切Ｈ９・Ｈ10のある尾根への移動を制約するように土塁や竪堀Ｖ２が不規則に構築される。これらを積極的に畝状空堀群と評価する研究者もいるが、その場合は梶峰山頂の防御遺構に比べてより高度とされる畝状空堀群が、主郭ではなく中腹の曲輪⑬や谷部Ｖ２に装備されるという現象をどのように解釈するか考えなければならない。そのため、これらについては今後、より多くの視点から検証されることを期待したい。

　最後に梶峰山頂を中心とする梶峰城の主要な導線とは、どの経路なのだろうか。堀切Ｈ２やＨ８など堀切が七条も連続する曲輪③から延びる北側尾根筋が平入虎口もあり、もっとも有力な導線と思われる。しかし曲輪⑬や谷部Ｖ２の防御遺構と、曲輪③から北西側に段々と続く帯曲輪状の平坦面の空間が梶峰城の主要な導線ではなかったか、とも思われる。曲輪⑬から側射が可能で、谷部Ｖ２の阻塞群で東側への移動を制約し、長大な竪堀で西側への移動を制限し、曲輪③の北東側斜面に段々状に展開する平坦面で幾重にも防衛線を構築するという想定である。

【参考文献】木島孝之『城郭の縄張り構造と大名権力』（九州大学出版会、二〇〇一）

（林　隆広）

●戦国大名龍造寺氏全盛期の実質的本城

須古城（すこじょう）

〔所在地〕白石町大字堤
〔比　高〕約三八メートル
〔分　類〕平山城
〔年　代〕一四世紀半ば（史料初見）〜一七世紀初頭
〔城　主〕平井経治、龍造寺隆信、龍造寺信周
〔交通アクセス〕ＪＲ佐世保線「大町駅」下車、南へ徒歩四キロ。須古小学校裏小丘が城跡中心部。

【立　地】　須古城は、杵島山系の東側山麓に広がる白石平野に存在する標高四二メートルの独立小丘を中心に展開しており、六角川を北の遮蔽線とする。

須古城の東西約三〇〇〜五〇〇メートルの位置にそれぞれ小丘が存在し、東側の小島（おしま）城と西側の杵島（きしま）城が、須古城の支城群を形成している（写真）。

平野部に存在する独立小丘であるため、四方向よりその姿を視認できる。主郭からは、佐賀平野および、有明海を挟んだ福岡県・熊本県を遠望することができる。城下町は、東側に展開している。佐賀県内で戦国期最大規模の平山城になり、推定規模は、東西六〇〇メートル×南北五七〇メートル。

【龍造寺隆信居城以前】　須古城の史料上の初見は南北朝期の貞和六年（一三五〇）で、足利直冬（あしかがただふゆ）（足利尊氏庶子（たかうじしょし））方の攻撃対象として深堀広綱（ふかほりひろつな）軍忠状他に登場するが、城主は不明である。文明年間（一五世紀後半）には、在地領主平井（ひらい）氏が須古に土着している。その後、須古城をめぐり城主平井経治（つねはる）と肥前において急速に勢力を拡大した龍造寺隆信（りゅうぞうじたかのぶ）との間で永禄六年（一五六三）〜天正二年（一五七四）にかけての四度に渡る攻防戦の末、龍造寺隆信は、平井氏を滅亡させ、須古城を手に入れる。

【龍造寺隆信による大改修】　隆信は、須古城を奪取した翌年の天正三年（一五七五）より自身の居城とすべく大改修に着手する。この城を居城とした理由として、南肥前の反龍造寺勢力である有馬（ありま）氏制圧の拠点として優れた立地であったこと

が挙げられる。現在、須古城内において見学することのできる遺構の大部分は、この際の改修によるものと考えられる。郷土誌関係においては、前城主の平井氏時代のものと解釈しているものがあるが、一地方領主に過ぎなかった平井氏が、この規模の作事を可能とする経済力を有していたとは考えにくく、北部九州大半を手中に収めることとなる龍造寺隆信だったからこそ、この規模の作事が可能だったと考えられる。

●—須古城跡全景（中央小丘，西から）

家督を嫡男の政家に譲った隆信は、佐賀（村中）城より改修の手を加えた須古城に隠居する。「隠居」とあるが、その内実は、家政運営から離れ、版図拡大に専念するためだと考えられる。隆信の版図拡大は続き、天正九年には、肥前・肥後北部・筑前・筑後・豊前北部と壱岐・対馬の二島を勢力下に置き、後世「五州二島の太守」と称される全盛期を迎え、須古城は、北部九州の中心となる。

天正十二年、隆信は、反龍造寺勢力である有馬・島津連合軍を滅ぼすべく、島原に出陣するが、沖田畷の戦い（現長崎県島原市）において敗北し戦死する。

【隆信戦死後～藩政期】　隆信戦死後の龍造寺氏は急速に衰退し、龍造寺氏領国内は混乱を迎えることとなる。須古城には、隆信の異母弟である龍造寺信周が入る。信周入城後も、改修が行われたと考えられており、須古城跡中心部の北東隅には、信周時代と考えられる大型の平滑石材を使用した櫓台⑮（丸数字は図1縄張図内の数字に対応、以下本文の丸数字も同様）の石垣が残る。

その後、江戸時代、鍋島藩政下においては、先述の龍造寺信周を祖とする須古鍋島家の邑治所が須古城の一部に置かれ、須古邑の中心地となり、明治維新に至るまで一帯の統治を行った。廃城の時期について、慶長二十年（一六一五）までは城として機能していたようだが、同年夏の幕府より出さ

●—曲輪B西辺石垣

れた武家諸法度の城郭統制方針（元和一国一城令）に従い、廃城となったと考えられる。

佐賀藩においては、有力な家臣団は佐賀城内に屋敷を持ちながら、独自の領地を持ち経営にあたる「大配分」制度の基、藩主鍋島家の旧主君筋である龍造寺家系統の四家（多久・武雄・須古・諫早）は、「親類同格」の上席家臣として藩の重要役職に着き、藩政に携わった。

【明治維新以降】 明治維新後は、藩政期、邑治所が置かれた部分を中心として、村役場、および学校敷地として使用され、令和五年（二〇二三）時点では、須古小学校が立地している。また、須古城跡中心部分（学校敷地および独立小丘）は、大部分が町有地となっている。

【中心部遺構（曲輪A・B・C）】 須古城の別称として、高城、隆城、高岳城がある。城郭の構造は「高城」と称される小丘の曲輪群と、その麓の低地部に展開する空間に二分される。

曲輪群には、「〇〇丸」のような名称は伝わっておらず、佐賀県により行われた中近世城館調査の報告書（参考文献参照）においては、主要な四つの曲輪について最高所よりA、B、C、Dの呼称が振られている（縄張図）。いずれの曲輪も周囲を人工的に削って急勾配とする、いわゆる「切岸」により防備を強めている。

小丘頂上（標高四二メートル付近）には、南北四〇メートル、東西六五メートル規模の四辺形平坦面を持つ曲輪（主郭）Aがある。曲輪A西辺には虎口①が開口しており、南西隅の露出岩塊（地元呼称「弾除け岩」）②と背後の平場③が、虎口①への「横矢」を構成し虎口の防衛を高めている。また曲輪Aには、信周時代の改修に伴う瓦片が散在しており、瓦葺き礎石建物が存在していたと考えられる。

曲輪（主郭）Aの西側に南北二五メートル、東西二〇メートル規模の腰曲輪Bが隣接する。この腰曲輪B西辺には、現在地表上で観

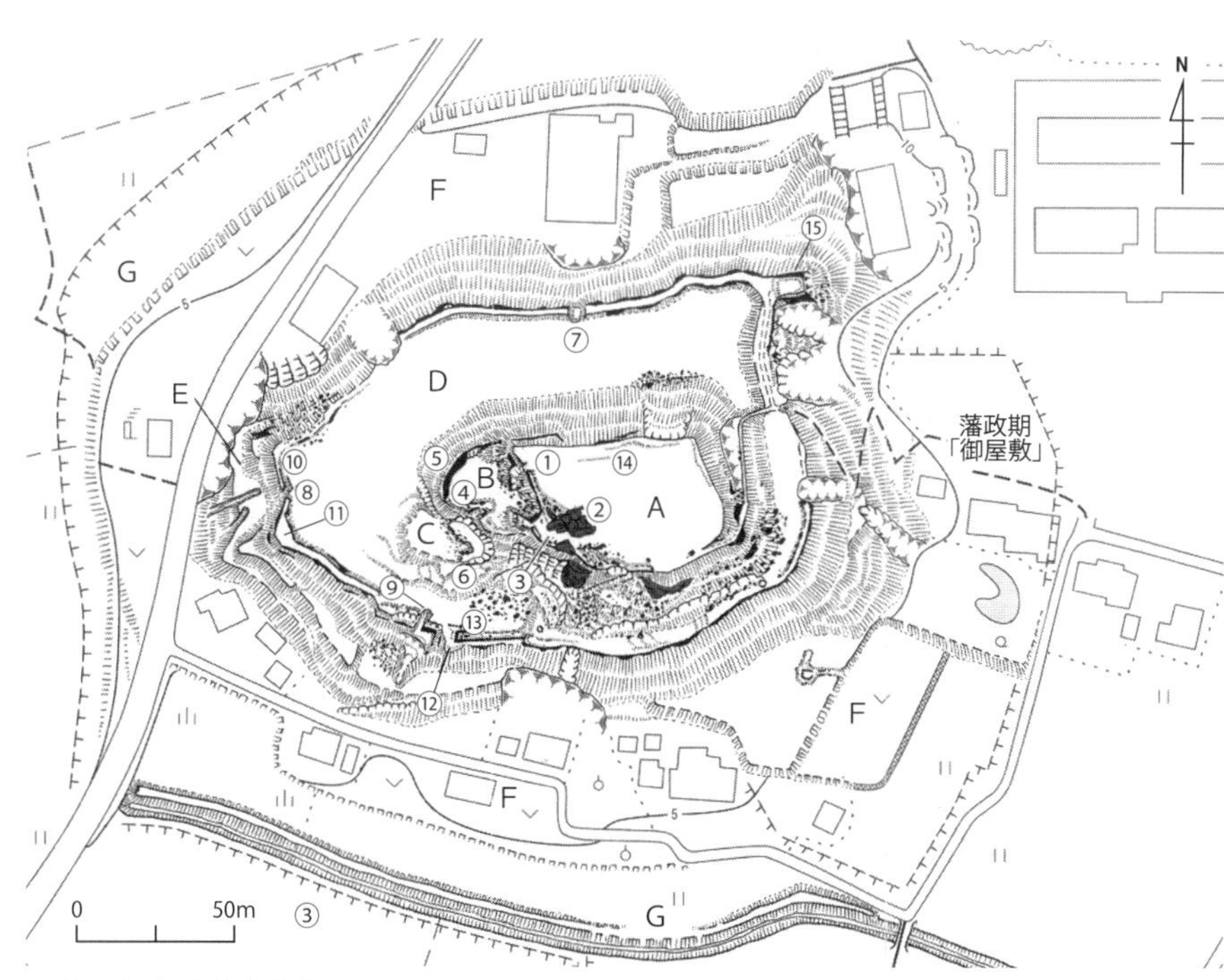

●—須古城中心部縄張図（佐賀県教育委員会 2014 より転載）（作図：宮武正登）

察できる遺構の中でもっとも残りが良好な石垣④（写真）が存在する。

石垣の残存規模は長さ一二・五メートル、残存高〇・九〜一・二メートル、使用されている石材は、未加工・非規格の自然石で、石垣の勾配は八二〜九〇度の直立に近い勾配である。石垣の裾には、幅一メートル程度の平坦部である「犬走り」を持つなど、直立勾配でも石垣が耐えうるよう、石垣の根石部分を後方にセットバックしている。このような構造は、中世城郭の石垣に見られる特徴である。また石垣の石の積み方についても、整層積み（布積み）を意識しているものの、目地通りは洗練されておらず、また石垣の変化点においては、石材の「合わせ」のみで済まされており、近世城郭で見られる「算木積み」の技法が見られないなど、戦国期の地方石垣に共通する特徴を有する。

しかし、石垣外面の石材については、平滑なものが使用されるなど、外観を意識したことが観察される。こうした手間のかかった中世城郭の石垣は、佐賀県では他例がなく、龍造寺隆信本城として格式が反映された遺構であると先述の報告書では評価されている。また、この曲輪B西辺石垣は、北・東走し、曲輪（主郭）Aに接続される形になっており、曲輪（主郭）Aが外周部に石垣を持つ総石垣造りであった可能性

●—桝形虎口 東袖石垣

について も報告書では指摘している。

曲輪Bの南下には、外周部が土塁で形成された小規模な曲輪Cが存在する。

【中心部遺構（曲輪D・虎口）】 丘陵部には、曲輪A・B・C主郭部分の周囲を取り囲む広大な帯曲輪Dが存在する。主郭部より一〇〜一五メートル下に展開するこの曲輪の具体的用途は不明であるが、東西長軸は一七〇メートルに達し、城内中心部分の曲輪の中でも最大規模を誇る。曲輪D外周部には、ほぼ全周に渡り幅二〜五メートルの石塁が築かれている。石塁の途絶している箇所が三ヵ所あり、西端部⑧と南西部⑨の二ヵ所は、虎口と推測される。

虎口⑧については、左右の石塁線が「ハ」の字に広がっており、虎口に対し「横矢」を構成している⑩⑪。虎口⑧直下には、平井氏期と考えられる竪堀が二条確認されている。

虎口⑨は、中心部でもっとも重要な出入口と考えられる。虎口東端部が南に五メートル突出し櫓台状空間⑫を構成し、虎口開口部に対し、横矢の構造とし、防御を強く意識した「袖桝形」虎口となっている（写真）。突出部分については、塁壁は総石垣で、中世的特徴を示す二〜三段の「段積み」をなし、石垣面を幅〇・七〜一メートル幅でセットバックし構築している。石材についても、城内で確認できる最大のものが使用されているなど、示威的意匠の要素が強い石垣である。虎口に対し突出した防御空間を持つ点は、先述の曲輪（主郭）Aの西辺虎口①と平場③の組合せと共通しており、虎口①⑨については、同様の縄張方法により造営されたと考えられる。

【麓部遺構】 小丘麓には、中心部を取り囲むように濠と土塁により防衛ラインが構成されていた。明治時代の地籍図からは、濠の痕跡が明瞭に確認できる。南側の一部分においては、三重に達する濠を備える重層的な防御施設であったことが安政三年（一八五六）に描かれた絵図からも判明する。絵図と地籍図から復元した須古城の平面図が左図である。灰色部分が濠である。外濠は、中心部分小丘を全周する形になっておらず、西域部分には、外濠が確認できないが、城西域は「百町牟田（ひゃくちょうむた）」と呼ばれる低湿地帯が広がっていたとの伝承があり、濠や土塁などの防御施設が必要なかったかもしれない。

昭和後期の圃場整備により、南側外濠は埋没してしまったが、現在でも内濠と土塁の一部が水路として残存し、須古小学校前に東側外濠の名残を見ることができる。

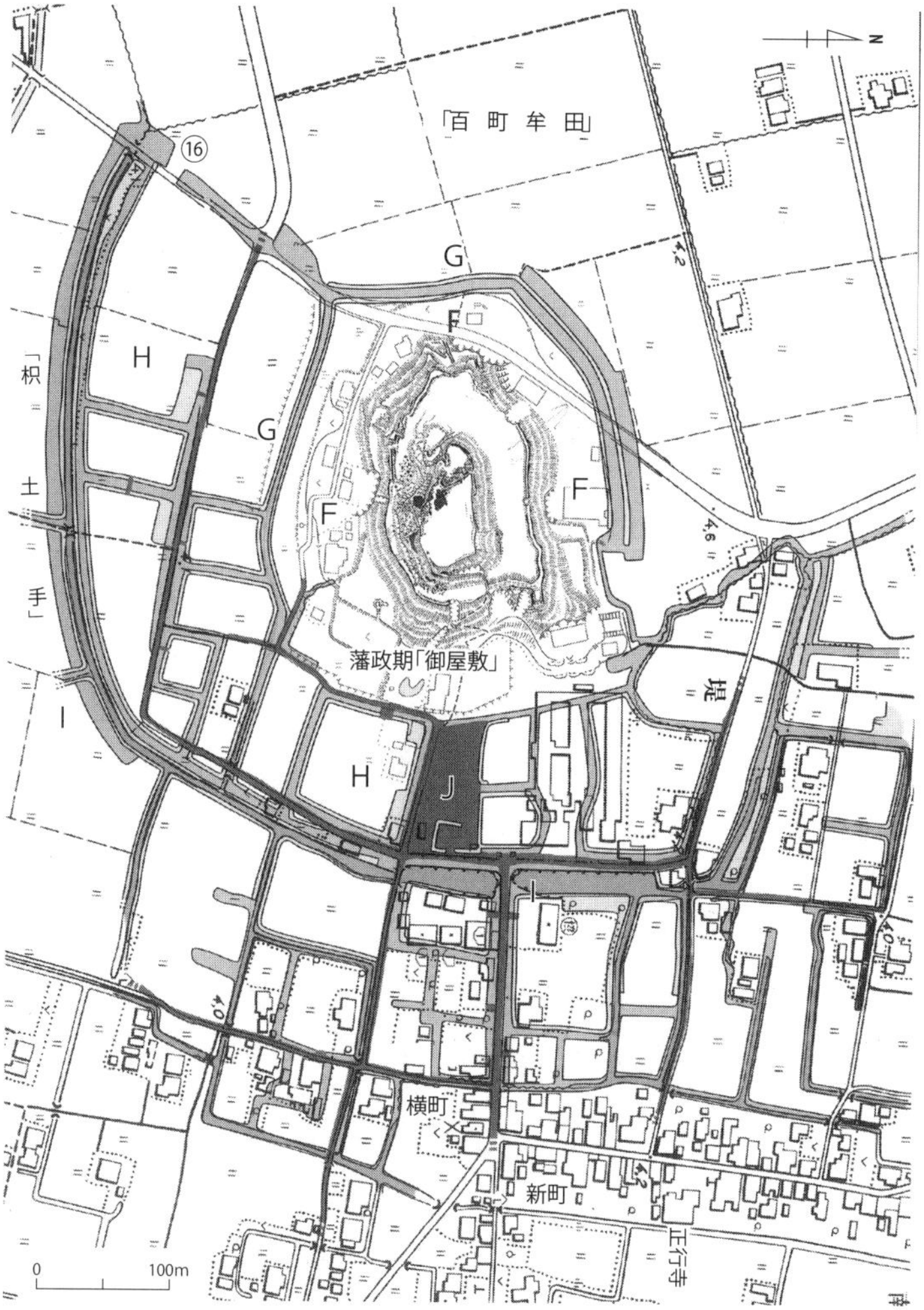

●―須古城平面復元図（佐賀県教育委員会 2014 より）（作図：宮武正登）

【今後の予定】 白石町では、令和四年（二〇二二）度より須古城跡の国史跡指定を目指し、調査事業を実施中である。今後の調査により、須古城について新たな知見が得られることが期待される。

【参考文献】 佐賀県教育委員会『佐賀県の中近世城館 第一集 文献史料編』（二〇一一）、佐賀県教育委員会編『佐賀県の中近世城館 第三集 各説編二』（二〇一四）

（米田 実）

●館形式の山城

住吉城

〔武雄市史跡〕

〔所在地〕武雄市山内町大字宮野字住吉
〔比　高〕約四五メートル
〔分　類〕山城
〔年　代〕室町後期
〔城　主〕後藤氏
〔交通アクセス〕ＪＲ佐世保線「三間坂駅」下車、西鉄バス「宮野上原」停留所で下車、徒歩約一五分。長崎自動車道「武雄北方ＩＣ」から車で約二五分。

【位　置】　住吉城は佐賀県西部にある武雄市山内町の黒髪山（五一六メートル）の中腹（一二一メートル）に所在している。住吉城と屋敷地との比高差は四五メートルあり、自然地形を要害とした山城である。黒髪山は古くから信仰されてきた霊山で、近くには黒髪神社のほかに寺院が点在している。遺構の残りはよく、主な遺構としては、曲輪・土塁・横堀・石垣・石塁・虎口・石組の水利施設などが残っている。

【肥前後藤氏の本拠地】　後藤氏は、西肥前を代表する国人領主である。住吉城は、武雄とともに後藤氏が本拠地とした城の一つである。後藤氏は、武雄城と住吉城を状況に応じて本拠地としているが、この二つの城の扱いについては諸説ある。一つは、二城とも本拠地として同格で併用されていたという説。もう一つは、武雄城は後藤家の惣領権を正当化する城であるのに対し、住吉城は副城としての存在であり、機能上に明確な差があったという説である。いずれにしても住吉城は後藤氏にとって重要な城であり、後藤氏の窮地をたびたび救ってきた城である。

後藤氏は、平安末期に初代章明が塚崎荘の地頭となり、二代資茂が塚崎へ下向してきたとされている。三代助明の頃に黒髪山の大蛇を鎮西八郎為朝の力を借りて退治し、この頃に住吉に城を構えたという伝説がある。

後藤氏の事績が一次史料で確認できるようになるのは四代宗明からである。佐賀県指定重要文化財「銅像薬師如来立像」の背面に「藤原宗明」と「承安二年（一一七二）」の銘が確認されている。後藤氏が国人領主として成長していくのは、戦国期の一八代純明、一九代貴明の頃である。住吉城に関しても、江戸後期に後藤家の事績についてまとめられた「藤山考略」で大永七年（一五二七）に純明が渋江領に攻め込んだ後に住吉城に帰城したという記録が出るまで不明である。

純明は渋江氏を攻略して長島荘を支配下に治め、勢力を伸ばすが、享禄三年（一五三〇）一月に有馬氏が大軍で攻め込んでくる。これを住吉城で迎え撃ち、白水原に陣取っていた有馬軍に奇襲をかけ打ち破った。このときの戦勝を祝って足軽たちが踊った踊りが、今も武雄で伝承され、国指定重要無形民俗文化財に指定されている「武雄の荒踊」の起源とされている。

貴明のときに後藤氏は最大領域を築くが、東肥前から「肥前の熊」「五州二島の太守」と称された龍造寺隆信の勢力が迫ってきており、特に元亀二年（一五七一）～天正二年（一五七四）にかけて数度に渡り龍造寺氏と戦をくりひろげた。天正二年六月に養子である惟明が反乱を起こすと、貴明は実子の晴明とともに住吉城に入城した。貴明は住吉城に籠城しつつ、隆信と和議を結んで援軍を得て、惟明の反乱を鎮圧した。しかし、天正三年九月には隆信との和議が破綻し、ふたたび龍造寺氏との戦が始まることになる。天正五年二月に隆信の三男である家信を婿養子に迎え、後藤家の家督を継がせるという条件で和議が結ばれ、事実上、後藤氏は龍造寺氏の傘下に入ることとなった。

後藤家信は、ルイス・フロイスの『日本史』の中で、優れた才能と明晰な判断力の持ち主できわめて秀でた騎士だと記されているが、実際に様々な戦いで活躍した。秀吉による朝鮮出兵の際には、蔚山城に籠城する加藤清正を救援するという功績を立て、清正から太刀一振りと大筒三〇挺が贈られている。

言い伝えでは、天正年間末期に家信が武雄城から住吉城に本拠を移し、改修を行ったとされている。天正二十年九月十日付の「後藤生成（家信）書状」（武雄鍋島家文書）の中で、物成（年貢）を宮野（住吉城）の蔵に納めるように指示し、火の用心などに努めるように命じていることから、この頃には住吉城に本拠を移転していたとされる。ただし、住吉城および武雄城ともに織豊期の技術を使い、同時期に改修された痕跡がみられることから、武雄城改修のために一時的に住吉城に仮住まいしたという説もある。後藤生成書状で、肥前名護屋城に納める御用木の他に、家材木として楠や松二～三百本を腐らぬようにして保管しておくように命じており、この用材が住吉城や武雄城の改修に充てられたと考えられる。

【城の特徴】　住吉城は、黒髪山中腹の黒髪神社参道脇（標高一二二メートル）の尾根上に築かれている。主郭部分は平地の居館で用いるような方形に近い五角形の横堀を巡らし、周辺に曲輪や堀を配置した変則的な山城の形を取っている。佐賀県内にこれほど完成された館城型式の城館は他に例がないとして評価されており、武雄市の史跡として指定されている。

●—住吉城縄張図（佐賀県教育委員会 2014 より転載）（作図：宮武正登）

主郭部分（A〜C）の五角形の横堀は、平地に築く城館の横堀を山にはめ込んだようであり、住吉城の大きな特徴になっている。五角形になっているのは防御上の理由ではなく、地形に合わせたためと思われる。主郭の北には、平入り虎口（①）があり、虎口を守るための土塁（④）や帯曲輪（F）が設置されている。堀は幅六〜一〇メートル、深さは三〜六メートルあり、見学の際は注意が必要である。主郭に入ると、空間（B）→空間（C）を通って主郭本体（A）に入ることになる。

このような傾斜地に方形居館型式の造成を行うというのは、後藤氏もしくは武雄地方の城館の特色であるという指摘がされている。

このような主郭の周りに二の丸に相当する空間（G）があり、その北側に水利施設（⑧）が残っている。これは井戸というよりも、導水のための石組水路を持っており、使用されている石材も立派なものである。壁面には矢穴が残っており、肥前地方では、朝鮮出兵に伴う天正二十年の名護屋城築城以降に導入された技術とされている。石の積み方も近江系の布目崩し積みを基本としていることから中央の技術を導入していることがわかる。

また、住吉城内からは、瓦片が採集されている。瓦をよく見ると、朝鮮半島系瓦に特有の格子タタキ目に似た痕を残す瓦が残っている。特筆すべき瓦としては、桐紋軒丸瓦(きりもんのきまるがわら)とみられる瓦片である。豊臣家の本紋が入った瓦が出土したことは非常に大きな意味を持つと考えられる。

後藤家信は、鍋島氏に従っていたものの、鍋島氏の主筋であった龍造寺隆信の三男であること。朝鮮出兵の頃は、龍造寺氏から鍋島氏への権力の過渡期であったこと。こういった政治的な背景の中で、家信が豊臣家から下賜されたと思われる桐紋を鍋島氏に遠慮することなく瓦に使っていたということは、龍造寺氏から鍋島氏へと肥前の支配権が変わっていく歴史を知るうえでも貴重な資料である。

●—城内採集瓦　右上が桐紋軒丸瓦片（武雄市教育委員会所蔵）

記録や遺構、遺物から朝鮮出兵が行われた時期に住吉城の改修工事を行ったことは間違いないようである。改修工事が終わって間もなく、家信から家督を継いだ茂綱は再び武雄城に本拠を移した。地元の言い伝えによると、その直後の慶長四年（一五九九）に住吉城は焼失し役割を終えたとされている。しかし、焼失に関する記録はないことや現地に焼けた痕跡や遺物もないことから廃城の時期や原因は不明である。元和元年（一六一五）の一国一城令まで存続した可能性もある。

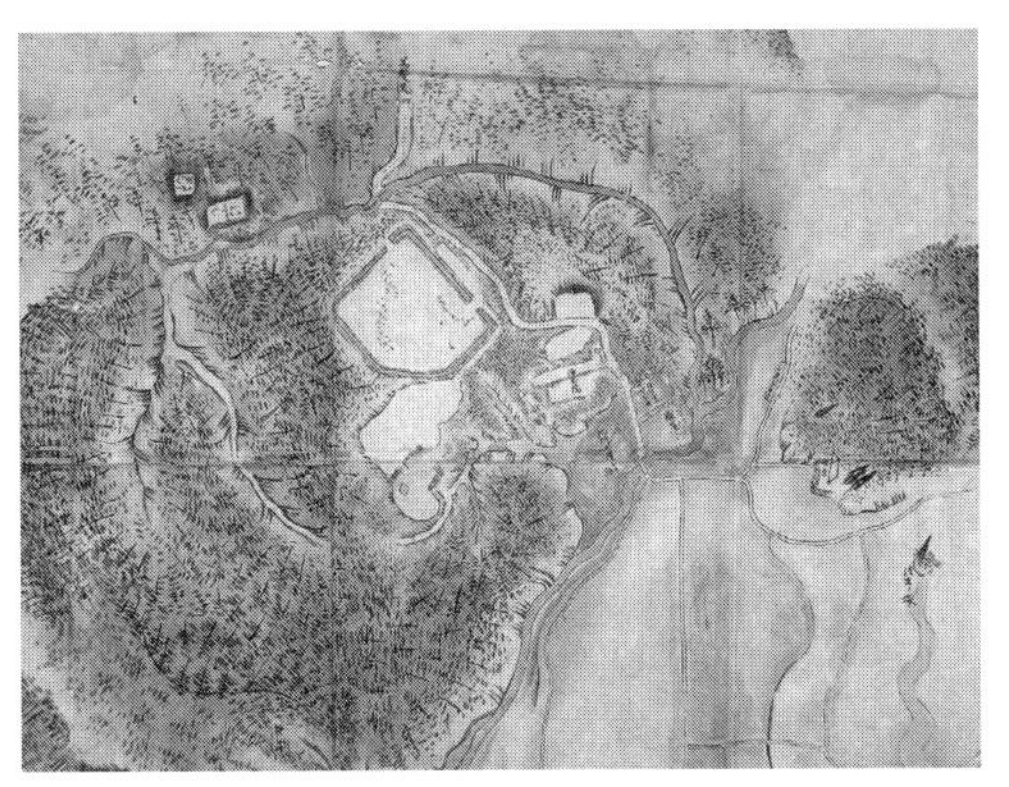

●—宮野村住吉御城跡図（武雄市歴史資料館所蔵）

【参考文献】『武雄市史　上巻』（武雄市、一九七二）、『山内町史　上巻』（山内町、一九七七）、松田毅一・川崎桃太訳『フロイス日本史10　西九州篇Ⅱ』（中央公論社、一九七九）、佐賀県教育委員会編『佐賀県の中近世城館　第三集　各説編二』（二〇一四）

（樋渡拓也）

●佐賀県下最大級の山城

潮見城

〔所在地〕武雄市橘町大字永島字潮見
〔比　高〕約一四五メートル（潮見神社中宮から）
〔分　類〕山城
〔年　代〕嘉禎三年（一二三七）～一六世紀末
〔城　主〕橘渋江氏、後藤氏
〔交通アクセス〕ＪＲ佐世保線「武雄温泉駅」から、祐徳バス「郷の木」停留所で下車、徒歩で約五分（潮見神社まで）。または、長崎自動車道「武雄北方ＩＣ」から車で約一五分。

【城の位置】　潮見城は佐賀県西部にある武雄市橘町の潮見神社の背後にある潮見山（一五一メートル）に所在している。近くには感潮河川として有名な六角川があり、周辺には肥沃な水田地帯である橘平野が広がっている。周辺には県史跡の潮見古墳や玉島古墳、六角川の対岸には古代山城の国史跡おつぼ山神籠石が所在しており、古代から栄えてきた地域である。

潮見城の遺構の残りはよく、主な遺構としては、曲輪・土塁・堀切・横堀・竪堀・畝状竪堀が残っている。

【渋江氏の本拠地】　潮見城は橘姓渋江氏の本拠地である。渋江氏は、初代橘公業が嘉禎三年（一二三七）に長島荘の惣地頭として下向してきたことから始まる。公業の孫である公村の代から渋江氏を名のる。正徳年間（一七一一―一六）に編纂された『北肥戦誌』に、公業が長島荘に移り、潮見山に城郭を構えて居住したと記されている。

潮見山の麓には橘氏が三代三五年に渡って造った人工河川の潮見川が流れている。平野の開発の他、舟運、潮見城の防御に役立ったと考えられる。

潮見城が一次史料で確認されるのは、応安五年（一三七二）三月日付の橘薩摩公輿軍忠状で「……於潮見山、初構城郭、致合戦……潮見城警固仕……」とある。これは、九州探題に出した軍忠状で、渋江氏が南北朝時代のこの時期は幕府方について潮見城で合戦し、警固に従事していたことを示すとともに、潮見城が軍事施設として利用できるように整備されていたことがわかる。

一五世紀末から一六世紀初めに当主になった渋江公勢(きみなり)のときに最盛期を迎えるが、大永七年（一五二七）に後継問題で公勢が毒殺されると、一三歳の公親(きみちか)が渋江氏の当主になる。公勢と後藤氏女の間に純明(すみあきら)という長男がいたが、養子に出され、後藤家の当主となっていた。後藤純明は、生家である渋江氏の混乱に乗じて、弟の公親を攻撃して渋江領を切り取り、西肥前を代表する国人領主として勢力を拡大させていく。

●—潮見城遠景

後藤氏によって没落した渋江氏だが、後藤純明の跡を継いだ貴明(たかあきら)の後押しにより、永禄二年（一五五九）に潮見城に復帰する。島原半島から進出してくる有馬氏に備えたもので、渋江公親と息子の公重(きみしげ)、公師(きみもろ)が潮見城に入城した。

永禄三年に渋江氏の氏神である潮見神社から神託がくだる。内容は「城内に人を殺すための鉄砲があるのは穢(けが)れであり、城外に鉄砲を急いで運び出すこと。敵が来れば、神力をもって退治する」というもので、公親は息子たちの反対を押し切って、城外へ鉄砲を運び出してしまった。しかし、これは有馬(ありま)氏の計略で八月になると、有馬氏が潮見城に攻め寄せた。鉄砲のない渋江勢は公重が討死にするなど苦戦し、潮見城も落城した。潮見城が落城したことを知った後藤貴明は、すぐに出陣して潮見城を奪還した。

その後の貴明は、東肥前から龍造寺隆信(りゅうぞうじたかのぶ)の勢力が迫ってきたことにより、その対応に追われることになる。しかし、次第に状況は不利となり、天正五年（一五七七）二月になると、隆信の三男である家信(いえのぶ)を婿養子に迎え、後藤氏は龍造寺氏の傘下に入ることとなった。

年代は不明だが、龍造寺隆信が弟の長信(ながのぶ)にあてた書状に「来十八日、潮見城可取構候條、普請(ふしん)夫丸儀、横辺田江申付候」と記載があり、龍造寺氏によって潮見城の改修が行われ

●—潮見城縄張図（佐賀県教育委員会 2014 より転載）（作図：宮武正登）

たことがわかっている。

【主な遺構の特徴】

長島荘を広く見渡せる潮見山は、六角川や主要往還を見下ろすことができる要衝の地であった。潮見城は主に渋江氏・後藤氏・龍造寺氏により築城および改修された城だが、現存する遺構をみると龍造寺氏、特に龍造寺長信の影響が色濃くみえる城である。

潮見城を見ると、山稜上に三つのピークがあり、それぞれに主要な曲輪（くるわ）が置かれている。

潮見城の主郭は曲輪A（標高一四九・二メートル）である。主郭の広さは南北四七メートル、東西二一メートルである。内部には、岩塊を利用した櫓台と南側に土塁が築かれている。主郭の南隣にある曲輪Bは副郭にあたり、南北三六メートル、東西七メートルの広さがある。曲輪AとBの東側には犬走りがある。曲輪Bの南には五メートル以上の比高差を持つ急傾斜地Fがある。急傾斜地Fの左右には土塁を配した階段の痕跡が見られる。

潮見山の最高所（一五一メートル）に南北一三メートル、東西九メートルの曲輪Cがある。曲輪Cの南に曲輪Dがあり、曲輪C・Dともに東西に土塁を築いている。曲輪Cの北には曲輪Eがあり、曲輪C・D・Eで一つの空間となる。曲輪C・Eの東には腰曲輪が段々に築かれており、石垣造りの曲輪Gがある。曲輪Gには、畝状竪堀群が放射状に設置して防御としている。

潮見城の南半分の主な遺構は以上になる。主郭Aの北に潮見城を真っ二つに割るように巨大な堀が築かれている。この巨大な堀に複数の堀切や竪堀が設置されており、潮見城の大きな特徴になっている。

この巨大な堀の北側に曲輪M（標高一二八・四メートル）が捨曲輪として築かれている。巨大な堀で遮断された空間である曲輪Mは自立性が高く、強固な防御施設を備えている。曲輪M内部には北側に土塁を築き、北東の隅に虎口が設けてある。曲輪Mの南隣には曲輪Nを設けている。曲輪N内部には東西南に土塁を設けている。曲輪Mの北西には帯曲輪と竪堀、堀切が重なり合って築かれている。元は曲輪Mの外側に帯曲輪と堀切が設けられていたが、のちに畝状竪堀と二重堀が増築されたと考えられている。

潮見城主郭Aの東麓には、「館」と呼ばれている空間PとQがある。空間Pは南北二〇メートル、東西八〇メートル、下段にある空間Qは南北二〇〜三二メートル、東西八五メートルを測る。法面には自然石による石垣が露出しており、平時の政治・生活空間として使用された場所と思われる。

潮見城は、渋江氏・有馬氏・後藤氏・龍造寺氏などが所有して増改築を行っており、現状に至る過程が不明な部分がある。武雄地域と龍造寺氏の築城の特徴などから、大まかに分けると小規模な堀切や曲輪等は渋江氏や後藤氏によるもので、巨大な堀切や畝状竪堀など、大規模な土木力が必要な部分については龍造寺氏によるものと推定される。肥前の中世山城の変遷を知るうえでも丁寧な調査研究が必要な城である。

（樋渡拓也）

【参考文献】『武雄市史　上巻』（武雄市、一九七二）、佐賀県教育委員会編『佐賀県の中近世城館　第三集　各説編二』（二〇一四）

●江戸末期に建築された鹿島鍋島藩の館

鹿島城（高津原屋敷）

【所在地】鹿島市大字高津原字柏
【比　高】約二五メートル
【分　類】平山城
【年　代】江戸時代末期（文化四年〈一八〇七〉～明治七年〈一八七四〉）
【城　主】鹿島鍋島藩藩主居城
【交通アクセス】JR長崎本線「肥前鹿島駅」下車、旭ヶ岡公園まで徒歩二〇分。

【城の歴史】　鹿島城は佐賀鍋島藩の支藩である鹿島鍋島藩二万石の藩庁である。文化四年（一八〇七）にそれまでの居城であった常広城（現北鹿島小学校敷地）から移転新築された。

常広城は基本的には戦国時代に構築された中世城郭の縄張をそのまま引き継いだ城であった。この城は有明海から鹿島地方に侵入してくる敵に対する見張り・防御を戦略目的として築かれた城であったため、有明海の海岸に程近い沖積平野および干拓からなる低湿地に立地している。標高は本丸で約三メートル、城の周辺は約一・五メートルほどである。そのため雨季には城の近くを流れる鹿島川と塩田川の氾濫に常に悩まされていた。そこで、文化元年に佐賀本藩に願い出て、高台の高津原に移転した。

鹿島鍋島藩は「無城郭」大名と位置付けられていたために、江戸幕府による定めとしては、国許の居所は「陣屋」もしくは「屋敷」となる。事実、幕府に届け出た書類では「城」という記載は一切なく、鹿島城は、表向きはあくまでも「高津原屋敷」であった。鹿島城は文化三年に着工。文化四年には早くも藩主が初入城し、請役所も執務を開始している。城は最終的に文化七年に落成し鎮座祭を執り行っている。しかしながら鹿島城は落成後わずか六〇年余り後の明治七年（一八七四）に発生した佐賀の乱の混乱の中、藩士自らが高津原屋敷の建物に火を放ち炎上焼失した。現在建築当時の建物としては城郭の入り口である「大手門」と本丸（当時の記録には一切「本丸」とは書かれていないが、便宜上高津原屋敷の敷地

●―鍵型に曲がる大手道（写真右に土塁が見える）

を「本丸」と呼称する）の「表門」である「赤門」を残すのみである。この表門は赤く塗られているために、このように呼ばれている。大手門と赤門は、佐賀県重要文化財に指定されている。

【城の構造と機能】　鹿島城は西の多良岳（たらだけ）から延びる尾根の末端に位置し、本丸の標高は約二六メートルで、いわゆる平山城である。城郭の範囲は現在「城内」（近代においては「郭内」）と呼ばれる地区全域で、南北約六五〇メートル東西約三七〇メートルの規模である。本丸に相当する高津原屋敷は、現在の鹿島高等学校赤門学舎の敷地である。表向きはあくまでも屋敷であるため、城の縄張を指す二の丸・三の丸などの名称は使われていないが、二の丸に相当する区画としては、現在の旭ヶ岡公園、三の丸は鹿島高等学校大手門学舎（旧鹿島実業高等学校）の敷地に相当する。

城郭の北端に配置された大手門を入った正面は、埋蔵文化財調査で建物などの遺構が検出されておらず、奥には高さ三メートルあまりの切岸（きりぎし）が築かれていることから「勢屯（ぜいだまり）」に相当する広場だった可能性がある。本丸までは大手門から数えて八回屈曲する鍵型の大手道が続く。大手道には上級武士の館や土塁（どるい）が配置され、侵入する敵に対し、常に正面もしくは側面から攻撃できる構えが敷かれていた。また大手門の他に城の

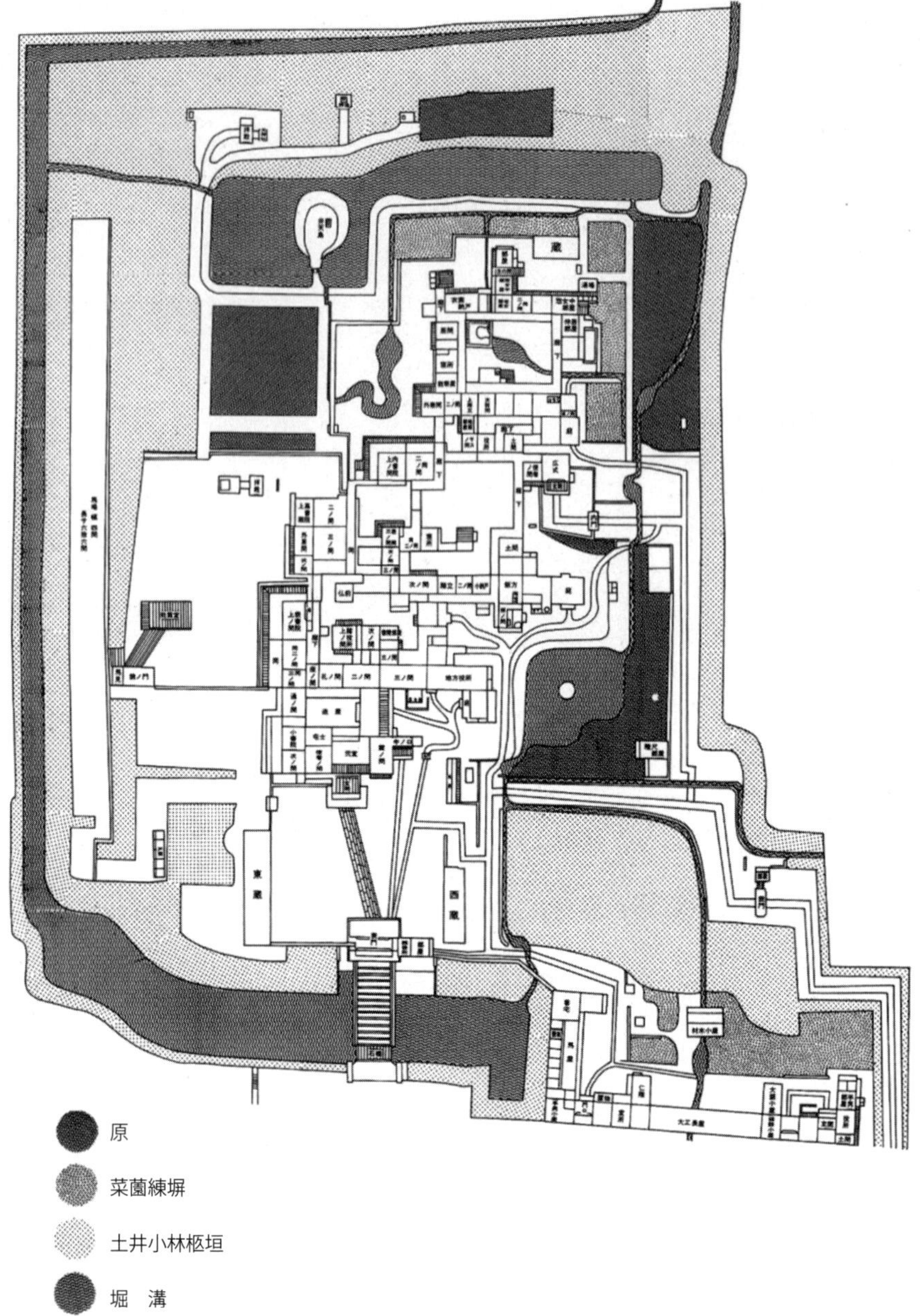

●—高津原家敷図（鹿島市教育委員会 1985 より転載）

東（東門）・西（西門）・南（搦手門）にもそれぞれ門を配していた。なお大手門以外は現存していない。東側は人工的な掘削による切岸と土塁、西側も大規模な空堀（現在は埋没）と土塁を築き、それぞれ五メートル以上の比高差を確保している。また南側は武家屋敷群と大規模な土塁により守りを固めていた。「高津原屋敷」という名称とは裏腹に、その実態はまさしく「鹿島城」と呼ぶにふさわしい縄張を備えていた。

次に本丸内の屋敷建物などの配置を見てみる。「高津原屋敷図」によると、入口の表門は赤門である。門は屋敷門として一般的な薬医門形式で、番屋と続塀が附属する。表門を入ると、東西に蔵が並び、正面やや左側に玄関がある。屋敷は中小の建物が複雑に配されている。玄関周辺に「使者の間」「礼の間」「座の間」などがあり、ここは接客のための空間である。次に奥に入ると「礼の間」、周辺に「二の間」「三の間」「地方役所」などがあり藩士の執務室であろう。さらに奥の陣屋全体の中央付近に「表書院」、「高書院」「内書院」などがあり、藩主や家老たちの執務室と思われる。藩としての公的な部分はここまでである。その奥は藩主の生活の場所で、東側に「居間」「寝所」などが配置されている。またその屋外には庭園が造られている。藩主の居室の反対側には藩主の世話をする女中の「惣女中部屋」や台所など奥向きの施設がある。屋敷の規模や機能からは、江戸藩邸の中屋敷に近い。本丸敷地だけを見れば、屋敷あるいは陣屋と称して間違いはない。

本丸には主たる井戸がない。そもそも城が作られた高津原台地に川は流れておらず、井戸を掘ってもほとんど水が出ない地域である。城内や堀で使用する水は、第三代藩主鍋島直朝が、川がない高津原台地の水田開発のために寛文年間（一六六一—七三）に建設した高津原水道（幅一・五メートル延長三・五キロに及ぶ人工の水路）の水を城内に引き込んで利用した。絵図の右上にこの水路が描かれている。高津原水道は古くは単に「しーど（水道）」と呼ばれ、鹿島城築城後は「鹿城川」と呼ばれた。「鹿城」とは鹿島城のことである。現在でも高津原地区にとっては非常に重要な水源であるため、上〜中流部分は水路でありながら二級河川「鹿城川」として管理されている。

【赤門】屋敷の表門は赤く塗られているために「赤門」と呼ばれている。棟札によって鹿島城落成一年後の文化五年の建立とわかる。門は切妻作り桟瓦葺きの薬医門である。

高津原屋敷の表門が赤く塗られた理由や、時期に関する記録がなく、確認ができない。ただ番屋内部に残された塗装の履歴観察によって最初に塗られた塗料は酸化鉄のベンガラで

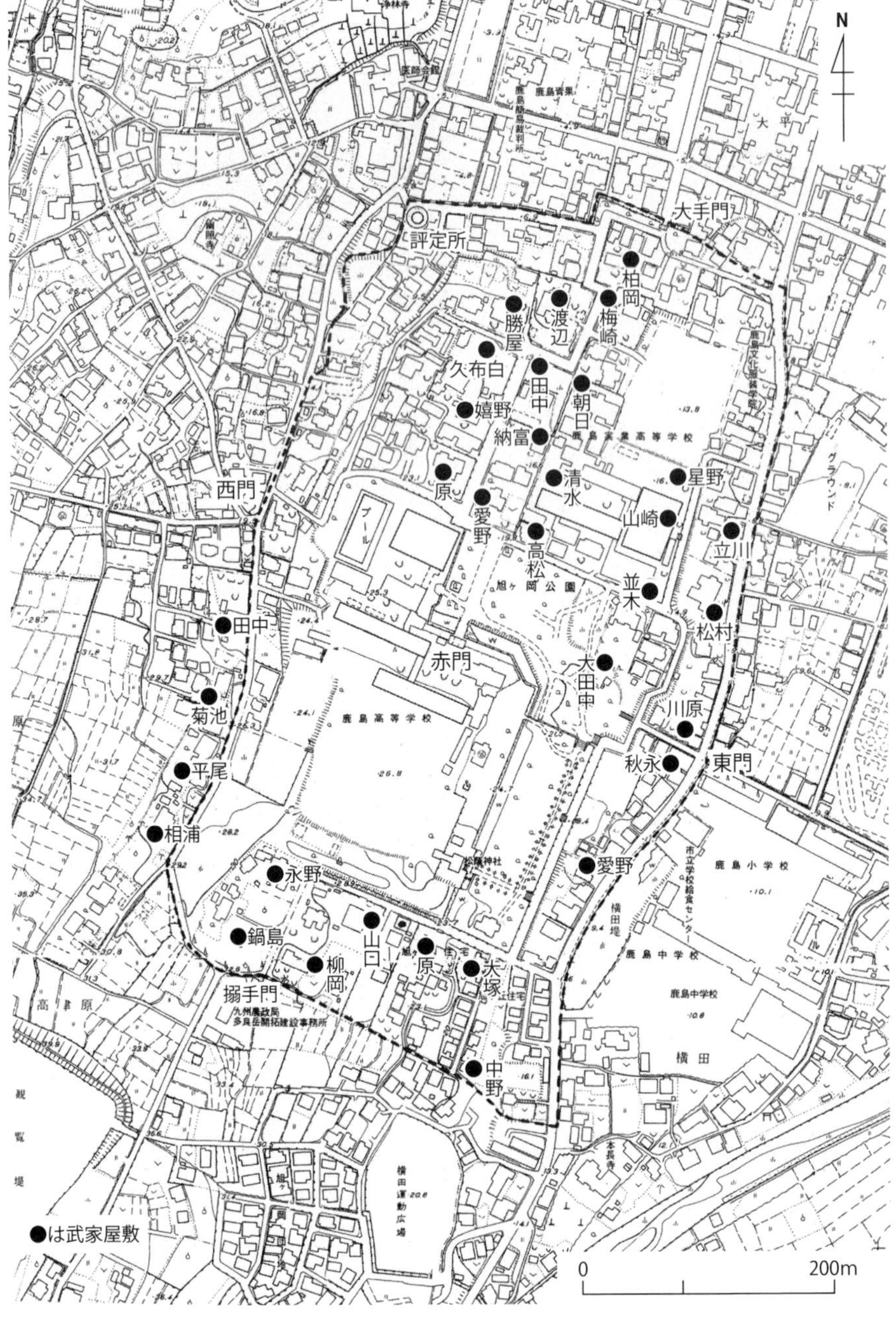

●—鹿島城周辺図（鹿島市教育委員会 1985 より転載）

●―本丸入口の赤門

あり、その後数回の丹塗りが行われたことが判明している。昭和十五年（一九四〇）に門の解体修理が行われ、屋根裏から棟札（むなふだ）が発見された。この解体修理を契機として鹿島高校の文化祭・体育祭である「赤門祭」が始まった。この時に塗られたと推定される丹塗りの下にベンガラ塗料が塗られており、かなり古くから赤く塗られているのは間違いがない。ただこのベンガラ塗料が建立当初に塗られたものなのか、その後塗られたのかは不明である。

鹿島城は文化三年に着工したが、築城の際には、佐賀藩の他の支藩から合計二〇〇〇人あまりの助力を受け、文化四年には早くも藩主が初入城し、請役所も執務を開始している。最終的には文化七年に落成し鎮座祭を執り行っている。

【参考文献】『鹿島藩請役所日記』（祐徳博物館所蔵）、『鹿島市史 中巻』（鹿島市、一九七四）、鹿島市教育委員会『鹿島城跡（高津原屋敷跡）』（一九八五）、佐賀県教育委員会編『佐賀県の中近世城館 第三集 各説編二』（二〇一四）、鹿島市教育委員会『鹿島市の文化財』（二〇一五）

（加田隆志）

お城アラカルト

龍造寺一門の屋敷

林　隆広

佐賀藩では佐賀本藩以外に身分格制によって三家（三支藩）・親類・親類同格・家老など家臣団の序列が形成された。この身分格制は三代藩主の鍋島綱茂の時代に確立するが、それまでの過程は龍造寺家から鍋島家への権力移譲や家督相続問題もあって複雑であった。藩祖である鍋島直茂は龍造寺隆信の義兄弟として台頭し、沖田畷の戦い（隆信戦死）後、龍造寺一門の支持を受けて領国支配を委任されていく。龍造寺家の家督は隆信の嫡子である政家が相続するが、政家が病弱であったこともあり、直茂は豊臣政権下における朝鮮出兵や各種軍役奉仕を通して龍造寺家臣団との主従関係を強化していった。

政家とその嫡子である高房の死により、直茂の嫡子である鍋島勝茂が龍造寺家の家督を正式に相続することで初代藩主となったが、その「見返り」として慶長十三年（一六〇八）に多久・武雄・須古・諫早の龍造寺一門は家老となり、藩政へ参画することとなる。これは龍造寺四家執政体制と呼べるもので、その後の藩政の基本となっていく。もともと龍造寺家の血筋を継承する家であり、その独自性は一国一城制のもとでも維持された。それは豊臣政権から発給された朱印状によって知行権が保障されていたことと、家老（後に親類同格）として鍋島藩政に参画する一方で身分格制が確立して以降も鍋島家との間に緊張関係が続いていたからと思われる。

例えば諫早龍造寺家の在方屋敷は諫早陣屋とも呼称される。高城から南麓の屋敷へ移り住んだのは伝承では家晴入封後の五代・諫早茂門で元禄十二年（一六九九）のこととされる。屋敷の構造は文久二年（一八六二）頃の作成とされる『諫早城下図』から見て取れる。本明川から取水した用水路を濠とし、屋敷南側には池を設けている。出入口は東西に二つあり、東が大手となる。屋敷の東側は家臣屋敷が配置されるが、屋敷との導線は逆「コ」字に三折れする構造となっており道幅も広い。この用水路を濠として城下を展開したのは龍造寺氏による支配段階に入ってからと思われるが、これは肥後方面の抑えとして柳川城主を担った家晴が、佐賀平野におけるクリークを利用した縄張に精通していたからであろう。

　また須古龍造寺家は隆信の異母弟である信周（のぶちか）（のぶかね）が祖であり、その在方屋敷は須古城の東側平地に構えられた。安政三年（一八五六）『杵島（きしま）郡須古郷図』に見る屋敷の構造は、屋敷東側に広がる巨大な「勢屯」が極めて特徴的である。この「勢屯」には内桝形虎口（うちますがたこぐち）が備わり、幅の広い濠を土橋（どばし）で渡る導線も決して単純でない構造になっている。「勢屯」の南側には濠と内土塁（うちどるい）、さらには隅櫓台（すみやぐらだい）を備える曲輪（くるわ）が設けられ、「勢屯」に侵入した寄せ手（攻め手）を迎撃する。屋敷東側の幅の広い濠は「仕切り」状土塁で濠の中にさらなる障壁を設けている。また須古城の北東部に突出する隅櫓台や副郭東側からも「勢屯」への射撃が可能で、旧城と屋敷とが連携して防衛が可能な構造となっている。

●—『諫早城下図』（諫早図書館所蔵）

　このように多久・武雄・須古・諫早の龍造寺一門の在方屋敷は国人領主の拠点城郭に付随する立地であり、有事の際はその城郭（山城）を取り込んで防御戦を展開できる構造となっている。また屋敷への導線は折れを多用した構造で、「勢屯」も多く確認される。「勢屯」は「せいだまり」「せいだまる」「せいとん」などと読み、城郭の中や出入り口である構口や辻などに設けられた広場や溜まり場を指す。戦国時代は人馬や武器を揃えて陣容を整える場所であり、江戸時代は参勤の際に行列を整える場所とされた。この「勢屯」を多く備えることは、平時に人員の整理や馬の調練を行うだけでなく、有事の際に遮蔽物の少ない「勢屯」に寄せ手（攻め手）を誘導して屋敷内や城内から一斉に射撃、殲滅することを意図しているといえる。このように親類同格の龍造寺一門は、中世の城郭を有事の際は利用できる立地に屋敷を構え、屈曲する導線や「勢屯」を設けることで城郭に匹敵する防御力を維持し、在地における独自性の確保を狙ったのだった。

●—『杵島郡須古郷図』（佐賀県立図書館所蔵）

蟻尾城（ありおじょう）

●室町時代の藤津大村氏の拠点

〔所在地〕鹿島市大字三河内字郡山・本森・井出坂、蟻尾
〔比　高〕約一六〇メートル
〔分　類〕山城
〔年　代〕室町時代（文正元年〈一四六六〉～室町時代末期）
〔城　主〕大村家親ほか
〔交通アクセス〕JR長崎本線「肥前鹿島駅」下車。蟻尾山運動公園まで徒歩四五分。蟻尾山展望所まで登坂一〇分で城跡東端。

【城の歴史】　蟻尾城は室町時代に藤津地方で勢力を伸ばしていた大村氏の居城と伝わる。大村氏は鎌倉時代頃から現在の古枝地区の大村方周辺に土着していた領主層とみられているが、室町時代に大殿分周辺に拠点を移したといわれている（『鹿島市史』）。

　鹿島市では、三文字の地名が多い。たとえば「大村方」「大殿分」「納富分」「若殿分」「井手分」「執行分」などであるが、これらの地名は中世の大村氏時代の知行地の分領を示しているといわれる。大村氏の前期の中心地は「大村方」周辺であり、後期の中心は「大殿分」である。「大殿分」には大村氏の館跡とも推定されている居館の土塁遺構が残る。蟻尾城は館跡の前面にそびえる独立丘陵である蟻尾山頂上に築かれた中世山城である。蟻尾城は文正元年（一四六六）に大村家徳が築いたという記事がある（『鎮西誌』巻一〇）。また文明九年（一四七七）「千葉胤朝、藤津郡へ出張し内田某を以って大村日向の守家親が有尾城を攻む」（『北肥戦誌』巻七）とあり、この時に落城したといわれる。城主の大村家親は尾根伝いに多良岳を超えて現在の大村市方面に逃げ延び、のちの近世大名の大村氏の礎になったと考えられている。

　これまで蟻尾城は文明九年の落城以降廃城になったと思われていたが、次に述べるように調査によって戦国時代にも使用されていたことが明らかになった。

【城の構造】　蟻尾山は、現在は一般的に「ぎびさん」と呼称されるが、古くは「ありおやま」とも呼ばれ「在尾」の文字

●—蟻尾城遠景（手前の藪が大殿分館の土塁跡）

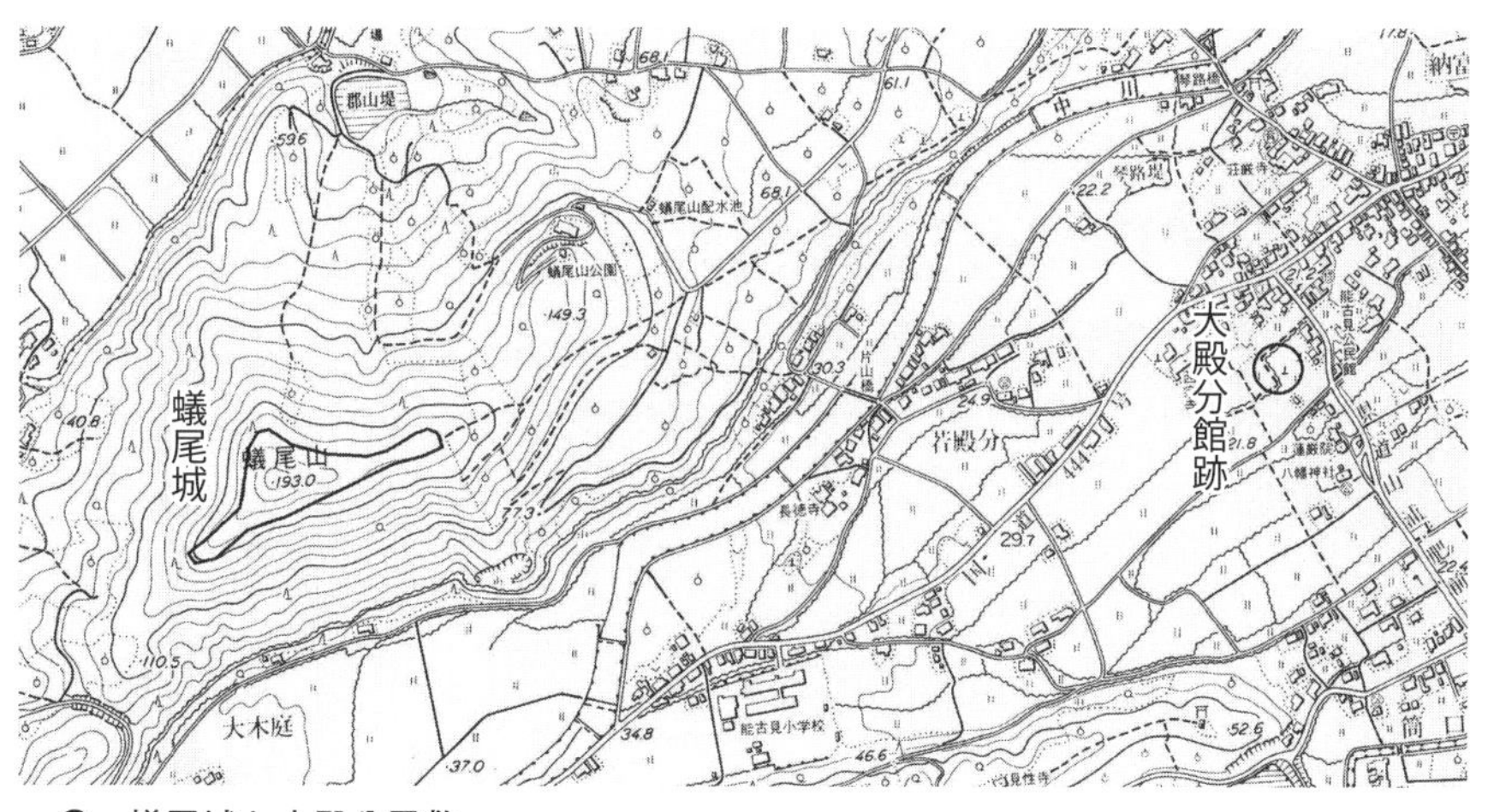

●—蟻尾城と大殿分屋敷

を当てることも多い。山頂は標高一九三㍍である。城の構造や遺構はよくわかっていなかったが、平成十五（二〇〇三）～二十六年に実施された「佐賀県中近世城館跡緊急分布調査事業」の調査によって、城の概略が明らかになった。

調査結果によると、主郭（A）は最高所の西峰（標高一九三㍍）に置かれ、尾根に沿って東峰の曲輪（くるわ）（G）まで各曲輪が設けられる。また城は室町時代中期の築城を主体としつ

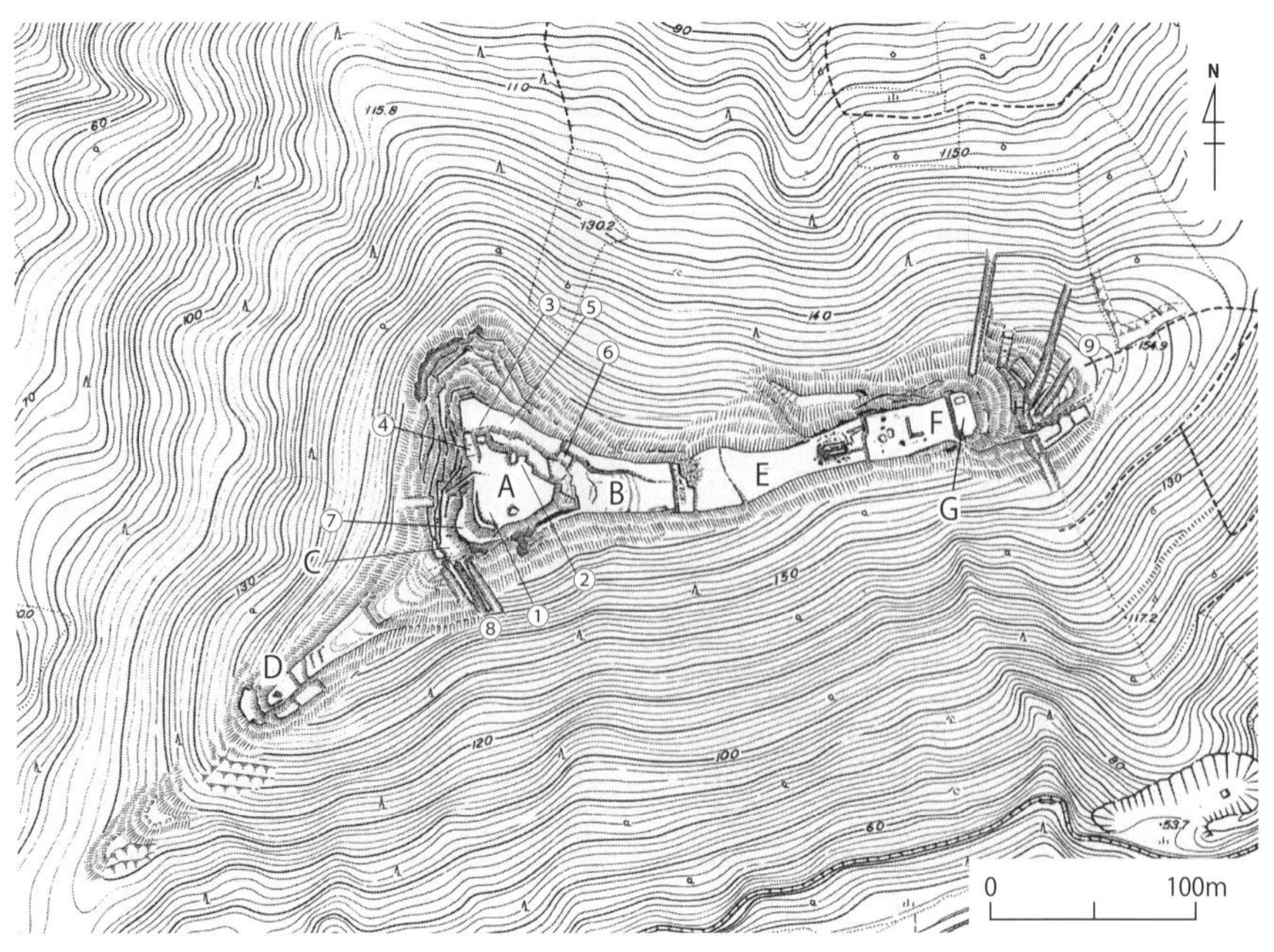

●—蟻尾城縄張図（佐賀県教育委員会 2014 より転載）（作図：宮武正登）

つ、戦国時代に大きな改修が行われていることがわかった。具体的な改修内容は、

1：G区の当初の築城による堀切に加え、放射状竪堀群と腰曲輪⑨の増築

2：C地区の三条の畝状竪堀群⑧の構築

3：各所の石垣の改修

である。

調査を行った宮武正登は、この改修が有馬氏が龍造寺氏に対抗するためか、龍造寺氏が藤津郡併合後の統治・防衛のためかはわからないが、相当な人数の兵力を駐留させる前提で築造を行っているとみている。

【参考文献】『鹿島市史　中巻』（鹿島市、一九七四）、佐賀県教育委員会編『佐賀県の中近世城館　第三集　各説編二』（二〇一四）、鹿島市教育委員会『鹿島市の文化財』（二〇一五）

（加田隆志）

●海上に浮かぶ海城

竹崎城（たけざきじょう）

〔太良町史跡〕

〔所在地〕太良町大字大浦字城内
〔比　高〕二四メートル
〔分　類〕平山城
〔年　代〕南北朝期～江戸時代前期
〔城　主〕龍造寺氏、鍋島氏
〔交通アクセス〕JR長崎本線「肥前大浦駅」下車、祐徳バス太良線「観世音横」停留所下車、徒歩三分。

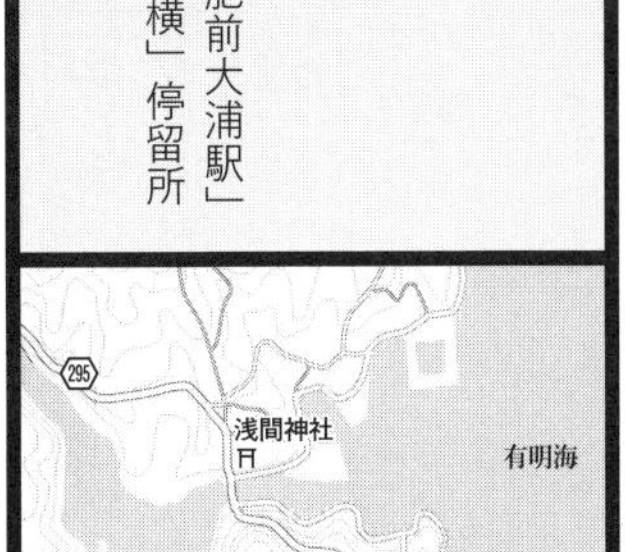

295
浅間神社
有明海
竹崎観音寺
祐徳バス「観世音横」
竹崎城
たら竹崎温泉
0
500m

【城の構造】　竹崎漁港の北東の丘陵部が城郭の中心地で、字城内には「城山」などの地名が残されている。現在見られる天守型の展望台は、平成四年（一九九二）に建設されたものである。城郭の中心部はその南西部にある南北八〇メートル、東西七〇～八〇メートルの方形プランの曲輪（くるわ）で、土塁（どるい）で囲繞（いじょう）されており、北面と東面、および西面の一部には高さ一メートル程度の石垣が構築されている。北面には、現在は展望台へと通じる道路があるが、ここが空堀（からぼり）と考えると石垣を含む塁線の高さは、四メートルほどにもおよぶ。また南東部には空堀も残されている。石垣には一部に矢穴が確認でき、また周辺には矢穴を残す石材や一メートルの巨石も残されていることから、近世期に石垣造りの城郭へと改修されたものと推測できる。

【築城の背景と立地】　有明海に浮かぶ竹崎島の東部に立地する城郭で、水上交通の要の位置を占める。

『竹崎町誌』では、南北朝期に有馬泰隆（ありまやすたか）が籠城したのが始まりとしているが、宮武正登によると、これは長崎県南島原市に所在する大浦城と混同したものと推察され（佐賀県教育委員会編、二〇一三）、文献上の初見は、天正十二年（一五八四）の龍造寺隆信（りゅうぞうじたかのぶ）と有馬晴信（はるのぶ）・島津家久（しまづいえひさ）との間で勃発した沖田畷（おきたなわて）の戦いにおいてである（『上井覚兼日記（うわいかくけんにっき）』）。江戸時代以降は、佐賀鍋島藩（なべしま）の諸城として機能していたが、元和の一国一城令によって廃城となったと伝えられている。しかし、海上交通の要衝としての機能は維持されていたらしく、城跡南西の竹崎漁港に面したところに番所が設けられている。

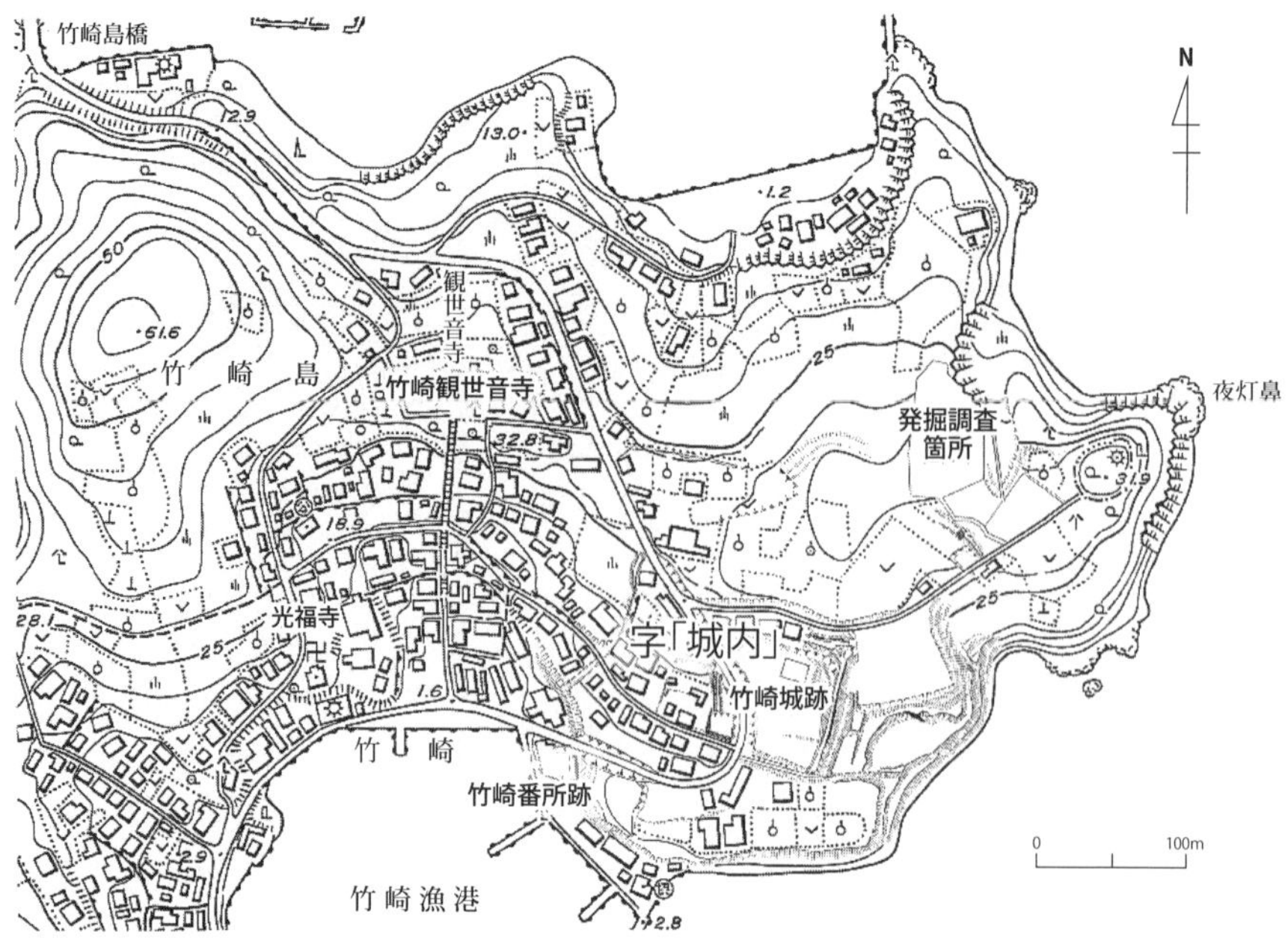

●―竹崎城周辺要図（佐賀県教育委員会 2014より転載）（作図：宮武正登）

【参考文献】佐賀県教育委員会編『佐賀県の中近世城館　第二集　各説編一』（二〇一四）

（渕ノ上隆介）

●―竹崎城跡の石垣

●唐津藩の中核となる近世海城

唐津城（からつじょう）

〔唐津市史跡〕

〔所在地〕唐津市東城内他
〔比　高〕四〇メートル
〔分　類〕平山城
〔年　代〕慶長七～十三年（一六〇二～一六〇八）
〔城　主〕寺沢氏、大久保氏、松平氏、土井氏、水野氏、小笠原氏
〔交通アクセス〕ＪＲ唐津線・筑肥線「唐津駅」から車で約五分、徒歩約二〇分。近隣に駐車場有（東城内駐車場）

【唐津城と唐津藩】　天正十九年（一五九一）に始まる名護屋城築城において普請奉行を務めた寺沢広高（ひろたか）は、ほどなく唐津の地を領した。その本拠として慶長七～十三年（一六〇二～一六〇八）には唐津城を築城したと伝えられる。その後寺沢氏は、飛地支配となった天草を含め、一二万三〇〇〇石を領有する有力大名へと急速に成長していく。広高の次男堅高（かたたか）が家督を継ぐが、寛永十四年（一六三七）に勃発した島原・天草の乱の責により天草が没収となり、さらに堅高が正保四年（一六四七）に江戸で自害してしまう。これにより寺沢家は断絶・改易となり、唐津は一時幕府領となる。その後、譜代大名である大久保氏・松平氏・土井氏・水野氏・小笠原氏が入転封を繰り返して明治を迎えることとなる。

【唐津城の姿】　唐津城は、唐津湾に臨む満島山（まんとうざん）（標高四一メートル）の山頂部を本丸とし、そこから西に広がる平地に二ノ丸・三ノ丸が連なる平山城である。三ノ丸の南には、外曲輪（そとぐるわ）と呼ばれる堀で囲まれた城下町があり、外曲輪の東西にも城下町が広がっていた。

本丸は平面三角形となり、その南には二ノ曲輪と呼ばれる一段低い平坦面が広がっている。満島山の山裾南側には下曲輪が広がり、花畑や米蔵、厩（うまや）などが設けられていた。領内から集められた年貢米は、下曲輪東の舟入門に荷揚げされ、切手門（きってもん）を経由して下曲輪の米蔵に納められたという。満島山の東裾には二ノ丸御住居と呼ばれた藩主御殿が建てられており、江戸時代を通して藩庁となり唐津藩の中枢となった場所

●―唐津城遠景

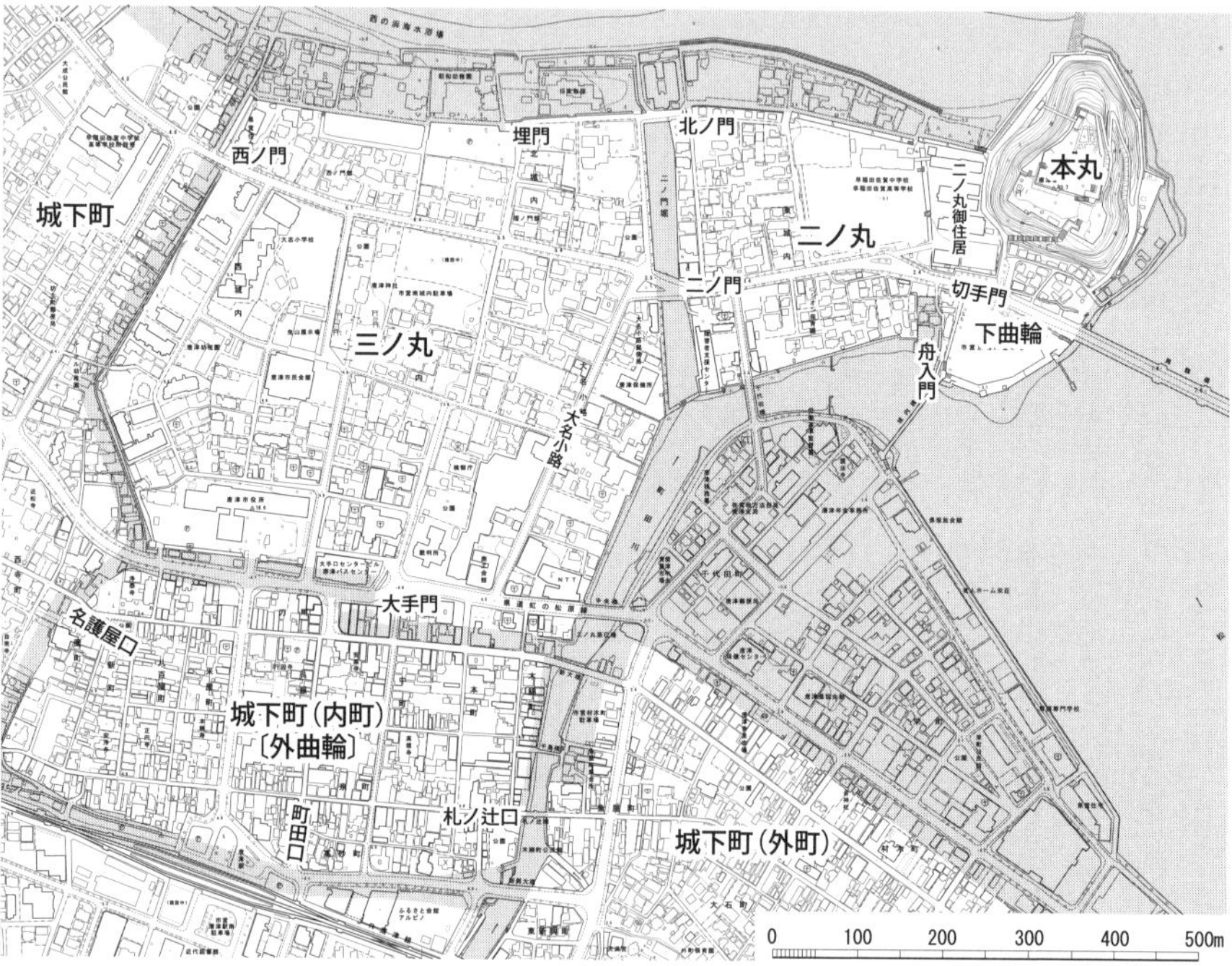

埋門
北ノ門
西ノ門
本丸
城下町
二ノ丸御住居
二ノ丸
二ノ門
切手門
下曲輪
三ノ丸
舟入門
大名小路
大手門
名護屋口
城下町(内町)
〔外曲輪〕
町田口
札ノ辻口
城下町(外町)
0 100 200 300 400 500m

●―唐津城平面図（作図：坂井清春）

である。

二ノ丸には、作事場や厩、馬場、在番屋敷など、藩の運営を担う公共性の高い施設が集まっている。二ノ丸に至る門は、前述の舟入門、大手筋の二ノ門、北端の北ノ門の三門のみで、二ノ門・北ノ門は桝形虎口となり、門内側に勢溜りとなる広場と番所が設けられていた。

三ノ丸へ至る門は、南の大手門、西の西ノ門、北の埋門の三門のみで、いずれも左折れの桝形虎口となる。各虎口では桝形内に至る直前の高麗門は設けず、櫓門のみが付随する。二ノ門と同様に門内側に勢溜りとなる広場と番所が設けられており、これが唐津城における門の基本スタイルとなっている。大手門内側の広場東端から北に折れる通路は大名小路と呼ばれる大手筋にあたり、家老級重臣屋敷の敷地が連なっていた。

【築城の謎】 前述のとおり、唐津城は寺沢広高が築城したものの、家督を継いだ堅高自害により寺沢家は断絶・改易とな

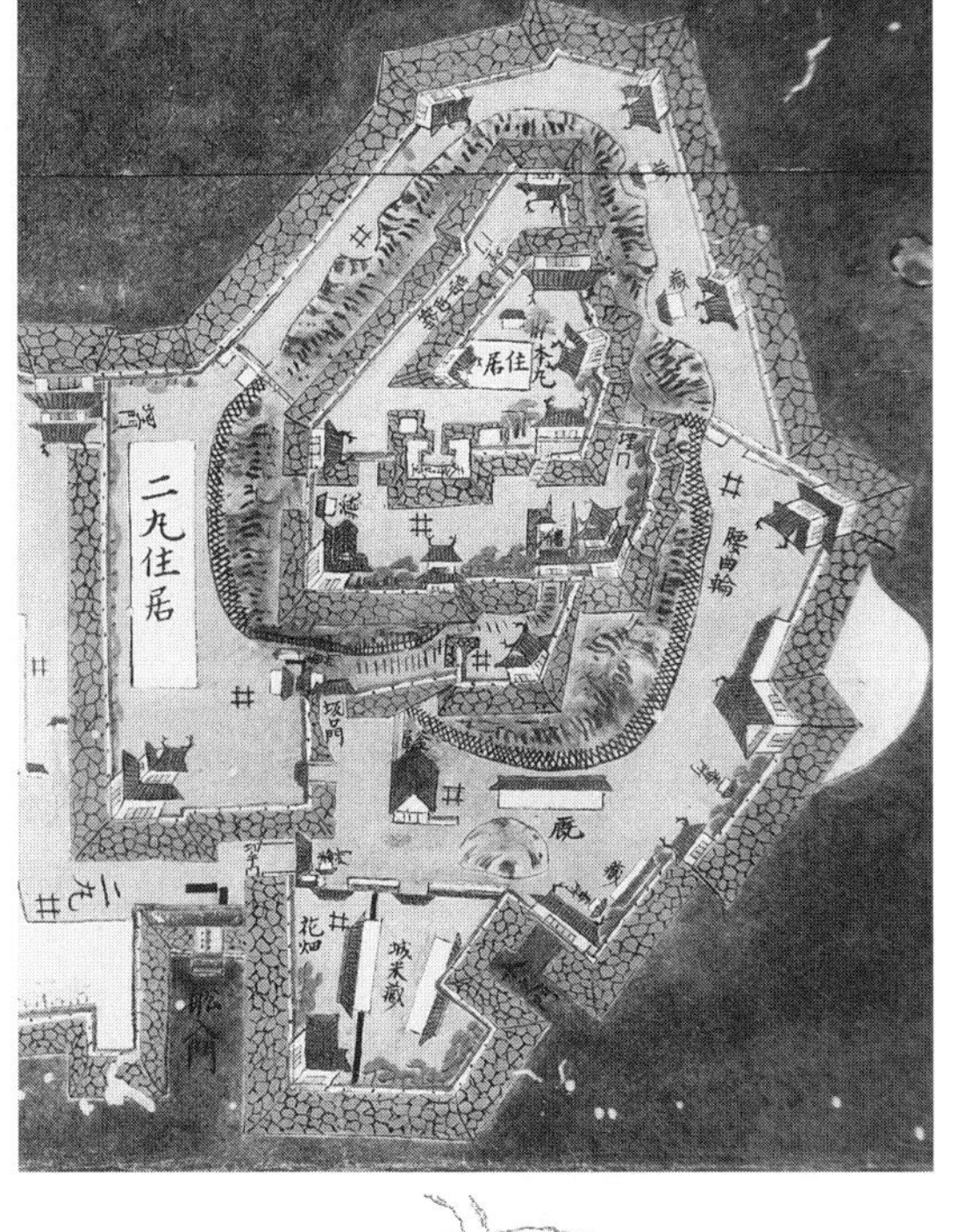

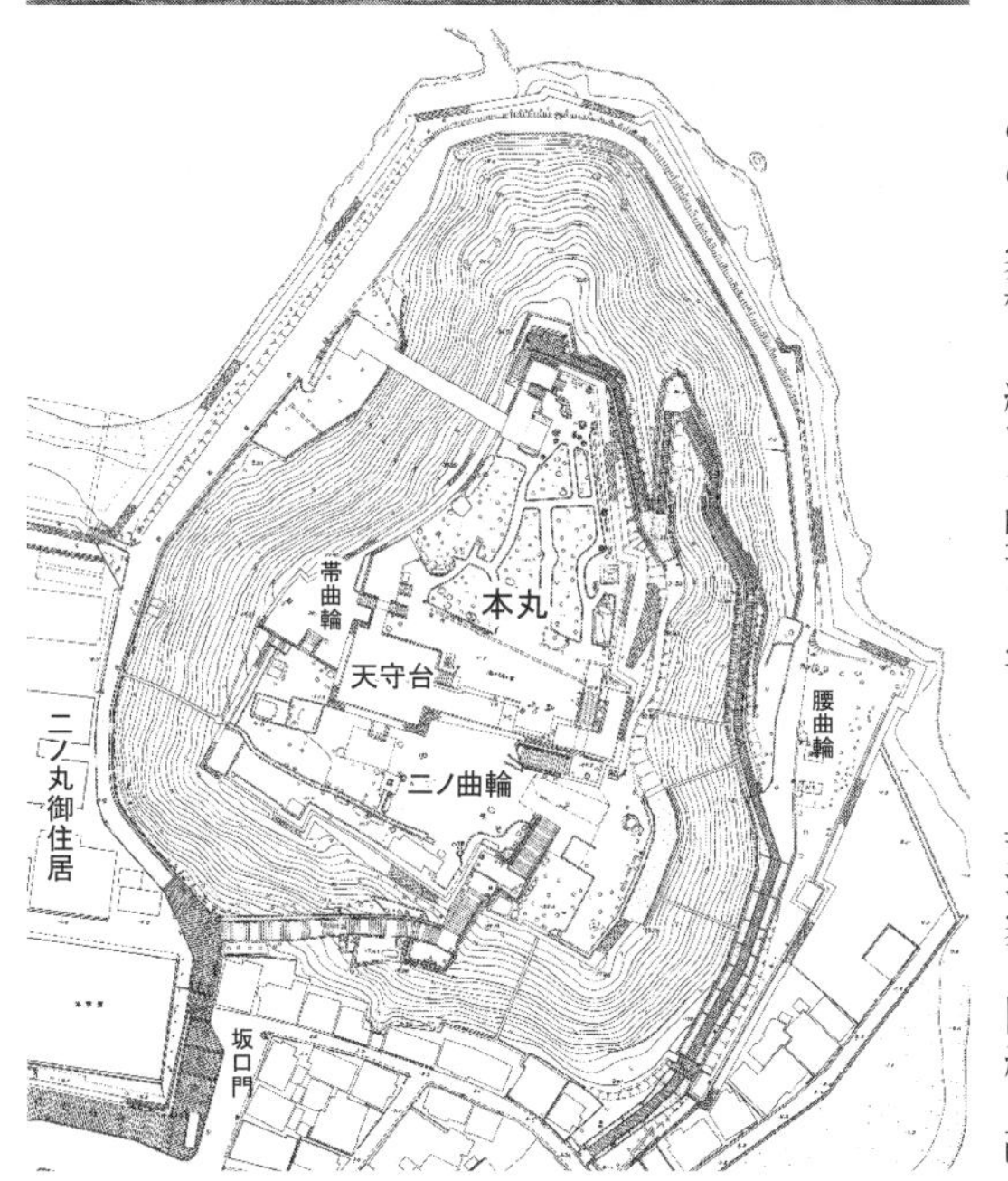

●―唐津城本丸（唐津城絵図）と本丸平面図（唐津市教育委員会編 2013 より転載，一部加筆）

●—天守台と埋没した旧石垣

る。このため、築城当時の史料などが残されておらず、その具体的な状況を知るための手がかりが失われている。後世の庄屋文書などにより、築城時には名護屋城の建築部材を再利用したことや、松浦川の河口を現在の満島山東側へ付け替えたこと、城下町整備や虹の松原保護、新田開発などの事業が進められたことが伝えられている。この他、城内には肥後堀・柳堀・薩摩堀・肥前堀などの名称が残っており、九州諸大名の助力があったとも伝えられる。ただし、これらの伝承は確証に乏しく、具体的な唐津城築城の状況については最大の謎であるとされてきた。

なお、本丸の南西端には天守台が築かれているが、歴代絵図には天守台石垣のみが描かれ、天守はみられない。寛永四年に幕府の隠密が唐津城内を調査した記録には、「天守之台高さ八間斗、南西の角尓有、天守なし」とされ、この頃から江戸時代を通して天守は建てられていなかったようである(『筑前筑後肥前肥後探索書』)。このため、唐津城では天守台石垣が築かれたものの、天守は建築されなかったと考えられる。その理由として幕府への忖度などが想定されるものの、詳細は不明である。

【発掘調査で明らかになる唐津城】 平成二十年(二〇〇八)度から唐津城跡本丸で進められている石垣修理に伴う発掘調査では、江戸時代のさまざまな遺構が確認されている。本丸の東西と天守台脇に配置された櫓台石垣や、本丸大手の櫓門の痕跡が見つかっている。これらの櫓台を繋ぐ石垣上には、石塁および控柱跡が見つかり、本丸塁線上に塀が巡っていたことも明らかになった。これにより、江戸時代の絵図に描かれた状況が初めて裏付けられた。

さらに、天守台周辺では地中や石垣裏に埋没した旧石垣が発見された。絵図や史料などでは一切確認できないこれらの旧石垣は、自然石のみを用いた古相の石垣で、唐津城内最古

●—唐津城下町旧護岸石垣

の石垣と位置付けられる。この旧石垣裏の盛土の中から、金箔瓦が出土した。金箔瓦は豊臣政権を象徴する遺物で、豊臣秀吉の城に用いられ、その家臣の城では限定的に使用が許された特別な瓦である。つまり、城内最古となる旧石垣が築かれる前に、金箔瓦を用いる程の重要施設が満島山に築かれていたこととなる。名護屋城との深い関係性が窺え、これにより文禄・慶長の役（一五九二〜一五九八）に伴い、名護屋城の後衛をなす後詰めの拠点が、満島山に築かれていた可能性が指摘されることとなった。

なお、二ノ丸御住居一帯で実施された発掘調査では、地中に埋もれた石垣裾部分が本丸旧石垣と同様に古相の石垣で、その周辺から金箔瓦も出土している。満島山一帯に加え、後に二ノ丸御住居となる小高い平坦部も、最古の重要拠点の一部であったことが推察される。

【唐津城と連携する城下町】　唐津城下町は、三ノ丸の南に設けられた外曲輪を内町、町田川を挟んで東側の城下町一帯を外町とする内町外町型の城下町である。内町外町型の城下町には彦根や岡山などが知られているが、内町に上級商家が集まり、外町に下級商家や職人町を配置する場合が多い。唐津城下町では、内町は四周を幅十数メートルの堀で囲まれ、通行は札ノ辻口・町田口・名護屋口の三門からのみであるのに対し、外町は幅数メートルの水路に囲まれるものの一〇ヵ所程の橋がかけられ、通行に一切の規制はない。縄張としては大手口に接し堀で囲まれた内町が優位であり、外町は内町に繋がる街道沿線を構成する区域となる。しかし、実際は内町・外町間で商家の優劣はなく、各町年寄から選出される大町年寄の人選にも偏りは生じていない。当初は内町優位となるよう設計していたことが推察されるが、実際は地形や環境に合わせて機能分化し、職業ごとに適所に配置したのであろう。なお、縄張的に外曲輪が一つの曲輪の体裁を留めているのは、有事のさいに大手口を押さえる要所としての機能を期待していたことに他ならない。

また、外町の東端には船奉行屋敷などを中心とした御船宮が配置され、さらに東には突堤で囲まれた唐津藩水軍拠点となる軍港が整備されている。御船宮の港における藩直轄の軍港という性格は、唐津藩主大久保氏の頃に規制が緩和されるまで続いている。

このように、城下町はその都市設計に修正を加えつつも、唐津城の軍事性を補完する役割を併せ持つことが窺える。

【城下町の発掘調査から唐津城を知る】 平成三十年度には、唐津城下町で初めての本格的な発掘調査が町田川沿いの魚屋町護岸部で実施された。石垣解体を伴う発掘調査により、埋没した旧護岸石垣の最下部で、城下町最古の石垣が発見された。城下町最古の石垣は、自然石石材に割石石材が混じるもので、唐津城天守台周辺の旧石垣よりも新しく、天守台石垣を含む本丸南半の石垣よりも古い様相を示しており、唐津城二ノ丸や三ノ丸の石垣に比較的近似していた。つまり、唐津城築城期には満島山一帯に築かれていた最古の重要拠点をそのまま本丸とみなして二ノ丸・三ノ丸の普請を進め、これらとほぼ同時もしくはやや下る時期に城下町が整備されたこととなる。二ノ丸・三ノ丸・城下町の普請がおおむね完了した後に、天守台を含む本丸南半の石垣が築かれている。こうした石垣の変遷や発掘調査で得られた出土遺物などの状況から、唐津城築城期における具体的な作業工程が把握され、さらには唐津城築城と城下町整備が同一計画として複合的に連携して進められたことが、初めて確認されることとなった。

【復元された建物群を考える】 唐津城跡本丸南西隅に築かれた天守台石垣の上には、昭和四十一年（一九六六）に模擬天守および模擬櫓門などが建築されており、現在では「唐津城天守閣」として唐津の歴史を知る展示館となっている。この他にも、三ノ丸南東端の辰巳（たつみ）櫓も平櫓として復元されている。存在しない天守、形状が異なる櫓門、もともと二階櫓であった辰巳櫓は、史実に忠実ではないものの、五〇年もの長きにわたり唐津の町並みと融合し、今では唐津の原風景ともいうべき景観を形成している。唐津観光の拠点となりつつも、誤った情報を周知し続けるという、唐津城の苦悩が半世紀にわたり続いている。今後の唐津城をどのように後世に伝えていくか、改めて考えていく必要があるのではないだろうか。

【参考文献】 唐津市教育委員会編『唐津城跡本丸 一』（二〇一三）、唐津市教育委員会編『唐津城跡本丸 二』（二〇一五）、佐賀県教育委員会編『佐賀県の中近世城館 第四集 各説編三』（二〇一七）、唐津市教育委員会編『唐津城大解剖』（二〇一七）、唐津市教育委員会編『唐津城下町跡 一』（二〇二一）

（坂井清春）

●文禄・慶長の役の豊臣秀吉の御座所

名護屋城（なごやじょう）

〔国特別史跡〕

〔所在地〕唐津市鎮西町名護屋
〔比　高〕五〇メートル
〔分　類〕平山城
〔年　代〕一六世紀後半
〔城　主〕豊臣秀吉
〔交通アクセス〕JR筑肥線「西唐津駅」から、昭和バス「呼子」行き「名護屋城博物館入口」停留所下車。徒歩三分。

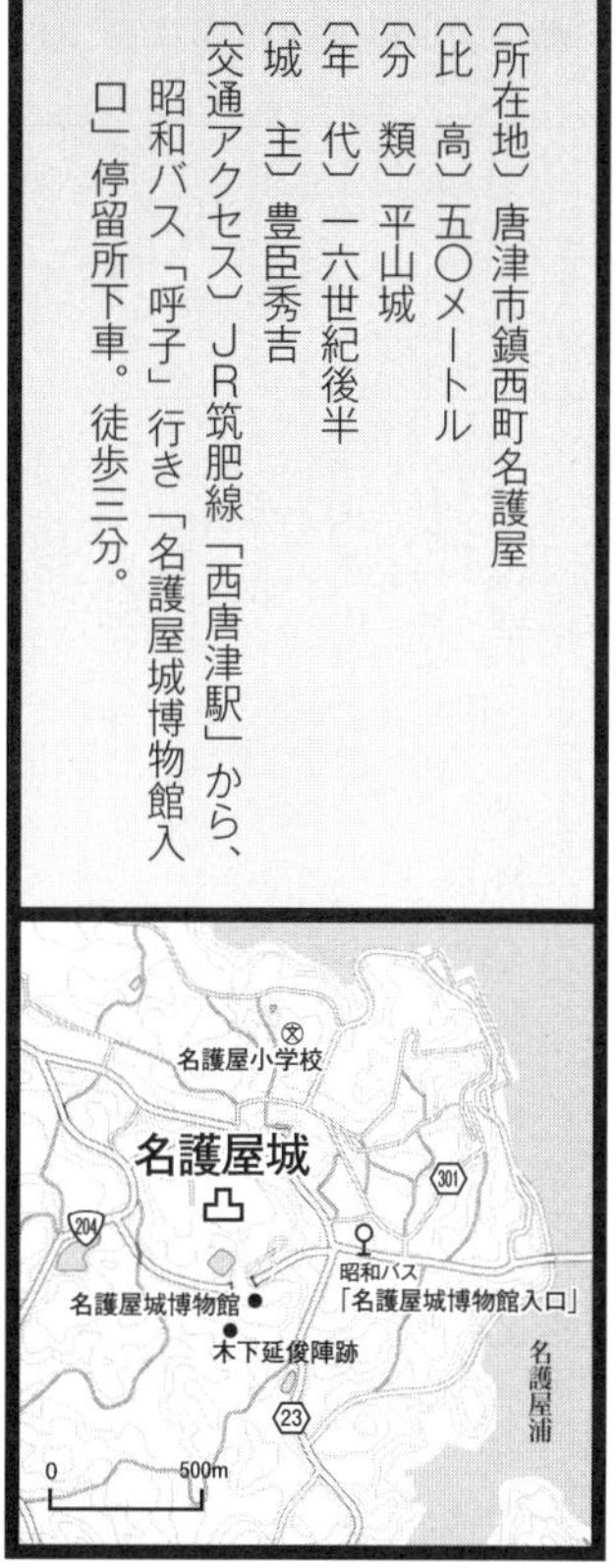

【選地と築城】　名護屋城は、天正二十年（一五九二）に始まる文禄・慶長の役のさいに、国内の出兵拠点として整備された豊臣秀吉の御座所である。東松浦半島の北端部、勝男岳と呼ばれた標高約八八・六メートルの独立丘陵上に立地し、周囲には出兵に参画した大名の陣が築かれ、現在では一五〇ヵ所以上の陣跡が確認されている。その選地については小西行長、寺沢広高が関与したと考えられるが、当地が選ばれた理由としては、朝鮮半島に地理的に近いこと、水深の深い入り江が入り組んだ複雑な地形が大型船舶を停泊させることに適していたことなどが考えられる。

築城にあたっては、黒田長政、小西行長、加藤清正が普請奉行を務め、「筑紫衆」は軍役の三分の一を築城に充て、割普請によって築城された。『旧記雑録』や『石工由来記』では、毛利輝元を加えた四名が普請奉行として挙げられ、他にも異説がある。また、『黒田家譜』によれば、縄張は黒田孝高が行ったとされるが、加藤清正によるとの記録も残されている（『服部傳右衛門覚書』）。

【築城の時期】　『黒田家譜』によると、天正十九年十月十日に着工したとされる。しかし、名護屋城跡水手曲輪の調査では、天正十八年と記された紀年銘瓦が出土しており、着工時期が遡る可能性もある。天正十九年十二月十一日付『八島久右衛門書状』には、「名護屋御普請大形相調申由承候」とあることから、十二月の時点で普請がおおむね完成したと推測される。また、豊臣秀吉は、翌天正二十年四月二十五日に名

●—名護屋城跡空撮写真（佐賀県立名護屋城博物館提供）

護屋に着陣していることから、本丸御殿などの城郭の主要部分はこの頃までには完成したと考えられる。ただし、秀吉の着陣後も普請・作事は継続されており、『大かうさまくんきのうち』によれば、大政所の死去により秀吉が一時帰洛した天正二十年七月から同年十一月までの間に山里丸城などが整備されている。

慶長三年（一五九八）八月に秀吉が没すると、慶長の役が集結を迎える。終戦後に名護屋城は破却され、城内の各所でその痕跡を見ることができる。

【構造と検出遺構】 名護屋城築城以前は、波多三河守の家臣である名護屋経述の居城「垣添城」が築かれていたとされるが、今はその痕跡を確認することはできない。

丘陵の最高所に本丸を設け、本丸を中心として三ノ丸、二ノ丸、遊撃丸、弾正丸、水手曲輪、東出丸、そして馬場が配され、丘陵の北東裾部に山里丸、台所丸が置かれる。城内への入口としては、太閤道に通じる大手口、串道に通じる搦手口、城下町へと通じる水手口と船手口、そして山里丸への入口である山里口の計五ヵ所の虎口がある。また、名護屋城東の名護屋浦までの間には城下町が築かれ、城と城下町と間には唯一の堀である鯱鉾池が築かれている。

本丸は、平面形が台形状を呈し、南北約一二五メートル、東西約一三〇メートルを測る。北西隅には、天守台が構築され、三ノ丸へと通じる南東部には本丸大手口が、北西部には水手曲輪へと通じる虎口が設けられる。発掘調査では、本丸御殿と思われる礎石建物群や門が確認され、建物の周囲に敷かれた玉石敷も確認されている。また、本丸南側の調査では、現地表面下に埋没した築城当初の石垣（埋没石垣）が確認されており、本丸の南辺および西辺が拡張されたと考えられ、拡張された石垣の上には多門櫓（たもんやぐら）が築かれた。

天守台は、石垣の大部分が破却されているが、復原すると南北約二三メートル、東西一九メートルの平面長方形を呈する。内側に面を向けた石垣があることから穴蔵構造を持つことが確認でき、内部には玉石が敷き詰められ、中央に一間四方の礎石と、穴蔵側壁に沿った礎石列が確認されている。天守台の周辺からは金箔瓦が多く出土している。

三ノ丸は、本丸東側に設けられ、南北約一三〇メートル、東西約八〇メートルの平面形が台形状を呈する。中央には井戸跡が残され、また東出丸との間に二ヵ所、東辺と南東隅にそれぞれ一ヵ所、馬場との連絡部分に一ヵ所の計五ヵ所の櫓台（やぐらだい）が確認されている。馬場に面した櫓台には、城内で最大の鏡石（かがみいし）が配されている。なお、南東隅部の櫓台の調査では、埋没した石段が発見されており、ここでも石垣の拡張が行われたことが確認できる。

二ノ丸は、本丸西側に設けられ、南北約六〇メートル、東西約六四メートルを測る。三ノ丸とは馬場を介して連絡するが、本丸と直結する通路は確認されていない。北隅は船手口に通じ、櫓門跡が確認されている。二ノ丸西辺には高さ三メートルを超える石塁（せきるい）が設けられ、三ヵ所の合坂が確認される。また弾正丸との境界をなす西辺石垣には、隅角が埋め殺された部分が確認されており、弾正丸の整備・拡張によるものと考えられる。二ノ丸の発掘調査では、梁行三間、桁行十間の長大な長屋状の掘（ほっ）立柱（たてばしら）建物跡二棟が確認されており、兵舎などの可能性が指摘されている。

遊撃丸は、天守台の西下に位置し、南北約六〇メートル、東西約六四メートルを測る。周囲を石塁で取り囲み、南西隅には、二ノ丸と連絡する内枡形（うちますがた）の虎口を設ける。船手口に面する西辺には二つの櫓台を設け、防備を強化している。この曲輪は、明の沈維敬（しんいけい）（遊撃将軍）の宿所となったことから「遊撃丸」の名称となったといわれるが、詳細は不明である。

弾正丸は、城域の西端に設けられた曲輪で、南北約九〇メートル、東西約一九五メートルを測る。地形に沿って造られたためか、不整形な平面形を呈し、随所に石垣が鈍角になるシノギ隅が確認できる。西辺中央には、内枡形の虎口となる搦手口を設

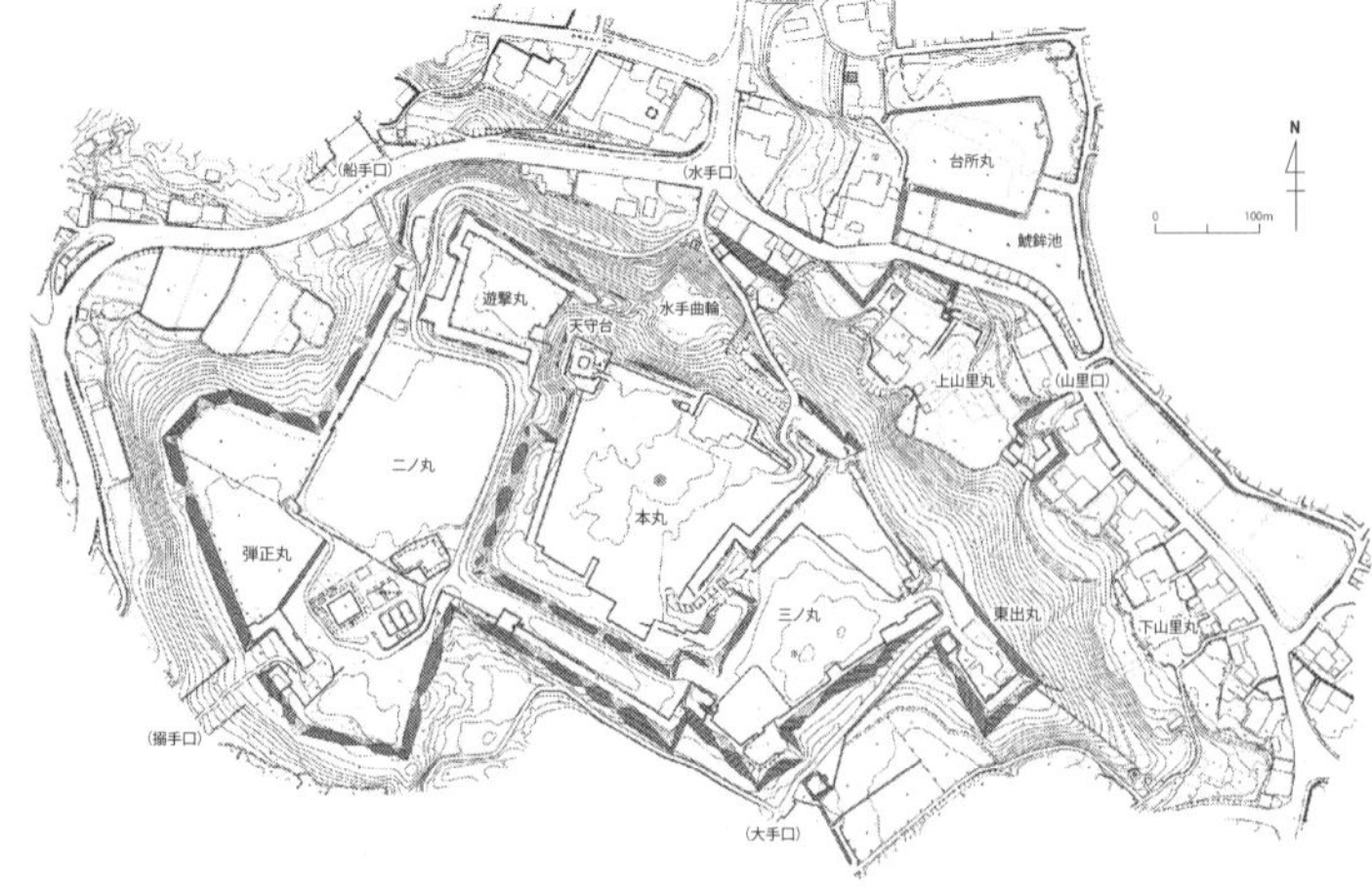

●—名護屋城跡平面図（佐賀県教育委員会 2016 より転載）

け、そこから串道へと通じる。この曲輪は、浅野長政（弾正少弼）が居所としたことから「弾正丸」の名称がつけられたとされる。

水手曲輪は、本丸の北辺下に設けられた曲輪で南北約三七メートル、東西約三一メートルを測り、発掘調査では井戸跡が一基検出されている。水手曲輪の北側には水手口が設けられ、そこから本丸まで通じる水手通路が確認されている。この通路は、水手口から本丸へと他の曲輪を介さずに直接連絡する特異な構造となっている。発掘調査で

●—水手通路平面図水手通路平面図（佐賀県立名護屋城博物館編 2013 より転載）

は、三ヵ所の門跡が確認されているが、それぞれ水手曲輪や本丸北辺櫓台から横矢（よこや）がかかる構造となっており、厳重な防備が図られている。

東出丸は、三ノ丸の東側に設けられた曲輪で、南北約二〇メートル、東西約七三メートルを測る。北西部で三ノ丸および大手道と連絡し、大手道へと通じる虎口には櫓台を設ける。この櫓台の隅部には縦石積みが見られる。南東裾部から尾根上へと延びる登り石垣が確認され、山里丸を防備する構造となっている。

●—山里口

山里丸は、丘陵の東側裾部に設けられた曲輪で、秀吉の私的居住空間と考えられる。東西約三六〇メートル、南北約一二〇メートルを測る城内最大の曲輪で、鯱鉾池に面した北東辺中央に山里口が設けられ、その北側に上山里丸、南側に下山里丸を配する。発掘調査では、上山里丸の北西部から小規模な掘立柱建物跡と飛石列、井戸跡が発見され、『神谷宗湛日記（かみやそうたんにっき）』天正二十年十一月十七日条にある草庵茶室跡と推定されている。また、『肥前名護屋城図屏風』によると下山里丸に能舞台などが描かれており、秀吉の遊興空間が広がっていたと推測される。

台所丸は、城域の北端に位置し、三方を堀で囲まれた平面形が五角形状を呈する曲輪で、南北約五五メートル、東西約八〇メートルを測る。東辺には、鯱鉾池へと降りる石段や船着き場が確認されている。

鯱鉾池は、丘陵東側裾部に設けられた堀で、南北約一二〇メートル、東西約三五〇メートルを測る。堀底部分の発掘調査では、石垣で構築された島状遺構が確認されており、城下町との区画や防御を高める機能に加え、舟遊びなどの遊興空間として整備されたと考えられる。

【『肥前名護屋城図屏風』にみる名護屋城の景観】 当時の名護屋の様子を描いたとされる『肥前名護屋城図屏風』は、明国の講和使節団と思われる行列が描かれていることから、景観年代が文禄二年頃と推測されている。名護屋城北東に浮かぶ加部（かべ）島の天童岳（てんどうだけ）（標高約一一二メートル）からみた景観を中心とした構図となっており、名護屋城を中心に半島全域に広がる大名陣が描かれる。

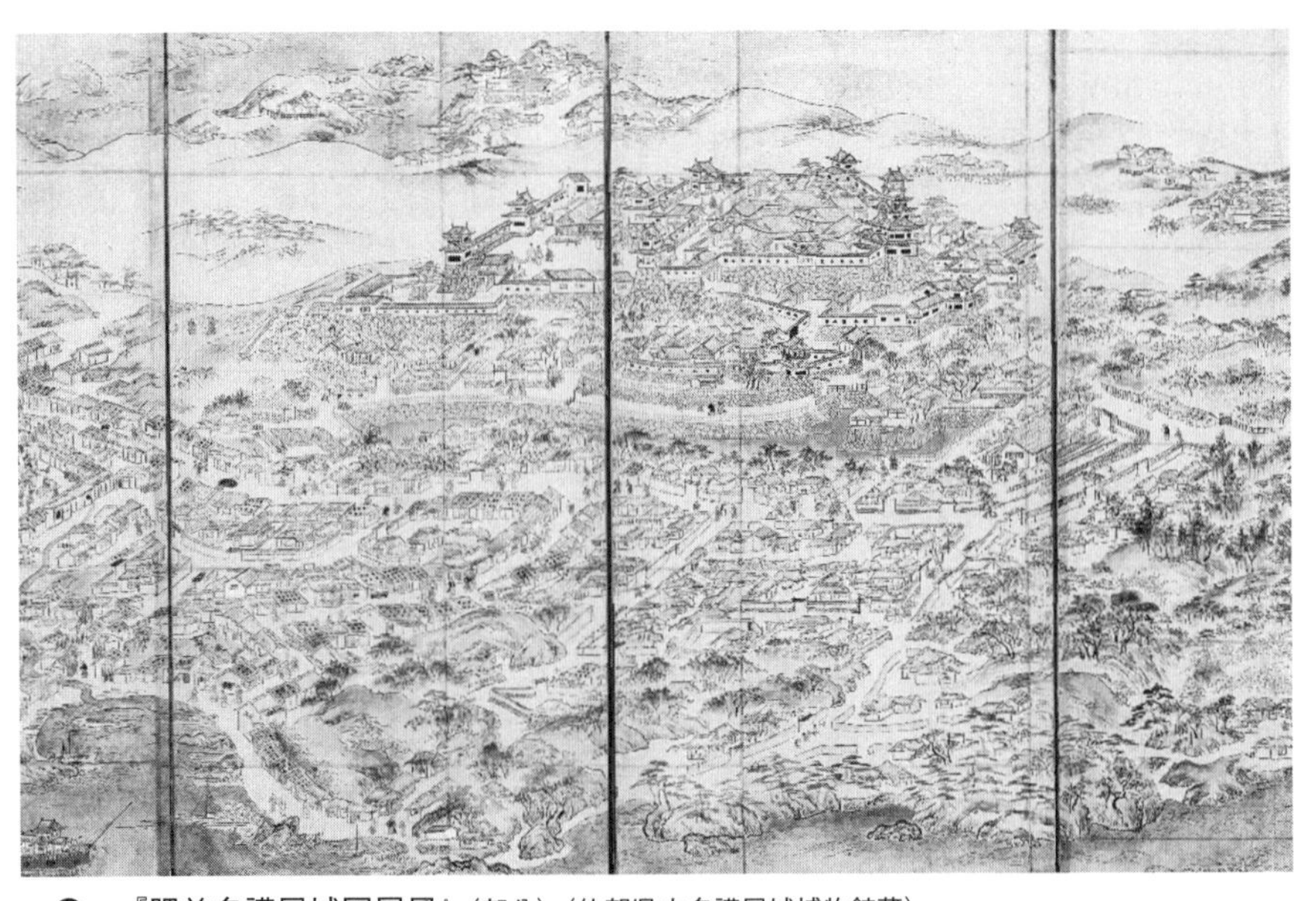

●―『肥前名護屋城図屏風』（部分）（佐賀県立名護屋城博物館蔵）

名護屋城の描写を見ると、石垣上に設けられた瓦葺の塀で取り囲まれた曲輪内に、多くの建物が描かれている。本丸には、いずれも檜皮葺の表現と思われる御殿建築群が立ち並び、その奥には茅葺風の数寄屋建築が確認できる。天守は、外観五層で、最上階には火頭窓と高欄が描かれている。山里丸にも同じく檜皮葺風の建築群が描かれ、その奥にみえる茅葺風の数寄屋建築は、発掘調査で確認された草庵茶室を描いたものと推測される。その様子は、「天守以下聚楽ニ劣ル事ナシ」『菊亭家記録』と評され、秀吉の御座所に相応しい絢爛豪華なものであった。

現在、名護屋城跡は、特別史跡に指定され、山里丸や弾正丸の一部を除き、整備が進められている。隣接する佐賀県立名護屋城博物館では、文禄・慶長の役を中心とした日韓交流史をテーマとした常設展示がなされている。また、『肥前名護屋城図屏風』や発掘調査の成果をもとに再現した「バーチャル名護屋城」が公開されており、再現したCGを見ながら、城内を探索することができる。

【参考文献】佐賀県立名護屋城博物館編『名護屋城跡―水手曲輪・水手通路・大手口―』佐賀県立名護屋城博物館調査報告書　第八集（二〇一三）、佐賀県教育委員会編『佐賀県の中近世城館　第五集　各説編四』（二〇一六）

（渕ノ上隆介）

●軍港「名護屋浦」を望む陣所

徳川家康陣

〔国特別史跡〕

〔所在地〕唐津市鎮西町大字名護屋字浦町
〔比　高〕一〇メートル
〔分　類〕平山城
〔年　代〕一六世紀後半
〔城　主〕徳川家康
〔交通アクセス〕ＪＲ筑肥線「西唐津駅」から、昭和バス「呼子」行き「名護屋城博物館入口」停留所下車。徒歩約八分。

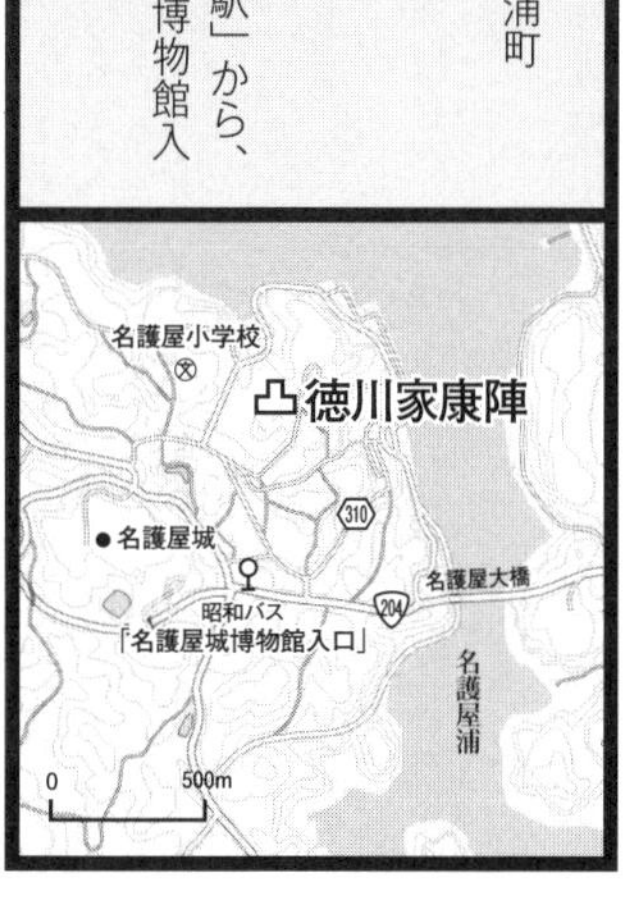

【陣主と立地】　徳川家康は、天正二十年（一五九二）三月頃に京都を発し、四月中旬頃に名護屋に着陣したと考えられる。『伊達日記』には、「家康公筑前殿モ御城ノ北入海ヲ隔御立陣ニ候」とあり、着陣当初は名護屋浦の東岸に陣所を設けたと推測されるが、前田利家との間で水争いがおこり、両者とともに名護屋城周辺に陣替えされたと伝えられる。

　現在比定されている陣跡は、名護屋城の東、名護屋浦に面した城下町を眼下に望む標高五二・二メートルの丘陵上に立地する。名護屋浦から名護屋城までつながる城下町エリアの中心部に位置し、港を一望できる地に置かれる。また、周囲には本多忠勝、大久保忠世の陣跡が配されている。当地には、「竹の丸」という地名が残されており、徳川家康の幼名「竹千代」に由来するとされる。

【陣跡の構造】　丘陵の頂部には、南北八〇メートル、東西七〇メートルの平面形が五角形状を呈する主郭（曲輪Ａ）を設ける。この主郭は、現在では約五〇〇〇平方メートルの広さを持つ広大な平坦面となっているが、昭和五十年代に町民広場の造成に伴って大きく削平されており、当時の遺構は確認できない。主郭の周囲には、割石を用いた石垣が部分的に残存しており、本来は四周を石垣で構築した曲輪であったと推測される。

　主郭の南北にそれぞれ副郭（曲輪Ｂ・Ｃ）を設け、主郭東側斜面には、帯曲輪群が構築される。曲輪Ｂは、昭和六十年度に町立保育所の建設に伴う発掘調査が実施されており、現在駐車スペースとなっている主郭西裾部から幼稚園敷地内の

南裾部まで巡る岩盤削り出しの横堀が検出され、南西隅部では櫓台石垣が確認されている（鎮西町教育委員会編、一九八六）。また、曲輪Ｂ西辺中央には陸橋状に削り残された虎口が確認されている。曲輪Ｂから主郭東側の帯曲輪群を介して主郭へと到達したと推測され、主郭の南東隅部では虎口が発見されている。この帯曲輪群は、耕地化に伴う造成の影響で

●―徳川家康陣跡縄張図（全体と部分）
（佐賀県教育委員会 2016 より転載）（作図：武谷和彦）

●—櫓台石垣写真

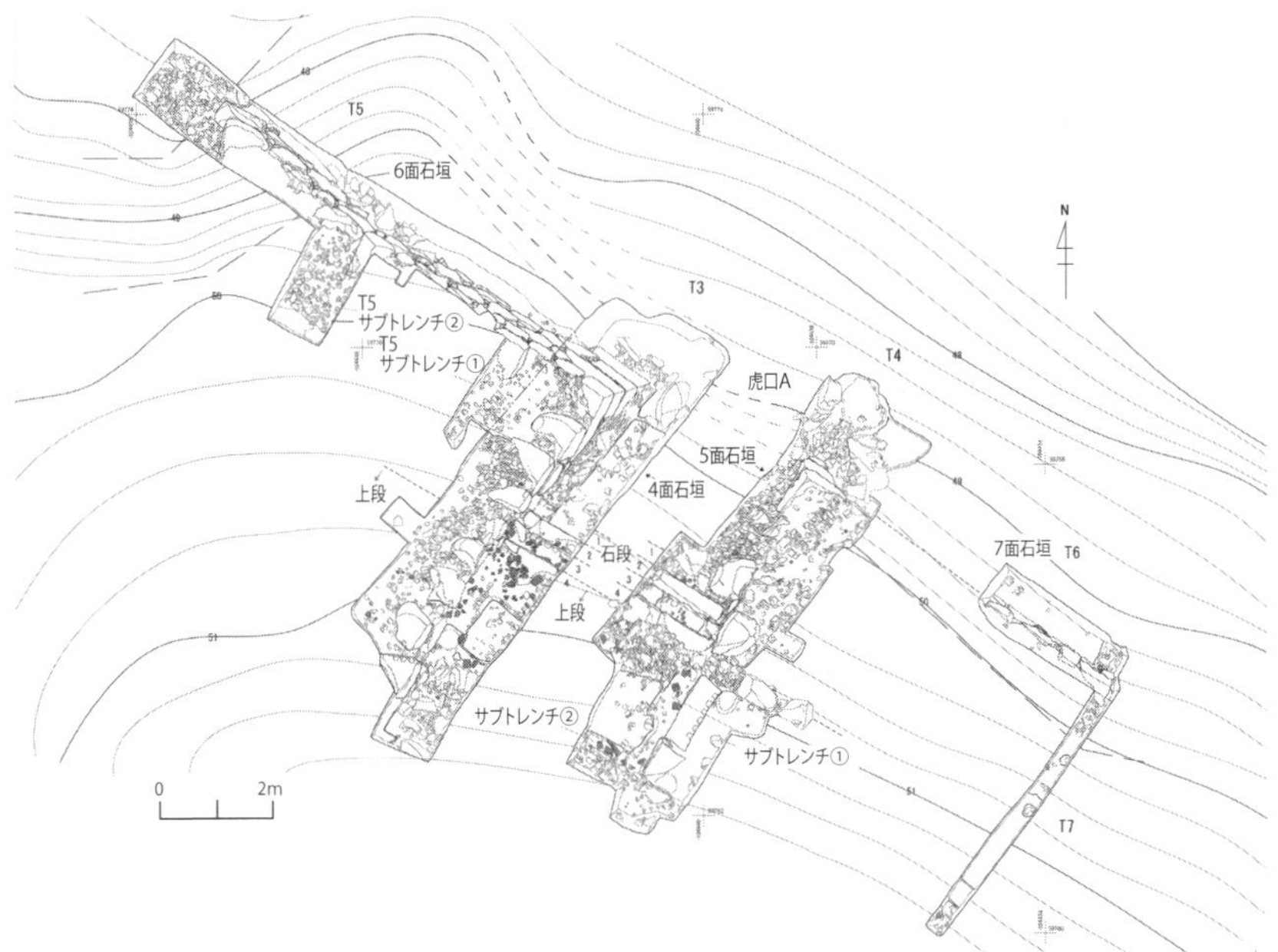

●—虎口部遺構平面図（佐賀県立名護屋城博物館 2017 より転載）

●—虎口部（佐賀県立名護屋城博物館提供）

改変されており、各所に新しい石積みが確認できる。しかし、部分的に当時の石材が残る箇所もみられることから、本来は総石垣造であったと推測される。

曲輪Cとの間には現在切通状の道で分断されているが、これは現代に開削されたものであり、当時は直接連絡できていたと考えられる。曲輪Cから北西に延びる尾根上にも曲輪群が展開している。

このほかに、丘陵から派生する尾根D・Eにも曲輪状の段造成が確認でき、この一帯まで陣所関連遺構が広がる可能性がある。

【後世の改修】 平成二十四年（二〇一二）度から実施された発掘調査では、主郭北東部分の調査で、石段を伴う虎口跡が検出されている（佐賀県立名護屋城博物館編、二〇一七）。虎口部の石垣は、隅角部と築石部とで石材の構成、積み方に大きな違いがみられる。虎口西側の築石部では、自然石と割石が併用され、名護屋城などと共通の特徴を持つ石垣であるのに対し、隅角部の石垣は、規格化された隅角石に角脇石を伴う算木積みとなっており、慶長期後半以降に虎口が改修された可能性が考えられる。江戸時代後期に描かれた配陣図には、同所に「番所」の記載がみられるものがあり、陣が廃絶されたのちに、番所として再利用されたものと考えられる。

【参考文献】 鎮西町教育委員会編『徳川家康陣跡』鎮西町文化財調査報告書第三集（一九八六）、佐賀県教育委員会編『佐賀県の中近世城館　第五集　各説編四』（二〇一六）、佐賀県立名護屋城博物館編『徳川家康陣跡（No.10陣跡）』名護屋城調査報告書第一三集（二〇一七）

（渕ノ上隆介）

●名護屋城の大手に構えた陣所

木下延俊陣（きのしたのぶとしじん）〔国特別史跡〕

〔所在地〕唐津市鎮西町大字名護屋
〔比　高〕二六メートル
〔分　類〕平山城
〔年　代〕一六世紀後半
〔城　主〕木下延俊
〔交通アクセス〕ＪＲ筑肥線「西唐津駅」から、昭和バス「呼子」行き「名護屋城博物館入口」停留所下車。徒歩約五分。

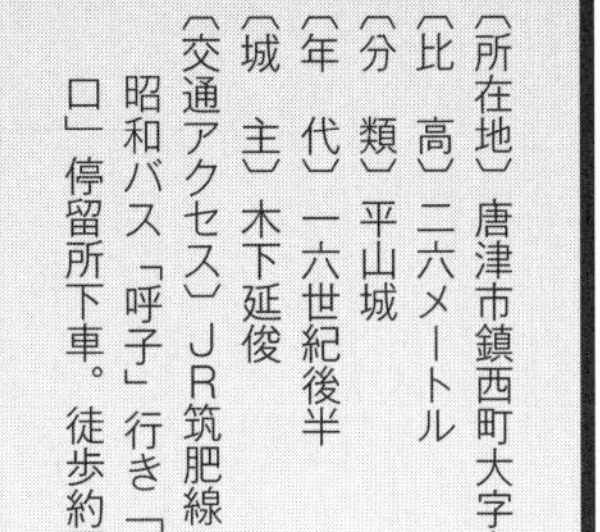

名護屋小学校
名護屋城
301
204
昭和バス
「名護屋城博物館入口」
名護屋城博物館
23
木下延俊陣跡
名護屋浦
0
500m

【陣主と立地】　木下延俊は、秀吉の正室であるおねの兄、木下家定の三男として生まれ、秀吉の義理の甥にあたる。文禄元年（一五九二）に従五位下右衛門大夫に任ぜられ、名護屋には軍役二五〇人とともに参陣している。

陣跡は、名護屋城の南に位置する通称「方広寺山」と呼ばれる標高八二メートルの丘陵上に立地する。名護屋城大手口から唐津まで通じる太閤道が、丘陵の西裾を通っており、陸路の要所を占める位置に配されている。

【陣跡の構造】　丘陵の最高所は、現在は公園として整備されているが、緩やかな細尾根状を呈し、明確な削平段は見られず、本陣跡に関連する遺構は、丘陵頂部の東側の平坦面で確認されている。

主郭部は、長軸が六五メートル、短軸四八メートルのやや歪な長方形を呈する。主郭の南西隅部には、外枡形の虎口が設けられ、名護屋城側に向かって開口する。ここから、丘陵の北側斜面に確認される通路状の平坦面を通り、太閤道まで通じていることから、この虎口が本陣跡の大手口と考えられる。この通路に面して、土塁や段差で区画された帯曲輪群が連続して設けられている。一方、主郭部の北東部には、石塁で構築された喰違虎口が確認され、北東尾根上に連続する曲輪群に通じている。

主郭部の石塁は、大手口周辺を含む南西辺および南東辺、搦手口周辺の北東辺で残されており、高さ約〇・五メートル～一メートル、幅約一・五メートルで、石垣面の高さは最大で一・五メートル程度を測る。名護屋城に面した北側には、現状では石塁は確認できず、栗石（ぐりいし）と思われる礫（れき）が散在していることから、法面（のりめん）に石垣が構築されていたと推測される。

また、丘陵の南側斜面には、石塁や石垣を伴う帯曲輪などが確認されているが、耕地による改変も著しく、詳細が不明である。

【検出された露地空間】　主郭部については、平成五年度に佐賀県立名護屋城博物館によって発掘調査が実施されている。大手口の桝形内は、石塁によって二分されている。北区画では周囲の石塁に鏡石（かがみいし）が組み込まれ、内部には玉砂利が敷かれるなど、大手口に相応しい空間となっている。一方、南区画では岩盤の削平が十分ではなく、岩塊がそのまま露出している。岩盤には矢穴が残されたものも確認されており、平坦面を削り出すためのものか、あるいは石材を採取するためのものと思われる。この岩塊の隙間を縫うように飛石列が確認されており、南区画が露地空間として整備されていたと考えられる。

南区画の飛石列は、そのまま南東辺の石塁に沿って延伸することが確認されている。南東辺の石塁は、桝形部分から約三二メートルのところで端部が確認されており、そこから搦手口ま

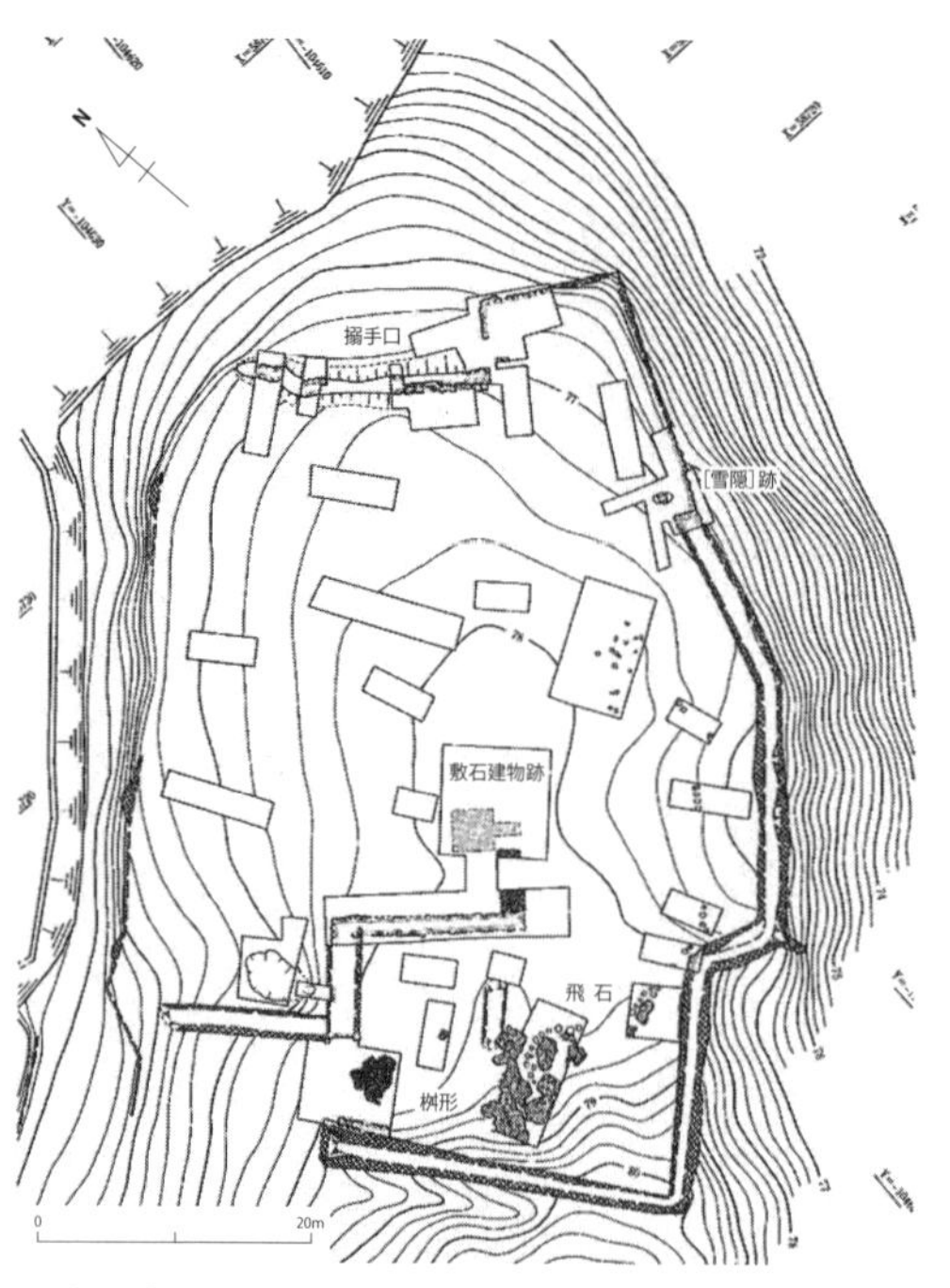

●—木下延俊陣跡主郭部平面図（佐賀県立名護屋城博物館編 1994 より転載）

●—飛石列（佐賀県立名護屋城博物館提供）

●—雪隠跡（佐賀県立名護屋城博物館提供）

では石垣のみで構築されている。この石塁端部付近の調査では、石組遺構が確認されている。この石組遺構は、露地空間に伴う雪隠跡と思われるもので、長軸七五センチ、短軸三五センチ〜四三センチを測る。長軸の両側に踏み石となる平な石を置き、東端には「小便返し」に相当する板石を配置している。遺構内部には、緻密な砂が敷き詰められており、いわゆる「砂雪隠」に相当するものと考えられる。

●—再整備された陣跡（佐賀県立名護屋城博物館提供）

主郭内部の調査では、明確な礎石建物などは確認されていない。主郭の中央部分では、扁平な板石を敷き詰めた敷石遺構が発見されている。この遺構については、調査当初は「敷石建物跡」として小規模な建物遺構である可能性が想定されていたが、現在は建物の入り口に配された敷石の可能性が考えられている。

本陣跡については、平成九年に整備が実施され、検出された遺構の一部をそのまま露出させて展示している他、雪隠跡については覆屋を設けて見学できるようになっていた。しかし、施設の老朽化に伴い令和四年十一月に再整備され、雪隠遺構など一部遺構については保護のため埋め戻しを行い、その上に復元したレプリカを配置するなどしている。また陣跡の復元想定ジオラマも製作され、隣接する佐賀県立名護屋城博物館で見学することができる。

【参考文献】佐賀県立名護屋城博物館編『木下延俊陣跡・徳川家康別陣跡Ⅱ　発掘調査概要報告書』（一九九四）、佐賀県教育委員会編『佐賀県の中近世城館第五集　各説編四』（二〇一六）、佐賀県立名護屋城博物館編『肥前名護屋、煌めく—豊臣秀吉と桃山文化—』（二〇二二）

（渕ノ上隆介）

●山麓の居館部に庭園を備えた陣所

前田利家陣（まえだとしいえじん）

〔国特別史跡〕

〔所在地〕唐津市鎮西町大字名護屋字平野町
〔比　高〕四〇メートル
〔分　類〕平山城
〔年　代〕一六世紀後半
〔城　主〕前田利家
〔交通アクセス〕JR筑肥線「西唐津駅」から、昭和バス「呼子」行き「名護屋城博物館入口」停留所下車。徒歩約二分。

【陣主と立地】　前田利家は、天正二十年（一五九二）三月中旬頃に京都を発し、四月中旬頃に名護屋に着陣したと考えられる。『伊達日記』には、「家康公筑前殿モ御城ノ北入海ヲ隔御立陣ニ候」とあり、着陣当初は名護屋浦の東岸に陣所を設けたと推測される。しかし、名護屋着陣後に隣接して在陣していた徳川家康との間で水争いがおこり、徳川家康とともに名護屋城周辺に陣替えされたと伝えられる。

現在比定されている陣跡は、名護屋城の南東、「筑前山」と呼ばれる標高約七九メートルの独立丘陵上に位置する。周囲には「筑前町」や「筑前堀」など筑前守に由来すると思われる地名が残されている。また丘陵の西裾には、太閤道が通っており、陸路の要衝でもある。

【陣跡の構造】　陣に関連する遺構は、丘陵の頂部を中心として東から南の裾部に展開する曲輪（くるわ）群と、北西の丘陵裾の谷部で確認された居館部に大別される。

丘陵頂部には、全長二〇〇メートルにおよぶ尾根上に曲輪群が構築され、各曲輪の縁辺には裏込め石や築石が散布しており、本来は総石垣の曲輪群であったと推測される。南側斜面部を中心として、後世の耕地化に伴う改変が著しく、本来の曲輪の輪郭を把握することが難しいが、中心の曲輪Aを主郭とし、その両側に曲輪B・Cの二つの曲輪を持つ。曲輪Bの北下の腰（こし）曲輪を通じて、北尾根上に展開する曲輪群へと連絡する。尾根の主軸にそって、二条の石塁（せきるい）aが確認でき、その両側には大小の曲輪群が設けられ、主郭へと登るメインルートと推測される。曲輪Cの南西部には、石塁で構築された桝形状の空間が確認でき、ここから尾根を下って太閤道へと通じる。また、曲輪Bの北西には、斜面に向かって延びる石塁が確認でき、その間が緩やかな傾斜となっていることから、ここから東側裾部の帯曲輪群、および南側の曲輪群へと通じると推測できる。

【居館部の発掘調査】　居館部の発掘調査は、平成十二年（二〇〇〇）度から十八年度まで佐賀県立名護屋城博物館によって実施されている。居館部の北西面には、高さ四メートルを超える自然石と粗割石で構成される石垣が構築され、中央に内桝形の虎口が確認されている。曲輪内では、平面形がL字形を呈

●―前田利家陣跡縄張図（佐賀県教育委員会 2016 より転載）
（作図：渕ノ上隆介）

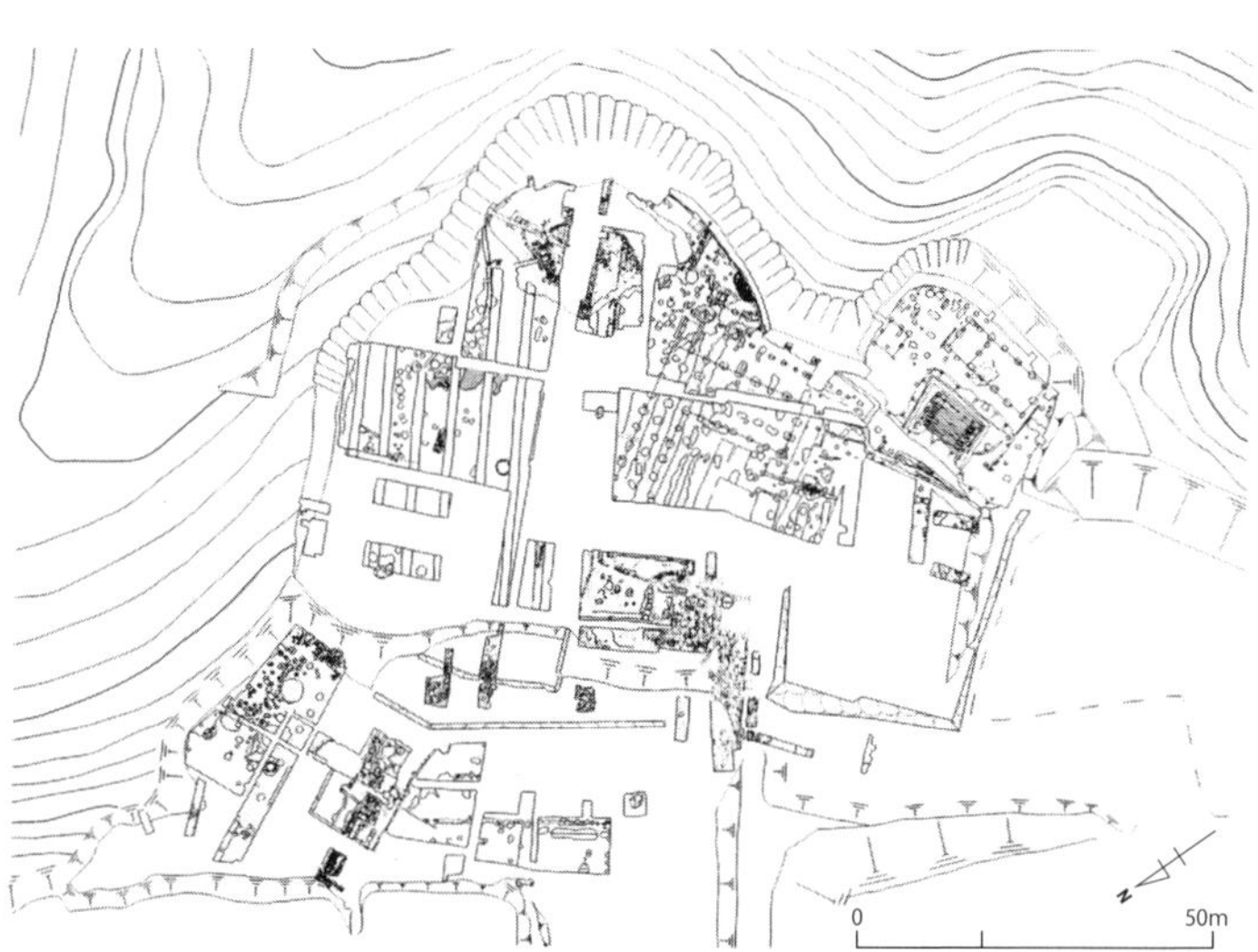

●―館部遺構配置図（佐賀県立名護屋城博物館 2008 より転載）

●—館部の石垣

●—前田利家陣跡の旗竿石（佐賀県立名護屋城博物館提供）

する大型の掘立柱建物跡が検出されており、その背後となる丘陵裾部に池泉跡が発見された。池泉跡の周囲には雪隠跡や蹲踞跡が残され、一帯が園池空間となっていたと考えられる。『宗湛日記』には「太閤様羽柴筑前殿ニ数寄屋ニ始テ御成ノ時、山ヲ切ヌリテ、路地ニシテ、被レ懸御目一候也、其時御座敷ニテ、アソバシケルト也、深山ノ躰ナト御ランジラレテ、手水ノ所ニテアソバシテ、御座敷ニテナリ」とあり、発掘調査で確認された遺構と符合する点が多い。

なお、『肥前名護屋城図屏風』には、第五扇の中央やや左寄りに前田利家陣跡と思われる陣所が描かれており、板葺と草葺の建物がそれぞれ一棟、茶室を思わせる草葺の建物一棟が描かれている。

【「旗竿石」と陣跡】 また、曲輪内には、二基の「旗竿石」が残されている。大きな岩塊の中央に、直径約二〇〜三〇センチの円形の穴を開けたもので、旗を掲げるための台石として用いたと考えられたことから、「旗竿石」の名で呼ばれている。しかし、これまでの発掘調査では、旗竿石の周囲からは旗竿を固定するための遺構は確認されていないことから、手水鉢や景石の可能性が高く、「手水鉢ハ、自然ナル石ノ大ナルヲ、内丸切テ、」『宗湛日記』の記述とも特徴が合致する（武谷、二〇一〇）。これまでに、名護屋から他所へ移されたとの伝承を持つものを含めて、約八〇例の存在が知られており、陣跡に今もなお残されているものも多く、陣所の存在を推定する手がかりの一つとなっている。

【参考文献】鎮西町教育委員会編『前田利家陣跡』鎮西町文化財調査報告書第二二集（二〇〇三）、佐賀県立名護屋城博物館編『前田利家陣跡』名護屋城博物館調査報告書第二集（二〇〇八）、武谷和彦「いわゆる「旗竿石」について」『研究紀要』第一六集（佐賀県立名護屋城博物館、二〇一〇）、佐賀県教育委員会編『佐賀県の中近世城館　第五集　各説編四』（二〇一六）

（渕ノ上隆介）

●対岸に築かれた大規模陣所

徳川家康別陣

〔国特別史跡〕

〔所在地〕唐津市呼子町大字殿ノ浦字ワタリ
〔比　高〕四〇メートル
〔分　類〕平山城
〔年　代〕一六世紀後半
〔城主〕徳川家康
〔交通アクセス〕ＪＲ筑肥線「西唐津駅」から、昭和バスで「呼子」へ。呼子から乗換「呼子公民館」停留所下車。徒歩約五分。

徳川家康別陣
名護屋小学校
名鉄バス「呼子公民館」
名護屋大橋
204
名護屋浦
0　500m

【陣主と立地】　徳川家康は、天正二十年（一五九二）三月頃に京都を発し、四月中旬頃に名護屋に着陣したと考えられる。『伊達日記』には、「家康公筑前殿モ御城ノ北入海ヲ隔御立陣ニ候」とあり、着陣当初は名護屋浦の東岸に陣所を設けたと推測されており、本陣跡が着陣当初の陣所と推定される。

現在比定されている陣跡は、名護屋城の東、名護屋浦を挟んだ対岸、標高四五・一メートルの海岸段丘上に位置する。陣替え後も当地が「別陣」として利用されたと考えられ、軍役一万五〇〇〇人にも及ぶ大部隊が駐屯したと考えられる。

【陣跡の構造】　段丘部分の北半部に遺構が集中している。中心となる曲輪（くるわ）Ａは、南北一二〇メートル、東西七五メートルの規模で、高さ一・〇〜一・五メートルの石塁（せきるい）で取り囲む。北東部の曲輪は、その外側に幅約三メートル程度の横堀を伴う。段丘の北辺が崩落によって旧状を留めていないが、北西部に向かって緩やかに傾斜しており、本来はこの部分にも虎口（こぐち）が設けられていた可能性がある。西辺石塁の北端部分がもっとも残存状況がよく、自然石（または粗割石）を積み上げた状態を見ることができる。南辺中央付近で石塁が途切れるが、この部分に虎口があった可能性もある。また、東辺中央部分にも幅約六メートルの虎口ａがあり、その前面（東側）には曲輪を配し、虎口の防備を図っている。

曲輪Ｂは、南北七五メートル、東西二五メートルの南北に長い曲輪で、周囲を石塁で取り囲み、南辺石塁には虎口がある。また西辺石塁に沿って通路bがあり、曲輪Aと連絡する。北端部には櫓台（やぐらだい）状のマウンドが残されているが、この部分は段丘の北端部にあたり、名護屋浦の入り口部分全体を見渡すことができる場所であると共に、陣跡の東側に入り込む鳥巣川の谷部も監視することができる。この鳥巣川を遡上して谷を上がるルートは、名護屋浦から殿ノ浦地区の各陣跡へと至る重要なルートであったと考えられ、本陣跡の主要な登城道と推定できる。そのため、曲輪Dのように出丸状の曲輪（南北一五メートル、東西四五メートル）を設け、徹底した監視を行うことができるようになっている。このほか、西側斜面や東側斜面に曲輪に伴う段造成が確認できる。

段丘の南半部は、現在は広大な畑地となっており、緩やか

●―徳川家康別陣跡縄張図（佐賀県教育委員会 2016 より転載）（作図：渕ノ上隆介）

●―石塁写真

な傾斜を持つ区画が広がっている。各区画内の平坦化は十分ではないものの、大規模な兵員を駐屯させるような簡便な施設であれば、十分に配備可能であろう。

【発掘調査の成果】 平成三年（一九九一）度から発掘調査が実施されている（佐賀県教育委員会編、一九九三・佐賀県立名護屋城博物館編、一九九四）。曲輪Aの南側区画では、二間×一〇間の大型掘立柱（ほったてばしら）建物跡一棟と、小規模な掘立柱建物二棟が検出されている。大型掘立柱建物は、長屋建物と推測され、兵員の駐屯施設であると推測される。一方、曲輪Bでは、西辺の石塁から派生する複数の石塁で曲輪内部が分割されていることが明らかとなっており、玉石敷通路や小規模な礎石建物跡などが検出されている。これらの遺構は、茶室などの数寄屋空間を示しているものと考えられており、曲輪Aとは対照的な様相を呈している。また、櫓台の調査では、掘立柱建物跡が検出されている。

【参考文献】佐賀県教育委員会編『徳川家康別陣跡発掘調査概報』（一九九三）、佐賀県立名護屋城博物館編『木下延俊陣跡・徳川家康陣跡Ⅱ発掘調査概要報告書』（一九九四）、佐賀県教育委員会編『佐賀県の中近世城館　第五集　各説編四』（二〇一六）

（渕ノ上隆介）

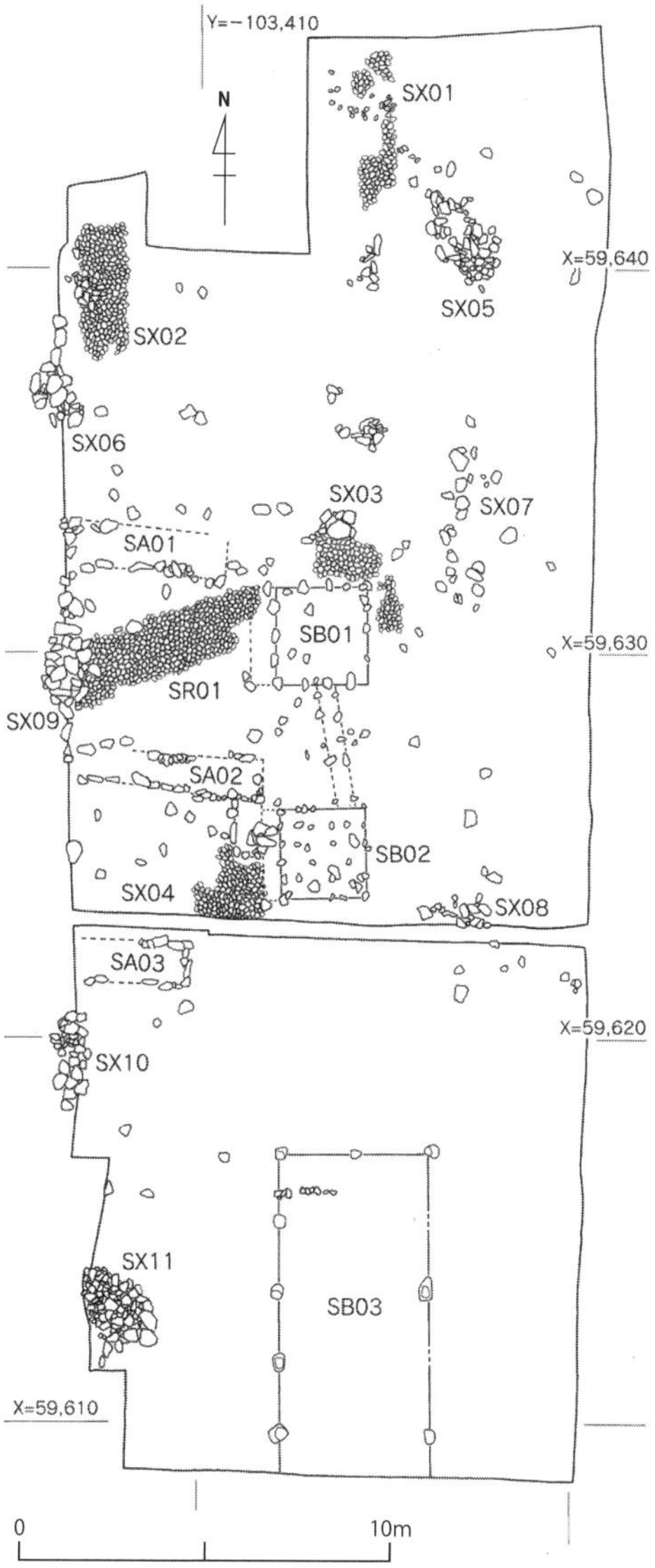

Y=−103,410
N
SX01
SX05
X=59,640
SX02
SX06
SX03
SX07
SA01
SB01
X=59,630
SR01
SX09
SA02
SB02
SX04
SX08
SA03
X=59,620
SX10
SX11
SB03
X=59,610
0
10m

●―曲輪B遺構平面図（佐賀県教育委員会 1993 より転載）

●名護屋城図屛風に描かれた陣所

豊臣秀保陣（とよとみひでやすじん）

〔国特別史跡〕

〔所在地〕唐津市呼子町大字名護屋字神ノ木
〔比　高〕六八メートル
〔分　類〕平山城
〔年　代〕一六世紀後半
〔城　主〕豊臣秀保
〔交通アクセス〕ＪＲ筑肥線「西唐津駅」から、昭和バス「呼子」行き「名護屋城博物館入口」停留所下車、徒歩約二五分。

串浦
豊臣秀保陣
204
波多津神社
外津浦　小島

【陣主と立地】　豊臣秀保は、豊臣秀吉の姉である日秀（瑞龍院）の子で、のちに豊臣秀長の養子となる。名護屋には軍役一万人とともに参陣している。

現在比定されている陣跡は、名護屋城の南西にある入江「串浦」に面した標高約六八メートルの「鉢畠」と呼ばれる丘陵上に立地し、陣跡の総面積は二〇ヘクタールにも及ぶ。隣接する鍋島直茂陣跡との間には、串浦から名護屋城まで通じる串道が通り、陸路・海路の要所を占める位置にある。

【陣跡の構造】　陣跡は、東西に二つのピークをもち、東の頂部に「第一陣」、西の頂部に「第二陣」がそれぞれ構築される。

第一陣は、丘陵頂部に六〇メートル×四五メートルの長方形の主郭Ａを設け、周囲は最大高三メートルを超える石塁で囲繞される。曲輪の北西隅には、一辺が約二〇メートル四方の桝形虎口を設け、北西に向かって開口する。桝形内部の石垣面には、長径が一・五メートルを超える鏡石が配置されており、高い正面性が看取できる。主郭Ａ南西隅部の虎口は、丘陵南側斜面に連続する帯曲輪群へと通じる。帯曲輪群の東限には、竪堀が設けられ、明確に城域が区分されている。主郭Ａの東には腰曲輪Ｂが設けられている。

第二陣は、丘陵の頂部に四〇メートル×五〇メートルの曲輪Ｃが設けられ、主郭に相当する。東辺および南辺を石塁で囲み、東辺の南北隅にそれぞれ虎口が設けられる。特に北隅の虎口は虎口内部の石塁によって喰違虎口状を呈する。北辺および西辺

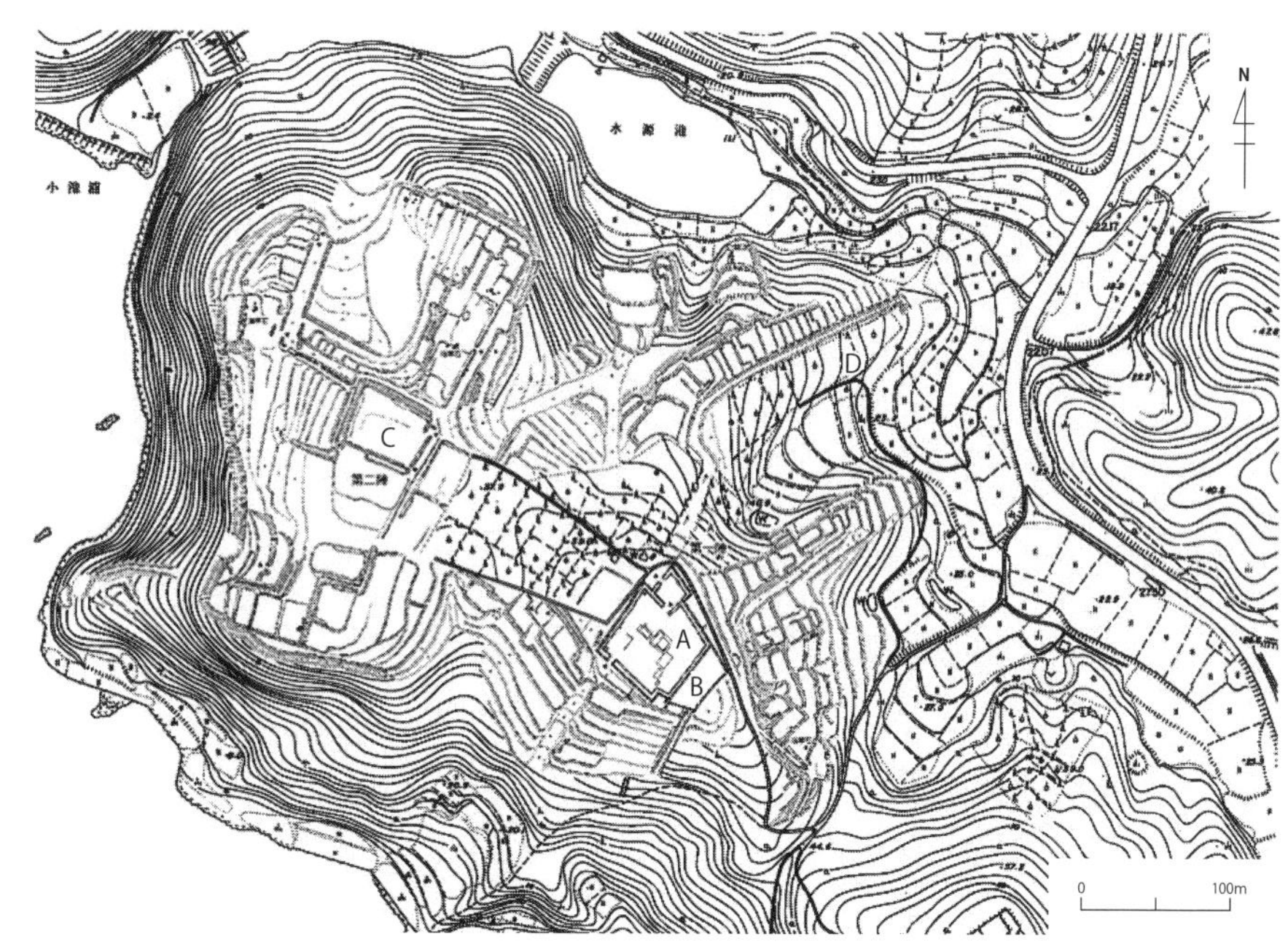

●—豊臣秀保陣跡縄張図（佐賀県教育委員会 2016より転載）（作図：武谷和彦）

は横堀で区画されている。

第一陣・第二陣の周囲には、尾根上を中心に中小規模の曲輪が連続して構築されており、張り巡らされた通路を介して各曲輪が有機的に連絡している。

【発掘調査の成果と屏風との整合性】　主郭Aの内部については、昭和五十四（一九七九）・五十五年度に佐賀県教育委員会によって発掘調査が実施され、曲輪の中心部分から、五棟の礎石建物跡が検出されている（佐賀県教育委員会編、一九八三）。中心的な三棟の建物跡（SB〇〇一・〇〇二・〇〇三）は、それぞれ遠侍・書院・御座の間と推定され、書院には付（つけ）書院（しょいん）を伴うことが確認されている。これらの建物の周囲からは瓦が出土していないことから、屋根は草葺き・板葺きなどが想定される。一方、御座の間に隣接する建物（SB〇〇四）の周囲からは瓦が集中して出土していることから、この建物群唯一の瓦葺き建物と推定されている。これらの建物群の北側には礫敷の空間が広がり、中央には東西に並ぶ景石が配置されるなど、庭園空間を備えていた。

『肥前名護屋城図屏風』には、本陣跡と思われる陣所が描かれており、板葺きの建物群の中に、一棟の瓦葺きの二階建て建物が描かれており、発掘調査の成果と一致することが指摘されている。

●—第一陣曲輪Ａ北面石垣

●—第一陣曲輪Ａ遺構配置図（佐賀県教育委員会 1983 より転載）

本陣跡は、発掘調査の成果をもとに、建物跡などの遺構を平面表示するなどの整備が行われている。

【参考文献】佐賀県教育委員会編『特別史跡名護屋城跡並びに陣跡二』（一九八三）、佐賀県教育委員会編『佐賀県の中近世城館第五集　各説編四』（二〇一六）

（渕ノ上隆介）

●能舞台を備えた陣所

堀秀治陣

〔国特別史跡〕

〔所在地〕唐津市呼子町大字名護屋字赤玉毛
〔比　高〕二八メートル
〔分　類〕平山城
〔年　代〕一六世紀後半
〔城　主〕堀秀治
〔交通アクセス〕ＪＲ筑肥線「西唐津駅」から、昭和バス「呼子」行き「名護屋城博物館入口」停留所下車、徒歩約二五分。

【陣主と立地】　堀秀治は、越前北の庄の大名で、軍役六〇〇〇人で参陣している。現在比定されている陣跡は、名護屋城の南西、標高五二・九メートルの「善入（山）」と呼ばれる丘陵上に立地する。南東部の狭い鞍部を介して稲葉重通陣跡の立地する丘陵と接続する。

【陣跡の構造】　丘陵の頂部に主郭となる本曲輪（曲輪Ａ）を設け、鞍部を挟んで西側頂部に西北曲輪群（Ｄ）を備える。曲輪Ａは、平面形がＤ字状を呈し、北辺が直線的な塁線となるのに対し、南側塁線は地形に沿って緩やかな曲線を描く。周囲を土塁で取り囲み、北辺の一部を除き横堀が取り囲む。北辺の中央東寄りに内桝形虎口を持ち、北東隅部は塁線が張り出し、横矢掛かりとなる。この虎口部分から、丘陵裾部まで直線的に下る通路が確認され、大手道と推測される。大手道の入り口付近の西側には、斜面を削り出して整形した大手曲輪（曲輪Ｂ）が設けられ、鍵手状に屈曲する虎口を持って大手道と連絡する。

　また、大手道の中央付近には、東西二つの虎口が確認できる。西側の虎口は、石段が検出されており、本曲輪北側の北曲輪（曲輪Ｃ）へと通じる。曲輪Ｃには旗竿石二基を含む巨石が散在し、全面で玉石が散布していたことなどから、庭園空間であったと考えられる。

　大手道東側の虎口は、鍵手状に屈曲する虎口で、東曲輪を経て東尾根に通じる。この東曲輪内部では、飛石列が確認され、飛石列の先には旗竿石が置かれるなど数寄屋空間とな

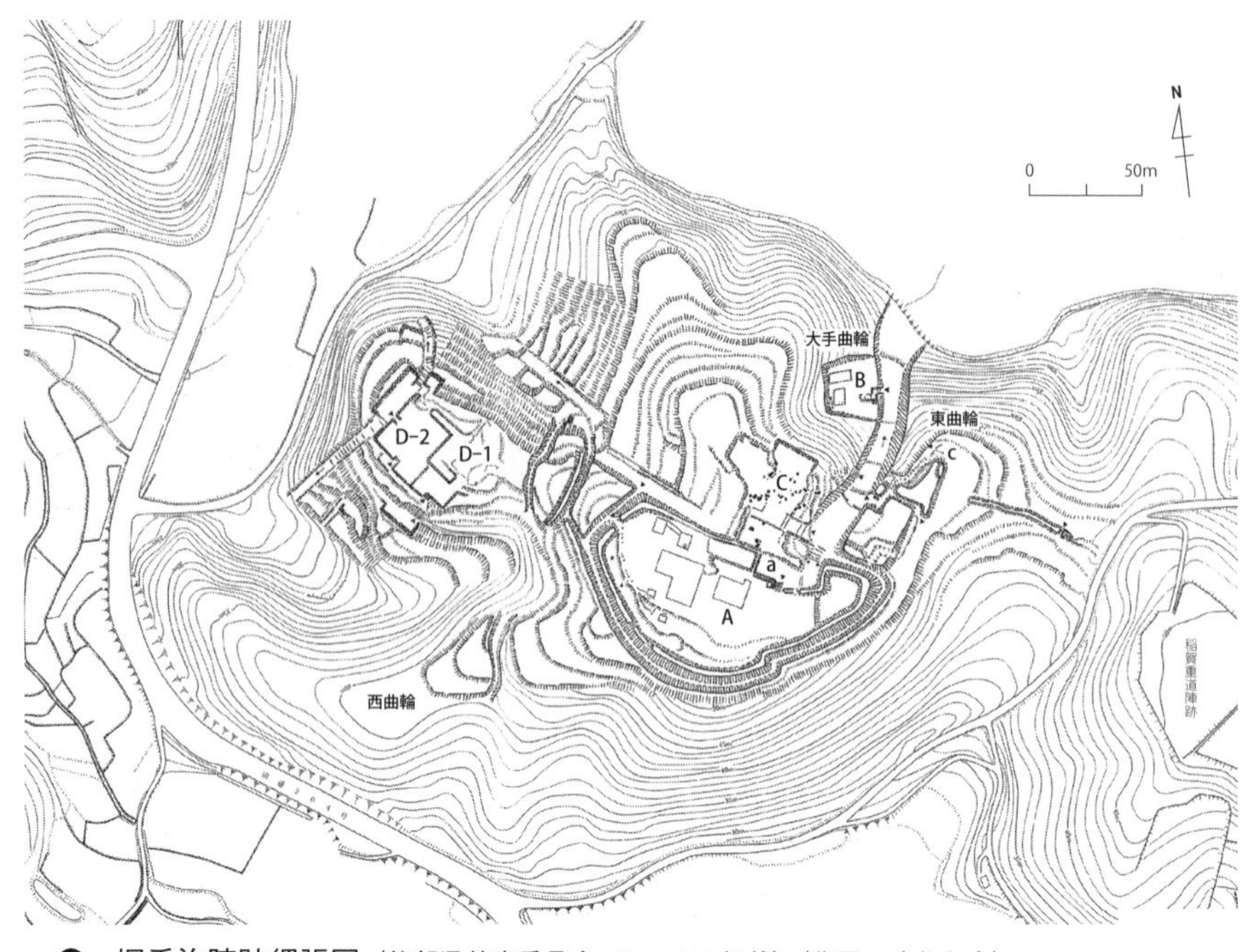

●—堀秀治陣跡縄張図（佐賀県教育委員会 2016 より転載）（作図：武谷和彦）

●—本曲輪遺構平面図（佐賀県教育委員会 1993 より転載）

っていたと考えられる。また、東尾根上には尾根の主軸に沿って延びる土塁（どるい）が確認されており、土塁の中央付近に虎口が設けられている。

曲輪Aの西端には土塁の途切れた箇所（虎口）が確認でき、そこから鞍部に設けられた堀切（ほりきり）に降りる石段が確認された。堀底は石が敷き詰められた延段となっており、曲輪A北側の通路に接続する。この通路を西に向かって降りていくルートが「搦手（からめて）」にあたると推定される。

鞍部には、二条の堀切が設けられ、西北曲輪群（D）とは明確に区別される。西北曲輪群Dは、曲輪Aとは対照的に各

●—本曲輪の礎石建物（佐賀県立名護屋城博物館提供）

曲輪が石垣で構築される直線的な塁線で構成され、それぞれの曲輪間は石段を通じて連絡している。最高所の曲輪D−1には、二棟の礎石建物跡と曲輪内を網目状に走行する飛石列が確認されている。最西端の曲輪からは、丘陵斜面を下る通路が確認でき、曲輪群Dの主要な登城ルートとなる。

【本曲輪で検出された遺構】　本曲輪の発掘調査では、二棟の大型の礎石建物跡が確認されている。そのうち西側の礎石建物跡は、平面形がL字形を呈するもので、「御殿」に相当する建物と考えられる。この御殿の北側には舞台・橋掛り・楽屋で構成される能舞台跡が発見された。また、御殿の背面（南側）には、飛石列でつながる茶室跡が二棟確認されている。これらの遺構は、名護屋の陣所が、有事のさいの一時的な防御施設としての機能だけでなく、大名の居所としてふさわしい格式と施設を備えたものであったことを示している。

（渕ノ上隆介）

【参考文献】　佐賀県教育委員会編『堀秀治陣跡』（一九九三）、佐賀県教育委員会編『佐賀県の中近世城館　第五集　各説編四』（二〇一六）

●上松浦党の盟主・波多氏の本拠

岸岳城

〔佐賀県史跡〕

〔所在地〕唐津市北波多稗田・相知町佐里
〔比　高〕約二九〇メートル
〔分　類〕山城
〔年　代〕一五～一六世紀
〔城　主〕波多氏、寺沢氏
〔交通アクセス〕唐津伊万里道路「北波多IC」から車で約一五分。岸岳城中腹に駐車場有

昭和バス「公民館前」
松浦川
本牟田部駅
JR筑肥線
新溜池
岸岳城
肥前久保駅
0　1000m

【岸岳城の築城】　岸岳城は上松浦党の盟主である波多氏の居城である。松浦党の祖とされる源久の次男持が、久安年間（一一四五—五〇）に波多郷を分与されたさいに築城したと伝わるが、当時の波多氏の動向や城内の状況などは、不明な点が多い。松浦地域をはじめその周辺地域まで勢力を拡大していくが、なかでも波多氏は対馬の宗氏との連携を深めて壱岐への影響力を強めるなど、その勢力が徐々に強まっていく。室町時代には波多氏が主導的地位を占めるようになり、平戸一帯の下松浦地域に対し唐津・伊万里などの上松浦地域における盟主的役割を担うようになる。

【波多氏の内訌】　天文十一年（一五四二）、波多盛は実子のないまま死去する。鶴田直（日在城主）とその弟鶴田前（獅子城主）、日高資（日高城主）らの波多氏重臣は、その後継者候補として、壱岐に居た盛の弟である志摩守の子たちを挙げ、特に志摩守長男の隆を推している。しかし、盛の後室真芳はこれを認めず、さらには鶴田直を暗殺するなど、岸岳城は城主不在のまま波多氏重臣と後室真芳の対立構図が

●—岸岳城遠景

根付いていく。こうしたなか、弘治元年（一五五五）には壱岐六人衆の急襲により波多隆は絶命し、翌年には隆の弟重も同じく六人衆より命を狙われ射殺されてしまう。

その後、真芳は盛の後継者として有馬義貞の二男藤堂丸を推す。義貞の後妻が波多盛の姉または妹（あるいは娘とも）であり、有馬氏ひいては大友義鎮の後ろ盾を得ようとしたのである。弘治三年頃、幼童であった藤堂丸は岸岳城に入城したとされ、真芳と藤堂丸による連立、真芳が後見する体制となる。しかし、こうした動きにより波多氏重臣との溝はさらに深まっていった。

なお、永禄六年（一五六三）に比定される五月五日付宗義調書状写には、波多鎮（藤堂丸、後の波多親）とその母真芳のことを「岸岳御親子」と称しており、この頃には波多氏の本拠が岸岳城であることが定着していたようである。

永禄七年十二月二十九日、岸岳城での年末の祝宴が終わり一同退城しようとした時に、日高喜とその同志は岸岳城を攻め落とさんと、城中に火を放ったという。真芳と藤堂丸は草野鎮永（鬼ケ城主）のもとに落ちのびるが、岸岳城は日高喜の手中に収めることとなった。その後膠着状態が続くが、龍造寺隆信の助力もあり、天正元年（一五七三）頃までには、波多鎮は岸岳城への帰還を果たしたようである。波多鎮はこれ以降、龍造寺氏と友好関係を築くようになっていく。

【波多氏の改易】　その後は龍造寺氏と大友氏、島津氏に係る上松浦諸氏同士の対立が続くが、天正十二年に龍造寺隆信が島原沖田畷で有馬・島津軍に敗死すると、九州における島津氏の勢力は圧倒的になる。その後天正十五年に豊臣秀吉により九州平定がなされると、波多親は秀吉配下で、上松浦の領主として振る舞うようになっていく。ところが文禄の役に参戦、渡海していた波多親は、文禄二年（一五九三）にその帰途の船上にて改易となり、そのまま筑波山へ配流となってしまう。

【寺沢氏による改修】　波多氏旧領となる上松浦一帯は、寺沢広高が領有することとなるが、この頃の様子を伝える史料は非常に少ない。『峯家文書』には「鬼子岳城御受取被成候而、田中村へ御仮城被成候而、御普請御取掛被成候」とあり、寺沢氏が岸岳城を改修したことや、これにさいして田中村に仮城を設けたことなどを伝えている。また「慶長年中肥前国絵図」いわゆる慶長国絵図では、岸岳城、獅子城、名護屋城が記されており、岸岳城が唐津藩の支城として維持されていたことが窺える。

【岸岳城の構造】　岸岳城は標高三一五メートルの岸岳山頂に立地し、その城域は一キロに及ぶ県内最大規模の山城である。岸岳城はもともと、波多氏の本拠として知られるものの、その後の変遷はあまり知られていなかった。しかし城内各所には石垣が残されており、これらの遺構のほとんどが近世に改修されたものであることも指摘されていた。これを裏付けるように、近年実施された獅子城跡での発掘調査により、唐津藩寺沢氏により江戸時代初期に大改修されたことが明らかになっており、獅子城と同一の石垣構築技術を駆使した岸岳城も、同様の改修が実施されたものと考えられる。岸岳城は宮武正登による詳細な縄張調査が行われており、その内容に準じて遺構の特徴を述べる。

宮武は城内をⅠ～Ⅷ区まで八つのエリアに分けて整理している。Ⅰ区は城域北西の中腹部に広がる「茶園の平」と呼ばれる平坦地である。茶園の平では、侍屋敷であったとの伝承が残っており、発掘調査では一五世紀末～一六世紀後半の中国磁器などが出土している。Ⅱ区は山城部の北端にあたり、直径一〇センチほど

●―岸岳城縄張図（佐賀県教育委員会 2017 より転載，一部加筆）（作図：宮武正登）

の穴が岩盤に空けられた「旗竿石」と呼ばれる区域や、堀切c（伝「三の堀切」）、曲輪G（伝「三ノ丸」）がある。

Ⅲ区は曲輪Gから堀切d（伝「二の堀切」）までの総長二六〇メートルの空間で、小規模な曲輪群が連続する。各曲輪はほぼ自立した配置で、相互の連動性が希薄な縄張となっている。Ⅲ区南端には小振りな自然石を一メートルほど積んだ石垣が見られ、波多氏時代の遺構と考えられる。

Ⅳ区北端の堀切d（伝「二の堀切」）は、両岸に割石石材を用いた石垣で構成され、石垣の東西両端を凸状に張り出させている。この石垣で囲まれた曲輪Mとその南上段にあたる曲輪Nは鍵手状の内桝形虎口で繋がっており、さらに南のV区へスロープを上って連絡する。

●—伝「三左衛門殿丸」石垣

●—埋門

V区は連続する三段の曲輪で構成され、Ⅳ区から続くスロープが三段の曲輪の北縁下を沿う帯曲輪となり、Ⅶ区の本丸まで続いている。V区北端の曲輪Pとその南の曲輪Qの間には、高さ一メートル程の石垣が内側に折れて幅一メートル程の虎口状の構造をなしており、これらは「埋門」と呼ばれている。ただし、虎口内通路状をなす石垣の上には、二メートル大の板状石材を連ねて被せており、通行不可能である。現状では大型の排水施設のようにも見えるが、その詳細は不明である。V区南東端の曲輪R（伝「二ノ丸」）は、東西長軸一一〇メートル、最大幅二八メートルで、伝「本丸」に次ぐ規模である。北を廻る帯曲輪に三つの虎口が開口し、その中央には深さ四メートル以上の井戸が残されている。V区（伝「二ノ丸」）南のⅥ区では、二段の小規模な平坦面からなる曲輪S・Tが確認できる。

Ⅶ区の曲輪V（伝「本丸」）は城内最高所かつ最大規模であり、東西長軸一五〇メートル、最大幅三二メートルにおよび、城の中核をなす曲輪である。曲輪Vおよびこれに連なる曲輪W・Xは、石垣を用いて塁線を造っていることが確認できる。V区から曲輪の北縁下を沿う帯曲輪は、曲輪Vの北縁に接続して虎口を造っており、この虎口の南北両脇には櫓台を設け、内桝形をなしている。曲輪Vの東には、虎口に連結された曲輪Wがあり、その北西隅および北東隅に櫓台を伴う。曲輪Wのさらに東の曲輪X（伝「三左衛門殿丸」）では、高さ四～五メートルに及ぶ石垣があり、曲輪Wを囲む幅の狭い帯曲輪と繋がっている。曲輪Wの東下には堀切（伝「一の堀切」）が南北に連なって尾根筋を分断する。曲輪V～Xの南側斜面には八条の竪堀が配置されている。

曲輪Vの北側裾部には曲輪Yを中心とする曲輪群が展開する。曲輪Yには石垣を用いた櫓台が築かれ、曲輪Uおよび曲輪Wと連絡する通路やスロープで繋がっている。曲輪Yのさらに北下には帯曲輪Z（伝「水の手」）が設けられ、石垣を用いた櫓台や凹形の空間を造っている。

なお、曲輪Uの南西隅に桝形虎口が見られ、ここが岸岳城の大手と伝わるが、ここより下の具体的な経路は判然とせず、詳細は不明である。

【寺沢氏による改修の痕跡】　これまで見てきたように、広大な範囲におよぶ城域のうち、主要部となるⅦ区およびV区、さらに堀切などの要所には、割石などを用いた石垣が用いられており、織豊系城郭の築城技術が導入されている。これらの遺構は、波多氏時代に築かれた曲輪群をベースに唐津藩寺沢氏により改修されたものと考えられ、慶長年間に大きく造り替えられたようである。これらの石垣を詳細に観察すると、曲輪V（伝「本丸」）北東隅や曲輪M北縁（伝「二の堀切」）の石垣では、自然石または粗割石を用いた規格度合いが低く、慶長年間中頃の様相が窺えるものがある。これに対し、曲輪X（伝「三左衛門殿丸」）や曲輪Y（伝水の手曲輪）の石垣では、規格化された割石を用いて明瞭な算木積みがみられ、慶長年間後半以降の様相が窺える。寺沢氏の支城となった岸岳城は、慶長二十年（一六一五）の一国一城令を契機に廃城となったと現状では考えられるが、これまでの十数年の間に何度も改修されていたとみられ、関ヶ原の戦い（一六〇〇）から大坂夏の陣（一六一五）までの軍事的緊張も窺い知ることができる。

【参考文献】唐津市教育委員会編『岸岳城跡Ⅱ』（二〇〇五）、宮武正登「第六章　北波多の中世城郭」（『北波多村史　通史編Ⅰ』北波多村史執筆委員会編、二〇一二）、佐賀県教育委員会編『佐賀県の中近世城館　第四集　各説編三』（二〇一七）

（坂井清春）

●上松浦党波多氏の重要拠点

波多城（はたじょう）

〔所在地〕唐津市北波多稗田
〔比　高〕約四〇メートル
〔分　類〕山城
〔年　代〕一五～一六世紀
〔城　主〕波多氏（横田右衛門）
〔交通アクセス〕唐津伊万里道路「北波多IC」から車で約五分。

【城の概要】　波多城は、波多氏の本城である岸岳城が所在する岸岳（標高三一五メートル）から北西に派生する丘陵尾根上に位置する。徳須恵川にほど近い舌状丘陵の頂部に、その遺構群が展開している。

波多城については、その存在を明記する史料が見られず、築城の経緯やその主体、さらにはその年代についても定かではない。『松浦要略記』では、「波多家家臣」の項にて「波多家用人」の「横田右衛門」が「稗田波多城」に在城していたとし、『松浦古事記』には「波多三河守の家臣」の「横田左衛門橘元秀」が「稗田波多城」に居城していたことを伝える。このように、かろうじて江戸期に書かれた地誌類にその様子の一端が窺えるのみで、具体的な様相を示す一次史料は見られない。

その沿革には不明な点が多いものの、波多氏の根拠地の中心に位置し、岸岳城から約二五〇〇メートルの岸岳北西麓にあたることから、波多氏による地域経営の拠点的な役割が想定されている。

【城の構造】　波多城は宮武正登による詳細な縄張調査が行われており、その内容に準じて遺構の特徴を述べる。宮武は城内をⅠ～Ⅲ区まで三つのエリアに分けて整理されている。丘陵北西部のⅠ区は、その北西端が明治時代に整備された波多八幡神社の境内地であり、その整備時に大きく改変されている。社殿の背部には、岩盤削り出しの平場aや櫓台（やぐらだい）状の高まりbが犬走り（いぬばしり）を通じて連絡する。これより東は自然地形を

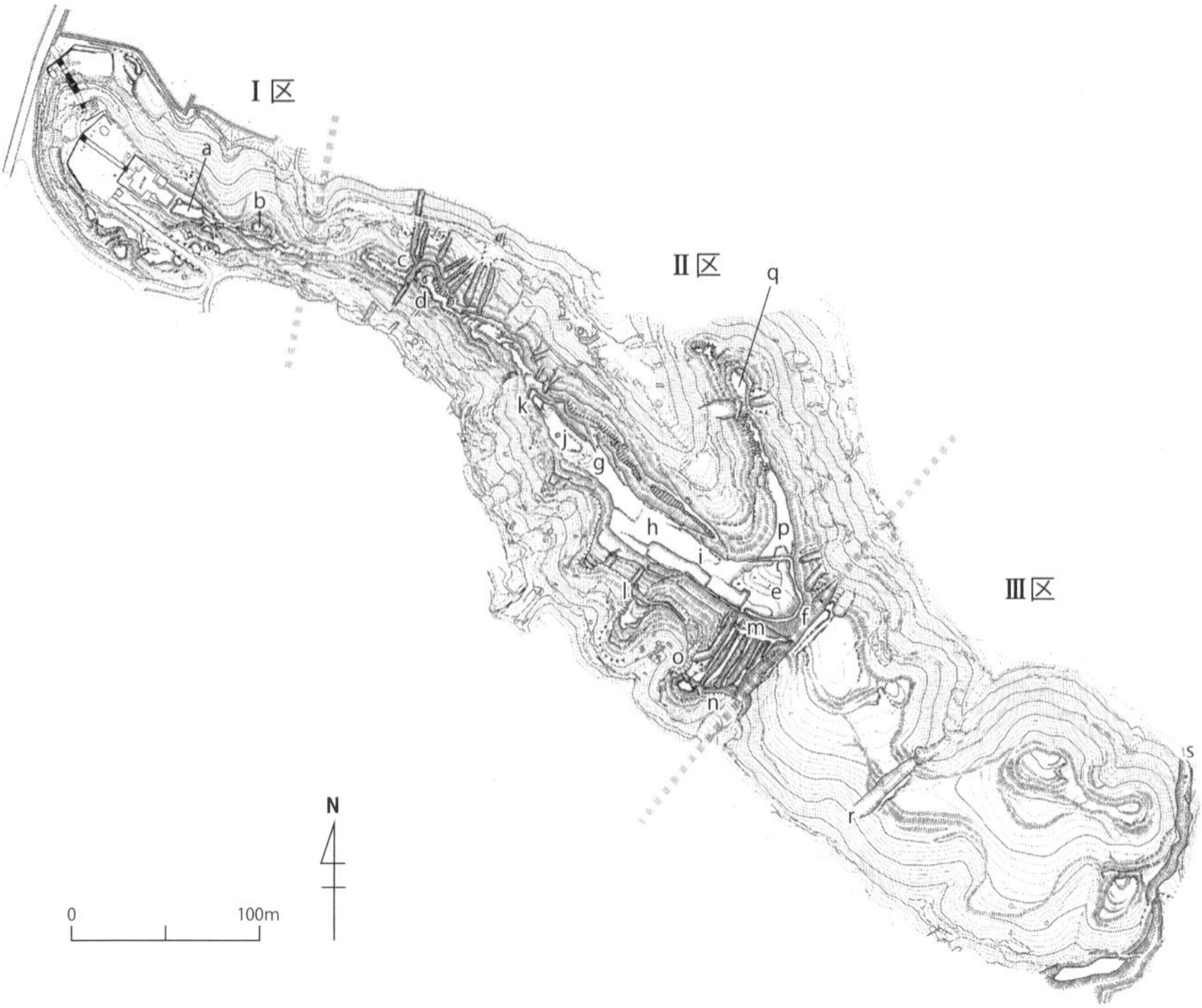

●—波多城縄張図（佐賀県教育委員会 2017 より転載，一部加筆）（作図：宮武正登）

●—平坦面ｄ東側の石垣

そのまま残した細尾根状の鞍部となっている。

Ⅱ区の北西部は細尾根の平坦面とそれを囲む犬走状の帯曲輪（おびくるわ）からなり、帯曲輪はさらに南西の主郭部に続いている。Ⅰ区との接続は自然地形そのままの段状地形が続き、細尾根の平坦面とを堀切（ほりきり）ｃにより分断する。

この平坦面dの東側および北側斜面には、高さ一メートルほどの石垣で構成された帯曲輪が設けられ、さらに下の斜面には八条からなる畝状竪堀群が構築されている。この一帯の尾根上曲輪群が自然地形を生かした簡素な土木造成によって構築された曲輪群であるのに対し、北側斜面に展開する石垣や畝状竪堀群は、城内への主要な出入り口として最終段階に整備された可能性が指摘される。

●—主郭南の横堀（手前）と畝状竪堀群（奥）

●—曲輪ｊ北縁の岩壁

Ⅱ区南東部には、南北二五～三八メートル、東西三〇～四二メートルの主郭となる曲輪eを設けており、西辺を除く三方を土塁で囲んでいる。主郭eの東下には上幅約一〇メートル、深さ約六メートルの堀切fが設けられ、これより東のⅢ区と分断させている。主郭の西側には東西一〇〇メートルほどの曲輪が広がるが、南辺土塁の内側に幅六～九メートル、長さ約七〇メートルに及ぶ窪地が見られるのみで、明確な空間分割が認められない。その北縁には虎口g～iが確認でき、それぞれ北縁下の帯曲輪と連結してⅠ区と繋がっている。

主郭eの南縁直下を横堀mが巡っており、その外側の土塁に擦り付けるように五条の竪堀が連続して畝状竪堀群nを形成している。この畝状竪堀群nの東端が、堀切fによって切られたような形状をなしており、改修が行われたことが窺える。主郭eから北に延びる尾根筋には曲輪pが設けられるが、主郭eを囲む土塁により分断されており、現状では両者の連携は確認できない。

堀切fより東のⅢ区では、自然地形をそのまま残した平坦地が連続する空間となる。堀切fの東縁に沿って最大幅四メートルの土塁が設けられ、二条の堀切r・sが尾根筋を分断するものの、明確な曲輪造成は行わず、最低限の防御線を設定するのみとしている。

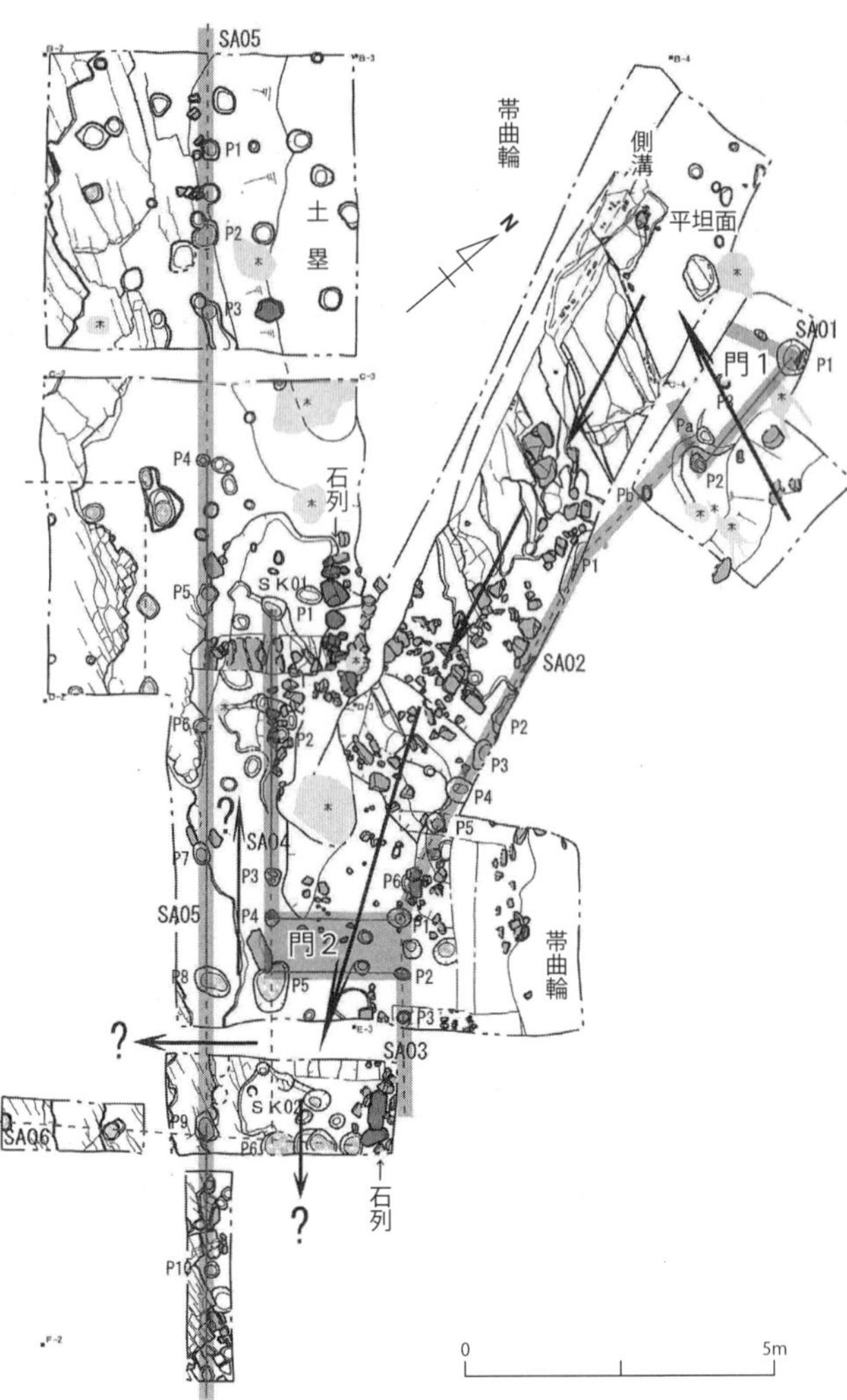

●―波多城跡虎口g付近の建物配置（北波多村史執筆委員会編 2011 より転載）

【波多城跡での発掘調査】

波多城跡では平成十四〜十七年度に発掘調査が実施され、波多城における具体的な遺構の状況が明らかになっている。曲輪j・hに至る虎口gでは、幅二・五メートル、長さ一三メートルほどのスロープが検出された。スロープ西袖には岩盤を削り窪めた側溝を備え、東袖には塀柵の基礎となる柱穴列が並んでいた。スロープ下部ではつづら折れ状に通路が屈曲しており、この屈曲部に木戸の門と想定される門基礎柱穴（門1）を検出している。さらにスロープを上がりきった曲輪の取り付け部分でも、四脚門形式と想定される門跡（門2）が見つかった。つづら折れの城道を巡らせ、曲輪内に入る虎口としては平入りの構造となり、肥

●—虎口ｇ付近の状況（唐津市教育委員会編『波多城跡』より転載）

前地方の戦国期における典型的な虎口形態である。

また、主郭ｅでのトレンチ調査では、小規模な建物跡と想定される柱穴群や、岩盤を垂直に切り落とした長方形の区画などを検出しているが、御殿に相当するような一定規模の建物の痕跡は確認できない。主郭周囲の濃厚な遺構群を比べると、建物等痕跡の希薄さが際立っている。

【波多城の性格】 畝状竪堀群の構築や横堀の併用などの特徴から、Ⅱ区一帯は一六世紀後半に大規模な改修がなされたことが指摘される。しかし発掘調査では、主郭内部の建物跡が希薄であり、日常雑器などの出土遺物が少ないことが確認されており、大規模改修の様子が窺いづらい状況である。これについて宮武は、「岸岳城に本拠機能を一極化させていくに従って、波多城は拠点的性格を希薄化させ、最終的には岸岳城本体から最も近い『出城』として再整備されたもの」と推測している。ただし、その具体的な状況は未だ不明な点が多く、今後のさらなる検討が期待される。

【参考文献】唐津市教育委員会編『波多城跡』（二〇一〇）、宮武正登「第六章　北波多の中世城郭」北波多村史執筆委員会編『北波多村史　通史編Ⅰ』（二〇一二）、佐賀県教育委員会編『佐賀県の中近世城館　第四集　各説編三』（二〇一七）

（坂井清春）

●境目軍事に特化した要害の城

獅子城（ししがじょう）

〔佐賀県史跡〕

〔所在地〕唐津市厳木町岩屋・浪瀬
〔比　高〕約一二五メートル
〔分　類〕山城
〔年　代〕治承～文治年間（一一七七～一一九〇）
〔城　主〕源披・持、鶴田氏、寺沢氏
〔交通アクセス〕国道二〇三号厳木バイパス「浪瀬ＩＣ」から車で約五分。獅子城中腹に駐車場有

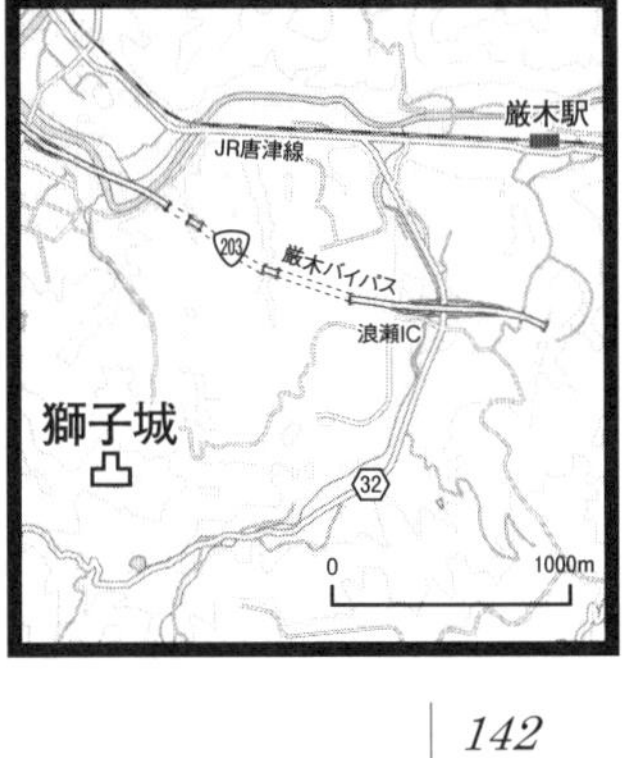

厳木駅
JR唐津線
203
厳木バイパス
浪瀬IC
獅子城
32
0
1000m

【獅子城の構造】　獅子城は標高二二八メートルの白山山頂を本丸とする山城である。本丸の東側に井戸曲輪（くるわ）、南側下段に一の曲輪を置き、一の曲輪下から本丸南側を取り囲む二の曲輪が帯状に細長く延びている。本丸から東に連なる尾根筋上に二の丸を配し、その周囲を三の丸が囲んでいる。やや離れた尾根東端に出丸を配置し、出丸の東に南北に延びる堀切（ほりきり）が城域の東限となる。出丸を除く城の主要部は、比高差五〇メートルほどの直立する岩壁の上にあり、天然の要害となっている。

【獅子城と鶴田氏】　獅子城は、松浦党の祖である源久（ひさし）の孫にあたる源披（ひらく）により治承～文治年間（一一七七―九〇）に築城されたと伝えられる（『松浦記集成』）。披の子である源持は、平戸に移って平戸松浦家の祖となったことから、獅子城はいったん廃城となったとされる。

室町時代末には、佐賀地方の龍造寺（りゅうぞうじ）氏の脅威が増すにつれ、波多（はた）氏をはじめとする松浦党の一統は、その要となる最前線の拠点として、鶴田前（すすむ）に獅子城を再興させたという。鶴田氏は元来、佐里村（さりむら）（唐津市相知町佐里）に拠点を持つ波多氏の分家であり、後に日在（ひあり）城（伊万里市大川野）に移ったと伝えられるが、鶴田前はこの日在城の城主鶴田直（ただす）の弟にあたる。天文十四年（一五四五）に鶴田氏が獅子城を再興した（『岩屋家譜』）とされるが、天文十一年に岸岳城主波多盛（さこう）が実子のないまま死去した後の後継争いに鶴田直・前兄弟が深く関わる時期と重なっており、この頃から上松浦党の中でも特別な影響力を持っていたようである。

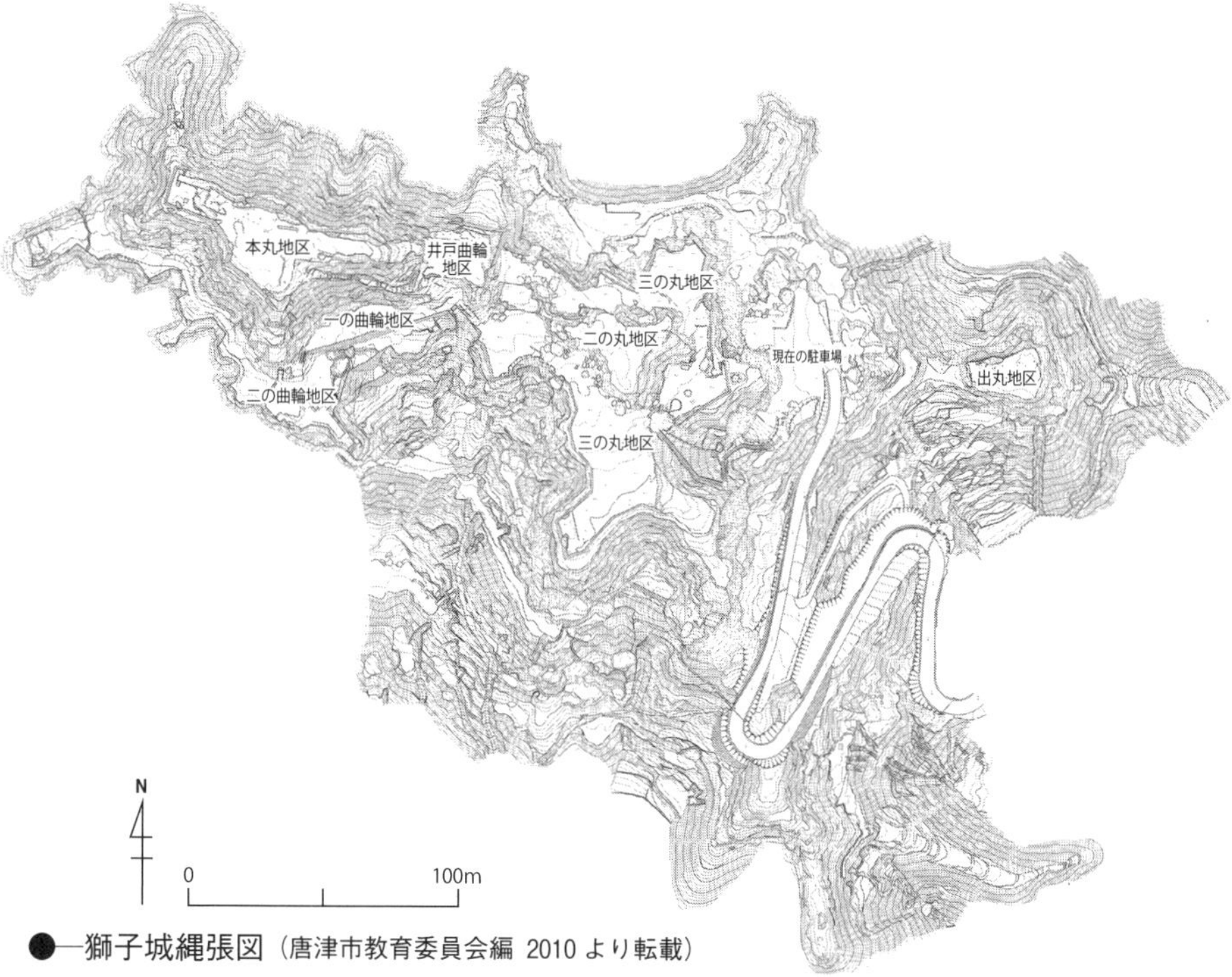

●—獅子城縄張図（唐津市教育委員会編 2010より転載）

元亀元年（一五七〇）の今山の戦いでは、波多氏は龍造寺方につく一方で、鶴田氏は大友方に居て対立している。このような波多・龍造寺氏と鶴田・大友氏による対立構図は天正年間初期まで続いている。天正四年（一五七六）一月には鶴田前と三男豪海（ごうかい）の軍勢は龍造寺長信（ながのぶ）（隆信（たかのぶ）の弟）と多久小侍（さむらい）で合戦を行っており、この時の傷が元で六月二十八日に前は死去した。家督を継いだ前の子鶴田賢（まさる）は龍造寺方に入り、長らく続いてきた日在城主鶴田氏との連携は分断されてしまう。

●—獅子城遠景

　天正十二年に龍造寺隆信が島原沖田畷（おきたなわて）で有

馬・島津軍に敗死すると、九州における島津氏の勢力は圧倒的になる。しかし天正十五年に豊臣秀吉により九州平定がなされると、波多親は秀吉配下で、上松浦の領主として振るまっている。この頃には鶴田賢は波多親がもっとも信頼する家臣となり、ともに行動するようになっていく。

文禄の役に参戦、渡海していた波多親は、文禄二年（一五九三）にその帰途にて改易となり、筑波山へ配流となってしまう。これにより上松浦の諸氏は四散し、鶴田賢は波多親が上松浦に戻るよう尽力するも叶わず、多久の多久安順の元に移り、獅子城はふたたび廃城となる。

【寺沢氏による再整備と破却】 廃城後の唐津一帯は、寺沢広高が預かることとなる。廃城後の獅子城に、寺沢広高は家臣の澤木七郎兵衛と小池甚左衛門を置いて監護させ、「隻屋高櫓」を築かせている（『岩屋鶴田家家譜』）。その後二人に代わり「五人ノ士」がその任にあたるが、「屋櫓門塀悉崩シテ五士岩屋ノ村ニ居テ僅ニ其跡ヲ護レリ」とあり、ほどなく破却されて廃城となったことが伝えられる。破却の時期を明示する史料は無いものの、元和年間以降に獅子城で活動した痕跡が見られないことから、元和元年（一六一五）の一国一城令を契機に破却されたと考えられる。

【発掘調査により明らかになった総石垣の城】 平成二十一年（二〇〇九）度から一〇年間実施された発掘調査では、さまざまな遺構や遺物が見つかっている。本丸では、櫓門を備えた大手虎口や二棟の本丸御殿が見つかり、さらに北西奥の虎口が大きく破却されていることが明らかになった。破却さ

●―本丸地区での破却の様子（唐津市教育委員会編『獅子城跡Ⅲ』より転載）

れた虎口の内側からは、鶴田氏の頃と想定される高さ一メートルほどの直立する石垣（一〇二二号石積）と石段を伴う平入りの虎口（一一二号虎口）も発見されている。

　井戸曲輪東側塁線と一の曲輪塁線をなす石垣の接続部分は、本丸へ向かう大手道となるが、ここでは石塁（せきるい）や櫓台が検出され、クランク状に折れる虎口であったことが明らかになった。この場所は城内の各曲輪へ最短で連絡する要所であり、高石垣と組み合わせて他の曲輪と分断し、本丸へ向かう最後の防御ラインを固めようとする強い意図が窺える。二の曲輪の南端と西端には岩壁を利用して突き出るような形状の櫓台を配置し、城の南側の押さえとしている。二の丸南端の岩壁は石切丁場跡であり、岩壁に矢穴列が数条残されている。石垣石材を割り取りつつ二の丸塁線を整えた計画的な石垣普請の状況が垣間見える。三の丸でも櫓台や礎石建物跡を検出し、現在の登城道付近で三の丸に入るための虎口も見つかっている。

●—三の丸西南部石垣

　発掘調査により、四周が直立する岩壁のため石垣が不要な二の丸を除き、すべての曲輪が石垣を用いていることが確認され、実質的には総石垣の城であることが裏付けられた。また、一六世紀末〜一七世紀初頭の中国染付や朝鮮白磁などが石垣裏の盛土の中から出土し、江戸時代初期に石垣造りの城に大改造されたことが明らかになった。さらに、唐津城跡や岸岳城跡の出土瓦と同笵瓦（どうはんがわら）も出土しており、この大改造が唐津藩寺沢氏によって進められた支城整備によるものであることが裏付けられることとなった。

　唐津藩内でも特に軍事的な緊張感が高い城であり、藩境に近い立地から境目軍事に特化した造りとなったことが窺える。

【参考文献】坂井清春「第九章　獅子城の築城とその遺構」厳木町史編纂委員会編『厳木町史　中巻』（二〇一〇）、唐津市教育委員会編『獅子城跡Ⅲ』（二〇一〇）、佐賀県教育委員会編『佐賀県の中近世城館　第四集　各説編三』（二〇一七）

（坂井清春）

●急峻な台地に築かれた鶴田氏の居城

日在城（ひありじょう）

〈所在地〉伊万里市大川町川西字古城
〈比　高〉約一七〇メートル
〈分　類〉山城
〈年　代〉久寿年間（一一五四〜五六）〜一六世紀中頃か
〈城　主〉大河野氏、鶴田氏
〈交通アクセス〉ＪＲ筑肥線「大川野駅」下車、徒歩一五分。

【城の歴史】　源直の四男遊が大川野領を与えられ、大河野氏の祖となったとされる。築城時期に関しては明確な史料はないが、久寿年間（一一五四―五六）に築城されたと伝わる。大河野氏が途絶えた後、天文年間（一五三二―五五）には波多家庶流の鶴田氏の所領となっており、天文十三年（一五四四）には龍造寺氏に攻められてこの地で抗戦したと『北肥戦誌』に記録が残る。龍造寺氏に服従した後、天正五年（一五七七）には鶴田勝、明は武雄の後藤貴明に庇護を求めており、この地を離れたものとみられる。鶴田氏の離脱後この地は龍造寺氏の支配下におかれたと考えられるが、その後日在城の使用が明記された史料は見当たらない。鶴田氏の移住後は実質的に廃城になった可能性が高い。

【城の構造】　大川町川西地区にある「構」という集落には「古城」、「館」などの地名が残っており、鶴田氏や大河野氏の初代遊の弟披らの館跡があったとされる（麓には館を囲郭したと考えられる土塁の痕跡を確認できる）。日在城は構集落の背面に位置し急峻な山間台地上に築かれた城郭である。麓を流れる松浦川と相谷川が天然の外濠の役割を果たしている。

郭Aは標高二〇七メートル、この台地の最高所であり、東西一〇メートル南北二〇メートルほどの平坦地がある。平坦面が狭く、造成面や切岸が不明瞭ということもあり、主郭と呼べるかは検討を要する。また、城域内には郭Aと同じような小さな平坦面B、C、Dが展開しており、並立的な郭配置と自然地形をそのまま利用した山城というのが日在城の印象である。郭D

の西側に竪堀（たてぼり）状の凹みがあるが、深さが三〇～五〇センチ程度で不明瞭である。Aの西側に位置する堀切（ほりきり）Eは幅五メートル深さ二メートルで、南北斜面には幅七～八メートル、深さ二メートル程度の竪堀が続いている。E部分の細い帯郭（おびくるわ）状になっている平坦面には堀切、竪堀の延長部が続いており、後世に山道として造成された際に埋没したと考えられる。

【参考文献】伊万里市郷土研究会『伊万里の歴史散歩』（一九七六）、宮武正登「伊万里市域の中世城館」『伊万里市史』（二〇〇六）、佐賀県教育委員会編『佐賀県の中近世城館　第四集　各説編三』（二〇一七）

（田中健一郎）

●―日在城遠景

●―構集落に残る土塁

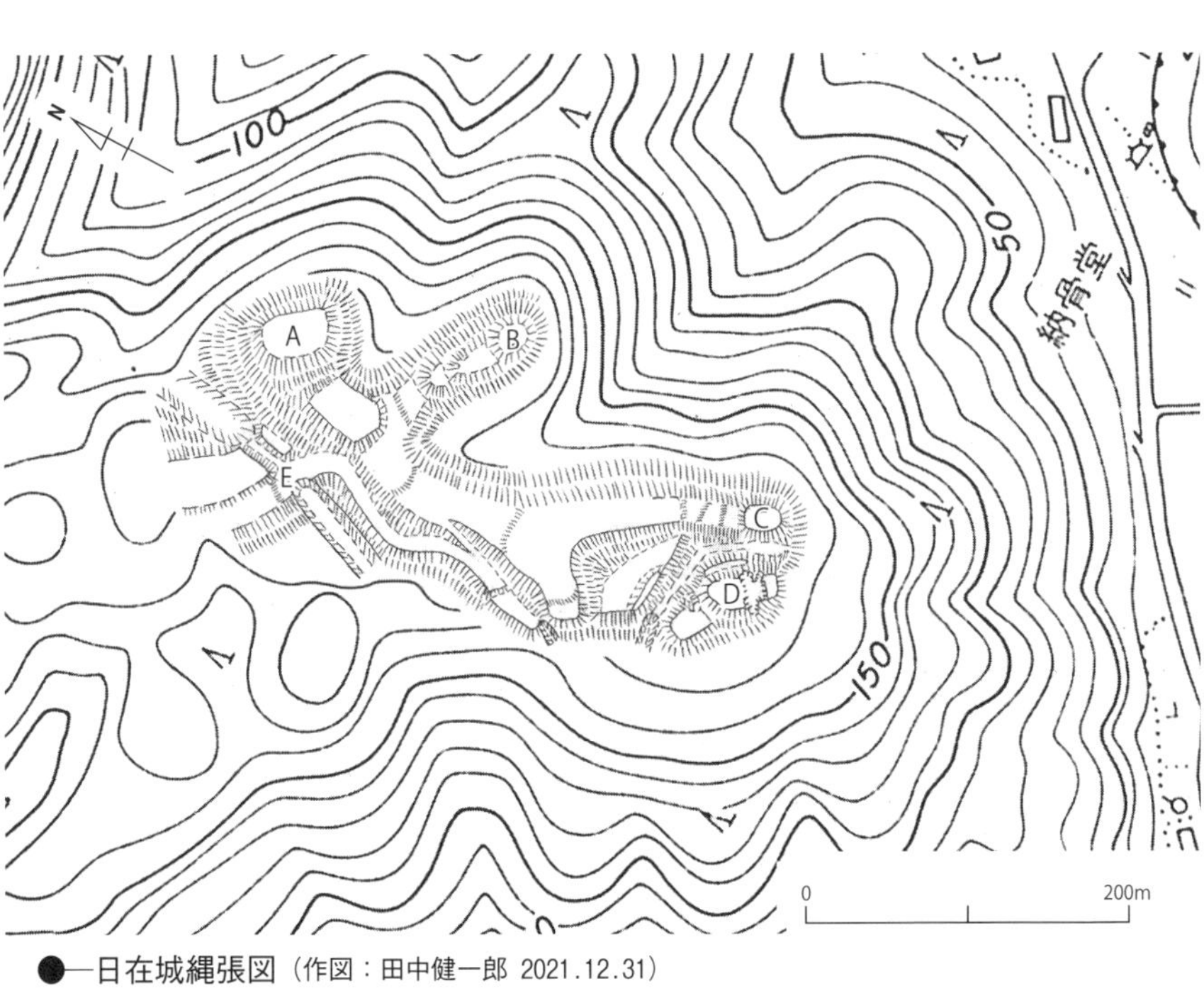

●―日在城縄張図（作図：田中健一郎 2021.12.31）

●伊万里湾を望む戦国末期の城郭

和田城（わだじょう）

〔所在地〕伊万里市東山代町脇野字無通
〔比　高〕約八〇メートル
〔分　類〕山城
〔年　代〕一六世紀後半
〔城　主〕山代氏？　田尻氏？
〔交通アクセス〕松浦鉄道西九州線「東山代駅」下車、徒歩三〇分。

【城の歴史】　久安年間（一一四五～五一）に源直（みなもとのなおす）によって梶谷城や飯森城などと共に和田城も築かれたとされるが、明確な資料が存在するわけではない。建久三年（一一九二）には肥前国宇野御厨内山代浦地頭職に補任された源囲（かこう）が山代氏の祖になったとされ、それ以降この地は山代氏の勢力範囲である。天正四年（一五七六）には龍造寺隆信（りゅうぞうじたかのぶ）によって攻められ、龍造寺氏の支配下に入る。この時、領主としての地位は山代氏が維持したが、和田城が機能していたかどうか不明である。天正十五年には田尻氏が入部し、鹿山（しやま）の麓に居館を構え、里村に家臣団の居住区を整備したとされる。居館の裏山には鹿山城が築かれ、平面プラン的に和田城と類似する点が多い。

【城の構造】　佐賀県と長崎県の県境に位置する標高五九五・九メートルの烏帽子岳（えぼしだけ）から延びる舌状台地の中腹に和田城は位置する。同じ尾根の先端部には鹿山城と田尻氏館が築かれ、ともに伊万里湾と沿岸部沿いに広がる狭い平野部を望む立地環境にある。

遺構は標高一七七メートルの

●—和田城遠景

山頂部に主郭Aを置き、規模は東西約四〇メートル×南北約三〇メートルを計る。残念ながら、後世の改変によって大きく抉られているが、南北に分かれた平坦面はもともと一つで、東西五〇メートル南北三五メートル程度の単郭構造の山城だったことが推測される。主郭Aの南側には高さ三〇センチ程度の高さの土塁を配し、南側斜面には直交するように六〜七条の畝状空堀群が確認できる。南東部に配置された畝状空堀群は幅三メートル、深さ一メートルほどの実戦的な備えで和田城が南側へ強い防御性を向けていたことを感じさせる。主郭の北東部斜面には帯郭が配置され、横堀、土塁の外側斜面には直交して二〜三条の竪堀状の凹みが微かにみられるがハッキリしない。北東部の竪堀は幅五メートル深さ二メートルの規模で城域の北限と思われる。

●―和田城縄張図（作図：田中健一郎 2021.11.28）

●―南側斜面の畝状空堀群

　主郭の西側には、高さ二メートルの土塁が南北に一五メートルほど延び、その西側には堀切が配置されていたようであるが、現在は鉄塔建設のための削平で二〜三メートルほどしか確認できない。

　畝状空堀群の配置の有無や平面プランの類似点があるため、鹿山城とともに同時期に山代氏か田尻氏によって整備された可能性が高い。

【参考文献】宮武正登「伊万里市域の中世城館」『伊万里市史』（二〇〇六）、佐賀県教育委員会編『佐賀県の中近世城館　第四集　各説編三』（二〇一七）

（田中健一郎）

●松浦党有田氏の居城

唐船城（とうせんじょう）〔有田町史跡〕

〔所在地〕有田町大字山谷甲字平瀬
〔比　高〕約七〇メートル
〔分　類〕平山城
〔年　代〕建保六年（一二一八）
〔城　主〕有田氏
〔交通アクセス〕松浦鉄道西九州線「山谷駅」下車、徒歩三分。

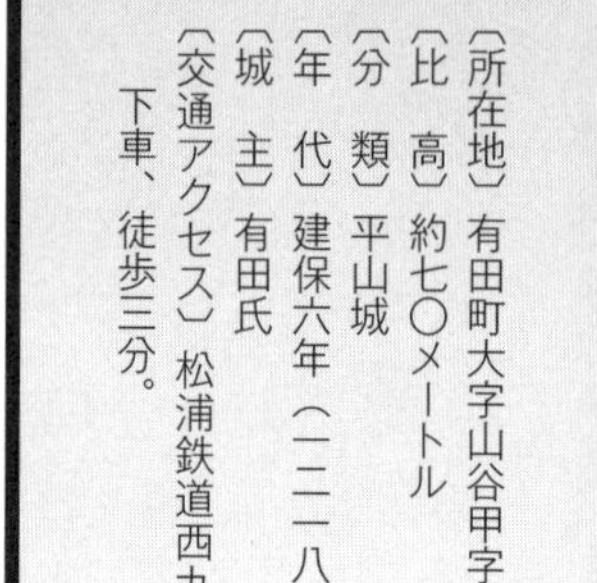

【城の歴史】　唐船城の築城に関しては諸説あるものの、通説では建保六年（一二一八）に築かれたといわれている。源久（みなもとのひさし）の三男、源栄（さかう）が有田領を与えられ、有田三郎栄と称し有田氏の祖となったとされる。有田氏は三代目重の時に佐世保に勢力を持つ松浦宗家の給（そのう）を養子に迎え、それより後は松浦宗家勢力下の唐船城として城代が置かれていた。ふたたび有田氏の名前が出てくるのは永禄十年（一五六七）、城代の池田武蔵守らが有馬晴純（ありまはるずみ）の四男盛（さこう）を養子に迎え、有田氏を再興し、唐船城はふたたび有田氏の所有になった。天正五年（一五七七）には領土拡大を目論む龍造寺隆信（りゅうぞうじたかのぶ）が西肥前に侵攻を開始し、波多氏・伊万里氏・有田氏は抵抗虚しく降伏、唐船城も龍造寺氏の勢力下に入った。その後、有田盛は龍造寺氏の家臣として大村攻めや筑後攻めに従軍したとされる。有田盛は娘を龍造寺信周（のぶかね）の次男に嫁がせ、有田氏を存続させたが、龍造寺氏から鍋島氏に支配が移り、佐賀城下へ移ると唐船城の機能はほとんど失われていったと考えられる。

【城の構造】　城が築か

●―唐船城遠景

れた唐船山は現在唐船城公園として整備され、麓には遊具や駐車場が併設してある。唐船城は平野部真ん中に東山間部から細長い尾根が延びたような地形をしており、眺望性は抜群で天気がよい日は伊万里湾や佐世保方面が一望できるような立地環境である。

丘陵の北斜面には八坂神社、山田神社など合祀された社とそれに伴う石垣が残っており、平坦面が散在している。館跡の可能性もあるが、石垣も新しく現況では当時の面影を確認することはできない。ただ、『西有田町史』によれば、大正九年頃までは古い石垣に矢狭間（やざま）が確認できたと記載があることから、中世段階の遺構塁線が引き継がれていた可能性も捨てきれない。

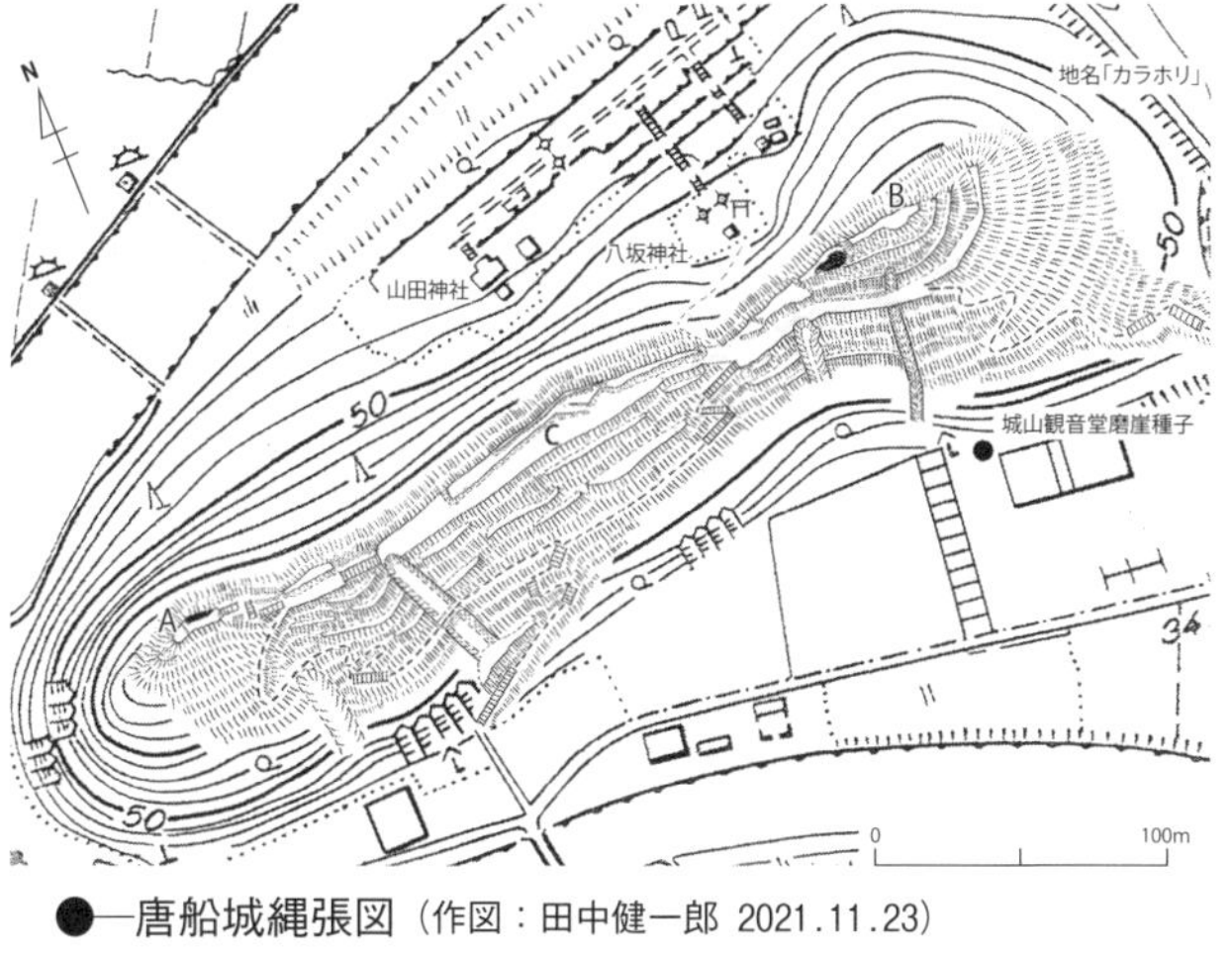

●―唐船城縄張図（作図：田中健一郎 2021.11.23）

●―竪堀

城の防御に関しては、唐船山真下に有田川が流れており、丘陵を大きく迂回するように巡った河川が天然の外濠の役割をしている。丘陵のピークは東西端の郭Aと郭Bとあり、中心部の郭Cは一段低くなった地形をしている。丘陵先端部のAは標高九八・七メートルの烽火台（ほうかだい）（狼煙台（のろしだい））跡と伝えられ、東西一六メートル南北六メートルほどの平坦面になっている。烽火台跡の西側斜面部には「姫落とし」と呼ばれる絶壁の岩盤が露出し、この丘陵の造成土が厚くないことを示している。

郭CについてはAとBをつなぐ郭であるが、公園の通路的な役割を果たしており、公園化工事のさいに削平された可能性も否定できない。現に郭Bの南側斜面では竪堀（たてぼり）を横切っており竪堀の横移動を防ぐ機能を半減させるような結果に至っている。

●—烽火台跡から望む伊万里湾

唐船城の南側斜面には不明瞭ながらも幅三〜四メートル程度の帯郭が多数設けられており、山頂部から小さな帯郭を展開させた郭配置と竪堀で横移動を遮断する防御機能を持った城郭と評価できる。唐船城の防御性は四条設置された竪堀からもわかるように方角的には南側に向けられており、佐世保方面に敵対した時代にこのような防御施設の整備を行ったと解釈すれば歴史的背景とも一致する。郭Bの東側は切通しになっていたと伝わっているが、現在では道路が通っている。「空堀跡」という地名が残っており、当時は堀切が備わっていたと考えられる。城域の東限である。館跡に関しては、北側斜面の八坂神社、山田神社の辺りを比定地とする説もあるが、やはり城山観音堂磨崖種子（種字）が南側麓にある点、防御性が南に向けられている点などから、館が丘陵の南側麓にあったと考えた方が自然である。

●—山観音堂磨崖種子概略図（『唐船山三星鑑』より転載）

【城山観音堂磨崖種子】　天正五年に龍造寺氏との和議をまとめた城代池田武蔵守が慶長二年（一五九七）に建てたといわれる逆修碑（有田町指定重要文化財）が南側山麓に祀られている。逆修とは生前に自分を供養し徳を積むことによって、死後の冥福を祈ることであり、梵字で種子が表されている。碑は直接岩盤に彫り込まれており、住民が薮を払ったところ、この碑が発見されたという。現在は十一面観音とともに地域によって大切に祀られている。

【参考文献】　椎谷孟保『唐船山三星鑑』（一九二五）、西有田町史編さん委員会『西有田町史 上巻』（一九八六）、唐船城築城八〇〇年記念事業実行委員会『唐船城散策あんない』、佐賀県教育委員会編『佐賀県の中近世城館　第四集　各説編三』（二〇一七）

（田中健一郎）

お城アラカルト

フェートン号事件と狼煙リレーの構築

岡寺　良

文化五年（一八〇八）八月、長崎港にイギリス船がオランダ船に偽装して不法侵入した。「フェートン」号事件である。油断していた長崎奉行や長崎警備当番の佐賀藩は全く対処することができず、船はそのまま出港してしまった。

この事件が起きる前から、ロシア船などの通商を結ばない異国船が日本近海に頻出していたこともあったため、これを契機に長崎の警備も台場を強化する一方で、有事の際には周辺諸藩からの救援を速やかに行うための方策が執られるようになった。

従来、長崎に変事が起こった際には、長崎警備を受け持つ福岡藩、佐賀藩に加えて、兵力不足時には小倉、中津、杵築、府内、唐津、島原の六藩に対しても動員することが義務付けられていたため、これら諸藩に即座に伝達することを目的に採用されたのが「烽火（狼煙）」であった。

本来、九州諸藩では各領内の沿海を警備し、異変があった際には狼煙による伝達が行われており、唐津藩や五島藩内、下天草などには狼煙台の遺構がいくつか残されている。

フェートン号事件を契機に設置された狼煙による伝達は、最初に長崎の烽火山（放火山）から上げられ、佐賀藩、福岡藩、小倉藩、中津藩、杵築藩、そして府内藩の高崎山へと続くもので、中継烽火数は約二〇、総延長は三〇〇キロ近くにも及ぶ壮大な烽火網であった。佐賀・長崎県内にも、烽火山、高来の烽火山、風配、御岳山、日ノ隈山、朝日山の六ヵ所に設置された。

烽火（狼煙）を上げるために、各所に烽火台が設置されたが、これはマウンドを有し、側面の焚き口から上部の排煙部まで、石組みなどで固められた、しっかりとした構造である。これら二〇の烽火台の中でも、長崎の烽火山を初め、中津藩領の雄熊、長峰尾、大蔵山、府内藩の高崎山の烽火台はその構造をよく残している。それに対し、佐賀藩、福岡藩、小倉藩の烽火台は明確な構造を残しておらず、藩ごとに対応が異なった結果なのか、それとも廃絶時に破壊の差なのかは、興味深い。

それぞれの烽火台の直線距離は、平均一五キロ程度であるが、長いところでは三〇キロ近くもあり、少しの悪天候でも見通せない可能性があった。また、常に人員を貼り付ける一方で、洋上全体を見渡す遠見番所などとは異なり、いつ煙が上るかもわからない、前の中継地点をひたすら見続けなくてはならないという非効率性から、数年で取りやめになった。

現在も残るこれら烽火台は、近世鎖国体制下において弛緩した海防意識が一時的に緊張した結果の産物であるということができるだろう。

●—唐津市馬渡島遠見番所の狼煙台（唐津藩）

●—長崎市烽火山の烽火台（長崎県史跡）

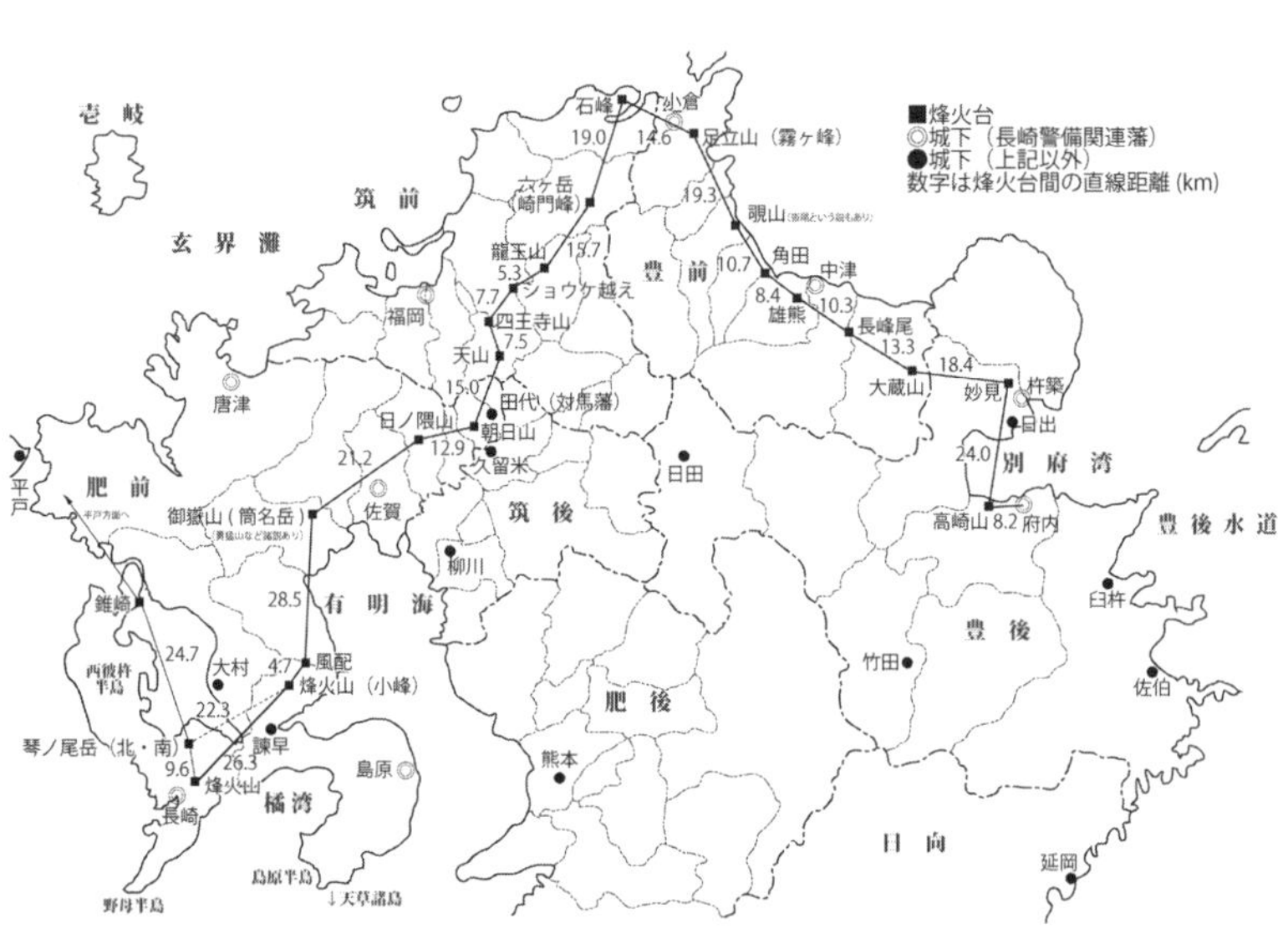

●—文化年間に整備された長崎から豊後府内に至る烽火網（岡寺 良 2021）（「長崎警備と烽火台」『城郭研究と考古学　中井均先生退職記念論集』サンライズ出版より転載）

長崎

清水山城．一ノ丸と二ノ丸を繋ぐ登石垣
（林　隆広：撮影）

●肥前の戦国武将からの系譜による城・屋敷跡

高城・諫早家御屋敷（たかしろ・いさはやけおやしき）

〈所在地〉諫早市高城町
〈比　高〉四〇メートル
〈分　類〉山城
〈年　代〉一五〜一七世紀
〈城　主〉西郷氏、龍造寺氏、諫早氏
〈交通アクセス〉島原鉄道「本諫早駅」下車、徒歩一〇分。

【諫早平野を一望する高城の由来】　高城跡は諫早市の中央を流れる本明川流域に広がる扇状地諫早平野の扇の要部分にある高台に位置し、東側の眼下には諫早市街地、遠方には多良山系、有明海、島原半島の中心にそびえる雲仙普賢岳などを望むことができる。日本歴史公園百選である諫早公園の一角として整備されており、国指定重要文化財である眼鏡橋や、国指定天然記念物城山暖地性樹叢、郷土の詩人伊東静雄の詩碑などが園内にあり、市街地の一角にありながらも静寂のなかに歴史を感じる憩いの場として多くの観光客が訪れる場所である。

高城の歴史は室町時代から現れ始める。それより以前、鎌倉時代から南北朝時代までは地方豪族として船越氏の名があり、その後、船越氏は伊佐早之荘を支配する荘官となり、この地名を取って伊佐早氏と称するようになった。『北肥戦誌』「九州治乱記」によると、「応安六年（一三七三）癸丑三月初、探題今川入道了俊（貞世）、太宰右衛門佐頼泰、彼杵郡に發向し、伊佐早、宇木の両城を攻めけるに、城主伊佐早右近五郎、西郷籐三郎やがて降参す…」（傍線筆者）という記録があることから、この地に伊佐早氏の城があったことは間違いないが、その所在は不明である。

公家から武家へ勢力が台頭し地方豪族が増強するなかで、宇木に拠点を構えていた西郷氏が次第に成長していく。高城が城跡として明らかになるのはこの西郷氏の頃である。文明年間（一四六九―八七）、西郷尚善の時に宇木城から諫早に進出し、まずは船越氏の居城であった船越城に入り、伊佐早氏を撤退させ荘園を手に入れた。次いで高城を構築してここに移り住んだといわれている。

【戦国の城、西郷氏から龍造寺氏、そして諫早氏へ】　西郷氏が諫早の城主として歴史に登場するのは文明六年（一四七四）の頃である。当時西郷氏は有馬氏に従属していた。有馬氏は九代有馬貴純（たかずみ）の頃、子の晴純（はるずみ）とともに大村や平戸を陥れ、遠くは北九州まで勢力を伸ばしつつあった。貴純が大村を侵略したのが文明六年十二月二十九日で、その時の先鋒が西郷尚善であったという。その七年後の文明十二年ふたたび大村氏が領地を回復し伊佐早領へ迫ったさい、尚善は伊佐早城を出て布陣し領地を守ったのである。その後、西郷氏はこの高城を拠点に、純久（すみひさ）、純尭（すみたか）の三代にわたって繁栄し、高来郡北部を中心に、藤津郡、彼杵郡まで所領を広げ、小野城、沖城、尾和谷城、権現岳城などの支城を配し支配を強めていったのである。天正五年（一五七七）、龍造寺隆信（りゅうぞうじたかのぶ）が軍を起こし、平戸、伊万里、大村を平定し高城にも攻めかかった。時の領主である西郷純尭は決戦を臨もうと兵を上げようとしたが、弟である肥前俵石城城主の深堀純賢（すみたか）が説得し、和議が成立して城は守られた。

天正十五年、豊臣秀吉は諸国に島津攻めの布令を発した。ただ西郷純尭は参戦もせず御礼も告げなかった。このことがきっかけとなり、秀吉の命で伊佐早領は龍造寺氏に預けられた。赤間ヶ関から佐賀へ帰城した龍造寺家晴（いえはる）は、使者を立てて純尭に対し城の明け渡しを迫ったが引き受けず、同年七月に家晴は佐賀から伊佐早に討ち入り西郷氏から領地を手に入れた。そして伊佐早領主となった龍造寺氏は、以後約二八〇年にわたり諫早氏としてこの地を治めるようになったのである。

高城の東側低地部には諫早家の御屋敷跡がつくられている。その築造年代は明らかになっていないが、江戸時代の絵図が残っている。絵図には屋敷跡とともに本明川から分水し引き込まれた用水を用いた池と御書院からなる庭園が描かれており、その絵図から屋敷の位置や間取りが推測される。御屋敷跡には現在長崎県立諫早高等学校があり、御書院および池は学校の敷地内に整備され今もその面影を残している。

【本明川の流れを利用した山城と城下の屋敷跡】　高城は標高約五〇メートルの独立した丘陵上に、若干の比高差がある二段の曲輪（くるわ）からなる山城で、東西約二五〇メートル、南北約一〇〇メートルの広大な規模である。

西側の曲輪（①）はいくつかの屈折部を持つ不定形の形状で、周囲には幅二メートルほどの石塁（せきるい）が随所に残る。北側には曲輪

●—『諫早城下図』（年代不明，諫早市立諫早図書館所蔵）

に入る虎口があり、反時計まわりの道筋が考えられる。御屋敷とともに高城跡が描かれた絵図『諫早城下図』（年代不明・諫早市立諫早図書館蔵）には高城明神が描かれており、城跡という機能がなくなってからも領地が一望できる櫓台としての役割があったと思われる。東側の曲輪（②）は半楕円形の平坦な平場であり、周囲に土塁などの遺構をみることはできない。曲輪の北東部には現在は階段として整備されている虎口があり、西側曲輪とほぼ同じ位置にあることから構造における統一性が感じられる。ただ全般的に曲輪の造成は単調で機能性に配慮した構造とみることができない。曲輪の一角には矢穴を残す岩塊がみられることから、諫早家の御屋敷を建築するさいの礎石や石積みなどに利用した石切り場として地形が変わったと考えられる。

　主曲輪の周囲の中位部分には一周する帯曲輪（③）があり、今は散策道として整備されている。その帯曲輪の東側にはやや広めの平場があり、今は繋がっているものの虎口に付随する馬出状の平場の可能性が示唆される。一方、西側の塁線上には土塁状の高まりが残るが、明確な遺構とは判断しがたい。城の南東側の高城神社から西に延びる城道（大手道）は非常に遺構の残りがよく、その道に沿って部分的にではあるが土塁があり、南西に行くと土塁から曲輪へ繋がる土橋状遺構につながる。さらにその南側は現在島原鉄道の線路として利用されている横堀があったと想像できる。

　長崎県教育委員会は、平成二十一年（二〇〇九）八月から九月にかけて長崎県立諫早高等学校付属中学校の校舎建設に伴って試掘調査を実施し、室町時代から江戸時代の遺構や遺

●―「諫早城縄張図」（作図：木島孝之）

物包含層が確認された。その成果から新規の埋蔵文化財包蔵地「諫早家御屋敷跡」となり、平成二十一年十一月から平成二十二年二月にかけて七五四平方㍍の本調査を実施している。本調査では石組側溝や溝・井戸・礎石や柱跡が検出された。石組側溝は調査区を南北に区画する方向で確認され出土遺物から幕末以降の御屋敷跡最終期の遺構と考えられている。また、第二期面の調査区南側に確認された五号溝（SD05）は幅約三㍍の断面U字形で、方向としては絵図に描かれた池の方向を向いている。中世末から近世初頭の遺物を含み、溝中からは完形の土師皿（はじざら）が多数出土し、饗宴や祭祀の痕跡と考えられる。

【参考文献】『日本城郭大系 一七 長崎・佐賀』（新人物往来社、一九八〇）、木島孝之『城郭の縄張り構造と大名権力』（九州大学出版会、二〇〇一）、林隆広・河合恭典編『諫早家御屋敷跡』（長崎県教育委員会、二〇一一）、前田加美編『諫早家御屋敷跡Ⅱ』（長崎県教育委員会、二〇一七）

（寺田正剛）

●山城の見本のような城

岡城（おかじょう）

〔所在地〕諫早市飯盛町
〔比　高〕約五〇メートル
〔分　類〕山城
〔年　代〕不詳
〔城　主〕不詳
〔交通アクセス〕ＪＲ長崎本線「諫早駅」から、長崎県営バス江の浦方面「馬場」停留所下車、徒歩二〇分。

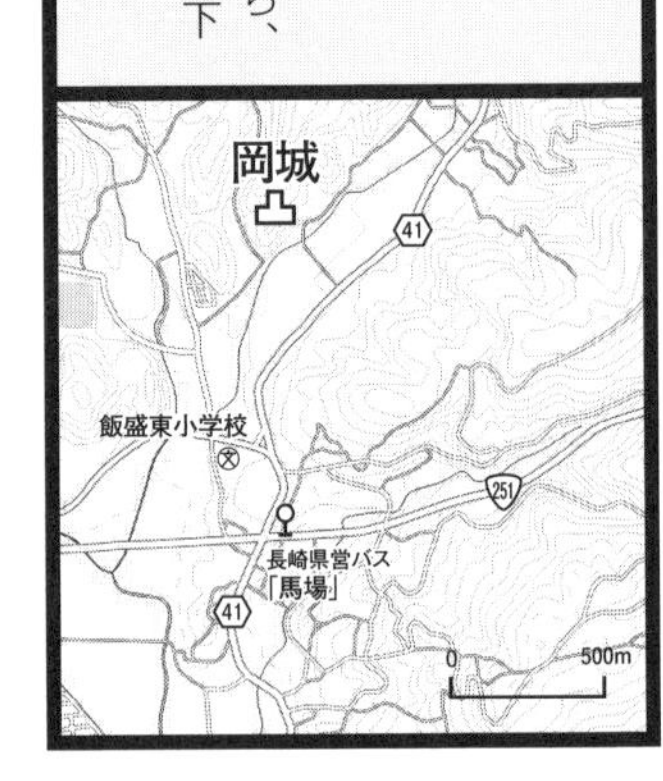

【城の縄張】　二重の堀切で尾根筋を守る構造だが、北側（城外側）の堀切は浅く完全に繋がらない。主郭Ⅰは不定型な五角形で堀切に面する北面および北西面に馬踏の広い土塁を設けている。主郭の東側は比較的幅の広い帯曲輪を中心に数段の腰曲輪を設けているが、それより標高が下がると江ノ浦川の浸食によって形成された急峻な斜面が天然の切岸となっている。一方、主郭の西側は切岸が急な腰曲輪が二段作られるが、下段は短い竪堀と瘤状の隆起がいくつもみられる。これは馬ヶ岳城跡（福岡県行橋市）や日高城跡（佐賀県唐津市）などでみられる畝状空堀群の派生系ともいえる構造で、これにより腰曲輪上での横移動が制限される。また上段の腰曲輪に一条の竪堀があるが、この竪堀の南西側には土塁を設け、北側尾根筋からの侵入を防ぐ構造となっている。

　主郭の北側は自然地形を残すが、二重堀切より約一八〇メートル北側の鞍部には東西に竪堀化する堀切がある。また三つ叉状尾根筋の東側斜面には等高線に並行する横堀状の凹みがみられる。この堀切と横堀に囲まれた自然地形を残す区域は、堅固な守りを備える主郭部周辺とは対照的である。

【龍造寺家晴の進駐か？】　岡城の堀切や土塁などこの地域（他に東城や平古場城など所在）では突出した規模である。『西郷記』に「一、其節不罷出者ニハ討手被差越、村々にて殺害被仰付たる由。右之内田結村岩屋と中者鬼神の様成者にて手を入為討由」とあり、これは天正十五年（一五八七）七月の龍造寺家晴による西郷氏追討の後、西郷氏の残党が家晴の不在を狙って蜂起した事件の後日談であるが、旧西郷氏勢力の龍造寺氏に対する根強い抵抗がわかる内容である。『西郷記』は元禄期の編纂物であり、その使用には十分な配慮が必要であるが、飯盛町域以外の地域でも同様の旧西郷氏残党討伐が行われており、進駐軍であった龍造寺氏に対する旧西郷氏勢力の抵抗が大きかったことを物語っている。そのなかでもあえて「田結村岩屋」と実名(じつみょう)をあげて記している点が他地域と異なり、飯盛地域が新しい支配者である龍造寺氏にとって特に記憶に残る激しい抵抗を示したのではないかと疑える。このような文脈で考えると、岡城跡は旧西郷氏勢力の色濃く残る飯盛地域を押さえるために進駐した龍造寺氏が新たに築いた城郭、または在地勢力が築いた既存の城郭を龍造寺氏が改修したものではないかと推測される。特に北側の堀切（東西部分は竪堀化）と尾根筋東部分の横堀状の凹みの間に広がる自然地形の空間は、主郭を中心とする二重堀切以南の城域に収容できなかった軍勢の、一時的な陣城として利用されたのではないかと考えられるのである。

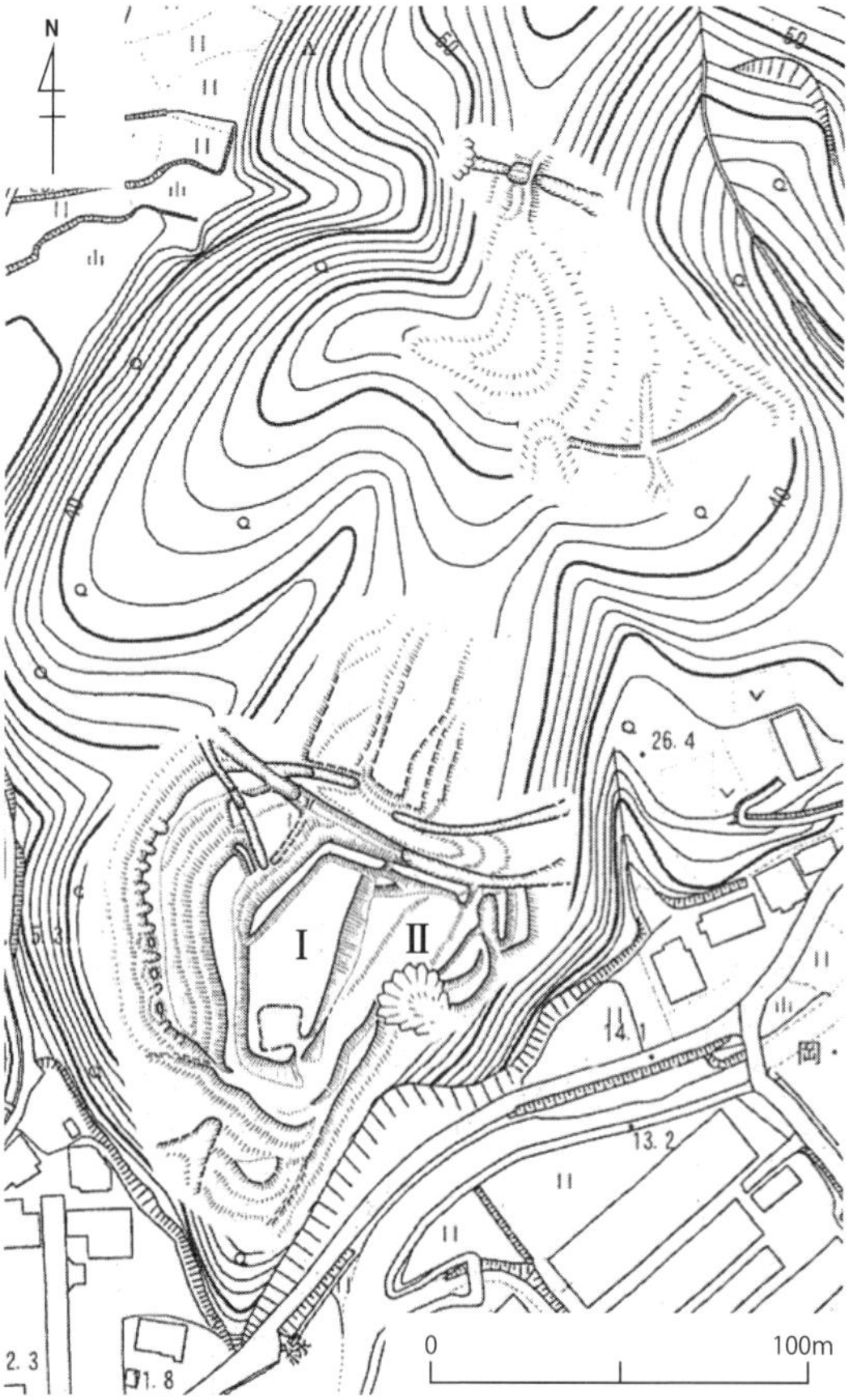

●—岡城縄張図（林 2015より転載）（作図：林 隆広）

【参考文献】林隆広「諫早市飯盛町所在の城跡について～東城跡・平古場城跡・岡城跡・囲城跡の検討」『長崎県埋蔵文化財センター研究紀要第五号』（長崎県教育委員会、二〇一五）

（林　隆広）

●四角い形状の山城は長崎県内唯一

囲城（かこいじょう）

〔所在地〕諫早市飯盛町
〔比　高〕約五〇メートル
〔分　類〕山城
〔年　代〕不詳
〔城　主〕不詳
〔交通アクセス〕ＪＲ長崎本線「諫早駅」から、長崎県営バス江の浦方面「馬場」停留所下車、徒歩一〇分。

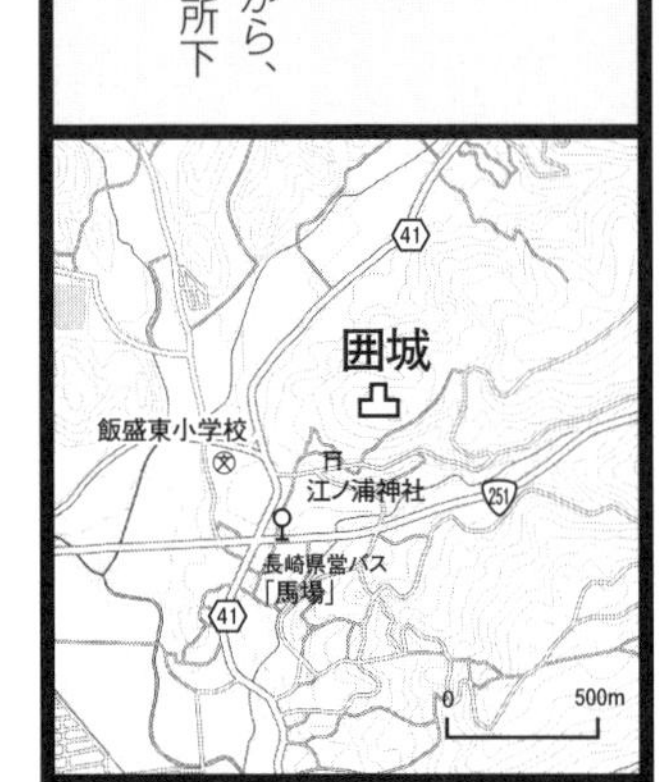

【城の立地】　囲城は諫早市飯盛町の江ノ浦神社の北側丘陵上に位置する。なだらかな丘陵であり、山城というよりは館城と呼ぶにふさわしい立地である。諫早家六代領主の諫早茂元のときに月の港（江ノ浦）の干拓が行われたが、そのさいに八代（肥後）から移住した人々が住み着いた地域といわれている。

【城の縄張】　四角い形状の主郭は高さ四メートルほどの土塁で囲まれ、その規模は三五メートル×三〇メートルを測る。土塁の南西側が開口して虎口となり、土橋がみられる。主郭の周囲には横堀が巡るが、横堀の外縁を構成する土塁の西側は馬踏が広く曲輪化しており、また鉤状に折れて主郭南西側の横堀外縁の土塁と喰違いの構造となっている。そのため横堀は堀底道として主郭南西側に到る導線としても機能したと考えられ、都合四折れする技巧的な構造である。主郭北東側は約三〇メートルの長い堀切が設けられ、主郭を取り囲む横堀と接続する。また主郭北側に横堀が延び、結果として竪堀となっている。主郭の南東側、横堀を超えた区域は三角形の自然地形を残す空間であるが、状況的に曲輪として機能していたと思われる。高い土塁を巡らし、四角い形状の主郭は、長崎県はもとより福岡県や佐賀県など北部九州でも珍しい。

【なぜ四角いのか?】　室町幕府の「花の御所」や各地の守護所など、方形の縄張（方形プラン）が採用されていることが一般的に知られている。この方形プランは武家権力の伝統的な規範といえる。そのような格式高い縄張が、なぜ飯盛に存在するのであろうか。この囲城の所在する地区は小字名を開(ひらき)というが、ここは元禄期に月の港干拓を主導した松本四郎左衛門以下、八代(やつしろ)から移住してきた、いわゆる開(ひらき)百姓の居住した場所である。彼ら開百姓は結束が固く、代々婚家を

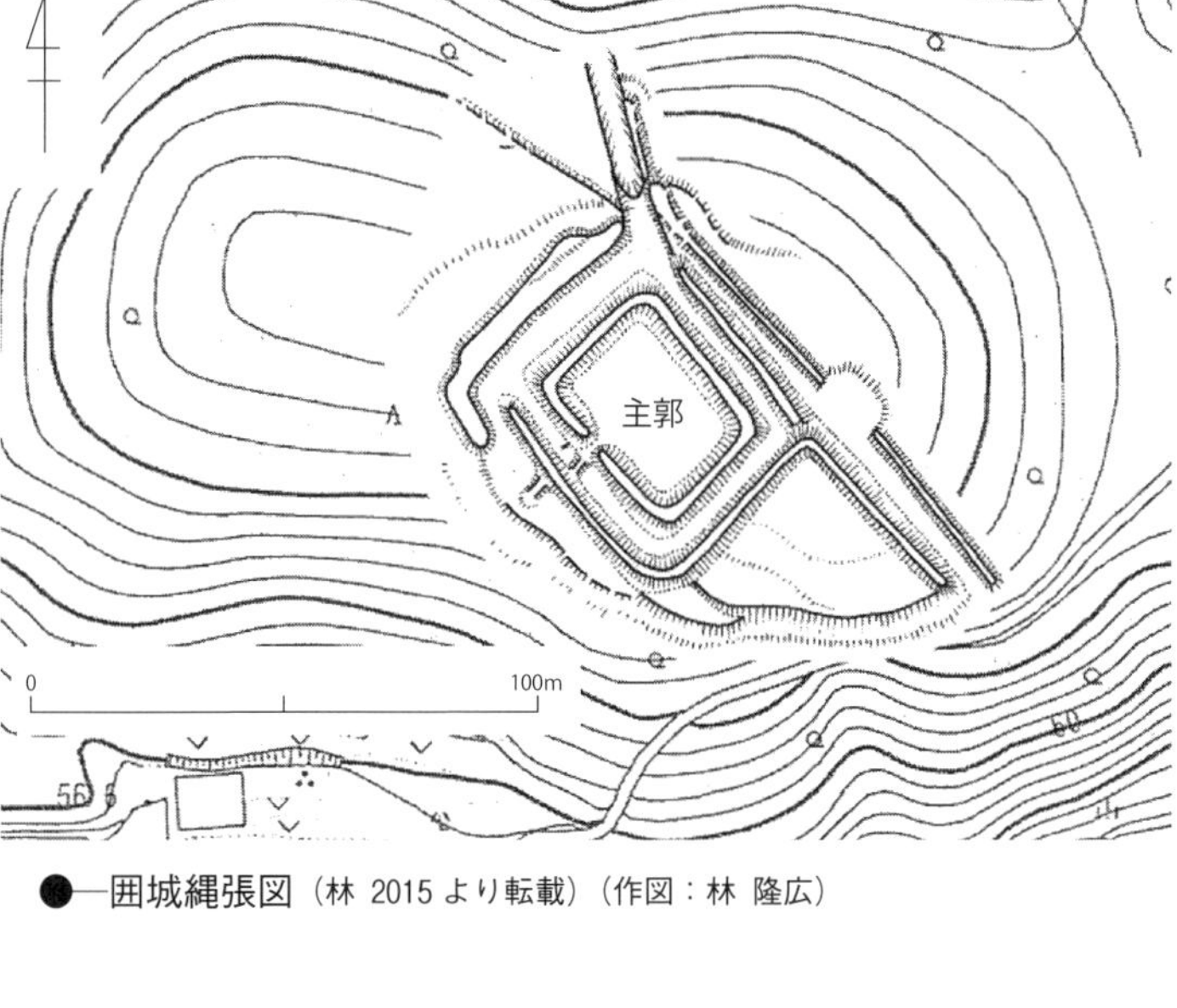

●—囲城縄張図（林 2015 より転載）（作図：林 隆広）

同じ開百姓のうちに求め、他地区との通婚を嫌ったらしい。それは開百姓としての結束を守ると同時に財産保全の意味合いもあったというが、いわば飯盛町域内で閉鎖的な血縁および地縁関係を維持した集団だったといえる。そのような集団が、囲城のような施設を作り、そこに貴重な収穫物などを貯蔵したのではないかと想像できないこともない。また月の港の干拓事業は八代からの移住者で行われ、かつ諫早家の財政問題により士族による事業が採用された結果、何らかの形で正当な領主権力による干拓事業であることを旧西郷氏勢力の影響の強い飯盛町域に主張する必要性があったのではないだろうか。そのような仮定から導き出されるのは、囲城が月の港干拓を担った開百姓らによる何らかの（例えば庄屋敷跡）施設ではなかったかという想像である。

【参考文献】長崎県教育委員会『長崎県中近世城館跡分布調査報告書Ⅱ』（二〇一一）、林隆広「諫早市飯盛町所在の城跡について～東城跡・平古場城跡・岡城跡・囲城跡の検討」『長崎県埋蔵文化財センター研究紀要 第五号』（長崎県教育委員会、二〇一五）

（林　隆広）

●長大な土塁と角櫓台で固めた山城

鶴亀城（つるかめじょう）

〔所在地〕雲仙市国見町
〔比　高〕約一〇メートル
〔分　類〕山城
〔年　代〕不詳
〔城　主〕神代氏
〔交通アクセス〕島原鉄道「神代駅」下車、徒歩一五分。

【神代氏の歴史】　南北朝時代に神代貴益（こうじろたかます）により築城されたと伝えられている。天正五年（一五七七）に神代貴茂（たかもち）は龍造寺（りゅうぞうじ）氏に下り、天正十二年の有馬・島津氏連合と龍造寺氏が激突した沖田畷（おきたなわて）の戦いでは、総大将の龍造寺隆信（たかのぶ）が戦死するなか最後まで抵抗し籠城した。反撃する有馬晴信（はるのぶ）は鶴亀城を難攻不落の城と考え、謀略を用いて神代貴茂を暗殺している。その直後、鶴亀城は陥落し神代氏は滅亡した。

慶長十三年（一六〇八）に鍋島直茂（なべしまなおしげ）の兄である信房（のぶふさ）が高来（たかき）郡神代四ヵ村を所領とし、後に神代鍋島氏と称するようになる。信房は龍造寺隆信の時代から藤津衆を束ねて常広（つねひろ）城に在城していたが、直茂の次男である忠茂（ただしげ）が鹿島鍋島家を創設したため「玉突き」で神代に転封（てんぽう）することとなった。現在は神代神社境内や果樹園となっており、城跡の東側には近世の武家屋敷跡が伝統的建造物群として保護されている。

【城の縄張】　逆三角形を呈する独立台地に選地している。城域は主郭である曲輪（くるわ）①と、それよりやや低い曲輪②とに堀切（ほりきり）（H1）で区画されている。曲輪②はかつて家臣団屋敷であったろうか、今日では土塁（どるい）などの防御施設はみられない。それに対して曲輪①はその周囲を分厚い土塁で固めており重武装である。特に南側の櫓台（やぐらだい）（C1）は東西に三〇メートルと長く、また高さも五メートルあり巨大である。東西の櫓台（C1・2）も土塁より一段高く、曲輪①の塁線へ睨みを利かせている。これら土塁や櫓台は版築によるものではなく、丘陵を削り込んで作り出されたと思われる。次に曲輪①の虎口（こぐち）であるが、現

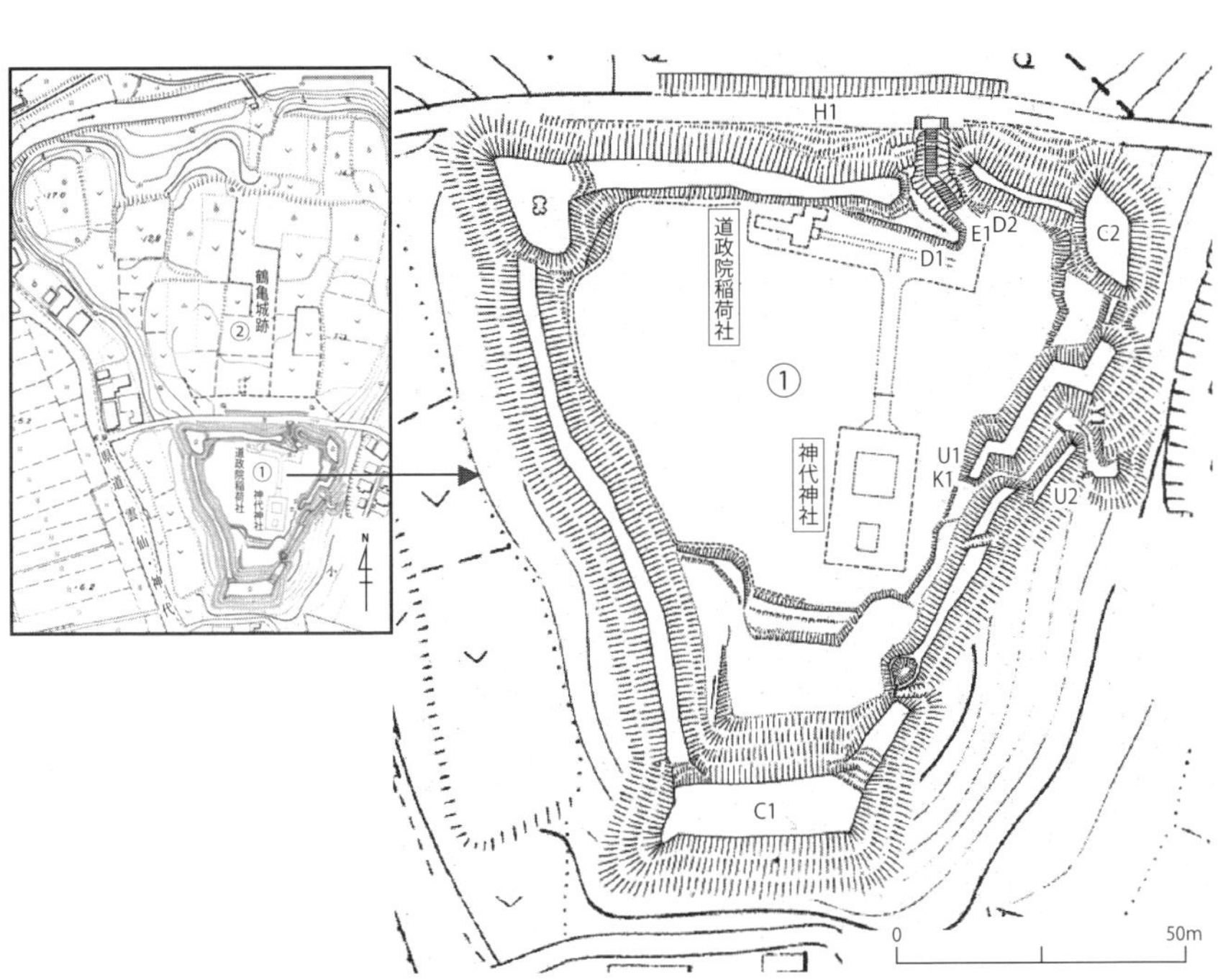

●—鶴亀城縄張図（木島 2001 より転載）（作図：木島孝之）

状では二ヵ所確認される。そのうち北側虎口（E1）は神代神社の参道であるが、堀切（H1）に開口する構造から神代神社建立時に新たに切り開かれた出入り口ではないかと思われる。一方、東側の虎口（K1）は導線が複雑に折れる構造で、外桝形（そとますがた）虎口と内桝形虎口とを組み合わせたような形状となっている。

島原半島における山城は、一般的に堀切で雲仙岳山系の尾根筋を遮断する程度の簡易な構造が多い。そのような地域で、鶴亀城における大規模な土塁および桝形虎口の存在は、この構造が在地形城郭の技術によるものではないことを意味していると思われる。おそらくは鍋島信房が転封して後に大規模な改修を行ったのではないだろうか。一方で、主郭である曲輪①と家臣団屋敷かと思われる曲輪②とが堀切（H1）で分断され、かつ並列した配置になっている。これは重層的に曲輪を配置して家臣団が城主を守る構造となっていないことを示し、家臣団が城主の領主権力からかなり独立したものであったことを意味すると思われる。

【参考文献】木島孝之『城郭の縄張り構造と大名権力』（九州大学出版会、二〇〇一）

（林　隆広）

●実戦と災害を経験した近世城郭

島原城

〔長崎県史跡〕

〔所在地〕島原市城内一丁目ほか
〔比　高〕約二〇メートル
〔分　類〕平山城
〔年　代〕元和四年（一六一八）～明治六年（一八七三）
〔城　主〕松倉重政ほか
〔交通アクセス〕島原鉄道「島原駅」下車、徒歩一〇分。

【城の位置】 島原城は、島原半島の東端に位置する。築城時の藩領は、島原半島のほとんど（神代・上伊古村・古部村を除く）と、北高来郡の古賀村、長崎半島の日見村・茂木村・樺島村が含まれる。藩領としては東端であるが、有明海のほぼ中央部に位置し、九州の中央にもっとも近い場所となる。島原城の模擬天守からは、有明海を隔てて対岸の佐賀・熊本・天草が眺望できる。

【城の築城と歴史】 永禄六年（一五六三）頃の島原は、有馬氏配下の島原純豊が「浜の城」を居城として治めており、『日本史』によれば、「二つの半月の形」をした「日本中でもっとも美しく、また快適な港」がある町で教会も建てられていた。

天正十二年（一五八四）の佐賀の龍造寺隆信の侵攻を発端とする沖田畷の戦いでは、島原純豊は龍造寺方として「浜の城」に籠る。有馬・島津方は「浜の城」に抑えの兵を置き、「森岳」とその麓に陣を置いている。この「森岳」が近世島原城の前身であると考えられる。

島原城本丸の発掘調査では、一六世紀末頃の輸入陶磁器が出土しており、島原城築城以前に何らかの土地利用があったことが確認されている。また、島原城の三ノ丸と外曲輪には、この戦いで戦死した兵士の供養塔が祀られている。

島原半島は、有馬氏統治の頃からキリスト教が盛んであり、切支丹を改宗させるため、徳川家康は慶長十七年（一六一二）に浄土宗の僧・幡随意を派遣し、慶長十九年に有馬氏が日向国延岡に転封した後に、上使・山口直友や長崎奉行・長谷川藤広により教会の破壊や切支丹の弾圧が開始された。このような情勢の島原へ、元和二年（一六一六）に大和国五条二見から入部した松倉重政は、前領主有馬氏の居城であった日野江城を廃して、元和四年から島原城の築城を開始し、七年後に完成したとされる。島原城の築城にあたり松倉重政は、島原城の南約七〇〇メートルの場所にある「浜の城」を改修し、一時的に居城とした。

松倉重政による島原城の築城後、二代勝家の治世中に勃発した「島原の乱」では、寛永十四年（一六三七）十月二十六日に一揆軍五～六〇〇〇人が島原城に押し寄せ、城下町が焼き払われ、各虎口が攻め立てられた。大手門は二尺四方が破壊されたが、城兵は破壊された大手門の穴や門矢倉から鉄砲を打ち込むなどして抗戦し、「要害能候故容易に不破得」（『佐野弥七左衛門覚書』）、一ヵ月余りの籠城戦を持ちこたえている。十月二十六日の戦闘は、対岸の熊本からも島原の大火事の様子がみえ、鉄砲の音が夥しく聞こえたという。島原の乱発生の責任を受けて松倉勝家の改易後、藩主は、高力氏、深溝松平氏、戸田氏、再入部した深溝松平氏と変遷し、島原城は四氏一九代の政庁となり、島原は島原半島の政治、経済、文化の中心地として発展した。藩主松平忠恕の治世中、寛政四年（一七九二）一月に普賢岳が噴火し、同年四月朔日に「寛政の地変」（「島原大変肥後迷惑」）と呼ばれる眉山の山体崩壊が発生した。崩落した土砂で、浜の城以南の海岸線は最大一キロ前進し、地形が大きく変化している。眉山の崩落と大津波で島原の城下町は壊滅的な被害を受け、島原半島での死者は一万人を超える大惨事となった。島原城の外塁線南東側まで津波が押し寄せ、本丸、二ノ丸、外曲輪の石垣が崩落し、櫓の瓦が落下するなどの被害を受けるが、その後も藩主の居城として存続し、城下町も復興されている。

【城の縄張】 島原城は、北を北川、南は大手川に挟まれた、普賢岳から東方向に緩やかに傾斜する扇状地の東端に築かれた総石垣の近世城郭である。傾斜地を海岸線とほぼ平行に南北方向にせき止めたような作りであり、外曲輪の侍屋敷はテラス状に配置され、外塁線石垣は東側が高く西側が低い。山側から流れる雨水や伏流水の取水・排水のため外塁線の石垣下部に石組水路（暗渠）を築き、城内には水路網が整備されている。城外からの流水のほか、城内にも湧水点があり、屋敷をまたいで水路が延び、侍屋敷の池泉庭園に利用される。

島原城の平面形状は、東西約三五〇メートル、南北約一二〇〇メートルの直線的な塁線を持つ長方形の形状で、南から本丸・二ノ丸・三ノ丸が一直線に並び、その周囲を外曲輪が取り囲む平山城である。本丸と二ノ丸の周囲は堀に囲まれ、三ノ丸は南側と東側に堀が存在した。外曲輪から城外へ連絡する虎口は七ヵ所開口していた。南辺東寄りに大手門。北辺中央に搦手となる諫早（北）門。西辺に桜門と西不明（虎口）門。東辺に田町門、先魁門、東不明（虎口）門となる。外塁線には三三基の平櫓が配置され、城外と城内に向けて互い違いに突出し、城外への横矢掛けと城内への攻撃を想定した配置となっている。『嶋原城之図』（国立国会図書館所蔵）などの絵図では、石垣上の土塀を「W」形に折り込み、狭間から横矢を掛けるための「屏風折」が描かれている。

島原城の北側は、昭和初期までは、沖田原と呼ばれる低湿地の水田地帯であり、沖田畷の戦いで龍造寺軍が南進し主戦場となった場所と考えられる。東側は、北よりに「田」が広がり、南よりに築城とともに商家街が築かれ、現在も町割りと江戸時代まで遡る民家が残されている。西側は、南よりに下級藩士の屋敷（鉄砲町）が築城とともに築かれ、現在も当時の町割りと伝統的な家屋が残り、下の丁の通路中央には水路が残されている。南側は、中世の「浜の城」の城下町が島原城築城以前から存在し、寛政の地変で壊滅的な被害を受けたが、町割りは大きく変わっていないと推定される。

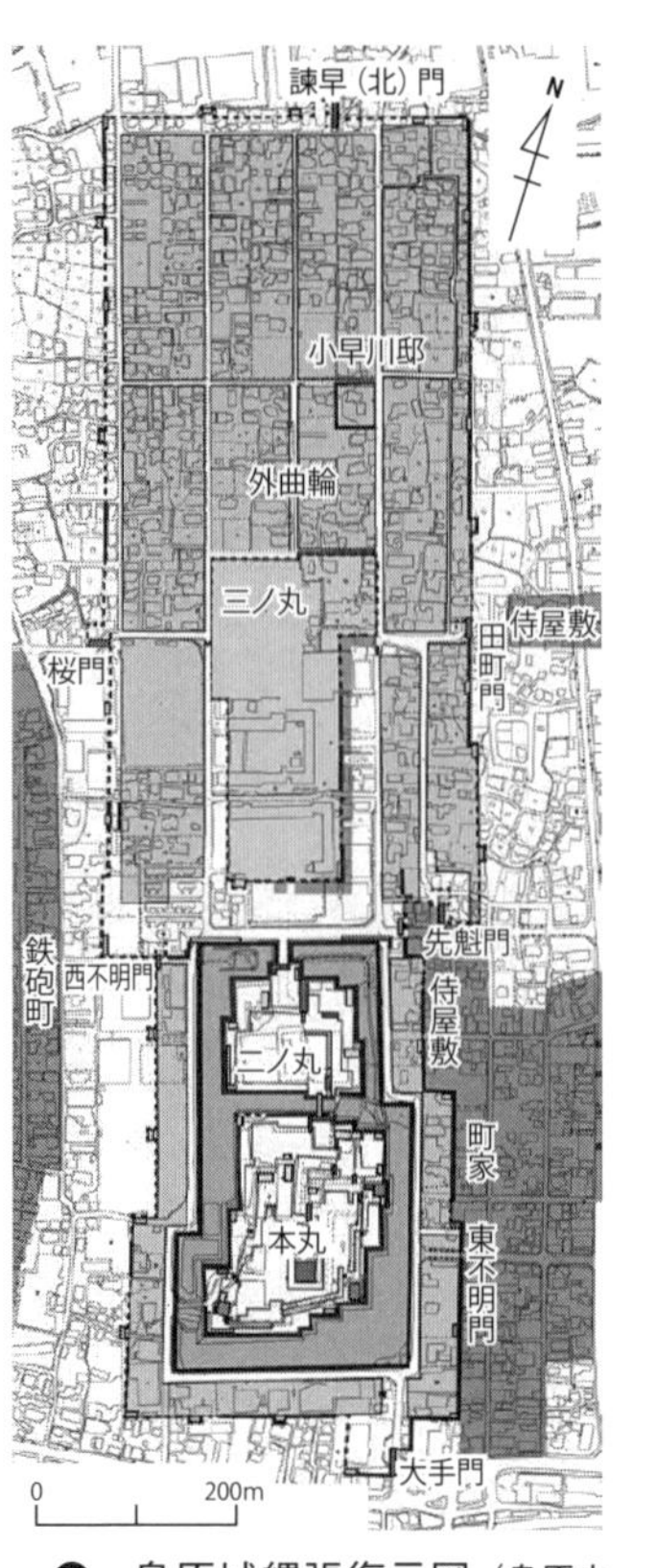

●―島原城縄張復元図（島原市教育委員会提供）

【大手門】外塁線の南端に、南に張り出した外桝形の形状で、東西七五メートル、南北五五メートルの広さの大手桝形が配置される。現在は、ほとんどが裁判所の敷地と市道になっているが、東面・南面の外塁線石垣と、桝形内の南側に土塁が残る。西面にも石垣が残るが、これは、明治二十年に裁判所の敷地を拡張した際に築かれたもので、桝形南側の菓子店の背後に本来の南西隅角部の算木積みが残存している。

絵図では上層が渡櫓となる二階門の形状の東向きの大手門が描かれる。その位置は、残存する東面石垣の状況から島原裁判所正門の南寄りに配置されていたと推定できる。大手門の規模は不明であるが、搦手である諫早門の平面が三間×一四間であり、これより大きい建築物であったと推定される。

●—本丸南東石垣

大手桝形を抜けた南東の堀端からは、堀の対岸に本丸外周の屏風折石垣が確認できる。堀端から本丸までの堀幅は六〇メートル以上あり、島原城でもっとも広い堀幅となる。本丸石垣の上には、巽櫓が建設され、その後方に模擬天守を仰ぎ見る景観は、往時の姿を偲ばせる。

【二ノ丸】 大手門から東堀端を約五〇〇メートル北進した、本丸と三ノ丸の間に二ノ丸が位置する。二ノ丸は、東西約一四〇メートル、南北約一三〇メートルの広さで、北面中央に外曲輪と接続する長さ一二間、幅四間の土橋が築かれ、南面中央に本丸の唯一の出入り口となる、長さ一二間、幅二間半の廊下橋が掛けられていた。

二ノ丸中心部は外曲輪と同じ標高（約一六メートル）であるが、西面、東面の堀に面した帯曲輪を中央部の空間よりも高く（西面二間半、東面一間三尺）築き、西面に二重櫓二基と多門櫓一基、東面には二重櫓二基が配置され、曲輪内外に対する攻撃の拠点となっていた。

土橋から二ノ丸内へ進むと鉄門が置かれた内桝形が配置され、ここから本丸へ連絡する廊下橋の渡り口にある桝形まで曲輪東半の通路で連絡する構造となるが、この通路は、土橋から連続六回折れ曲がらないと廊下橋に到達できない複雑な動線設計となっており、二ノ丸を通過して本丸へ向かう敵の動きを通路東側の櫓群や、通路西側の大長屋から牽制する構造となっていた。二ノ丸は現代の改変が著しいが、鉄門を載せた櫓台と、多門櫓を載せた櫓台が残存している。

【本　丸】 本丸の規模は、南北約二二〇メートル、東西約一九〇メートルで、南西隅部が西方に突出して大きな「横矢掛け」を形成している。南東面の塁線は、六ヵ所の折曲（出隅部）が連続する屏風折石垣を構築し、大手桝形を通過し東堀端を通って二ノ丸へ向かう敵の全体俯瞰と一斉射撃が可能となる。また、

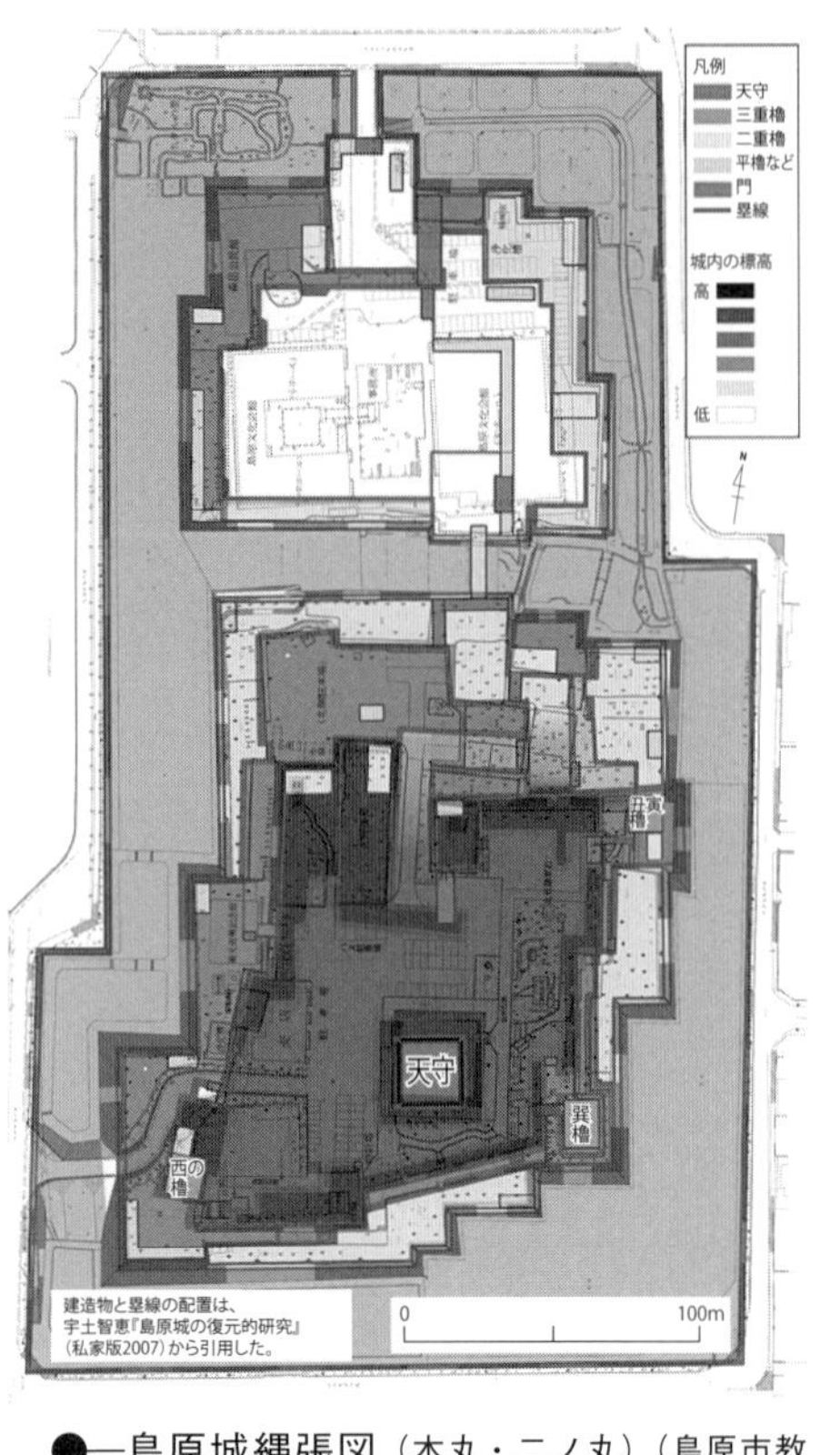

●—島原城縄張図（本丸・二ノ丸）（島原市教育委員会提供）

南東面の隅角部を増やすことで、本丸の土圧や浸透水・堀水の滞留に対する石垣塁面の耐久性を向上させる土木工法上の工夫もみられる。

本丸は、北側の廊下橋から続く枡形が連続する北側エリアと、南側の天守や三階櫓が配置され、幅八～二〇メートルの帯曲輪によって西・東・南を囲まれる南側エリアに分けられる。南側エリアは、北側エリアより四間から五間高く築かれている。

また、全体的に四段の高低差があり、廊下橋から続く虎口周辺と、東・南の帯曲輪が最下段となり、西帯曲輪と丑寅（うしとら）櫓・巽櫓が立地する曲輪が中段。この上段に天守が立地する曲輪となり、この縁辺部には現状で一～二メートルの高さの石塁（せきるい）が廻り、天守北西に位置する二重櫓の周囲は標高二九・七メートルを測り島原城の最高所となる。

往時の本丸の建築物は天守のほか、三重櫓三基・二重櫓四基・平櫓六基・多門櫓一基が建てられていた。北面中央に二ノ丸と連絡する廊下橋が掛かり、廊下橋の本丸側は二重櫓と接続しており、二重櫓を抜けると石垣と門櫓で区画された枡形空間が連なり、敵は四方から攻撃を受けることとなる。この枡形を構成する石垣には、面径最大三メートルの巨石が組み込まれているほか、隅角部には、縦長二・四メートルを測る立石が使用されている。城内の主軸ルート上の石垣に巨石を配置することで城主権力の顕示を果たした石垣意匠の一種である。廊下橋や巨石の使用により、島原城が豊臣秀吉の大坂城や肥前名護屋城の系譜を引く城の特徴を有することが証明される。

枡形空間を越え天守へ至るルートは、中央の坂を進むルート。西側の帯曲輪を進み西の櫓の南北にある門を抜けるルート。東側の埋門を抜け、丑寅櫓か巽櫓の西側にある門を抜けるルートの三つがある。中央のルートは、天守に至るまでの周囲の塁壁によって連続四回のターンを強いる複雑な通路となっており、本丸の北側全域を占める南北一一〇メートルもの巨大な一つの虎口空間を形成していた。

発掘調査では、石垣背面の中段付近、裏込石から約二メートル内側の盛土内から「石列状遺構」が検出されている。石材を石垣面と平行に並べ、直下に硬く締まった水の浸透性が少ない硬化面を作り出しており、石垣構築時の支持基盤を高め、盛土内の排水機能を有するものと考えられる。

【三ノ丸】　三ノ丸は二ノ丸の北側に独立した曲輪として位置する。平面形状は、東西約一六〇メートル、南北約三一〇メートルの長方形で北東部が張出した形状となる曲輪である。藩主の御殿が立地する曲輪であり、周囲は石垣で囲まれ、南面中央からと北東の張出し部分まで水堀が廻っていた。三ノ丸内部の状況を示す史料は少ないが、『戸田能登守殿城地并家中屋敷割』（個人蔵）では、三ノ丸の敷地中央南寄りに御殿が建てられ、さらに南には能舞台が作られている。北縁に「外長馬場」と「廻り馬場」、三ノ丸の西側にも「外長馬場」が作られている、この「外長馬場」は市立小学校の「庭園」として形状の一部が残る。現在、三ノ丸之敷地は、そのほとんどが県立高校および市立小学校の敷地となっており、それぞれの正門のスロープが三ノ丸東側の堀に築かれた土橋部分と推定される。

●—本丸の巨石

発掘調査では、県立高校の敷地で南北方向に延びる堀跡と、これと直交する東西方向に延びる堀跡が確認されている。南北方向の堀跡の残存長は二九・六メートルで、東側の石垣しか確認されていないが、堀幅は一〇メートル以上と推定される。確認された堀跡の堀底には木製の橋脚の根元が確認されており、絵図には描かれない「橋」の存在が推定される。このほか、石組み遺構も確認されており、九・五メートル×二・八五メートルの平面長方形で、残存する深さは約一・四メートルあり、土蔵などに付随する貯蔵用の地下施設と判断されている。

【参考文献】松田毅一・川崎桃太訳『フロイス日本史九　西九州編Ⅰ』（中央公論社、一九七九）、森山恒雄「島原藩」『藩史大事典巻七　九州編』（雄山閣、一九八八）、鶴田倉蔵『原史料で綴る天草島原の乱』（本渡市、一九九四）、島原市教育委員会編『森岳城跡Ⅲ』（島原市教育委員会、二〇一五）、島原市教育委員会編『長崎県指定史跡島原城跡保存活用計画』（島原市教育委員会、二〇二二）

（宇土靖之）

●西九州の雄・肥前有馬氏の本城

日野江城

〔国史跡〕

〔所在地〕南島原市北有馬町戊
〔比　高〕約八〇メートル
〔分　類〕山城
〔年　代〕南北朝期か
〔城　主〕肥前有馬氏
〔交通アクセス〕島原鉄道「島原駅」から、島鉄バスで加津佐海水浴場前行「日野江城跡入口」停留所（約四〇分）で下車、徒歩一〇分。

【有馬氏の歴史】 日野江城跡を築き、代々の居城としてきた有馬氏の歴史について、まず簡単にまとめておきたい。

島原半島は平安時代以来、複数の小荘園が林立する地域であった。外山幹夫の所見によると、有馬氏は肥前国高来郡有間荘（のちの「有馬」地域）を本貫とする開発領主の出自で、戦国時代の末期に藤原姓を称した一族とされている。鎌倉時代の島原半島には、綾部氏・西郷氏・多比良氏などが存在しており、有馬氏もそうした小領主の一つであったと考えることができる。

時代が下り南北朝期になると、有明海を挟んだ対岸の菊池氏や九州探題の今川了俊などの影響をうけながら、有馬氏は状況に応じて南北両朝に加担して領主権の確保につとめた。

この時代、島原半島では相次ぐ戦乱に対応して築城が盛んになった。とくに島原半島北部は複数の土豪が割拠したことから多くの城郭が築かれた地域である。その一つである杉峰城の発掘調査を行った寺田正剛は、これらの城郭に対し、雲仙山系から延びる舌状台地の尾根筋を堀切・空堀などで断ちきるという共通した特徴があることから「杉峰城型城郭」という型式名を与えている。日野江城は、地域的には半島南部に属するが、これらの城郭と同様の特徴を有している。

ここで、日野江城跡の築城時期に関して、文献史料をもとに有馬一族の通史をまとめた外山の考察を紹介したい。江戸時代に有馬氏が編纂した『藤原有馬世譜』などの文献史料には、当城は有馬氏初代の経澄が建保年間に築いたと記されている。しかしながら経澄なる人物の実在がその他の確実な史料において確認されないことから、この記述の確かさには検討の余地があり、日野江城跡が築かれたのは一定の政治的緊張関係が島原半島に訪れた南北朝期であろうと外山は考察する。城郭の立地や平面構造を分析する縄張研究の観点からみても、先に確認した通り、南北朝期に築かれた「杉峰城型城郭」と日野江城跡とが同様の特徴を有していることは、外山の見解を補強する材料といえる。

長らく島原半島内の一領主として活動していた有馬氏であったが、戦国時代の初期にあたる明応年間（一四九二―一五〇一）に、のちに英邁と評される貴純のもとで、その勢力を大きく広げた。この明応年間から天正年間（一五七三―九二）に入るまでが概ね有馬氏の最盛期である。天文八年（一五三九）に室町幕府から家督相続を安堵された有馬晴純は肥前守護職の地位につき、修理大夫の官途を得た。また彼の名の「晴」字は、将軍足利義晴の偏諱によるものである。当時の有馬氏が、中世武家社会において中央勢力とのつながりを有し、一定の政治力を発揮したことをみてとることができる。

●―階段遺構（北有馬町教育委員会『日野江城跡』2001より転載）

しかしながら、永禄六年（一五六三）の丹坂峠での敗北を契機に有馬氏は次第に佐賀の龍造寺氏の圧迫をうけるようになる。家臣の離反が相次ぎ、最盛期には肥前国六郡の版図を有した有馬氏も領土の縮小を余儀なくされた。本拠である日野江城も天正五年（一五七七）から天正十一年までの間に三回、龍造寺氏の侵攻に伴い火災焼失に遭った。

この劣勢に対し、有馬氏はイエズス会への接近による打開を試みる。島原半島南端部の口之津にポルトガル船を誘致し、天正八年には当主の有馬晴信自ら受洗、ほどなく領内の寺社破壊を決行した。領内にセミナリヨやコレジヨといったイエズス会の教育機関を設置し、領民の改宗を奨励し、領内にはキリシタン文化が根付いた。そして天正十二年、有馬氏は島津氏と連合し、攻め寄せる龍造寺軍を沖田畷の地で迎え撃ち、これを打ち破ることに成功する。

戦国時代を生き抜き、近世大名への転身を遂げた有馬氏は、慶長十九年（一六一四）に日向国臼杵(うすき)郡県（現在の宮崎県延岡市）に移封となる。日野江城は、島原へ入部した松倉氏によって廃城とされ、領地支配の拠点としての役割を終えた。

【立地と基本構造】 島原半島では、半島中央部に雲仙山系の山々がそびえ、周辺部にかけて円錐のように裾部を広げている。この裾野を半島中央部から放射状に広がる小河川が地形的に分断した結果として、半島の外端部には複数の舌状台地が発達している。日野江城跡が立地しているのは、そのように形成された舌状台地の一つである。

日野江城跡の眼下には、有馬川沿いに展開した有馬氏の本領地が広がり、南側約三・九キロ先には有馬氏の日野江城に次ぐもう一つの拠点城郭である原城跡が所在している。

城郭の基本構造について、日野江城は唯一尾根続きとなる北側の自然地形からなる谷部を利用して遮断している。

本丸と二ノ丸では、おそらく増築・改築時期の差に基づくと考えられる築城技術の違いを観察できる。

本丸は舌状台地先端部の最高所にあたる。この区域の曲輪(くるわ)境界部の形状は曲線的で、明確な石垣・石積による区画はみられない。多くは石造構造物による舗装を施さない盛土法面(のりめん)もしくは切岸によって区画がなされている。

二ノ丸は本丸東側の一段比高の低い箇所に所在している。曲輪境界部の形状は直線的で、高石垣とまではいえないまでも一応は石垣による区画がなされている。

日野江城跡は、地域支配の拠点として長期にわたり運用された城郭である。もとは小領主の本拠に過ぎなかった城郭が、領主の勢力伸長に伴い、戦国大名の本城にふさわしい機能と規模とを求められるようになったことは想像に難くない。現段階では具体的な時期は不明ながらも、段階的に日野江城跡の増改築がなされた結果、本丸と二ノ丸との間には観察される築城技術に差ができたと考えることができる。

【特徴的な遺構・遺物】 現在は平成の大合併により南島原市の市域に属する日野江城跡だが、旧北有馬町時代から行われている発掘調査によって、全国的にも珍しい特徴的な遺構・遺物が発見されている。

そのなかで最も有名なものが二ノ丸の階段遺構だろう。長さ約一一メートル、幅約五・五メートル、高さ約三・六メートルのこの遺構は、踏(ふみ)石(いし)に仏塔を転用している。一八六点の階段を構成する石材の大部分が踏石であるが、その踏石の半数以上が五輪塔地輪や宝篋印塔(ほうきょういんとう)の基礎・塔身の転用材を利用したものである。有馬領内では、有馬氏がイエズス会への接近を強めた時期に、たびたび神仏弾圧が行われており、階段遺構に転用された仏塔はその時に解体されたものと考えられる。また、階段側壁を構成する石垣は、織豊系城郭でみられる高石垣とは技術系統が異なり、薄いパネル状に加工した石材や、パズルのように刳り込み加工を施した石材が用いられている。現在、この階段遺構は現地保存のため土中に埋め戻されているが、現地には写真・図面を配した解説板がある。

もう一つ日野江城跡の発掘調査成果で顕著なものとして、

●—日野江城跡縄張図（長崎県教育委員会『長崎県中近世城館跡分布調査報告書Ⅱ』2011 p.116図に加筆）

多量の土師器の出土が挙げられる。土師器とは橙色から肌色を呈する薄手の素焼き土器のことで、中世武家社会においては献杯儀礼や酒宴の場で用いられた。最盛期には室町幕府など一定のつながりを有していた有馬氏であるが、そうした中央勢力や、近隣領主、家臣らとの儀礼・懇親の場として日野江城跡が機能していた可能性をうかがうことができる。土師器は、酒宴の際にはほとんど使い捨てに近い形で使用されたこともあり、その出土量は非常に多い。

平成十年（一九九八）に実施された第四次日野江城跡発掘調査で出土した金箔瓦も日野江城跡を特徴づける遺物である。この金箔瓦は、鳥衾と呼ばれる部位の瓦で、瓦頭は、長軸一七センチ、短軸一六センチを測る。中心部には巴文と一七個

●—二ノ丸近景

●—二ノ丸から本丸方向を望む

の珠文（しゅもん）が施され、金箔が凹面と凸面の両方に貼り付けてある。これまでの研究により、金箔瓦は織豊政権に近い大名の城郭にのみ使用が許されたことがわかっている。

【日野江城跡の性格】 日野江城跡・原城跡ともに有馬氏の本領地に所在する拠点城郭であるが、有馬氏が近接する位置に大規模な城郭を二つも整備した経緯や理由は、確実な文献史料から十分には明らかになっていない。原城跡と比較したときの日野江城跡の性格について考えるため、両者の物的痕跡の違いを四つの観点から整理しておく。

一、まず立地について、日野江城跡が雲仙山系から伸びる細長い尾根上に築かれた山城であるのに対して、原城跡は台地上に築かれている。結果として前者よりも後者の方が広い曲輪面積を確保することに成功している。

二、周辺環境については、日野江城跡が有馬氏旧来の城下町（現在の北有馬町中心街）の直上に位置しているのに対し、原城跡は周囲三方を海に囲まれた位置にある。

三、石垣の築造技術について、日野江城跡は主に二ノ丸において他の地域に類のない独特な技術を用いた低い石垣を築いているのに対し、原城跡本丸でみられる石垣は平面構成の点においても積み上げ方の点においても正当な織豊系技術の影響をうけて成立している。

四、出土遺物について、日野江城跡では中世武家儀礼と関わりが深い土師器が多量に出土するのに対し、原城跡で多く出土するのは陶磁器類である。

以上で列挙した相違点をもとに両者の性格を簡単にまとめると、原城跡は、海へのアクセスに優れており、広大な曲輪に、規格性のある櫓台（やぐらだい）や高石垣などの先進的な防御設備を備えた城郭といえよう。これに対して日野江城跡は、在地系技術の延長上に成立した有馬氏旧来の居城で、他地域との外交や家内統治の場としても機能した城郭と捉えることができる。

【参考文献】 林銑吉『島原半島史（上巻）』（長崎県南高来郡市教育会、一九五四）、寺田正剛「Ⅲ杉峰城跡」『県内重要遺跡範囲確認調査報告書Ⅲ』（長崎県教育委員会、一九九五）、外山幹夫『肥前有馬一族』（新人物往来社、一九九七）、木村岳士ほか編著『日野江城跡』（北有馬町教育委員会、一九九八）、木村岳士『日野江城跡』（北有馬町教育委員会、二〇〇二）、寺田正剛・林隆広・宮武直人編『長崎県中近世城館跡分布調査報告書Ⅱ詳説編』（長崎県教育委員会、二〇一一）、本多和典編『日野江城跡総集編Ⅰ』（南島原市教育委員会、二〇一一）、伊藤健司「有馬氏の居城　日野江城」大庭康二・佐伯弘次・坪根伸也編『九州の中世Ⅲ』（高志書院、二〇二〇）、中井淳史『中世かわらけ物語』（吉川弘文館、二〇二一）

（竹村南洋）

●島原・天草一揆の主戦場

原城（はらじょう）

〔世界遺産・国史跡〕

〔所在地〕南島原市南有馬町乙・丁
〔比　高〕約三〇メートル
〔分　類〕平山城
〔年　代〕慶長年間以前
〔城　主〕肥前有馬氏
〔交通アクセス〕島原鉄道「島原駅」から、島鉄バス「加津佐海水浴場前」行「原城前」（約五〇分）停留所下車、徒歩一〇分。

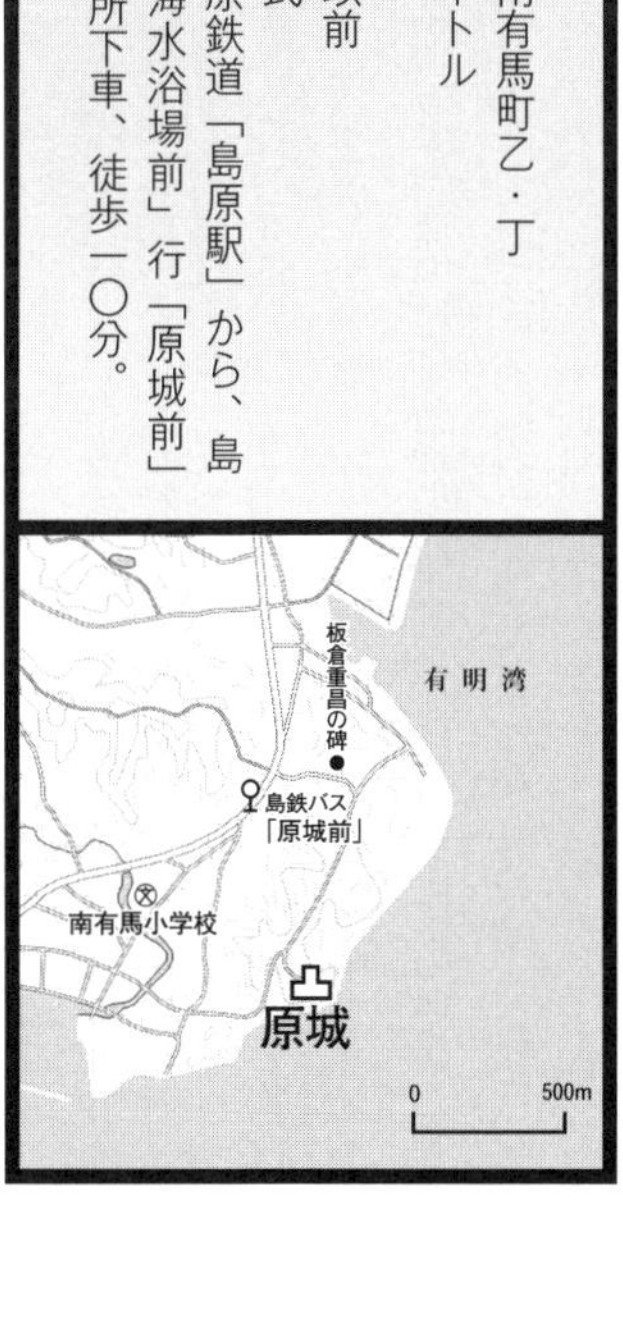

板倉重昌の碑
有明湾
島鉄バス「原城前」
南有馬小学校
原城
0
500m

【位置と立地】　島原半島の南東部には有馬川という二級水系が流れており、その周囲に平野部を形成している。火山灰質の土壌からなる土地が多く、また、全体的に山がちな地勢の島原半島において、有馬川流域は希少な適農地域である。在地領主である有馬氏は、鎌倉時代から江戸時代初頭にかけて、この地域を本領地として活動した。

有馬川流域には、有馬氏による地域支配の拠点であった大規模城郭が二つ残されている。有馬川河口部左岸に築かれた日野江城跡と、そこから約三・九キロ離れた地点にある原城跡である。有馬氏の領地経営上の機能としては、日野江城跡が本城、原城跡が有力支城という位置づけであった。

原城跡が立地する台地は、約九万年前の阿蘇火山噴火による火砕流（Aso-4火砕流）によって形成された。北・東・南の三方を有明海に囲まれ、唯一地続きの西側が湿地に面するという防衛上有利な地形である。城郭の構造についてはのちに詳述するが、起伏の少ない台地全体を城域としており、一つひとつの曲輪（くるわ）の面積が非常に広大である。曲輪の配置に着目すると、本丸とその他の曲輪との比高差がほとんどなく曲輪間の序列関係はゆるやかといえる。

城域の西側に広がる湿地を挟んだ向かいには、別の丘陵群があり、島原・天草一揆のさいには、原城に籠城する一揆勢に対峙した幕府軍の陣地が築かれた。幕府軍の編成は鍋島（なべしま）藩や細川藩など九州諸藩を主力とする軍勢などからなっており、陣跡も軍勢単位で築造されたものが現代に残っている。

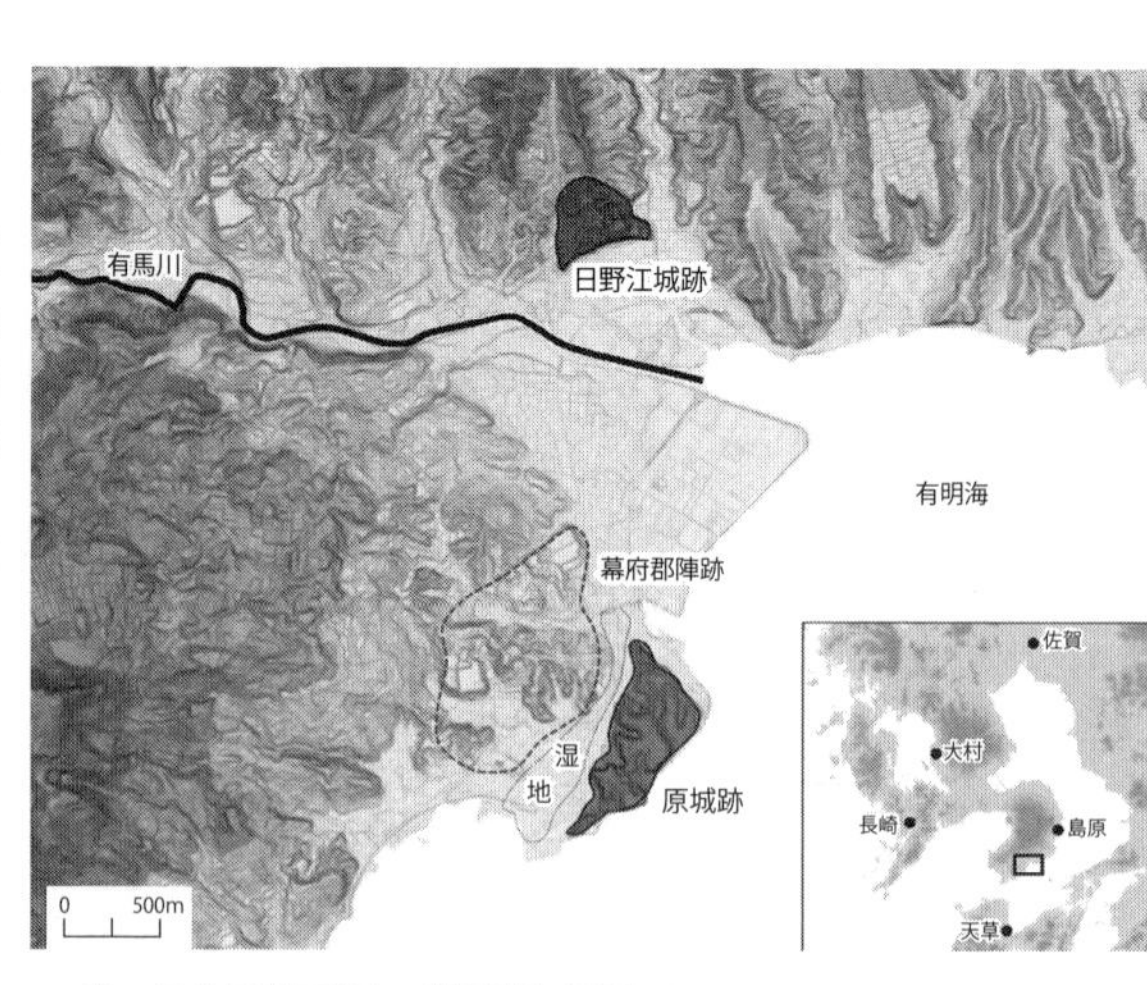

●―原城跡周辺の地理的環境（地理院地図をもとに作成）

【有馬氏の支城として】『島原半島史（上巻）』によると、原城が築城されたのは明応五年（一四九六）との言い伝えがあるとのことだが、出典が不明確であり、その確かさがどの程度であるか判断が難しい。

明応年間（一四九二―一五〇一）は、有馬氏の中興の祖と称される第八代貴純が当主であった時代である。もともと南高来郡（島原半島を中心とした地域）の一部を治める小領主にすぎなかった有馬氏は、戦国時代初期にあたるこの時期にのちの飛躍的発展の契機を得た。元来、大宰府には九州の名門・少弐氏がいたが、周防山口に本拠を有する大内氏が博多の領有を企図したことで、両氏は抗争を続ける仲にあった。そのような情勢下にあって貴純は少弐氏を支援し、戦後、肥前白石（佐賀県杵島群白石町）・長島（佐賀県武雄市）などを戦功として賞された。この時に拝領した肥前国の有明海沿岸部の領地が、のちの同氏の勢力拡大の基盤となった。

時代は下り、第一〇代晴純の治世下で有馬氏は最盛期を迎え、その影響力は肥前国一帯に及んだ。領地拡大に伴い、支城網も整備された。有馬領内の城郭は、大名の抱城と家臣の抱城に大きく二分され、そのうち前者は大名が直接管理する「拠城」と家臣が勤番する「番城」とに分かれた。原城は、本城である日野江城とともに有馬氏の抱城であった。有馬氏の抱城について、他の例としては松岡城（佐賀県藤津郡）や横造城（同前）など領地経営上の重要拠点などに数例が知られている。

第一三代の晴信はキリシタン大名であったことから、彼の動静は外国人宣教師の報告書が現代によく伝えている。それによると、慶長年間（一五九六―一六一五）に晴信が日野江城よりも一層適した土地に堅固な新しい城を築城中であること、また、その城内には晴信の屋敷のほかに家臣の屋敷や弾薬・食料を蓄えた三層の櫓があったことなどの記述がある。ここに記載された新しい城とは原城のことを指していると考えられており、現在の原城跡本丸をみると、たしかに高石垣や礎石など織豊時代以降の築城技術の痕跡を確認することができる。冒頭述べたように原城跡の最初期の築城年代については不明な部分もあるが、少なくともこの時代に一度、ほとんど新規築城といってもよいような形で大きく手が加わっているようである。文禄・慶長の役に従軍した晴信が、そこで得た織豊系城郭の技術を本領地に還元したものと理解することができる。

その後、在地の戦国大名から近世大名への転身に成功した晴信であったが収賄事件により慶長十七年（一六一二）に失脚してしまう。島原藩は一時天領となったのち、大和国の松倉氏が入部した。松倉重政は当初は日野江城を本城と定めていたが、のちに有馬川流域から北に二〇キロほど離れた島原の地に新たに森岳城を築き、そこへ本拠地を移転した。これに伴い、原城は元和の一国一城令による一度目の廃城を経験することとなるが、このときの廃城は形式的なもので、後述する一揆後の破城ほど徹底したものではなかった。

【島原・天草一揆の主戦場として】 寛永十四年（一六三七）島原・天草一揆が勃発した。天草四郎時貞を惣領とする一揆勢は、はじめ島原城の攻略を目指すが落城には至らなかったため、方針を持久策へと変更し、当時すでに廃城となっていた原城に籠城した。

一揆勢がどのような籠城生活を送っていたか、その一部が発掘調査によって明らかとなっている。本丸西側の一段下の広場では、一辺が二～三メートルの方形の半地下式小屋の痕跡が九区画連なった状態で検出された。以下、調査担当者の評価によると、これは一揆勢の住居跡で、家族単位で同一集落を基本に使用された可能性がある遺構である。籠城戦は冬場に行われたが、この半地下式小屋では炉やカマドといった暖房や煮炊きにかかわる遺構が検出されていない。このことは、失火を防ぐための軍紀が存在していたこと、食料は集中管理によって調理配給されていたことをうかがわせる。女子どもを含む大集団であった一揆勢の秩序だった生活を垣間見ることができる。

一揆勢に対峙した幕府軍の陣容について、当初、総大将には深溝藩主の板倉重昌が上使に指名された。その元に鍋島藩を主力とする近隣諸藩の連合軍が編成され、原城跡の一揆勢と対峙した。幕府軍は、寛永十四年十二月十日と同二十日に総攻撃を行うが、士気の高い一揆勢に対し敗退してしまう。事態を重くみた幕府は、老中・松平信綱を新たな上使として現地に派遣することを決定した。板倉重昌は、翌年一月一日に最後の総攻撃をかけるが、一揆勢の激しい抵抗にあい、討ち死にした。

板倉重昌による最後の総攻撃の直後、一月四日に着陣した松平信綱は力攻めを避け、長期の攻城戦に耐えうるより厳重な包囲体制を築いた。幕府は細川藩など周辺諸大名の軍勢を追加で召集し人員を増強した。城を取り囲む包囲陣は、安全を確保した後方陣地・攻城のための前線陣地・両者を連結した連絡路という組み合わせから成り立つ厳重なものであった。幕府軍が原城の対岸の丘陵群に築いた陣には前線との連絡用の釣り鐘が、攻城の最前線には城内への射撃や偵察を行うための井楼（せいろう）が設けられた。両者は、「仕寄（しより）」と呼ばれたジグザグ状に掘られた塹壕によって連結された。

厳重な包囲により一揆勢が十分に疲弊したとみた信綱は二月二十八日に総攻撃を行うことを決定した。しかし、その前日、寛永十五年二月二十七日、鍋島軍が二の丸出丸（でまる）へ攻めこんだことで、その勢いのまま総攻撃が開始された。戦局は幕府軍が一方的に攻め寄せる形で展開し、最終的には翌日未明の本丸の炎上により戦闘は終了した。

【戦後処理と鎮魂施設について】 一揆鎮圧後、幕府は原城の徹底的な破却を行った。高石垣の上半部は下段に突き崩され、また、石垣の構造上とくに重要な隅部は念入りに破壊された。発掘調査では、破却された石垣に混じって関節がつながった状態の人骨が出土している。破却時に一揆勢の遺体が投げ込まれたものであろうか。

原城は一揆勢・幕府軍ともに多くの損害を伴った戦争の舞台であったことから、一揆後も亡くなった者の子孫や僧侶などがここを訪れた。ホネカミ地蔵や板倉重昌碑といった数々の鎮魂施設が城内外に築かれていることも原城の重要な特徴の一つである。

【縄張・遺構】 原城跡は、本丸・二ノ丸・三ノ丸・鳩山出丸・天草丸の大きく五つの区域に分けることができ、それぞれ異なる特徴を備えている。

まず本丸については、高石垣・櫓台（やぐらだい）・桝形虎口（ますがたこぐち）・礎石建物など織豊系城郭の要素を色濃くみてとることができる。

本丸の外郭線は、東側（海岸側）の断崖部を除いて、全体を石垣で囲まれている。石垣の天端は一揆後の破城によって築城時の原位置をとどめておらず、とくに石垣の隅部は念入りに破壊されている。このような石垣の姿は、主に平成以降に実施された発掘調査によって現れた。正門である桝形虎口の側には、周囲より一回り大きいサイズの石材を用いた「鏡石（かがみいし）」の技法がみられる。

本丸西側には直線状の外郭線から出っ張る形で櫓台が設置されている。櫓台の天端部と隅部は破城により築城時の姿をとどめていない。復元された櫓台の天端部分の大きさは約二〇メートル×約一〇メートルで、これは京間でいう一一間×六間程度の建物が建つサイズである。外国人宣教師の年報に、晴信が築城中の新しい城には弾薬・食料を蓄えた三層の櫓があったことを書き記していることから、おそらくこの櫓台に三層の櫓が建てられていたと考えられている。

●—本丸虎口跡

●—破却をうけた本丸櫓台跡

本丸内部の正面入り口には、曲輪面積の約半分を占める巨大な桝形虎口が構えられており、その構造は曲輪外部から内部に至るまでの間に複数回の折れを要する複雑なものである。このように虎口空間を偏重する傾向は、日本の城郭発達史においては、文禄・慶長の役にさいして日本の大名が朝鮮半島南部に築いた倭城によくみられる。このことから、原城は倭城プランの影響を強く受けて成立したことがわかる。また、桝形虎口内には礎石が地表に露出している箇所があり、虎口内の門がかけられた位置がわかる。

続いて、二ノ丸・三ノ丸エリアについては、曲輪の外郭線が自然地形に沿って曲線的であり、曲輪間は巨大な空堀により並列に区画されている。このような曲輪配置は、南九州の中世城郭に多くみられる「南九州館屋敷型城郭（群郭式城郭）」と類似する。有馬氏の家臣団編成のあり方が南九州諸氏のそれと類似していたことを反映

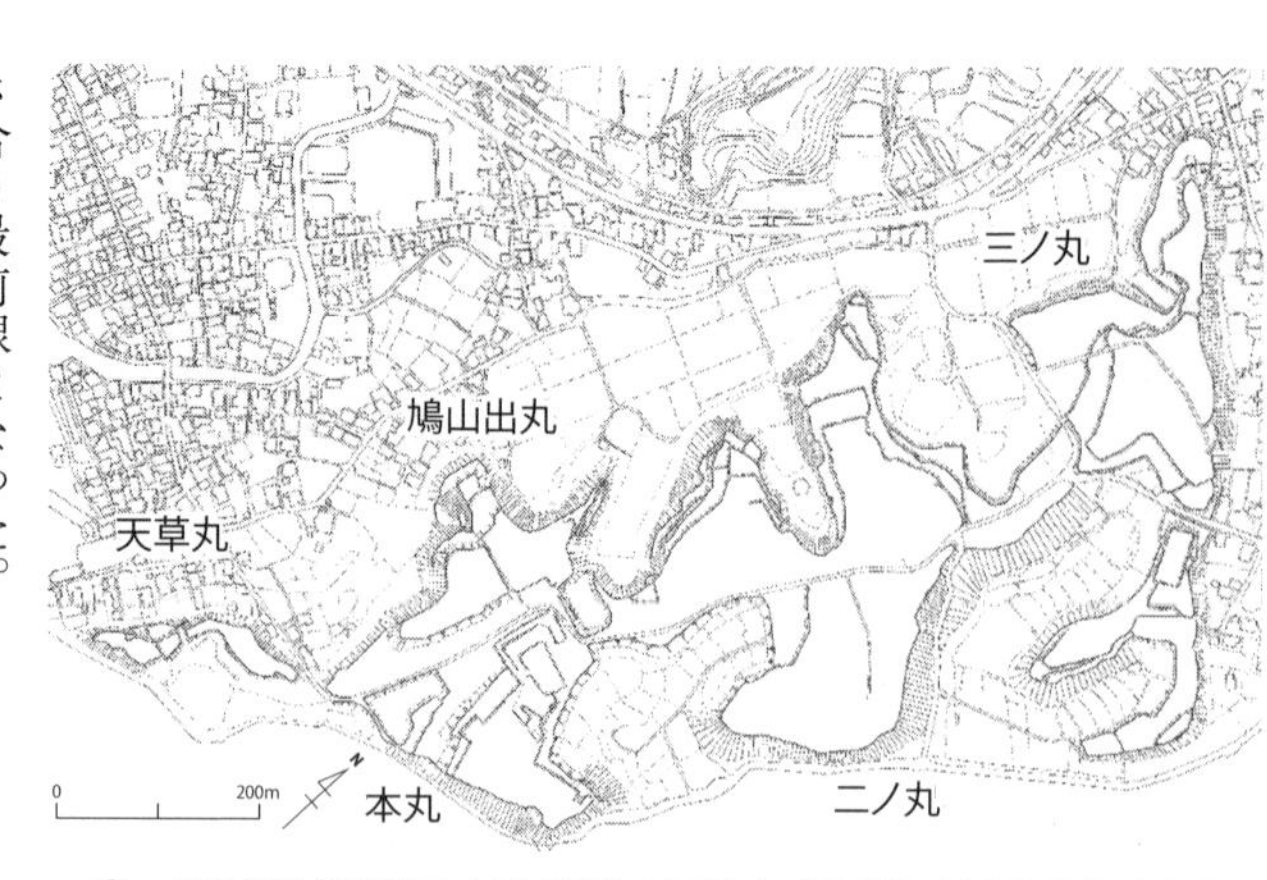

●—原城跡縄張図（長崎県教育委員会『長崎県中近世城館跡分布調査報告書Ⅱ』2011 p.119 図に加筆）

したものか、もしくは掘削が容易な火山灰からなる地質が類似していたことを反映したものか、その評価については今後の研究がまたれる。

二ノ丸西側には、二ノ丸出丸があり、一揆時には幕府軍が築いた仕寄場と向き合う最前線となった。

鳩山出丸・天草丸については、現状では曲輪の性格などの詳細なことが判明していない。本丸から張り出すように位置しており、本丸の出丸に近い機能を有したものであろう。

【出土遺物】 原城跡本丸では瓦が出土しており、瓦葺建物の存在を裏付けている。また、十字架やメダイといったキリスト教関連遺物も出土している。鉛製十字架は幕府軍が撃ち込んだ鉛製弾丸と成分が同じであるため、一揆勢が籠城中に溶かして製作したものとされている。これらの信仰具は、人骨のそばから出土することが多く、一揆に参加した人々が最期まで身につけていたものと解されている。

【参考文献】 林銑吉『島原半島史（上巻）』（長崎県南高来郡市教育会、一九五四）、松本慎二『原城跡』南有馬町文化財調査報告書第二集（南有馬町教育委員会、一九九六）、外山幹夫『肥前　有馬一族』（新人物往来社、一九九七）、石井進・服部英雄編『原城発掘』（新人物往来社、二〇〇〇）、松本慎二『原城跡Ⅱ』南有馬町文化財調査報告書第三集（南有馬町教育委員会、二〇〇四）、松本慎二『原城跡Ⅲ』南有馬町文化財調査報告書第四集（南有馬町教育委員会、二〇〇六）、服部英雄・千田嘉博・宮武正登編『原城と島原の乱』（新人物往来社、二〇〇八）、伊藤健司編『原城跡Ⅳ』南島原市文化財調査報告書第四集（南島原市教育委員会、二〇一〇）

（竹村南洋）

長崎

●大村藩主大村氏の居城

玖島城（くしまじょう）

〔長崎県史跡（大村藩お船蔵跡）〕

〔所在地〕大村市玖島
〔比　高〕約一五メートル
〔分　類〕平山城
〔年　代〕慶長四年（一五九九）
〔城　主〕大村氏
〔交通アクセス〕ＪＲ大村線「大村駅」から、長崎県営バスで「市役所前」（大村市役所）停留所下車、徒歩五分。

【城の位置】　玖島城は大村湾東岸南部、大村市街地の海辺にある低丘陵に所在する。標高は約一七メートルである。南は玖島川、北と西は大村湾、東は黒石原と呼ばれた葦が繁茂する地先の小島であった。現在は、大村公園として知られ、春の桜から初夏の花菖蒲の開花に合わせて、多くの行楽客で賑わう。

【城の築城】　キリシタン大名として知られる大村純忠（すみただ）の子・大村喜前（よしあき）は朝鮮出兵から帰国後の慶長三年（一五九八）、順天倭城（じゅんてんわじょう）での経験から居城をやや内陸の三城城（さんじょうじょう）から海辺へ移すよう命じた。選地に係る混乱から一度計画地の変更をへたにもかかわらず、翌年「構営（こうえい）大抵出来」したと記録されているから、相当の急ピッチで築城工事は進んだようである。ともあれ、喜前は代々の居城を離れ、新たに玖島の地に城を移した。その後、明治時代を迎えるまで、朱印高二万七九七三石の大村藩の核であった。

同時に武家居住地として「五小路」を整備し、「親族始大身の者共」「外海一騎の列」に「城下屋敷を与へ居宅を構」えさせた。ただし、実際には彼らの本貫地（ほんがんち）経営を容認しながらの集住であった。一方、商職人居住地は城の北方を流れる内田川の対岸に設けた。

旧城下の場合、武家居住地は形成されたが、それらは一族、重臣、近臣に限られ、一部の重臣は同族で軒を連ね一定範囲を占有しており自立性をうかがわせた。また、商職人は一定の範囲にまとまりをみせたものの、武家地との住み分けを行ったというよりも、往還と津への通りが交わる場所を中心に形成された結果であろう。玖島城下町のように身分、職業に基づく整理がなされたものではなかった。

玖島城の読み解き方は縄張だけではなく、より大きな概念である都市像、つまり城下町からのアプローチも面白く、城をより深く楽しむことができる。

さて、玖島城下町は近世城下町ゆえに意識されにくいのであるが、城下町建設当時の大村藩はキリスト教一色の宗教情勢にあり、実はキリスト教とスクラムを組んで出発したようなことが当地に滞在していた宣教師の記録からうかがい知れる。あまり知られていないことではあるが、そのことが、実は城下建設にも反映された。

当時、大村に滞在した宣教師によると、慶長八年、玖島城下の「身分の高い全家臣の屋敷の間」、つまり武家居住地に「聖バルトロメオ教会」が建設された。バルトロメオは言うまでもなく純忠の洗礼名と同一である。さらには、喜前の子で二代藩主となる純頼の洗礼名でもあり、大村氏にとって特別な名であったとうかがえる。藩の編纂史料に「草場寺跡」「純忠の廟跡」と記された場所が五小路の一つ草場小路付近に比定でき、それと符合すると考えられる。

宣教師は、「長崎の教会を除いては、この大村の教会より大きくて立派なものはほかにない」といっており、その献堂式は大村領全体の祝祭とされ、玖島城では盛大な祝宴が催された。喜前はさらに四、五日間、舞踊、饗宴を行わせ、全領内に参加を命じて祝った。その喜びようは、同教会がいかに玖島城下のシンボル的な存在であったかをうかがわせる。キリスト教を利用した領内運営は父・純忠が始めたが、喜前もその手法を踏襲し、さらに発展させて強固に仕上げるためではなかったか。しかしながら、まもなく喜前自らのキリスト教棄教によって、教会は滅却されてしまう。

【城の縄張】　玖島城は、大村湾に張り出す丘陵の最高所に置いた本城（本丸）を中心とし、二之郭（二ノ郭、二郭、二輪）、三之郭（三郭、三輪）などを備え、本城南側には大手から至る城内通路に高石垣や桝形を配した近世然とした城郭である。一方で切岸、土塁や空堀を多用した中世的特徴も色濃い。従来知られていなかった遺構についても、多く上げていきたい。

玖島城の普請、作事の記録は、藩が編纂した『大村見聞集』『大村郷村記』や絵図では作成時期不明の『肥前国大村玖島城図』（以下、城図）、『城郭全図　大村縣』（以下、全図。明治初期作成）などがある。

1が本城である。現在は中央に大村神社が鎮座するが、全

長崎

図には唐破風屋根を玄関に載せ、大広間などがある御殿が表の施設として描かれる。その東後方には藩主らの居住区や花畑、護摩堂など奥の施設があった。奥の施設は、本丸からさらに仕切る塀が巡っていた。ほかに多門櫓、長屋、土蔵数棟などがあった。

虎口は三ヵ所あり、西塁線の虎口を虎口門といい、南塁線の虎口を台所口門という。北塁線は搦手である。慶長十九年に大手位置を変更する大改修がなされたと伝わり、それ以前の状況は不明であるが、搦手の北西、いろは坂（山里いろは坂、イロハ坂）を登り切った2の位置に、城内に二ヵ所ある最古級の石垣の一つがある。隅角の組み方はサイコロ状の石材を積んでいるため、しっかりした算木積みの噛み合わせがなく、いかにも不安定で傾斜角度は緩い。訪れる人は少ない場所ではあるが、築城当初の遺構と考えられる。旧大手を考える糸口の一つであり、当城のルーツに迫りうる必見の場所である。なお、石垣は総観すると、搦手ほか北半部の方が大手ほか南半部に比べて自然石の使用が多く傾斜が緩いなど古相を呈し、現大手など南面の後出性がうかがえる。

虎口門は大村神社の主参道で、幅広い石段も本城メインルートとしての風格は十分であるが、台所口門は桝形内こそ狭いけれども、外桝形状に突き出す石垣があり、また、本城に対して大手と同じく南面する台所口の正面性は、それをメインルートとした設計もうかがわせる。

かといって、虎口門の守りは手薄ではなく、虎口に向かって左手の石垣は西側へ張出しており、その射線に加え、さらに北先の西塁線にも横矢が掛かり、虎口門に至ろうとする者に対し、二重の射線を設ける周到さがある。

次に東塁線中間の張り出し部3は、史料に記載はないが立派な櫓台である。その石垣は城内最古級石垣のもう一ヵ所である。井戸跡が残る。また、後述の馬屋郭に接することもあり、時代背景的にも違和感を覚える看過できない空間である。築城当初にはどのような役割を果たしたのであろうか。台所口からこの櫓台までの東塁線は、外面を石垣とする土塁が切岸上に載る。土塁の北端は少し櫓台に食い込んでいるが、後世の延長とは考えられない。なお、櫓台脇の開口部は、玖島稲荷神社参道のための後世の改変であろう。

搦手は平入りで、裏矢倉門があった。そこに至るルートはいろは坂から反転して伸びてくるが、まず、本城北西隅の櫓台直下を通過する時、二折れしなければならない。それを抜けたとしても、本城東隅の横矢からも睨まれ、同北塁線と前後からの挟撃にも遭う。なお、全図には搦手門から急斜面を下る通路が描かれているが、現在は非常に急傾斜地形であ

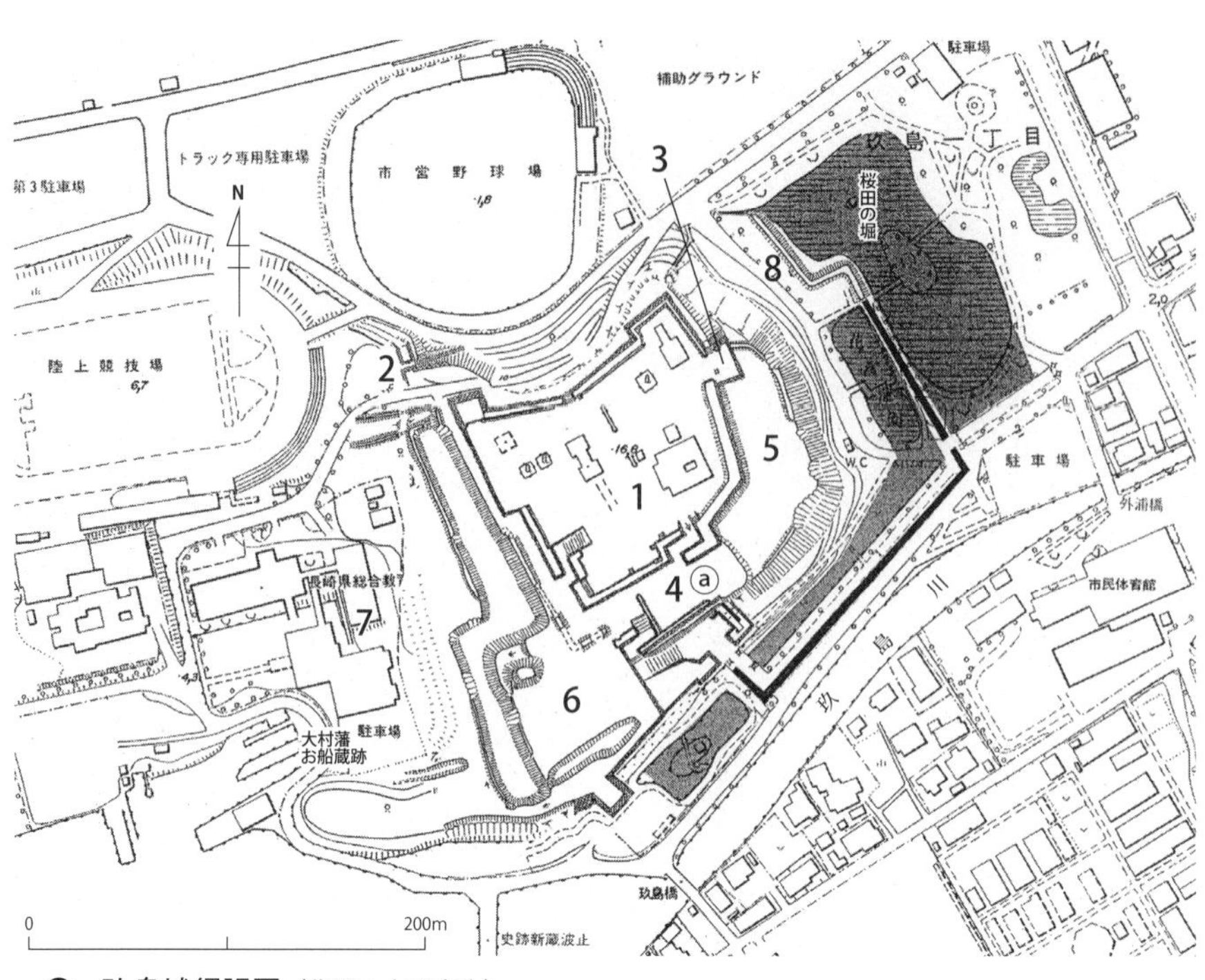

●—玖島城縄張図（作図：大野安生）

り、通路は確認できない。

4は二之郭である。本城の東塁線下から南および西塁線下にかけてU字状に広がる。城図、全図ともに台所口門前に一部を塀で囲った屋敷ⓐは、大手桝形を真上から見下ろす重要な位置にある。大手から二之郭に至ると、正面に垂直に切り立つ石垣が立ち塞がり、左右どちらかへ進む選択を迫られる。これは、戦国期の居城三城城で大手を入った後、主郭か出曲輪かで通路が左右に分かれたのと共通する。

5は本城の東側で南北に延びる曲輪である。二之郭の一部で馬屋郭（うまや）という。全図はうっそうとした森として描いており、曲輪の機能を失ったのは相当以前だとわかる。現在、この森は後述の空堀周辺と合わせて、本城周囲に広がる県指定天然記念物の玖島崎樹叢（じゅそう）となっている。内部に園路はなく、不用意に踏み入ると危険である。塁線は高い切岸で、一部に土塁が残り、中世城郭と何ら変わらない様相である。玖島城建設当初のままの可能性があり、たいへん重要であろう。

板敷櫓台のある6の南曲輪（二南屋敷、南屋敷）も二之郭の一部である。虎口門へ至る途中で右折れする付近、左手に大きな土塁の残欠が三つある。本来はつながってL字状に折れ、空堀に沿う土塁と一体で南曲輪を仕切った。全図にその様子が描かれており、東塁線北端、残欠土塁との間に門があった。三之郭から武具蔵が移された。西塁線には幅二〇メートル、延長二〇〇メートルの巨大な空堀（から堀、カラ堀、隍）があって、丘陵を東西に二分する。当城において顕著な遺構の一つであり、地形的弱点を補って余りある。

空堀は中ほどで二度折れして、喰違いの平面形を呈する。折れの位置には高い櫓台があり、優れた監視、攻撃地点である。空堀の南北両端には、全体で2の字を描くように別の空堀が組み合わされている。板敷櫓台側方は南塁線の直上に設けており、同様の手法は三城城東端にもある。

現在、板敷櫓台には大村公園のシンボルとなった櫓が建つ。塁線上の白塀と合わせて市制施行五〇周年記念事業によるもので、モデルは定かでないが、平成四年（一九九二）に完成した。しかしながら、史料ではここを城内の櫓数のうちに数えたものでも「今台計有之」とし、基本的には矢倉台と記す。全図では塀外に描かれている。発掘調査では礎石や瓦など、櫓の存在を示すものは発見されなかったようで、歴史的にはおそらく完成以来、櫓台であったらしい。

空堀の西側、7は三之郭である。二之郭よりやや低く、空堀に沿って一部で土塁が残る。兵糧米蔵屋敷、米蔵番人屋敷、土蔵多数、それに海岸に船蔵を置いた。貞享三年（一六八六）まで武具蔵、焔硝蔵も置かれていた。旧状不明な範囲が大きいものの、普請の程度は空堀東側に比べて弱い。海岸線には御座船も入った県指定史跡・大村藩お船蔵跡がある。三本のドックからなる石組の堅牢な施設である。玖島城の立地を感じることができるので、足を延ばしていただきたい。ドックに添う石組には柱穴が精密に開けられており、屋根を掛けた大掛かりな施設であったようである。

次にその他である。慶長十九年の大改修によって、大手は北の片町口（山里口）から南側の本小路口へ変更された。史料に描かれた大手には、全図では冠木門、見聞集では櫓門が描かれている。淡いアミ（■）で図示したように大手前面の左右には堀があった。西側を南堀、東側を長堀という。その間を大手土橋で渡ると桝形である。門を閉ざされれば、たちまち四方からの射線になす術はない。桝形正面の壁は中段の犬走りより上に石垣を積むが、基本は地山の切り立った切岸である。なぜ、犬走りから下も石垣にしなかったのであろうか。

目線を右にやると、通称、穴門と呼ばれる奇妙なトンネル状の通路がみえる。埋門の一種であろうが、本来的には封鎖空間であるべきところで、抜け穴があっては桝形の効果は削がれてしまう。高松城（香川県）に類例がある。城図には描写がなく、全図には何か板状にみえる物で塞いだ様子を確認できる。現在の穴門周囲の石垣は素人が積んだかのような歪みのある粗い積み方で、大幅な改変の痕がうかがえる。史料上の記録がなく詳細は不明である。

目線を戻し、左に足を向け、本城への石段を進むと、通路は登りながらさらに三折れして二之郭に入る。短い区間ではあるけれども、目線を上にやると二之郭と南曲輪からの射線に気付く。玖島城の見どころの一つである。

最後に丘陵周囲の平地部に触れる。長堀と玖島川の間、本小路口から大手土橋までの参道には、馬出土居がある。大手門から見て長堀、南堀の前方にあって、さらに玖島川も堀の役割を果たすので、確かに馬出である。知られていないが参道と車道の間に、濃いアミ（■）で図示した方の並木の土手が土塁である。土塁は全図では大手土橋で折れて収束し、土塁外側の通路からは大手には入れない。土塁を挟んで通路が併走することから、二重馬場とも呼ばれる。

長堀は東側で北へ折れて延び、現在、屈曲部は園路として埋められたが、全体でL字状になる。長堀の外側には角堀がある（全図にもとづき復元的に■で図示）。慶長十九年の大改修で出来した。角堀西塁線に沿う並木の土手は土塁を利用したもので、濃いアミで図示した。公園化の石組で側面を被覆されて気付きにくいが、8に土塁本来の姿をみることができ、一体であることがわかる。空堀と同じように二度折れさせ横矢を掛けており、北の土橋に効いている。角堀側からみると、高二〜三メートルの堂々たる姿を堪能できるが、これもあまり知られていない。このように本城、二之郭は、高石垣と切り立つ北斜面に加え、平地の土塁、水堀と丘陵上の空堀により、独立的な空間として作り出された。

角堀の南北には海と川とに挟まれて、城と城下とをつないだ二つの長い土橋があった。南側で五〇メートル、北側で一〇〇メートルの延長である。現在は周囲の埋立てで地形的に埋没したが、陸部からみると海岸線の先に浮かぶようにみえたに違いない。

城の周囲は外郭といい、一族屋敷や水主屋敷のほか、藩会所や産物役所、普請役所、内練場、新蔵波戸、船役所などの施設が置かれた。

【参考文献】河野忠博「玖島城（大村城）（その二）」『大村史話　上巻』（大村史談会、一九七三）、藤野保『大村郷村記　第一巻』（国書刊行会、一九八二）藤野保・清水紘一『大村見聞集』（高科書店、一九九四）、大野安生「肥前大村の成立過程」『キリシタン大名の考古学』（思文閣出版、二〇〇九）、長崎県教育委員会『長崎県中近世城館跡分布調査報告書Ⅱ』（二〇一一）

（大野安生）

●臨戦態勢の城に茶室があったのか？

城の尾城（じょうのおじょう）

〔所在地〕大村市東大村
〔比高〕約四〇メートル
〔分類〕山城
〔年代〕一五世紀前半
〔城主〕不明
〔交通アクセス〕ＪＲ大村線「大村駅」から、長崎県営バスで「三城町南」停留所下車、徒歩約五〇分。または、長崎自動車道「大村ＩＣ」から車で約一五分。

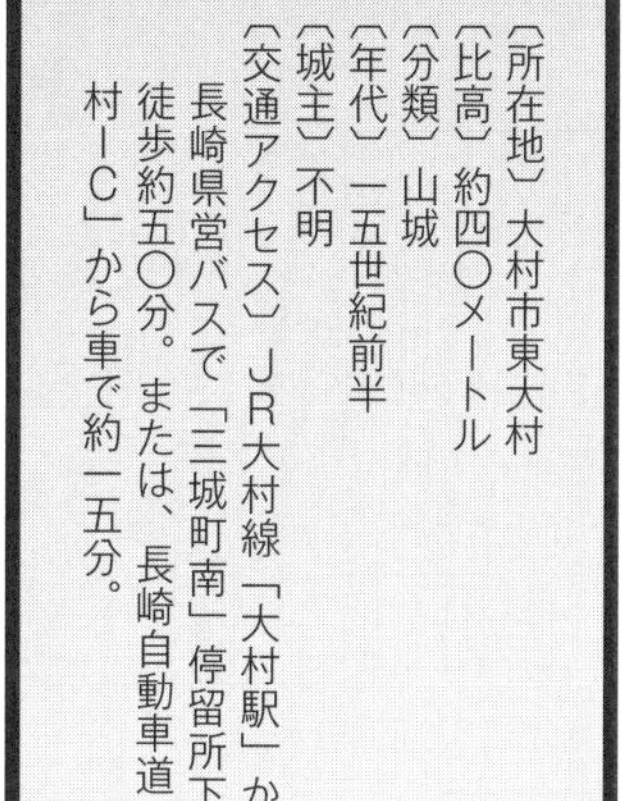

【城の位置】　城の尾城は、戦国時代の大村氏拠点・三城城下町を貫流する大上戸川（だいじょうご）をさかのぼった山間に所在する。周辺の地形は、多良（たら）山系から延びてきた尾根が何本も東から西へ走っている。城はその一つの尾根尻に立地するが、直前で大きな鞍部を介し独立している。南北にも並行する尾根があり、あたかも包みこまれるようになっており、城からの眺望は南北には利かず、丘陵の軸線方向にしか開けていない。西の見下ろし方向に対する見込み視野は、非常に狭く、なぜこのような眺望の悪い場所を選んだのか、よほど特殊な事情が隠れているに違いない。

【城の縄張】　城の尾城はコンパクトながら、大村領内では見ごたえのある城の一つである。

縄張は東側の最高所に主郭を置き、西側に下った細長い尾根を副郭（ふくかく）とする。主郭と副郭のつなぎめの南塁線には、城へ登る道が取付いている。周囲の斜面はしばしば断崖になり急峻で、要害性が強い地形を呈する。主郭下位には小規模な曲輪（くるわ）が連続する。特に南斜面に手厚いのは、城へ上がる通路があることと、やや取付きやすい傾斜であるためであろう。

主郭中央には、基壇状の方形区画がある。また、北塁線を直線的にするなど、直線化の意識をみていただきたい。東塁線は数段の石積みによる補強をみることができる。東から南東の塁線にかけては断崖のない斜面が弱点となるため、東斜面中段には小さな曲輪を置き、裾部には堀切（ほりきり）と土塁（どるい）を配している。そして、この城の見どころの一つが、南東斜面の四本

●—城の尾城縄張図（作図：大野安生）

の長い竪堀である。図上では畝状竪堀にみえるが、現地で当たると畝状竪堀というよりも、竪堀二本を二組並べたという方が適当と思われる。

主郭から副郭へ下る斜面にも見どころがある。城内に露頭がある板石を用いた石積みと石段である。石段は上下に続いているようにもみえる。

副郭は主郭より約二〇メートル低く、長細くなだらかな地形である。主郭の丹念な普請に比べ格段に甘く、頂部には自然地形の起伏が残る。中ほどに喰違いに折れる堀切がある。その堀切には、板石を積んだ土橋がかかる。

副郭に多くの遺物が分布し、中国、朝鮮産の陶器や備前の甕類が大半である。一方、主郭周辺での分布は稀であるが、龍泉窯系青磁の碗・皿・瓶、タイ産の碗、国産の土師器風炉など多様である。主郭と副郭とでは器種に明確な違いがあり、曲輪の性格の違いを示す。主郭には茶室のしつらえでもあったのであろうか。いずれも一四世紀後半から一五世紀前半にかけてのもので、それ以外の時期は含まない。主郭東端付近には円礫の集積がある。つぶて石であろうか。

城の尾城は、大村領中枢近くにありながら、境目と同様の厳しい臨戦態勢と優雅をうかがわせる生活痕跡が同居しており、特異な状況を示している。

【参考文献】大野安生「大村市内の中世城郭調査・城の尾城跡」『西海考古』第五号（西海考古同人会、二〇〇三）、長崎県教育委員会『長崎県中近世城館跡分布調査報告書Ⅱ』（二〇一一）

（大野安生）

長崎

●大村領波佐見地域で最大の城

松山城

〔所在地〕波佐見町金屋郷
〔比　高〕約六〇メートル
〔分　類〕山城
〔年　代〕一六世紀
〔城　主〕福田氏
〔交通アクセス〕ＪＲ大村線「川棚駅」から、西肥バスで「舞相」停留所下車、徒歩約一八分。

【城の位置】　松山城が所在する波佐見町は、大村湾にそそぐ川棚川の上中流域に位置し、佐賀県と境を接する。近世初頭に始まり今に至る、陶磁器波佐見焼で知られる町である。

戦国時代には大村領北東部の境目で、平戸の松浦氏、佐賀武雄の後藤氏、のちには佐賀の龍造寺氏と接する地であった。川棚川を望む丘陵には波佐見から下流域まで、襷をつなぐように点々と城が分布するが、松山城は波佐見地域最大の城である。

【城　主】　城が所在する金谷郷の領主は福田氏で、大村氏譜代の臣とされる。大村藩編纂史料の中に、福田丹波は度重なる後藤貴明の攻撃をよく防ぎ、後藤氏が丹波の留守を突いた時にも、丹波の娘の指揮により撃退したとある。のちに丹波は後藤氏に請われ同氏に与することになるが、大村純忠の命を受けた丹波の弟薩摩が兄を武雄へ追いやったという。

【城の縄張】　川棚川支流の金屋川とその支流知見寺川に挟まれた松山城は、Ｙ字の丘陵を利用している。

主郭は丘陵最高所でＹ字の柱の位置に当たる。細く狭い主郭は、よく平坦に普請され、やや北寄りには櫓台状の高まりがある。主郭南斜面には裾からの城内通路があり、途中には地形に沿って回り込む犬走り状の曲輪を設けており、一部は横堀になっている。その両端には東西斜面からの取付きを妨げるように、小規模ながら竪堀を置く。周辺は十分に急斜面であるが、念の入った作りである。主郭へはさらに二段を通過してたどり着く。

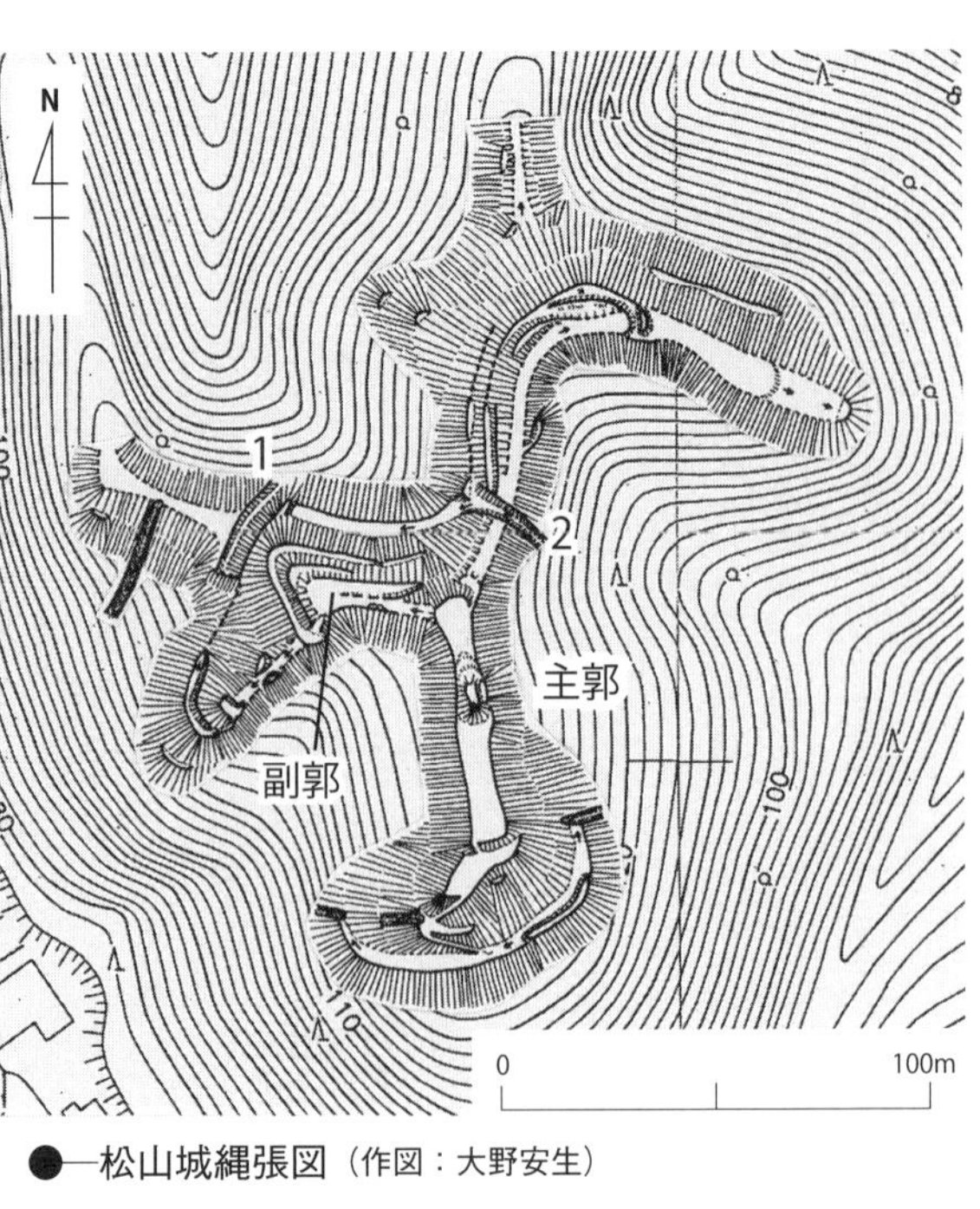

●—松山城縄張図（作図：大野安生）

主郭から西へ延びる尾根の副郭は整地が甘く、自然の起伏を残す。その西端からさらに北西方向に延びる尾根では、副郭直下に城内最大の堀切1があり、見どころのひとつである。さらに先に自然の尾根が続き、その間に南向きにある竪堀は城内最長で、副郭南西尾根への迂回を牽制する。主要な防御方面は、南から西にかけての斜面であるとわかる。

副郭北斜面の帯曲輪は、西側は堀切1手前で竪土塁によって遮断されるが、東はスロープとなって上がり、右尾根を切断する堀切2に接続する凝った作りは面白い。堀切2から北側にも小さな堀切などがあるが、次第に普請は希薄になる。

三つ股の地形は在地領主が防御するに際し、兵を各方面に割く必要から、守りにくい縄張であったはずで、竪堀の多用や堀切と連動する帯曲輪を設けることによって成立したと考えられる。川棚川流域は当城を始め、大村領全体では珍しい竪堀の使用が普遍的で、防御に富んだ城郭が集中しており、在地小規模勢力の城郭をまとめて楽しめる。当地域が領内の境目でももっとも緊張度の高い地域であったことを示している。また最近の調査によって、新たな城郭の発見が相次いでおり、より一層、そのことを確かなものにしている。

【参考文献】長崎県教育委員会『長崎県中近世城館跡分布調査報告書Ⅱ』（二〇一一）、大野安生「肥前大村氏における城郭の様相」（『平成二十三年度南九州城郭談話会・北部九州中近世城郭研究会合同研究大会資料集』（南九州城郭談話会、北部九州中近世城郭研究会、二〇一一）

（大野安生）

●17 城主は肥前長島荘の名族・渋江氏

岳ノ山城

〔所在地〕波佐見町岳辺田郷
〔比　高〕約一九〇メートル
〔分　類〕山城
〔年　代〕一六世紀
〔城　主〕渋江氏
〔交通アクセス〕ＪＲ大村線「川棚駅」から、西肥バスで「波佐美神社」停留所下車、徒歩約三〇分。

川棚川
4
波佐美神社
西肥バス「波佐美神社」
岳ノ山城
0　500m

【城の位置】　岳ノ山城は松山城の西方、川棚川を少し下った水田地帯を見下ろす八天岳頂上の八天神社境内を中心に所在する。この地域は戦国時代には大村領北東部の境目で松浦氏、後藤氏のちには龍造寺氏と接する位置にあり、川棚川流域の丘陵には上流から下流に至るまで点々と城が築かれている。岳ノ山城もその一つである。

【城　主】　渋江氏は鎌倉時代以来、現在の佐賀県武雄市街南東部の長島を治めたが、天正七年（一五七九）、公師は大村氏を頼り、再起を図ろうとした。その後、大村純忠の命により波佐見西端の平瀬を治めることになり、当城において大村領の境目領域を防衛する一翼を担ったが、渋江氏の再起はかなわずのちに大村藩家臣として存続していく。

龍造寺隆信に屈した純忠が、天正十一年または十二年に一時幽閉された城とも伝わる。

【城の縄張】　岳ノ山城は、南から延びる尾根がいったん大きな鞍部を挟んだ先の独立的な丘陵を利用している。山頂が主郭で広い平坦地が印象的であるが、それは境内地としての後世の造成整地の影響があるであろう。主郭下には犬走り状の曲輪が周囲を巡り、西斜面では三〜四段にわたって作られている。

主たる防御は、南塁線の尾根筋を断ち切る堀切と西塁線南半にかけてある。堀切は東西斜面で竪堀になる。東斜面側は短く、そこに堀切よりも幅の狭い竪堀を重ねている。一方、西斜面では尾根の背の部分より幅を広げて、そのまま竪堀化

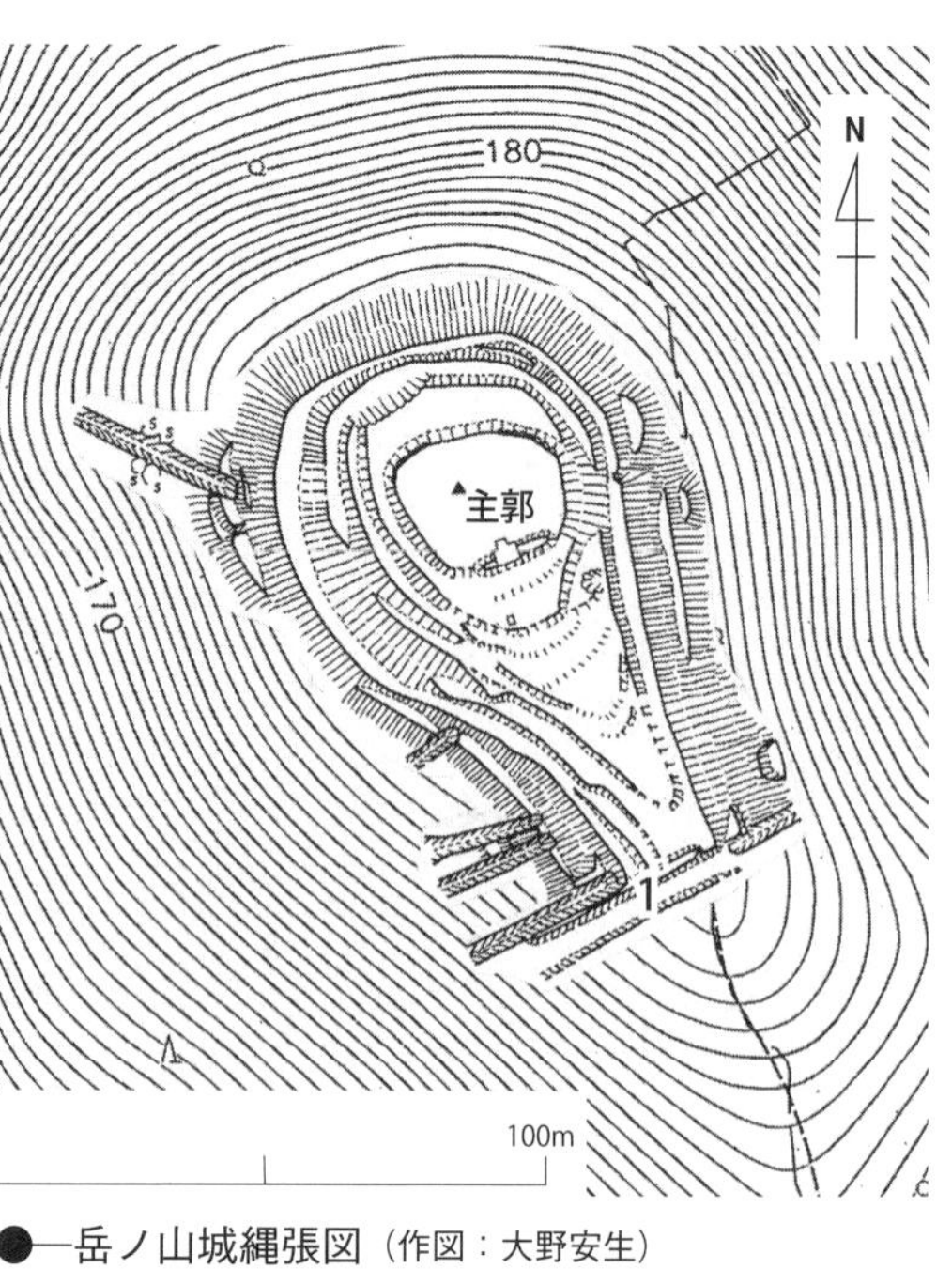

●―岳ノ山城縄張図（作図：大野安生）

させている。その上、竪土塁を付随させ、さらに、北側に竪堀を並走させている。その竪堀頭の対面にも小規模な竪土塁が付く。竪堀はそこから若干の間隔をあけて二本連続、さらに一本が作られている。主郭下北西部には城内でもっとも長い単独の竪堀がある。竪堀を単独で設ける方法は風南城（川棚町）にもみられ、川棚川流域の特徴的縄張といえる。

　このように防御施設は明らかに西斜面に多く、特に堀切付近への集中がみられることからも、その辺りにおそらく大手があったのではなかろうか。城外から城内への主な通路は、尾根の背からやや西寄りで堀切の上の1辺りに橋をかけ、主郭下まで回り込む帯曲輪を使用したと推測される。

　岳ノ山城の縄張は、竪堀を一つの塁線に連続させた点で、見応えがある。竪堀の使用が少ない大村領において、それを多用する波佐見地域は境目の特徴がよく表れているが、そのなかで比べても、竪堀を連続させた岳ノ山城の防御の趣が異なるのは、城主渋江氏に由来するところであろうか。

【参考文献】長崎県教育委員会『長崎県中近世城館跡分布調査報告書Ⅱ』（二〇一一）、大野安生「肥前大村氏における城郭の様相」（『平成二十三年度南九州城郭談話会・北部九州中近世城郭研究会合同研究大会資料集』南九州城郭談話会、北部九州中近世城郭研究会、二〇一一）

（大野安生）

●江戸時代の異国船警備に備えた要塞

魚見岳台場・四郎ヶ島台場〔国史跡〕

〈所在地〉〈魚見岳台場〉長崎市戸町〈四郎ヶ島台場〉長崎市神ノ島町
〈比　高〉〈魚見岳台場〉約五〇メートル〈四郎ヶ島台場〉約一五メートル
〈分　類〉台場
〈年　代〉〈魚見岳台場〉文化九年～慶応二年〈四郎ヶ島台場〉嘉永六年～慶応四年
〈城　主〉〈魚見岳台場〉福岡・佐賀両藩〈四郎ヶ島台場〉佐賀藩
〈交通アクセス〉JR長崎本線「長崎駅」から長崎県営バスで、〈魚見岳台場〉「魚見山」停留所下車、徒歩約一〇分。〈四郎ヶ島台場〉「神の島教会下」停留所下車、徒歩約一五分。

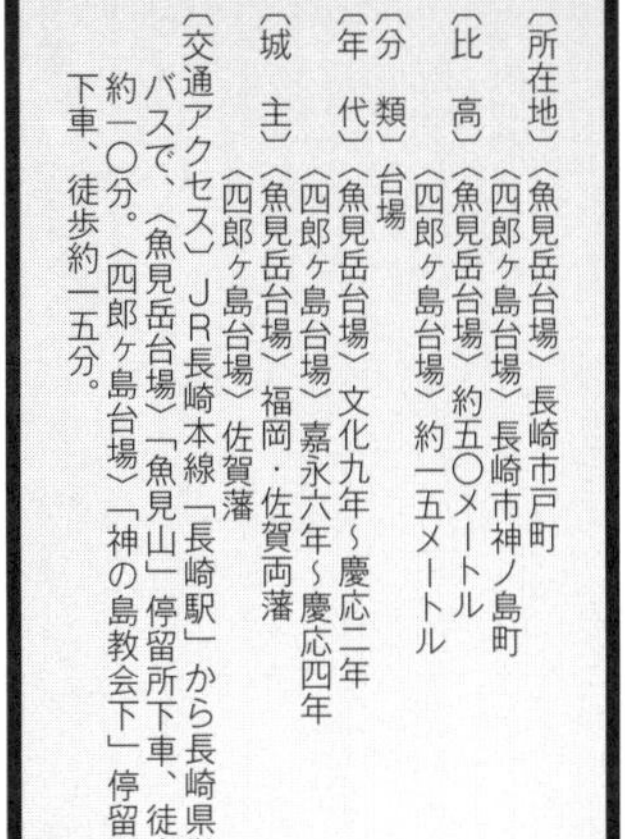

【長崎台場とは】　魚見岳、四郎ヶ島ともに、長崎港内外に所在した江戸時代の要塞、「台場」である。当時、長崎は幕府の対外政策によって、出島和蘭(オランダ)商館に代表されるように、中国・オランダとの公的な貿易港として直轄領（天領）とされた。そして、中国・オランダ以外の外国船の進入に対しては、排除する施策を行い、寛永十七年（一六四〇）には、海禁の解除を求めたマカオの使節船を襲撃した。

翌十八年以降は、平時において福岡・佐賀両藩による隔年交代の長崎港警備や、九州諸藩などの出兵のための「長崎御番」が制度的に確立された。そのほか、加えてキリシタンや密貿易の取締りも行った。これらは現在「長崎警備」と呼ばれ、長崎警備のために設置された台場群を「長崎台場」と総称する。文献上知られている長崎台場は港内外に二三ヵ所築かれた。このことから、江戸時代の長崎は、あたかも要塞に防衛された港湾都市の様相を呈したといえよう。また、長崎台場は成立の背景上、全国にさきがけて築造されたので、「元祖お台場」とも呼べる。

長崎台場は現在、一部または全部の残存が六ヵ所確認されている。魚見岳、四郎ヶ島はなかでも残存状況が良好であり長崎台場の代表的存在である。

【両台場の立地と構造】　長崎は周囲三方を山に囲まれ、南方を海が深く湾入している。この湾の奥部に出島や長崎の町が位置し、周囲の湾の内外に台場が配置されている。

魚見岳台場跡は、湾内の両岸が五〇〇メートル足らずともっとも

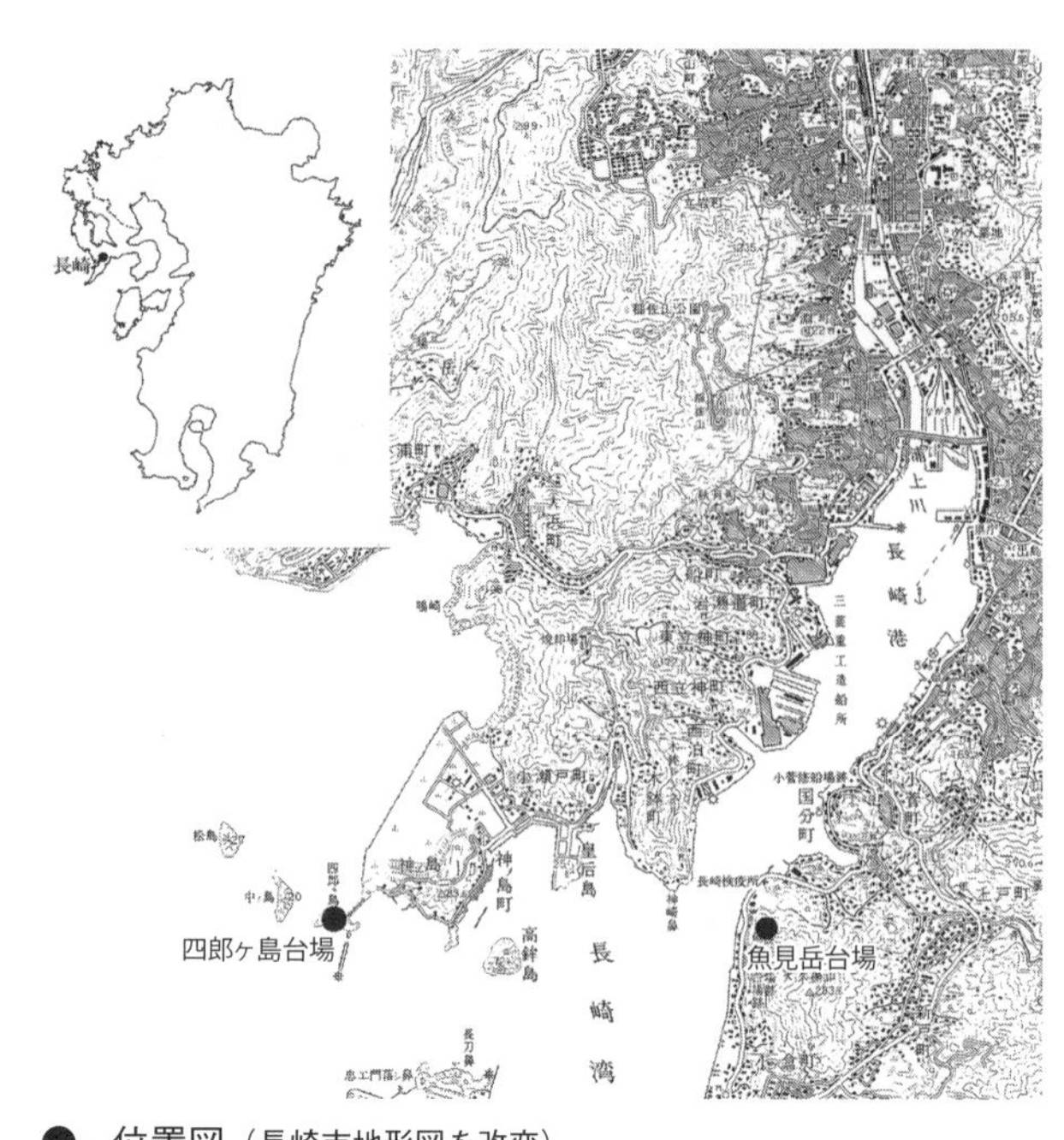

●—位置図（長崎市地形図を改変）

接近する港口の東側に位置する。当地は長崎警備の出兵時に「舟橋」を架けた封鎖線であり、長崎港内外の境でもあった。大久保山（一二三メートル）から北西に伸びる尾根先端の標高四〇～九〇メートルの範囲に上から、一ノ増、二ノ増、三ノ増台場の三段に砲台を設置し、各砲台の間は幅二間（約四メートル）の通路で繋ぐ。海岸との連絡は、二ノ増台場の隣に設置した下ノ段から別に伸びた通路をもって行った。下之段には兵舎である「常住木屋」が構えられた。その上の中ノ段には石造の枠が囲う湧水桝が、さらに上ノ段には弾薬庫の「御石蔵」が設置され、現在も遺構が地上に残る。

●—航空写真（長崎市撮影）

特に御石蔵の残存状況は良好であり、石造平屋建、平面三・五×三・七メートルを測る。切妻式の屋根も石で作られており、かつてはその上に桟瓦が葺かれたようである。平入の入口は溝や軸穴の痕跡から、二枚扉の開き戸と引き戸の三重構造であったことがわかる。また、入口を除く三方を台場石垣と同じく切石積みで円形ドーム状に囲む。これは耐爆のためと推測されている。

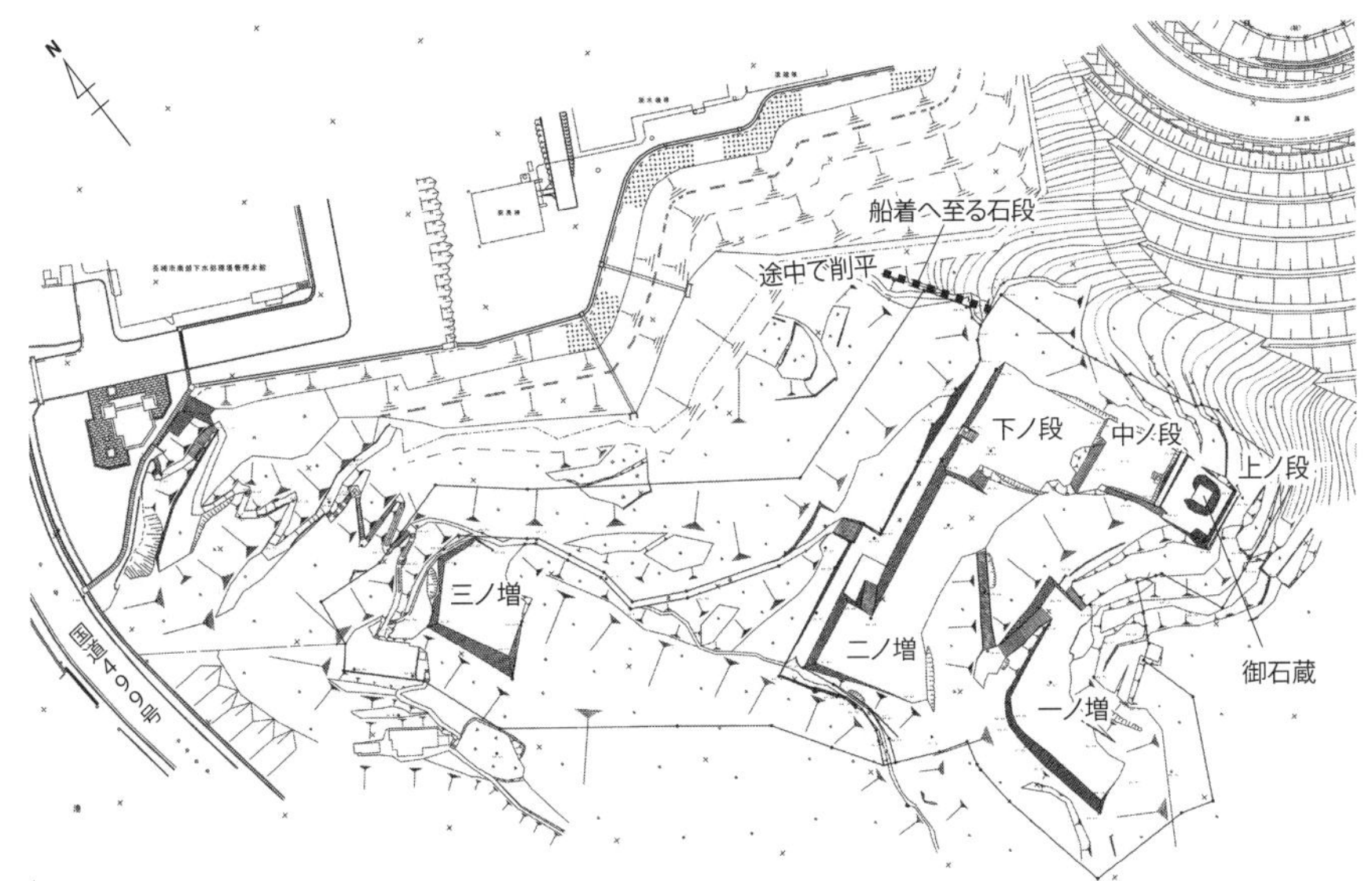

●—**魚見岳台場**（測量図を縮小して使用）※台場を囲む直線は国史跡の指定範囲を示す。

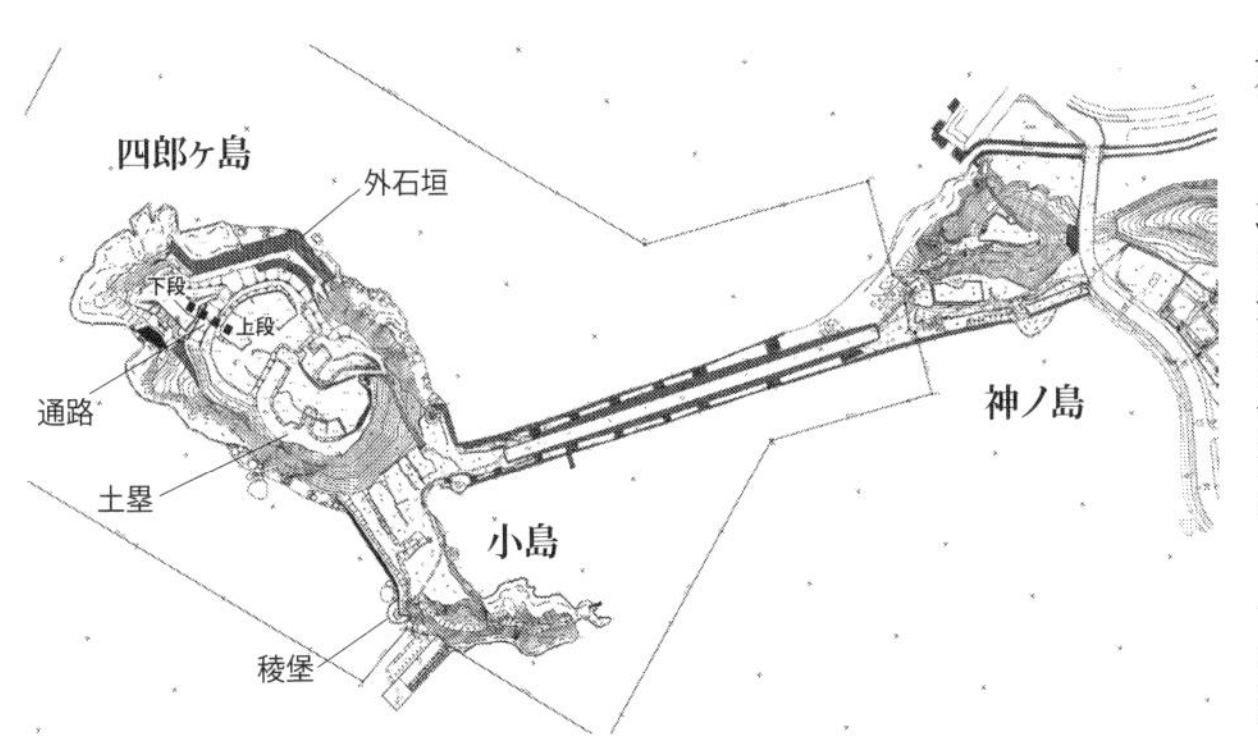

●—**四郎ヶ島台場**（測量図を縮小して使用）※台場を囲む直線は国史跡の指定範囲を示す。

四郎ヶ島台場は、長崎港の西岸、港外端部の島嶼に位置する。もともと二つの無人島を埋め立てて繋いでおり、東西約二二〇メートル、南北約一二〇メートル、標高は最高で約二三メートルを測る。現代の航路もそうであるように、当時の外国船は長崎半島の南西方向から来航し、伊王島から神ノ島・香焼方向へ東走し、北の港内へ進む。その船を、対面する伊王島・香焼島の台場と挟撃するため、本体の神ノ島台場とともに四郎ヶ島台場が築かれた。

四郎ヶ島台場の築造過程については、築造した佐賀藩の文献記録が残されているので、ある程度知られている。まず、東隣の小島と一体化した後、神ノ島と四郎ヶ島の間（約二二〇メートル）を回廊状に埋め立てて接続した。

●―海から見た魚見岳台場（左。囲み内は三ノ増台場）

また、四郎ヶ島の内部を掘り抜き、周囲を石や土手による塁壁で固めて、上下二段の砲台を形成した。上下の段は石積のトンネル状の通路で連続する。

また、上段の砲台には平面円弧形の土塁が、下段の砲台には稜堡形の平面形が用いられた。これは従来の台場にはない特色であり、一五〇ポンド砲二門をはじめとする洋式大砲の配備とともに、西洋式軍事技術の導入の跡をみることができる。一方で、砲台とは逆方向の側面の地形を整えるため、やや屏風折状に連続して築かれた外石垣は、天端の総延長約九六メートル、基底部の総延長約一一二メートル、高さは四〜一一メートルを測り、重厚な城石垣の態をなしている。

●―魚見岳台場内部（下ノ段から上ノ段方向）

このように、魚見岳台場は海を見下ろして射撃を行うことを意図した立地であり、城郭でいうところの連郭式に似た構えをなしている。四郎ヶ島台場は海に面して水平射撃を行うことを意図した立地であり、複郭式に近いが砲台間の緊密性はより高い。

【両台場構築の背景】 先ほど述べた両台場の立地と構造の違いは、構築の年代と背景にある。長崎台場は築造年によって、「古台場」（承応二年〈一六五三〉、七ヵ所）、イギリス軍艦フェートン号の長崎侵入を受けて造営した「新台場」（文化五年〈一八〇八〉、五ヵ所）および「増台場」（文化七年、四ヵ所）、「佐賀台場」（嘉永六年〈一八五三〉、三ヵ所）に大別される。このうち古・新・増の前三者は「公儀御台場（または在来台場）」と呼ばれ、幕命により築造したものである。魚見岳台場はこのうち、増台場にあたる。対して「佐賀台場（文献記録上、「両島台場ともいう）」は幕末期に佐賀藩が築造した。四郎ヶ島台場はこれにあたる。

一八四二年のアヘン戦争における清の敗戦情報は、幕府や諸藩にも大きな刺激を与えた。弘化三年（一八四六）、異国船警備の方針について、福岡藩は在来台場の強化を提案したが、佐賀藩は港外（外目）に新規の台場を増築すべきという異なる見解を出した。このことについて、幕府は財政悪化を招くとして、台場築造を命じることはなかった。

そこで、嘉永三年（一八五〇）二月、藩主鍋島斉正（のち直正）は老中阿部正弘に、佐賀藩の自己資金により、自領にある伊王島、神ノ島に台場を設けると書付を渡し、翌四年から六年にかけ築造を実施した。築造にさいしては、設計施工を担当した佐賀藩士本島藤太夫が、品川台場の築造者である韮山代官江川英龍のもとへ派遣され、西洋築城書などを学んだ。

こうした在来の公儀と、西洋技術導入を意識した佐賀藩、両者の設計意識が異なる形態の台場を生み出し、現在では、魚見岳・四郎ヶ島が、それぞれの標本として残ったともいえよう。

【長崎台場の終焉と、現在の姿】 安政五年（一八五八）の五カ国条約の翌六年、長崎は開港場の一つとなり、外国船の排

●—四郎ヶ島台場（右）

●—四郎ヶ島台場内部通路（上段から下段方向）

除を継続するのは事実上困難となった。また、当時の外国人の側にとっても、長崎台場は脅威の対象として映っていたようだ。一八六四年段階の英国レイ陸軍工兵少佐のレポートを次のように紹介した文章がある。

「長崎の砲台群の胸壁は厚さ七、八フィートを超え、砲手の防禦は何もないこと、砲台は数が多く、さらに異なった標高にあるため、攻撃艦隊の水路が狭すぎて同時にいくつもの砲台を相手にすることは、不可能であること、を指摘した。彼は結論として以下のように述べている（英国海軍省史料）。

砲台数の多さ、多様な水平分布と艦船が接近しなければならない海峡の狭さから、私が思うには、砲台がたとえ十分に機能しなかったとしても攻撃はおそらく失敗するでしょう。あるいはいずれにしても多くの人命と、おそらく何がしかの艦数は犠牲になるでしょう。……（後略）」

文久二年（一八六二）には福岡藩から台場の再編案が出て、魚見岳台場は廃棄の予定となり、慶応二年（一八六六）には、長刀岩、陰尾、女神、神ノ島（四郎ヶ島を含む）、大黒町佐賀藩屋敷を残して、長崎台場から大砲・弾薬が撤去される。これをもって魚見岳台場は廃絶した。この翌年には明治維新が起こり、江戸幕府とともに、四郎ヶ島台場を含む長崎台場全体が終焉を迎えた。

現在は、「鎖国の成立と崩壊過程における象徴的な歴史の所産」として、魚見岳台場が昭和六十一年（一九八六）に国史跡に指定され、その後、四郎ヶ島台場が平成二十六年（二〇一四）に、新台場の女神台場が令和二年（二〇二〇）に追加指定された。しかし、魚見岳台場はイノシシなどの獣害が近年目立ち、四郎ヶ島台場は地所のほとんどが地元自治会の共有地である事情で立入りが困難である。また、四郎ヶ島台場に関しては、外洋に面した外石垣の一部崩壊がみられるほか、木竹の繁茂により多くの遺構が被覆されるなどの経年による劣化が懸念される。

天領・長崎のまちには城がない、しかし台場がある。そんな風に親しまれる遺跡となることが望まれる。

【参考文献】保谷徹『幕末日本と対外戦争の危機　下関戦争の舞台裏』（吉川弘文館、二〇一〇）、長崎市教育委員会『国指定史跡長崎台場跡魚見岳台場跡保存管理計画書』（二〇一一）、同『史跡長崎台場跡四郎ヶ島台場跡保存活用計画書』（二〇一六）、田中学・岡寺良「長崎市　国指定史跡　長崎台場跡四郎ヶ島台場跡」『考古学研究』六七巻二号（考古学研究会、二〇二〇）

（田中　学）

長崎警備と台場構築

岡寺　良

寛永十四年（一六三七）に起こった島原・天草一揆を鎮圧した江戸幕府は、乱の発端となったキリスト教に対する禁教を行うため、翌年ポルトガル船の来航を禁じ、長崎の警備の強化に踏み切った。同十八年に福岡藩、その翌年には佐賀藩に対して長崎湾の警備を命じ、以後、福岡・佐賀両藩に一年交代の警備を行わせた。両藩は、当番となった年には、出島に最も近い西泊番所と戸町番所に常駐するとともに、湾内側の太田尾、神崎、女神の三台場を受け持ち、非番となった年には、湾外側の白崎、高鉾島、陰ノ尾、長刀岩の四台場を受け持った。

西泊と戸町の両番所は通称「千人番所」とも呼ばれる大規模なものであり、また各台場には、大砲により異国船来航などの緊急事態に備えていた。

このように長崎の警備は、万全を期されていたはずであるが、文化五年（一八〇八）にはオランダ船に偽装したイギリス船が長崎湾内に侵入するという「フェートン号事件」が勃発する。事件勃発時は、オランダ船の出入港がすべて終わっていたため、当番の佐賀藩は、あろうことか常駐すべき戦力のほとんどが不在であり、異国船に対して、ほぼ何も対処することができなかった。長崎奉行や佐賀藩家老が切腹する事態に至るほど、幕閣を震撼させた事件であった。

この事件を受け、長崎湾内の台場についても見直しが行われ、事件の年には「新台場」、文化七年には「増台場」が置かれ、既存の台場の増強に加え、スズレ、魚見岳などの台場が新設された。既存の台場が海水面に近い低い位置に置かれているのに対し、文化年間に新設された台場の多くは、飛距離を増すため、丘陵尾根上など、比較的標高の高い位置に置かれている。

さらに嘉永三年（一八五〇）には佐賀藩によって湾の最外部の神ノ島や四郎ヶ島、伊王島などに台場が新設されている。特に四郎ヶ島台場は、神ノ島から人造の陸橋を石垣によって構築、島内には高石垣を設けて台場面を大規模に構築するという大土木事業がなされていた。

これら長崎警備のために構築された台場のうち、魚見岳台場、四郎ヶ島台場、女神台場については、長崎台場跡として国の史跡に指定されている。また未指定ではあるが、高鉾島、神崎、長刀岩についても、台場の石垣など当時の様子を知ることができるほどに保存されている。これらはまさしく近世の国防を物語る遺跡ということができるだろう。

●—四郎ヶ島台場の高石垣（筆者撮影）

●—長刀岩台場の古台場の石垣（筆者撮影．通常時非公開）

●—伊王島・中の田台場の残存石垣

●天領長崎の司法・行政統括施設

長崎奉行所立山役所・西役所

〈所在地〉〈立山役所〉長崎市立山　〈西役所〉長崎市江戸町
〈比　高〉〈立山役所〉七メートル　〈西役所〉八メートル
〈分　類〉奉行所施設
〈年　代〉〈立山役所〉延宝七年(一六七三)～慶応四年(一八六八)、〈西役所〉寛永十年(一六三三)～慶応四年(一八六八)
〈城　主〉歴代長崎奉行
〈交通アクセス〉
〈立山役所〉JR長崎本線「長崎駅」下車、徒歩一〇分。
〈西役所〉JR長崎本線「長崎駅」下車、徒歩二〇分。

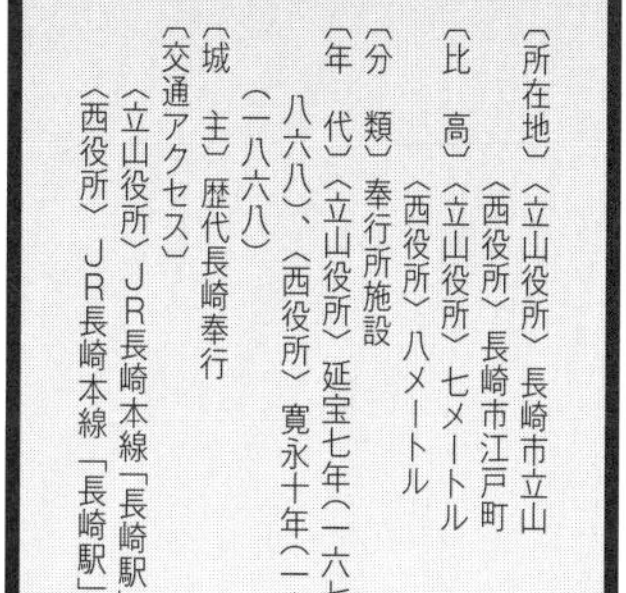

【度重なる火災による所在地の変遷】　長崎奉行所は、当初は本博多町(現在の長崎市万才町の一部)に東西屋敷を構えていたが、寛永十年(一六三三)の火災により東西屋敷ともに焼失し、同じ火災で長崎港に突き出た台地の先端部に所在していた糸割符宿老会所も類焼した。これを契機に両者で敷地を交換し、現在の長崎市江戸町の地に東西奉行所屋敷が隣接する形で長崎奉行所として利用された。その後、寛文三年(一六六三)に発生した大火でまたも東西屋敷が焼失する。東西奉行屋敷は、一度は同地に再建されるものの、東西屋敷が同一ヵ所にあると火災などによりふたたび全滅のおそれがあるため、延宝元年(一六七三)、東西屋敷があった場所から約一キロ離れた山裾部の立山の地に東屋敷を移転し、これを立山役所と称し、現在の江戸町にあった旧奉行所はこれ以後西役所と称した。西役所の南側は眼下に江戸町の町屋とその先には出島和蘭商館跡を見下ろし、西側は「大波止」と呼ばれる波止場になっていた。

【長崎奉行の役目と屋敷内の施設】　長崎奉行の役割は、天領長崎の司法・行政を統括し、長崎貿易の管理、キリシタンの禁圧、外交と多岐に渡る。屋敷の中枢部分である「御本屋」には、式台、玄関、使者間、広間、対面所、白砂、書院、居間、溜ノ間、茶ノ間、湯殿、御用部屋、年行事部屋、家老詰所、目安方詰所、小使部屋、勝手使部屋、料理人部屋、御膳部屋、坊主部屋、台所、番所があり、行政・司法・貿易・外交の各執務を執り行う機能と、奉行の居宅を兼ね備えていた。この「御本屋」の他に、表門、裏門、長屋、土蔵、馬場、鎮守稲荷があり、特に宗門蔵には踏絵やキリシタンから没収した聖道具が収納してあった。

【立山役所の発掘調査】　立山役所は、長崎歴史文化博物館の建設に伴って平成十四年（二〇〇二）から平成十六年にかけて発掘調査が行われた。発掘調査でみつかった正門階段、石垣、石畳、濠については、発掘調査の成果を基に長崎歴史文化博物館に取り込まれる設計変更が行われたことにより現地で保存・活用されており、今もその姿をみることができる。なお、立山役所の「御本屋」は一部が復元され、長崎歴史文化博物館施設の一部となっている。

長崎奉行所（立山役所）が置かれる前の立山には、慶長十九年（一六一四）まで「山のサンタ・マリア教会」と呼ばれた聖堂と「サン・ミゲルの墓地」があったとされ、続いて寛永年間（一六二四〜四四）頃には宗門奉行の井上筑後守の屋敷、その後は松浦家の苫仮屋（とまかりや）（菅（すげ）や茅（かや）などを粗く編んだむしろで覆った建物）として使われた記録がある。発掘調査では、遺構としては、石組みの側溝を持つ玉砂利（たまじゃり）敷遺構、石組みの溝などがみつかり、石組みの溝は文献史料に立山の水を汲むための水樋を切り石で作ったとあることから、松浦家の苫仮屋時代に伴う遺構である可能性が高い。遺物としては、一六世紀終わりから一七世紀初頭にかけての陶磁器などのほかに、教会の屋根に葺かれていたと考えられている「花十字文瓦」や、メダイ、ロザリオと考えられるガラス玉などのキリスト教に関連する遺物も出土し、立山役所が置かれる以前に立山の地にあった施設などに関連する可能性のある遺物や遺構が確認された。

延宝元年に立山役所が置かれた以降の状況については、発掘調査の成果は、享保二年（一七一七）の「享保の大改造」を境に「初期立山役所時代」と「享保の大改造」以後の時代に大別している。

「初期立山役所時代」に該当するものとしては、建物礎石、石組みの溝、石塀、井戸、玉砂利敷の通路などが確認され、これらは東西に延びる長屋であることがわかった。また、石組みの溝など一部の遺構は松浦家苫仮屋時代のものをそのまま利用している可能性があることがわかった。遺物としては、陶磁器や瓦などが出土したが、特に熊本県天草郡富岡城跡出土の瓦と同笵（どうはん）（同じ型からおこしたもの）の瓦が出土した。文献史料で廃城となった富岡城の部材を立山役所の建築資材として持ち込んだ記録があり、この同笵瓦の出土は、文献史料の記述をあらためて裏付けることとなった。

「享保の大改造」以後に該当するものとしては、正門階段、

●—復元された立山役所（出典：長崎歴史文化博物館のチラシ掲載写真より転載）

●—正面階段と石垣と石畳（長崎県教育委員会 2004 より転載）

石畳、石垣、濠、溝などがみつかった。正門階段は幅七・五メートル、一段あたりの高さ（蹴上げ）は一八センチで下から一五段目までが残っていた。また、階段の取り付く石垣や階段の最下段から広がる石畳の踊り場を確認した。石垣は、南北方向に延びる石垣が直交する石垣よりも後から積まれたことがわかり、さらに南北方向に延びる石垣の裏側にある厚い造成層の下に初期立山役所の遺構が確認されたことから「享保の大改造」に関する文献史料中の「高低なく引均し」の記述をあらためて裏付けることとなった。また、正徳五年（一七一五）には立山役所北側に長崎奉行の監視・補佐をする長崎目付の屋敷である岩原目付屋敷が置かれ、発掘調査によって屋敷の一部の様子が明らかになった。

立山役所から出土した遺物としては、陶磁器類、瓦、木製品、金属製品、ガラス製品などが出土しており、陶磁器類としては、「くらわんか手」と呼ばれる国産日用品の他に、東南アジア産陶磁器、清朝磁器、西洋陶器といった海外製の陶磁器が出土し、その中には中国景徳鎮窯（けいとくちんよう）がヨーロッパ向けに生産していた洋食器「チュリーン」がある。このほか外国産クレーパイプ、ガラス製品としては国産の「長崎ビードロ」のポッペンのほかに海外産ワインボトル、フリューゲルグラスなど、当時は出島を通じて入手可能な海外産製品の出土例が目立つ。金属製品としては奉行所を彷彿とさせる「十手（じって）」が出土している。

【西役所所在地の歴史】　西役所は、長崎県庁舎の移転に伴う跡地活用に関連した範囲確認調査及および内容確認調査が平成二十一年（二〇〇九）、平成二十二年、令和元年（二〇一九）、令和二年に行われた。

現在の江戸町の地に西役所が置かれる前の状況について

は、元亀二年（一五七一）に長崎が開港されるより前には森崎神社があったと記述した文献もあり、長崎開港後には同地に小さな教会（サン・パウロ教会堂）が建てられたとされている。その後豊臣秀吉による禁教政策の影響で断絶があるものの、幾度かの建て直しや増改築工事を経て、文禄二年（一五九三）の再建の翌年にはイエズス会本部が教会敷地内に置かれ、教会堂やイエズス会本部などの関連施設の総称である「岬の教会」がこの地に形成される。慶長六年（一六〇一）には「被昇天のサンタ・マリア教会」が落成するが、慶長十九年のキリシタン禁制によって教会、鐘楼、時計台が破壊された。この後、教会跡地には糸割符宿老会所が設けられるが、寛永十年に発生した火災を契機とする敷地の交換によって当地は東西奉行所屋敷が隣接する長崎奉行所の敷地として利用される。寛文三年に発生した大火で、またも東西屋敷が焼失し、奉行所は一度再建されるものの、東西屋敷の全滅を回避する目的で、延宝元に立山に東屋敷を移転し（立山役所）、旧奉行所は西役所と称し、東屋敷があった場所には舟番長屋が建てられた。

西役所は基本的には立山役所が機能不全に陥ったさいの予備の政庁としての位置づけで使用されており、長崎奉行の交代時は、新たに着任する奉行は、先に西役所に滞在し、前任奉行が立山役所を離れたのちに立山役所に着任することとなっていた。安政二年（一八五五）には西役所内に海軍伝習所と活字判摺立所が設置された。長崎奉行が長崎を脱出して支配権を放棄した以後、西役所は長崎会議所と改められ、明治時代になると長崎裁判所（後に長崎府）が置かれ、明治七年（一八七四）の初代長崎県庁開庁以降、平成三十年の第四代長崎県庁舎閉庁まで長崎県の県庁所在地として長崎県の政治、行政の中心地であった。

【西役所の発掘調査成果】 明治時代以降の歴代県庁舎建設工事時に地山を削って庁舎を建設していたことから、西役所やそれより前の時代の遺構はほぼ消失しており「御本屋」や長屋など西役所内の建物に関連する遺構は残っておらず、西役所時代に関連する遺構としては、石垣と井戸がみつかっている。南側の石垣は、昭和二十年代に第四代長崎県庁舎の建設時に埋められたもので、高さ七・八メートル、長さ四八・二メートルの規模になる。江戸時代から第二次世界大戦後にかけて幾度となく積み替えや積み足しが行われていることが確認できるが、石垣の根石付近が最も古い様相を呈し、もともとは一七世紀初頭頃に築かれた石垣である可能性が高い。敷地南側の裏門部分に相当する場所には、明治時代になって拡幅とスロープ化された石垣の一部が残っていた。敷地西側の石垣はほとんどが明治時代の積み替えによるものだが、根石付近には江戸時代の石垣が残っている。東側の石垣も上部は明治時代の積み足しだが、根石付近は江戸時代の石垣の様相を維持している。石垣は明治時代以降も原位置で補修や積み足しがなされているため、西役所敷地の外郭はよく残っており、長崎港に突き出た「岬の先端」を囲む石垣としての景観を留めている。井戸は、上部が削平された状態で二基みつかっている。そのうち一基が確認された場所は西役所を描いた絵図上で井戸が描かれている位置とほぼ一致している。この他に第三代長崎県庁舎および長崎県議会議事院棟のレンガ基礎遺構がみつかっている。

遺物は、国産陶磁器、東南アジア産陶器、中国産陶磁器、瓦、金属製品、ガラス製品などであり、出土した瓦の中には立山役所で出土した瓦と同じ文様を持つものがある。また、キリスト教関連の遺物である「花十字文瓦」も数例出土した。この他に特徴的な出土品として、戦後に石垣を埋めた土の中から明治時代に生産されたコンプラ瓶が大量に出土している。西役所からの出土品の中には一六世紀後半～一七世紀前半の陶磁器がある程度の点数みられることから、出土品の一部は西役所以前の施設に伴うものである可能性がある。特にオリーブオイル壺の破片一点と、主文に十字架を模したと思われる軒平瓦二点が出土していることは、西役所の機能を

●—西役所南側の石垣（長崎県教育委員会 2022 より転載）

●—出土した十字架文軒平瓦（長崎県教育委員会 2022 より転載）

考えるのみならず、「岬の教会」や糸割符宿老会所などの西役所以前の施設を考えるうえでも、さらには近世長崎の歴史を考える上でも大変興味深い資料である。

【参考文献】 長崎県教育委員会　長崎県文化財調査報告書　第一七七集『長崎奉行所（立山役所）跡　炉粕町遺跡―歴史文化博物館（仮称）建設に伴う埋蔵文化財発掘調査報告書（上）―』（二〇〇四）、長崎県教育委員会　長崎県文化財調査報告書第一八三集『長崎奉行所（立山役所）跡　岩原目付屋敷跡　炉粕町遺跡―歴史文化博物館（仮称）建設に伴う埋蔵文化財発掘調査報告書（下）―』（二〇〇五）、川口洋平『世界航路へ誘う港市　長崎・平戸』シリーズ「遺跡を学ぶ」〇三八（新泉社、二〇〇七）、長崎県教育委員会　長崎県埋蔵文化財センター調査報告書第四二集『長崎西役所跡―令和元年度・令和二年度範囲内容確認調査―』（二〇二二）

（濵村一成）

●―西役所の井戸（長崎県教育委員会 2022 より転載）

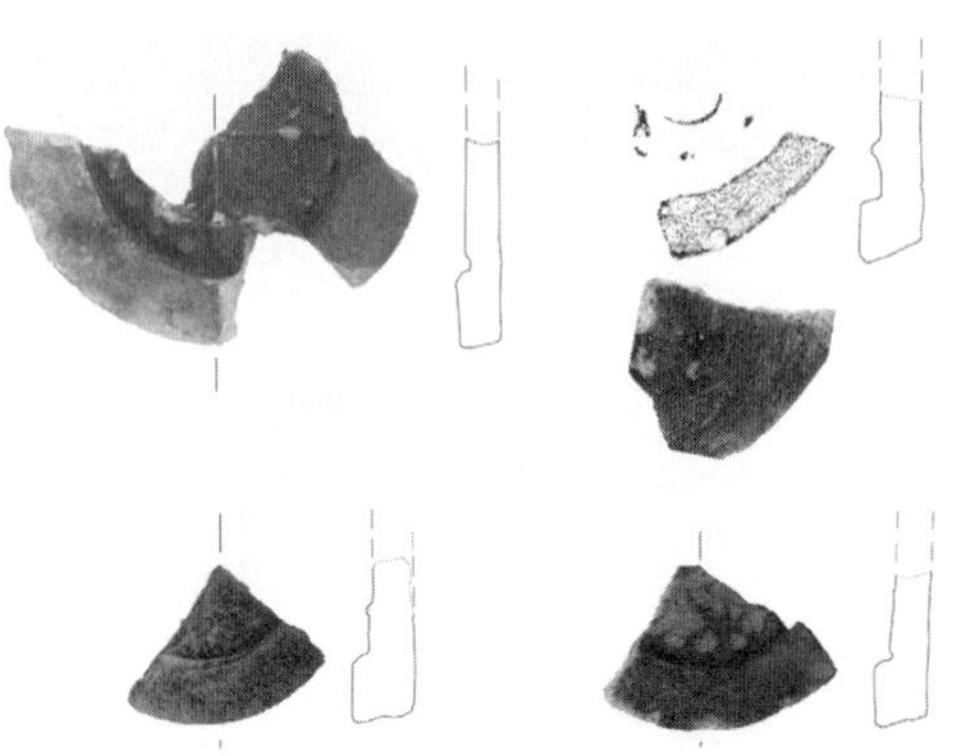

●―西役所出土花十字文瓦（長崎県教育委員会 2022 より転載）

●―西役所発掘調査地と大波止や出島との位置関係（オルソ合成図）（長崎県教育委員会 2022 より転載）

茂木秋葉山砦（もぎあきばやまとりで）

●県内最多の畝状竪堀は数奇な運命の地に!?

〔所在地〕長崎市茂木町
〔比　高〕約七〇メートル
〔分　類〕山城
〔年　代〕一六世紀
〔城　主〕不明　深堀氏か
〔交通アクセス〕ＪＲ長崎本線「長崎駅」から、長崎県営バスで「茂木」停留所下車、徒歩約一〇分。

【城の位置】　長崎市茂木町は今日、静かな漁港であるが、戦国時代末の一時期、外国勢力下に置かれた。イエズス会宣教師ヴァリニャーノは、大村氏から長崎、茂木の土地譲渡の話を受け協議を重ね、本部およびローマ教皇の了解を取り付けた。譲渡は天正八年（一五八〇）であった。

茂木は、長崎港から田上峠を挟んだ南東部、橘湾西岸に位置する。東方面には島原半島、熊本県の天草諸島がある。

茂木秋葉山砦は、茂木港を間近に見下ろす丘陵に立地する。

【城　主】　茂木の歴史は不明な点が多い。秋葉山砦の記録もなく、城主は不明である。イエズス会に土地を譲渡した大村氏はその一候補であるが、縄張的には可能性は低いとみる。

一方で、元亀二年（一五七一）二月と考えられるが、有馬氏は長崎福田の領主福田氏へ宛て、深堀氏が茂木で蜂起し要害を堅固に構えたため派兵する、と伝えている。

ところで、茂木は長崎と豊後府内を結ぶ、いわゆる「キリシタン・ベルト」の重要地点であり、長崎港と表裏一体であった。深堀氏蜂起の前年、元亀元年に開港に向けた長崎港の調査があり、海を生業の場とする深堀氏にとって、その南蛮開港は阻止すべき出来事であったであろう。

茂木でほかに城は確認できず、深堀氏が蜂起した要害は秋葉山砦の可能性がある。もちろん、当初の築城は在地領主なり、大村氏かも知れないが、現状のように堅固に構えたのは、深堀氏ではなかったかと考える。有馬氏発信文書の翌

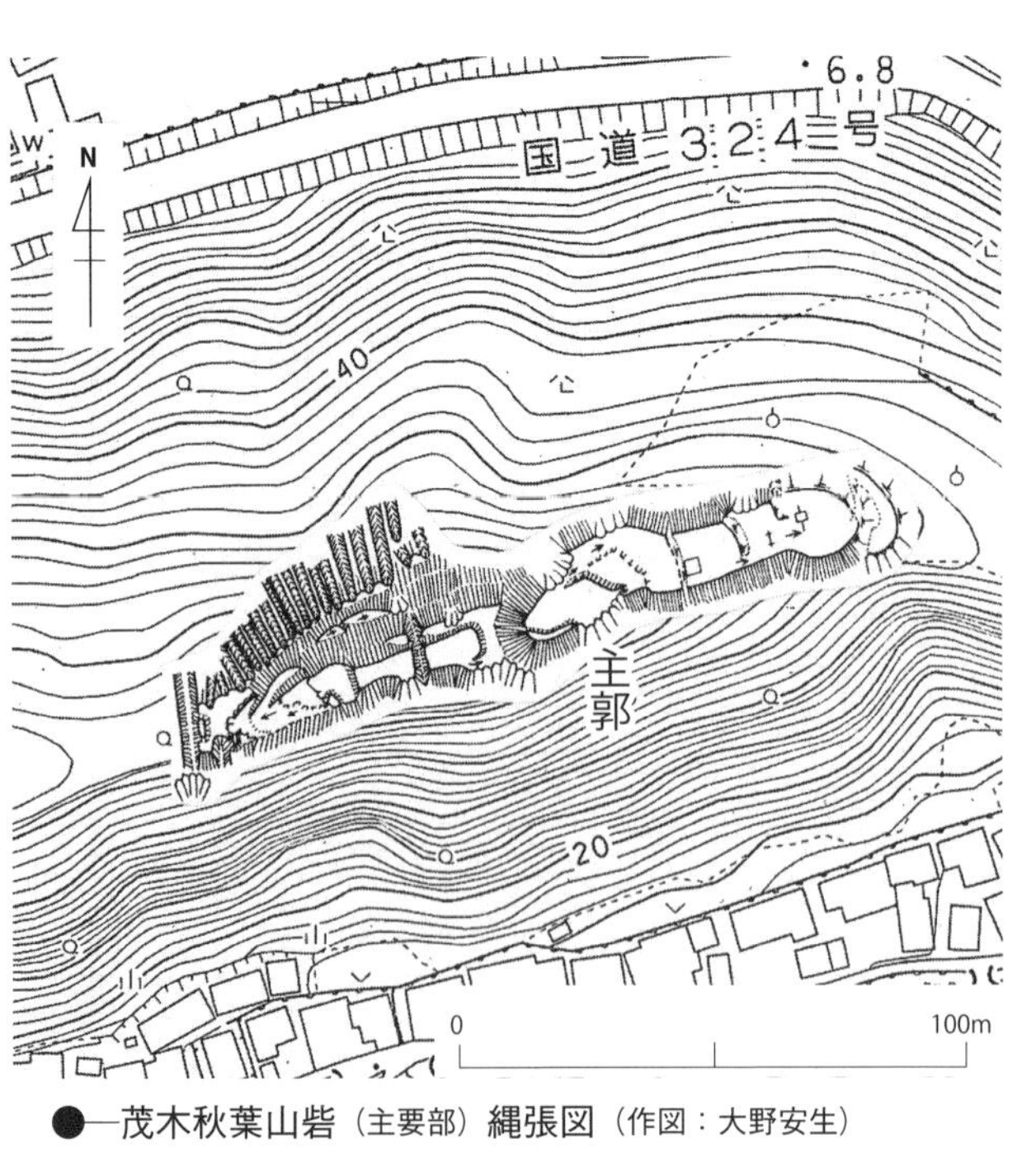

●—茂木秋葉山砦（主要部）縄張図（作図：大野安生）

月、元亀二年三月に長崎の六町建設が始まる。

【城の縄張】　図示した縄張図は秋葉山砦の主要部であるが、従来知られていなかった遺構である。主要部以外にも、その西端の堀切から直線距離で約一二〇メートルの位置とさらに約一五〇メートルの位置にそれぞれ堀切があり、全長約四二〇メートルにわたって遺構が展開する点は、県内においては特異である。

長さ約一四〇メートルの主要部は東半部は幅広で、下段中段に秋葉神社、金刀比羅宮を祀る。おそらく神社境内の整地の影響を受けた平坦な曲輪が低い段で連なる。最上段が主要部最高所の主郭で土塁が残る。西側には城内ではもっとも高低差および幅の大きい堀切があって、東半部の区切りとなる。

東半部よりも低い西半部はほぼ平坦な細尾根で、中ほどに北斜面で竪堀化した堀切がある。西半部西端もまた堀切で区切る。その堀切から北斜面に展開する防御が畝状竪堀である。畝状竪堀二〇本は県内最多である。やや傾斜が緩い西寄りでは幅一間に満たず、また短いもので、密集し画一的である。

港に付随する城に畝状竪堀があるのは、本県では長崎半島に顕著な現象である。海事に関わる勢力にはいわば海上に境目があるようなもので、港の城は領海防衛の拠点として機能する。畝状竪堀の有無など防御施設の在り方は、その港の重要性を図る尺度になり、とりわけ当城はその好例である。

【参考文献】長崎県教育委員会『長崎県中近世城館跡分布調査報告書Ⅱ』（二〇一一）、大野安生「武装する津浦」『北部九州中近世城郭研究会第十五周年記念論集　九州の城』（北部九州中近世城郭研究会、二〇一五）

（大野安生）

●長崎県最南端の畝状竪堀

高浜城

〔所在地〕長崎市高浜町
〔比　高〕約八〇メートル
〔分　類〕山城
〔年　代〕一六世紀
〔城　主〕高浜氏
〔交通アクセス〕ＪＲ長崎本線「長崎駅」から、長崎県営バスで「高浜」停留所下車、徒歩約一五分。

【城の位置】　高浜城は、深堀氏の拠点から南西約一〇キロの距離にあり、海岸線にほど近い丘陵上に位置する。殿隠山から派生するその丘陵は、城の直前で深い鞍部を介した独立的な地形である。長崎半島の先端、野母崎に近い場所である。海岸部には比高五〜一〇メートルの砂丘が発達し、「高浜」の由来となっている。砂丘と城のある丘陵との間には、「丸田」「大田」の水田が広がり、その間を「江川」が流れる。江川中流域には「浦（ノ）迫」の小字があることなどから、かつての海岸線は城の近くまで入り込み、その間には停泊に適した入江が形成されていたと考えられる。

【城　主】　高浜氏は俵石城主深堀氏の庶家である。関東御家人の深堀氏が長崎戸八浦の地頭職を得て下向し、長崎半島西岸の津浦に置いた一族である。俵石城の竪堀群にその名を残した一族である。深堀氏が海賊行為を理由に豊臣秀吉から所領を没収されたとき、あわせて高浜も没収された。

【城の縄張】　高浜城は江川上流右岸、金徳寺の建つ丘陵にある。鞍部から山頂までの間に、大小二本の堀切と竪堀一本がある。これら三本の堀は、いずれも西斜面よりも東斜面への意識が強い。1の堀切は地形の傾斜変換点に位置し、両肩の比高差は大きい。その直上には堀切側を石積みした土塁を鉤の手状に持つ小規模な曲輪を置く。山頂はごく狭く普請も甘い。北斜面には整地が弱い小規模な曲輪と低い切岸が階段状に連なり、東斜面には二、三の犬走りがあって、ここまでは東斜面への防御の指向性がうかがえる。

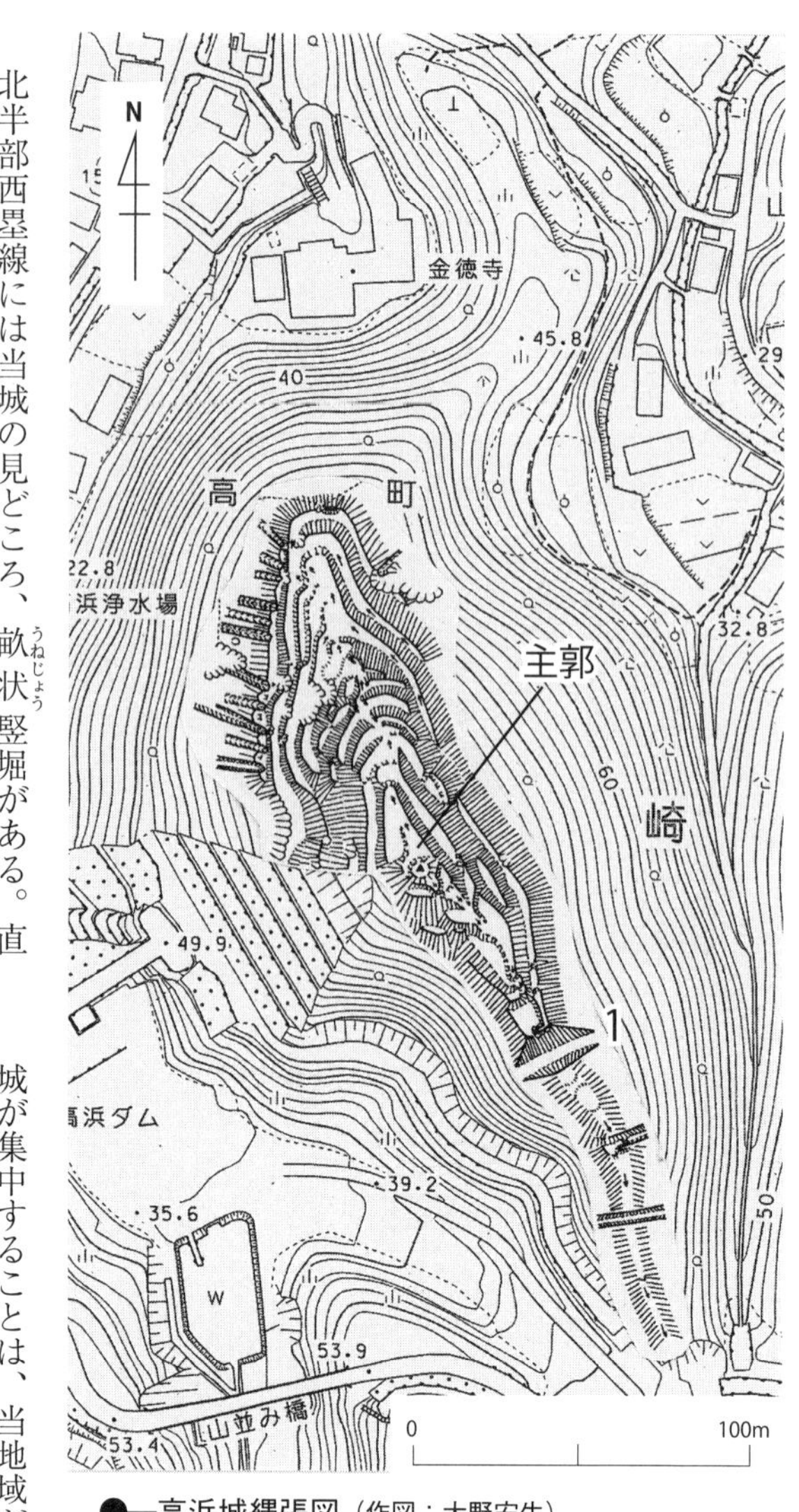

●—高浜城縄張図（作図：大野安生）

北半部西塁線には当城の見どころ、畝状竪堀がある。直上の曲輪の切岸直下に作られている。規模、向き、間隔は画一的ではなく不揃いであるけれども、その不揃いなさまは実用に徹した感をうかがわせる。

曲輪普請の状況から高浜城は臨時性の強い縄張で、館と詰城の組合せを推測できる。北斜面中腹の金徳寺の位置は高浜氏の館に好適であり、小規模曲輪群は臨時的な駐屯機能を果たしたものであろうか。畝状竪堀は館と城とを結ぶ通路からの迂回も牽制したのではないか。

ここにおいて畝状竪堀の存在は大きな特徴である。長崎県内で境目地域以外では概して防御の弱い城が多く、海辺の城はとりわけその傾向が強い。しかしながら、長崎半島は例外で、海辺にありながら俵石城や茂木秋葉山砦のように畝状竪堀も作られている。県内には少ない畝状竪堀を持つ城が集中することは、当地域が内陸の境目地域のように、長く脅威にさらされていたことを示唆する。

【参考文献】満井録郎「野母崎町域の古代から中世」『野母崎町郷土誌』（野母崎町、一九八六）、長崎県教育委員会『長崎県中近世城館跡分布調査報告書Ⅱ』（二〇一一）、大野安生「武装する津浦」『北部九州中近世城郭研究会第十五周年記念論集　九州の城』（北部九州中近世城郭研究会、二〇一五）

（大野安生）

舞岳城（まいたけじょう）

●西彼杵半島における山城の特徴をよく示す城

〔所在地〕長崎市琴海形上町
〔比　高〕約一〇〇メートル
〔分　類〕山城
〔年　代〕不詳
〔城　主〕不詳
〔交通アクセス〕JR長崎本線「長崎駅」から、長崎県営バス大串方面行き「形上」停留所下車、徒歩一五分。

【城の立地と由来】　西彼杵（にしそのぎ）半島の大村湾に面した西岸は複雑に入り組んだリアス式海岸がみられ、尾戸（おど）半島は特に顕著である。この尾戸半島と西彼杵半島に抱かれた形上（かたがみ）湾は内海である大村湾のさらに内海となり、穏やかな水面を湛えている。この形上湾を見下ろすように築かれた山城が舞岳城である。近世の編纂史料では在地領主の相川氏が築城したとされ、相川知仙が立て籠もり喜々津主殿と合戦したとされるが詳細はよくわからない。

【城の縄張】　標高約一二〇メートルの山頂に自然地形を生かした主郭が作られている。現在は毘沙門天祠を中心に公園整備化されているが、西彼杵半島特有の結晶片岩を用いた小口積の石垣をみることができる。主郭の南側は比較的広い面積を確保できるが、北側は痩せ尾根上のため狭く露頭岩が剝き出しとなっている。主郭の北西側および北東側の尾根筋は小規模の堀切（ほりきり）を設けて警戒しているが、八幡山城や雪浦城と同様に堀切を越えたところに主郭塁線を固める石積みとは異なり、大ぶりの結晶片岩を用いた石垣（二一四頁上）を築いている。これは視覚的な効果を狙ったものと思われる。また、主郭北側の尾根筋を下りていくと、出丸のような曲輪（くるわ）が存在する。

　この舞岳城は西彼杵半島における山城の特徴を八幡山城とともに伝える貴重な城郭であるが、もう一つ重要な点は近世の開墾跡（段々畑）の石積み（二一四頁下）が堀切から延びる竪堀（たてぼり）を塞いでいる点である。この近世の開墾跡はアーチ状に作られた段々畑で、多以良（たいら）城（西海市）では地元の伝承で

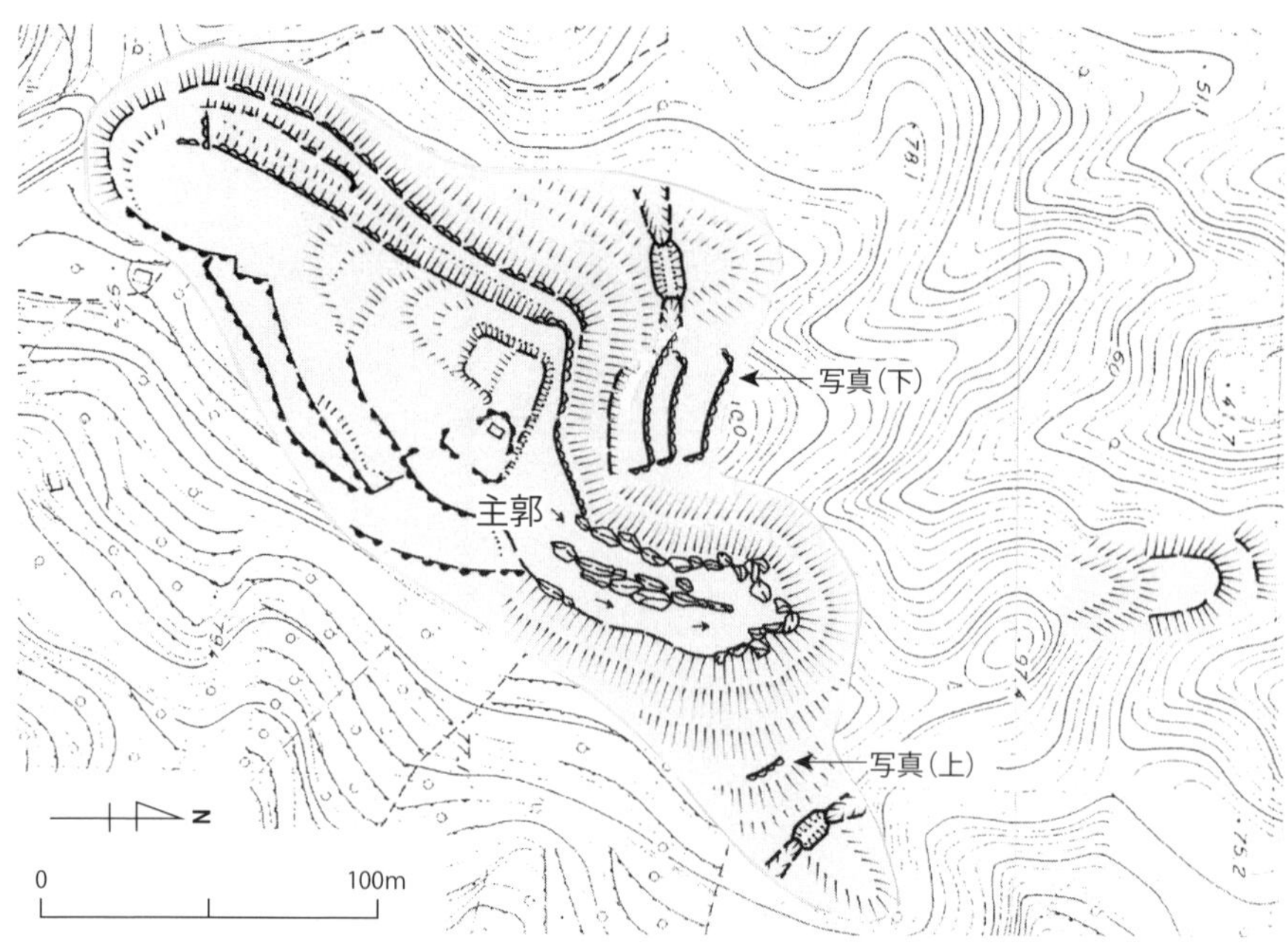

●―舞岳城縄張図（作図：林 隆広）

●―舞岳城石垣

「扇陣」と呼ばれる遺構とまったく同じ構造である。用いられる石は小さく平たい結晶片岩で、堀切と一体化した石垣に用いられる大ぶりな結晶片岩とは大きく異なる。もしこれが城郭の防御施設であれば、堀切を塞ぐことはないはずであるし、構築時期も堀切よりずっと新しいことになる。

（林　隆広）

【参考文献】長崎県教育委員会『長崎県中近世城館跡分布調査報告書Ⅱ』（二〇一一）

●圧巻！県内最大の竪堀群

俵石城

〔所在地〕長崎市大籠町ほか
〔比　高〕約三五〇メートル
〔分　類〕山城
〔年　代〕一六世紀
〔城　主〕深堀氏
〔交通アクセス〕ＪＲ「長崎駅」から、長崎県営バス「深堀」停留所下車、徒歩約六〇分。

【城の位置】　俵石城は長崎半島西岸にあり、長崎浦（現在の長崎港）から南西約八キロ、長崎浦の出入り口に位置している。したがって、南蛮船などの長崎入港時には、必ず深堀氏の鼻先を横切らなければならなかった。また、長崎に先立って南蛮港であった福田氏の拠点、福田浦も北約八キロにあり、視認できる位置にある。長崎氏も福田氏も深堀氏と同じく海事に関わるライバルであり、両港の南蛮港化は、深堀氏にとって看過できない出来事であった。

【俵石城主】　深堀氏は千葉県いすみ市深堀を本貫とした関東御家人で、三浦氏庶家である。当地に下向した深堀氏は、承久の乱の恩賞地について変更要求を繰り返し、建長七年（一二五五）、ようやく彼杵荘戸八浦の地頭職に落ち着いた。戸八浦の在地領主、戸町氏を駆逐し、長崎半島西岸に勢力を広げ、高浜氏、野茂氏ら庶家を半島西岸の津浦に配置した。深堀氏はかつて本貫地においては御牧別当職にあったが、牧の運営には海上交通が密接に関係したといわれ、海事への関心のルーツはそのようなところにありそうである。

戦国初期、深堀氏には島原半島の戦国大名有馬貴純の一字をもつ貴時がいた一方、孫には諫早領主西郷尚善の一字をもつ善時がおり、有馬、西郷両氏の間を揺れ動いていたらしい。さらにその子の代には、後継者選びの混乱に発展し、結果的に西郷純尭の弟純賢を後継者に迎えることになった。純賢は兄とともに、大村氏およびその配下の長崎領主長崎氏を攻撃したがついに攻略できなかった。

その後、豊臣秀吉が九州を平定後、純賢は海賊行為を理由に改易され、屋敷構えを破却されている。この時、俵石城に破却が及んだものかどうかはわからない。深堀氏はのちに佐賀藩鍋島氏に臣下し、さらに後継に迎えた鍋島氏家臣の子が鍋島へ改姓した。近世には佐賀藩領の一画として、海岸部に小規模な城下町を整え、幕末に至る。

深堀城下町は、東西を丘陵が海岸まで延び、前面が海に開口するコンパクトな馬蹄形状(ばていけい)の空間に展開する。また、その最奥部の丘陵裾に深堀鍋島氏の菩提を弔う曹洞宗菩提寺が所在する。城下町の核となる陣屋（御屋敷）は海岸線西寄りの低丘陵上にあった。武家居住区はその東裾部から東方に延びる砂礫(されき)州上にあり、幅広で弧を描く街路沿いに筆頭家老の中屋敷や西屋敷「お西」、東屋敷「お東」といった家老らの屋敷が並び、街路対面にも家臣屋敷が並んでいた。「お東」東辺を流れる本川（深堀川）は武家居住区と商職人居住区とを画した。後者には鍛冶町、船津などがあり、武家居住区よりずっと狭い街路に沿って短冊状の地割が並んだ。

城下にはそのほかにも明商人「五官」「三官」の墓、菩提寺門前には唐人(とうじん)町があった。丘陵上には、三浦神社などを合祀した深堀神社がある。この神社は古くは幸天(こうてん)神社といった。幸天神社は深堀の地も属する彼杵郡の総鎮守で、本社は現在の大村市にある。下向した深堀氏による統治の正当性を打ち出すために勧請したとされる。

そのほかにも「古城(フルジョウ)」や「西城(ニッシンジョウ)」があり、中世にさかのぼる古い城郭があったのであろうか。当地の歴史の古さ、複雑さをうかがわせる。

考古学的な資料としては、深堀城下町の馬蹄地形内に広がる深堀遺跡からは、古代以降の土器・国産陶器はもちろん、貿易陶磁が出土している。中世にはもっとも出土量が増加し、戦国期にも同程度か若干減少するものの、深堀は広域航路に組み込まれた港を歴史的に有していたと考えられる。「永江」「戸泊」「御船屋」「南風泊」など港関連の地名が多くあるのも、深堀の海事性の高さを物語っている。

【城の縄張】 俵石城は、標高三五〇メートルの独立峰、城山の山頂に所在する。城下との距離は直線距離で一・五キロあり、城との一体感は希薄である。山容はぼってりとして、長軸約三〇〇メートルのなだらかで広い山頂は捉えどころがなく、また塁線が長すぎるため、在地勢力が城を構築するには不向きな地形である。

俵石城は文久元年（一八六一）「彼杵郡深堀郷図　深堀本村　大籠村　笠浦村」に「城山　俵石山」と表記され、城の名称としては「俵石山城」がより正確であろうか。図の輪郭

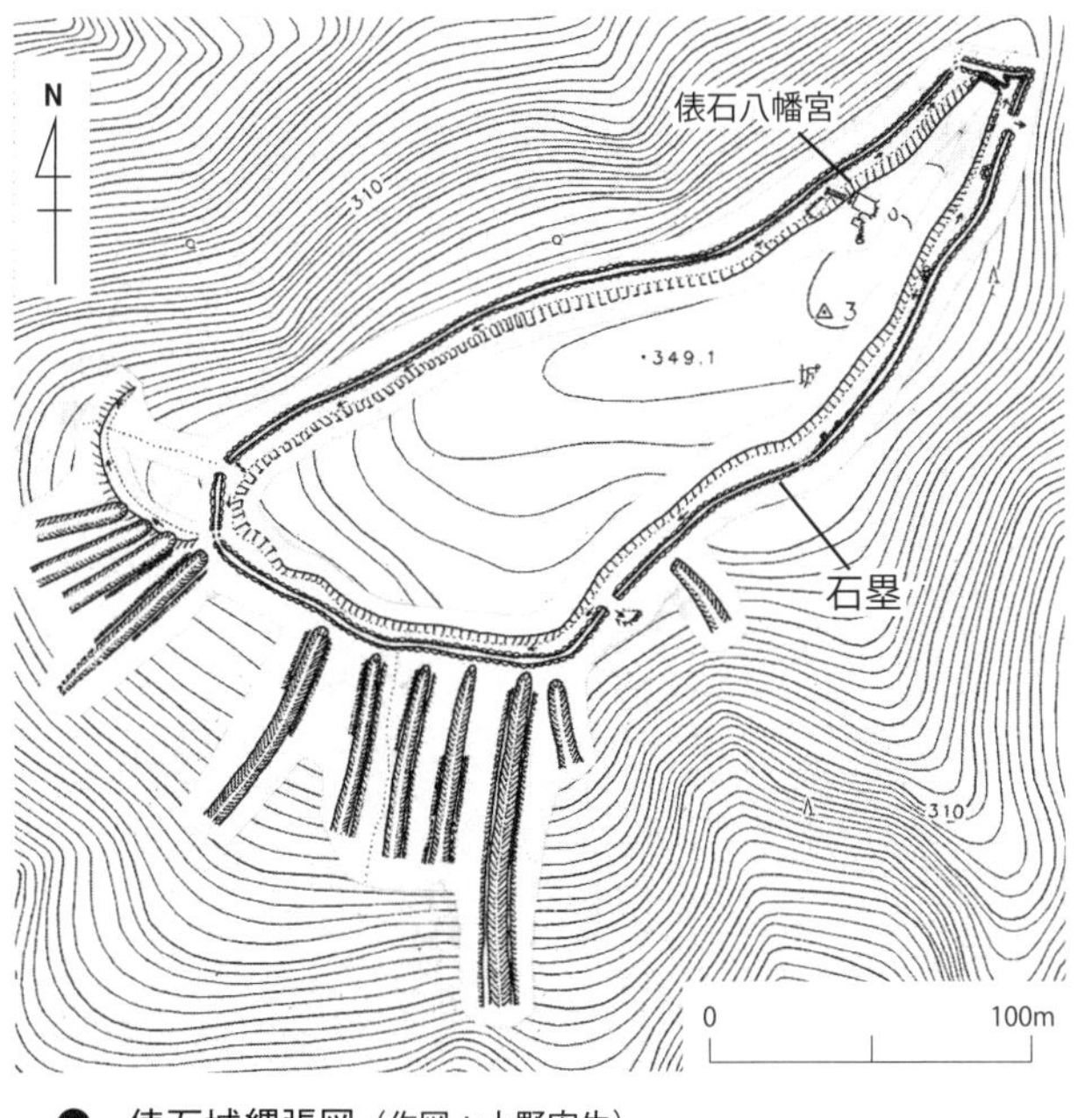

●─俵石城縄張図（作図：大野安生）

から横堀や石垣などの遺構の様子まで、現状と一致する部分が多く、非常に精密に描かれている。

縄張の一つめの特徴は、曲輪は単郭で自然地形のままである。東側、俵石八幡宮の裏にある三角点から南西へ斜面が緩やかに降っていく。広い曲輪を切岸(きりぎし)などで分割することはなされていない。

二つめの特徴は、塁線を全周する石塁(せきるい)である。東端は鋭角に突き出すように板石のみで高く積まれており、注目に値する。そのほかの場所では、土塁(どるい)上に石塁が積まれている点で異なる。石塁にはところどころ途切れて口を開けている場所があり、もともとあった虎口(こぐち)と後世に壊されてできたものとが混在しているようであるが、見極めは難しい。

石塁の内側には横堀が並走する。全周する横堀は堀底道として機能を発揮するものの、石塁際での守備と横堀内側の曲輪との連携を妨げるつくりであり、これらの施設が城の防御施設として創出されたとはいえないのではないか。むしろ、この構造は「牧」の特徴に共通する。かつて、あるいは深堀氏はここで牧を経営していたのではなかろうか。

三つめの特徴は、それでもこの城が紛れもなく城郭として使用されたことを示す、一一本の竪堀(たてぼり)群の存在である。なかには長さ一〇〇(メートル)にも及ぶ長大なものもある。西隅に四本の一群、南に六本の一群がある。これらは図上では畝状(うねじょう)竪堀にみえる。西隅の一群こそ隣接した竪堀が畝状をなしており肯定できるものの、南群については間隔が一〇(メートル)近くあり、現地でみると畝状竪堀というには違和感がある。その点はさておき、竪堀群の規模としては県内最大最長で、圧巻の見応えである。試しにこれらをまともに横断しようものなら、激

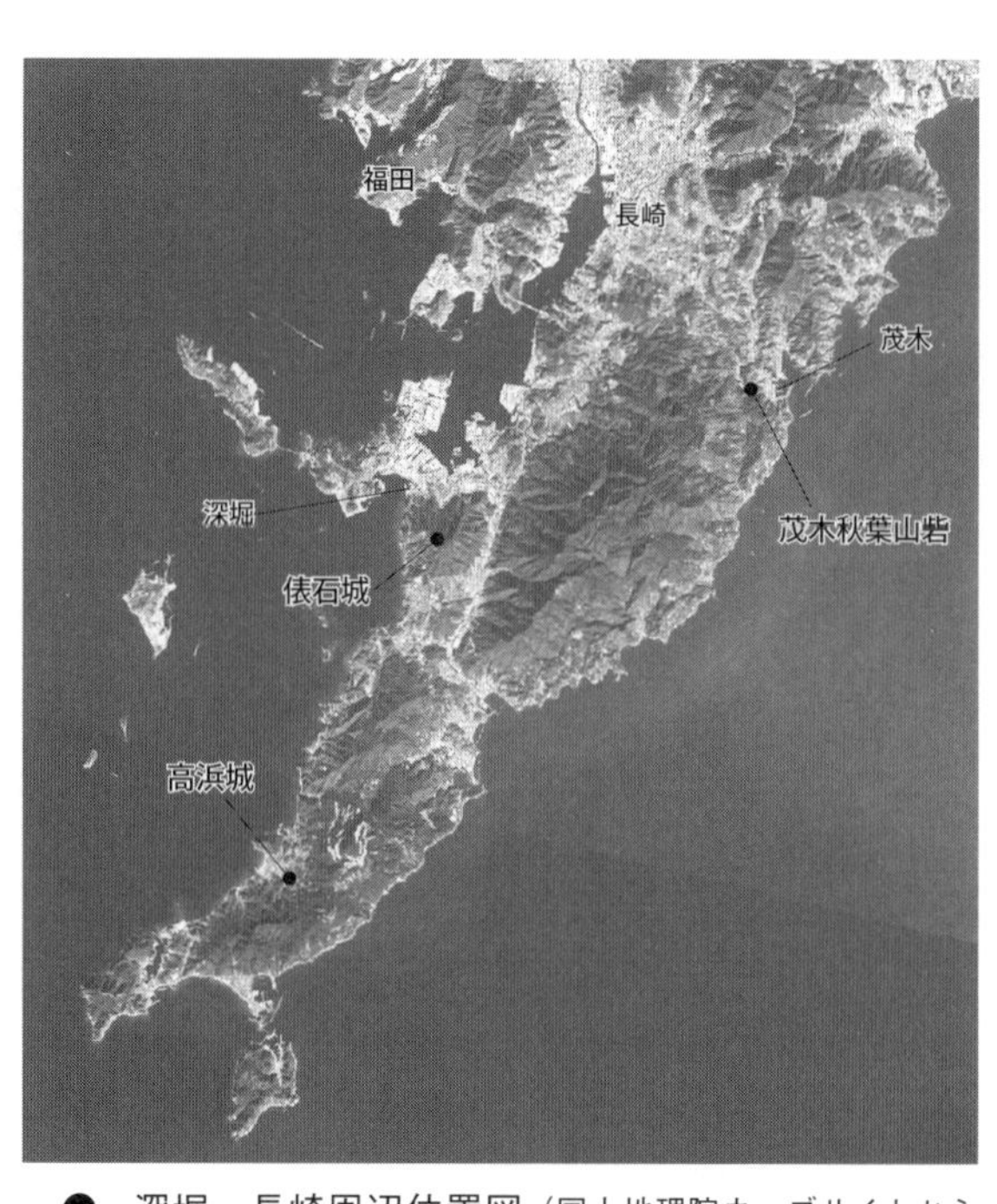

●—深堀、長崎周辺位置図（国土地理院ウェブサイトからの原図に地名等を加筆）

しく体力を奪われてしまうであろう。なお、これら竪堀群には「高濱堀」の呼称があり、深堀一族高浜氏の普請関与が示唆される。同氏の高浜城は畝状竪堀を持っており、たいへん興味深い伝承である。

俵石城は、城内に分布する戦国期の遺物からも一定の使用を認められるが、以上のように居城ではなく詰城（つめじろ）への転用であったと考えられる。果たして実戦で運用、機能しうるのであろうか。

深堀氏が中世・戦国期に居城を置いたのは、おそらく海岸部、近世陣屋があった比高約一一メートルの低丘陵ではなかろうか。つまり、秀吉から破却処分された屋敷構えとは、むしろこの海岸部に接する丘陵頂部と高い切岸下に付随する複数の曲輪群で構成される城館であった可能性があり、陣屋をさかのぼる中世・戦国期城郭然とした姿をイメージできる。

【参考文献】増田廉吉「深堀城址」『長崎縣史蹟名勝天然記念物第七輯』（長崎県、一九三二）、深堀遺跡については長崎市教育委員会『深堀貝塚発掘調査報告書』（一九八七）、網野善彦「西海の海民社会」『東シナ海と西海文化　海と列島文化　第四巻』（小学館、一九九二）、長崎県教育委員会『長崎県中近世城館跡分布調査報告書Ⅱ』（二〇一一）、外山幹夫「豊臣時代の長崎　秀吉の直轄領化　深堀氏の処分」『新長崎市史　第一巻自然編、先史・古代編、中世編』（長崎市、二〇一三）、大野安生「武装する津浦」『北部九州中近世城郭研究会第十五周年記念論集　九州の城』（北部九州中近世城郭研究会、二〇一五）ほか。

（大野安生）

●無骨な石積みが特徴の山城

八幡山城

〔所在地〕西海市西彼町喰場郷
〔比　高〕約五五メートル
〔分　類〕山城
〔年　代〕不詳
〔城　主〕不詳
〔交通アクセス〕ＪＲ長崎本線「長崎駅」下車、長崎県営バス大波止・中央橋・長崎新地行き「亀岳」停留所下車、徒歩三〇分。

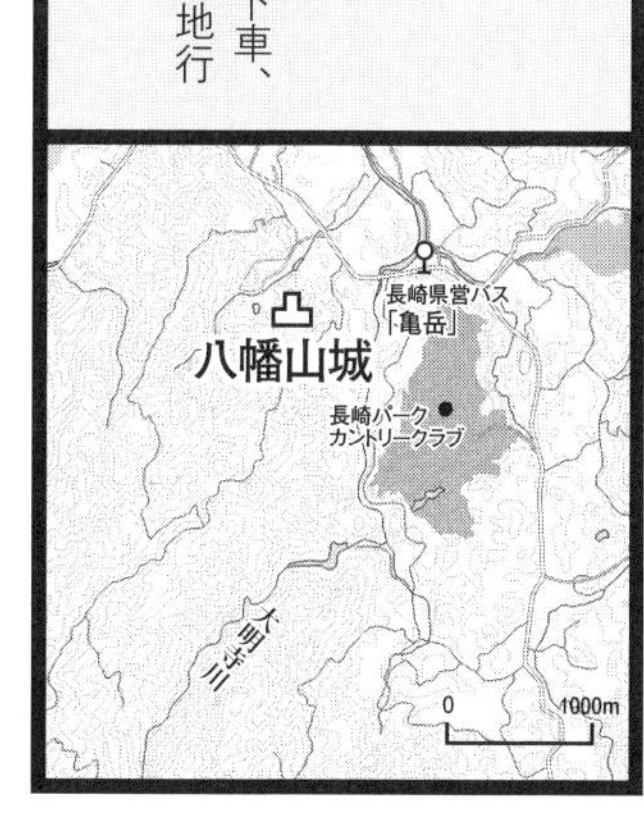

【城の立地と由来】　八幡山城は西彼杵半島の北部に位置し、大明寺川の西岸側の標高約六〇メートルの丘陵上に所在する。丘陵上から大村湾は望めないかなり奥まったところである。『西彼町郷土誌』（二〇〇三）には「八木原氏と縁戚関係にあった大串氏の城ではないか」とあるが、詳細はよくわからない。

【城の縄張】　主郭は丘陵頂部の全域に及び、全体的に自然地形を残している。主郭の塁線はほぼ全周を西彼杵半島特有の結晶片岩を用いた石積みで固めている。これは防御を意識すると同時に、土留めの機能も果たしている。

主郭を取り巻く四方の斜面のうち西側斜面の傾斜が緩やかなため、主郭の南西側に大規模な堀切を、主郭西側塁線に土塁、さらには一条の竪堀を設けて防御を固めている。主郭北側の尾根筋にも小規模ながら堀切を設けて警戒している。主郭東側斜面は急峻なためか、堀切や竪堀はみられない。

主郭南側の東側斜面には、頂部から中腹の八幡神社境内まで平坦面が直線的に連なっている。近世の開墾跡とも思われる、このような段々畑状の小規模な平坦面は他にみられない。そのため山頂部と中腹を連絡する曲輪である可能性が高いと思われる。あるいは現在の境内にかつては館などの城郭に付随する施設があったのではないだろうか。

舞岳城でもいえることだが、堀切を越えたところに大きな石で積まれた石積み面がみられる（二二〇頁上）。これは曲輪塁線の土留の石積み（二二〇頁下）よりも大ぶりな石を用い

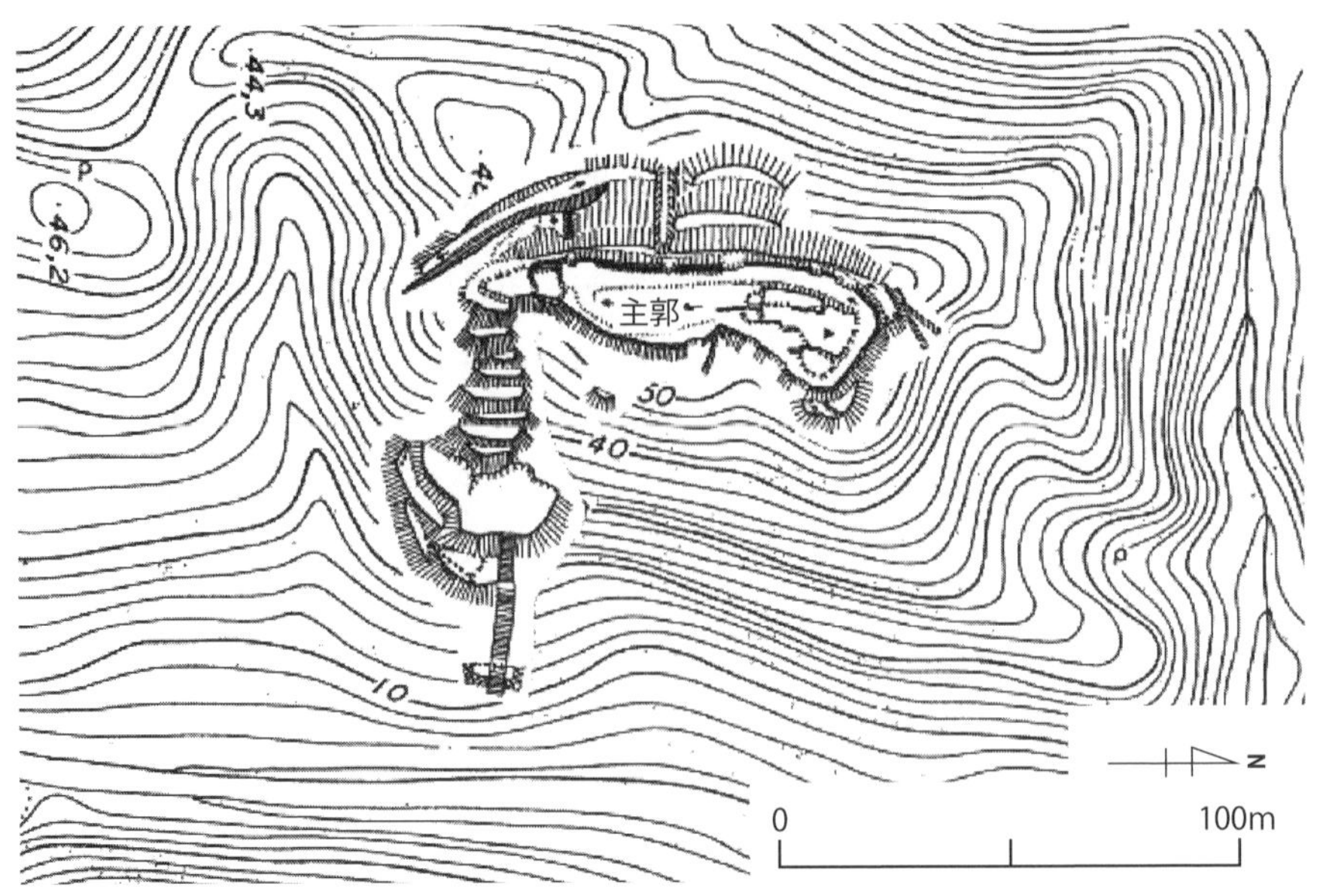

●—八幡山城縄張図（大野 2013 より転載）（作図：大野安生）

ている。視覚的な効果を意識した構造と思われるが、舞岳城や雪浦城でもみられる西彼杵半島の山城に特徴的な構造といえる。

【参考文献】大野安生「大村氏領周縁部における城郭の様相（三）西彼杵半島」『北部九州中近世城郭情報紙二十五』（二〇一三）

（林　隆広）

●—八幡山城石垣

●—八幡山城石垣

●天然要害の城

直谷城（なおやじょう）

〔長崎県史跡〕

〔所在地〕佐世保市吉井町直谷
〔比　高〕約八〇メートル
〔分　類〕山城
〔年　代〕一六世紀後半
〔城　主〕志佐氏
〔交通アクセス〕松浦鉄道「吉井駅」下車、西肥バス「福井農協前」停留所下車、徒歩二〇分。

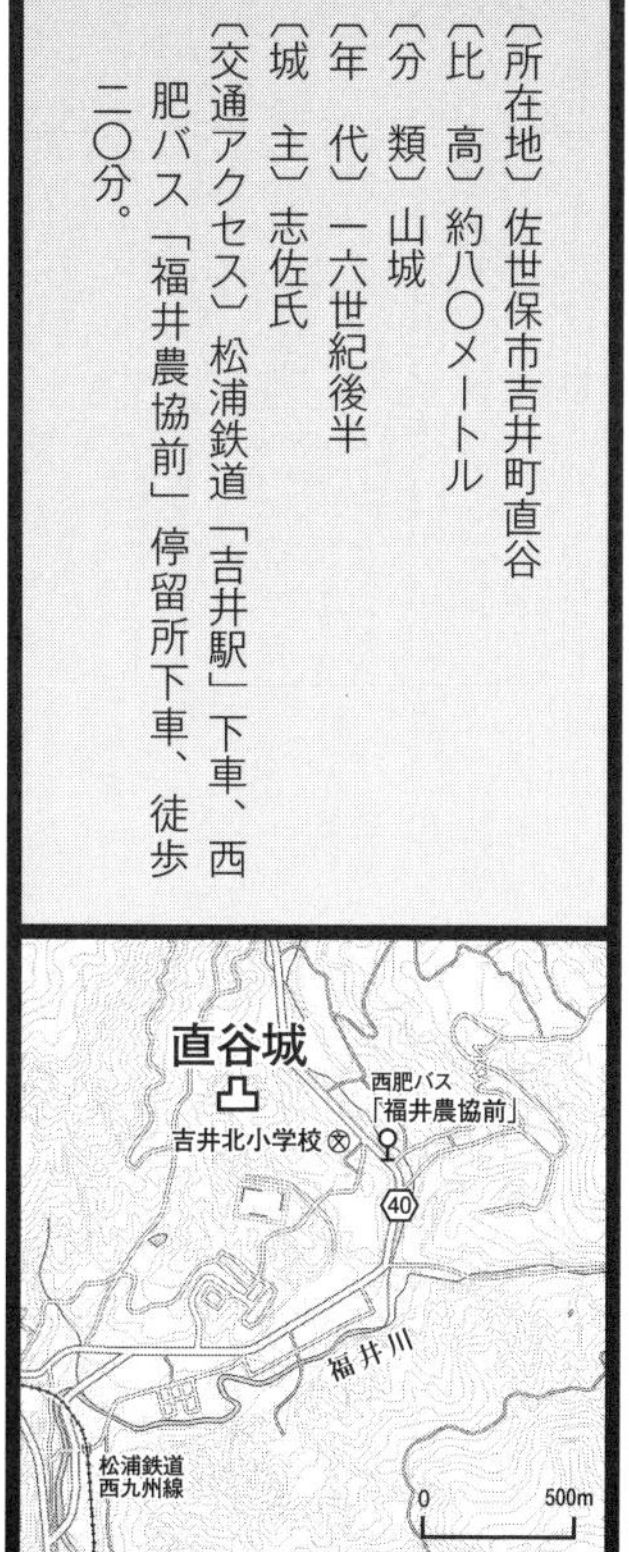

【築城した城主は誰か】 戦乱の数奇な運命により三度も落城するも、長崎県北最堅牢の城と評される不思議な城である。

直谷城は玄界灘を見下ろす山地を越えた内陸部に位置する。この城を築いた志佐氏はもともと、玄界灘に面した港湾部に居館を構えていたが、突如として内陸部の平野も乏しい谷間に本拠を移した。なお、直谷城を築いた山は「内裏山」とよばれ、壇ノ浦の戦いを逃れた安徳天皇がたどり着いた地として地元には伝えられている。

直谷城主である志佐氏は、現在の松浦市志佐を本拠とした、いわゆる「海の武士団」とよばれる松浦党の一氏族である。その始祖の志佐貞は一三世紀中頃に「五島東辺及び西島、並壱岐地」の広範囲を領有しており、伝承ではこの時期に直谷城を築いたとされる。昭和六十三（一九八八）～平成二年（一九九〇）の発掘調査ではこの時期の築城を示す積極的な資料はほとんどなく、出土遺物の爆発的に増加する一六世紀後半の九代・純昌の治世に築城した可能性が高い。先代の八代・義の治世では、計九〇回にもおよぶ朝鮮との歳遣船交易を行っていたが、次第に平戸松浦氏、龍造寺氏、大村氏などの近隣諸氏の勢力拡大に対抗するため、「海辺の城」を残しつつ「山辺の城」である直谷城を築き主体を移したのだろう。しかし明応元年（一四九二）に龍造寺・大村氏の連合軍から攻められ落城した。その後、同じ松浦党の峯氏が志佐へ改姓し入城するが、一一代・純次の治世の永正十年（一五一三）、さらに一三代・純量も平戸松浦氏に敗戦し、県北

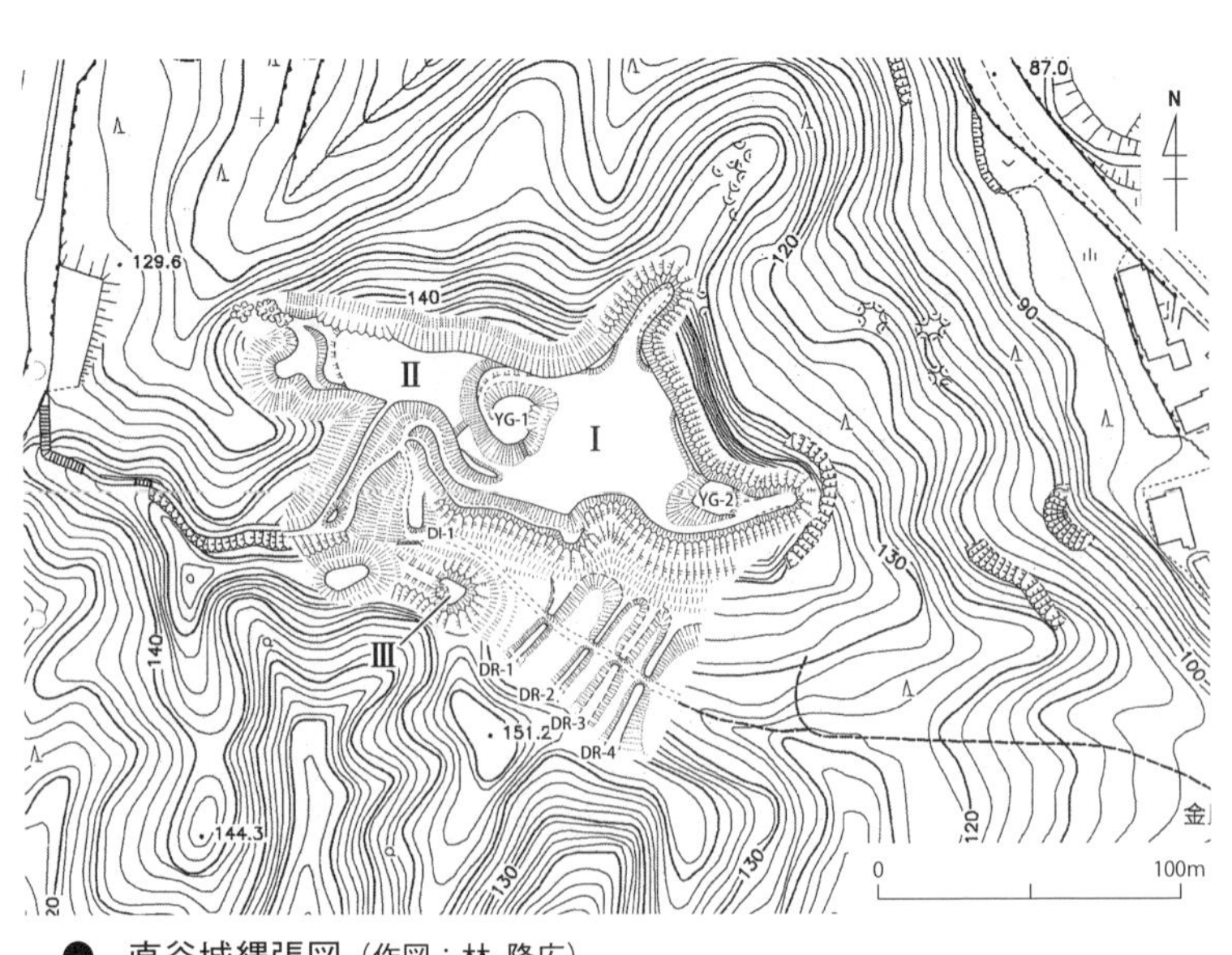

●—直谷城縄張図（作図：林 隆広）

屈指の難攻の城も三度の落城を経験した。

【縄張と特徴】　直谷城は内裏山の山頂部分を平坦に造成し、南北五〇〇メートル、東西二〇〇メートルにおよぶ長崎県北最大級の縄張をもち、周囲を峻立する砂岩壁に囲まれた天然要害の城である。主郭へ至る大手道には三段の土塁と空堀のほかに小規模の平場を設け、城内への侵入を頑なに拒んでいる。主郭は東西一五〇メートル、東西四〇メートル規模の中央に、平場との比高差一〇メートルの物見櫓台を残丘として配置し、その西側には武者溜まりも併せ持っている。発掘調査では岩盤を掘り込んだ柱穴や方形区画の溝が検出されているが、極めて限定的なものであったことから、それらの構築年代や期間について、その詳細は不明である。また、主郭の東側には「姫落としの崖」と呼ばれる断崖があり、伝承ではここから姫を逃がすよう計画したが、失敗したと伝わっている。

　さらに、直谷城の北東約六〇〇メートルには、一二代・志佐純昌が享禄三年（一五三〇）に熊野権現を建立し、鬼門封じがなされている。現在、当地は福井洞窟として国指定史跡となっている。

【参考文献】『肥前松浦一族』（外山幹夫二〇〇八）、久村貞男「北松浦地方の城郭」長崎県立大学経済学部『平戸・西海学』（二〇一一）、林隆広「松浦党城郭雑感～志佐氏の城跡」『長崎県埋蔵文化財センター研究紀要　第三号』（二〇一三）

（松尾秀昭）

●県北最後の争乱の城

広田城（ひろたじょう）

〔所在地〕佐世保市広田
〔比　高〕約三〇メートル
〔分　類〕山城
〔年　代〕天正年間
〔城　主〕佐々清左衛門加雲
〔交通アクセス〕JR佐世保線「早岐駅」から、西肥バス「上宮崎橋」停留所下車、徒歩二〇分。

【戦い前夜】 急速に近世への扉が開く前夜、慌ただしく九州西北の地においても他地域と同様に、領有地の拡大を図る戦いは佳境を迎えていた。現在の佐世保市南部（早岐・針尾・日宇・佐世保各村）はもともと、南接する大村氏が領有していたが、天文十四年（一五四五）に大村氏から武雄後藤氏へ養子に出されていた後藤貴明が、後藤家に持参する形で分譲された。その後、永禄六年（一五六三）に後藤貴明が平戸の松浦隆信と戦略的な提携を結ぶとき、平戸から後藤家に惟明を養子に迎え、その見返りとして、四ヵ村は平戸に譲られた。

大村領主の大村純忠は、国内最初のキリシタン大名として有名であり、広く大村湾一帯を領有するまで成長していた。

しかし大村氏は天正十五年（一五八七）の豊臣秀吉による九州平定に先駆け、前年の天正十四年に波多・有馬・有田氏を加えた連合軍を組織し、先の四ヵ村を平戸氏から奪回することを目的として、四月四日に井手平城を攻めたのである。結果、井手平城は一夜にして落城し、城主岡甚右衛門と城兵二一人が戦死する。大村連合軍はこの勢いのまま南進し、広田城を攻め入った。

【攻　防】 佐世保地域の戦国期最後の戦いは、平戸松浦氏の領土最南端に位置する広田城での戦いである。その頃、北松浦半島を支配下にしていた平戸松浦氏の松浦鎮信も戦国大名へと成長しており、平戸松浦氏と大村氏の両家によって、長崎県北～県央は二分されていた。

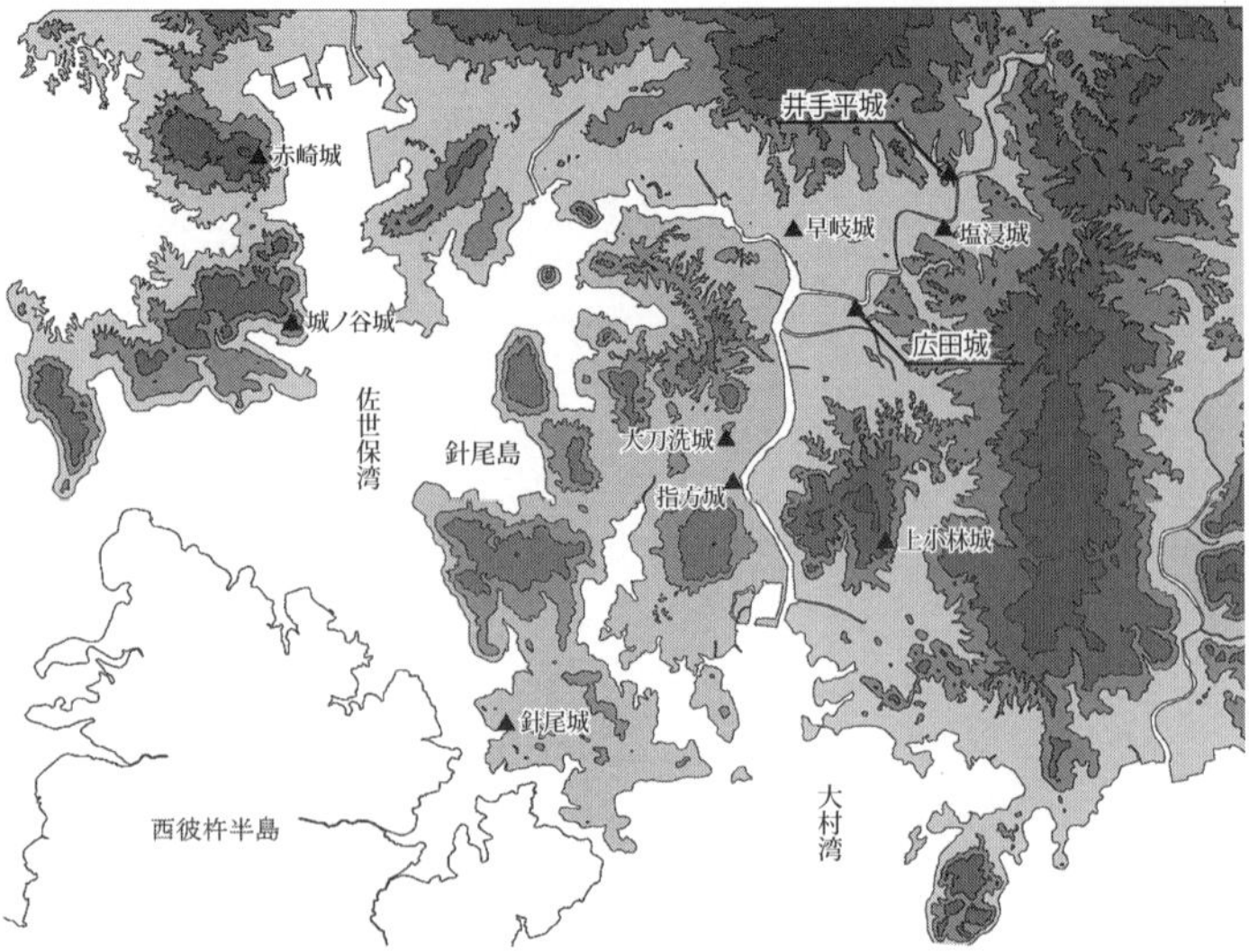

先の井手平城に続き広田城の戦いにおいては、城主佐々加雲（ささかうん）をはじめ指志方善芳（さしかたぜんぼう）など城兵三五〇名によって交戦し、約三週間の籠城により落城を免れていたところ、平戸から松浦隆信・鎮信親子の援軍により大村連合軍は退避し、その後の夜襲により平戸方が勝利することとなった。広田城の戦いの後、平戸方と大村方が領地の境を決める会談を行った舳ノ峯（へのみね）峠が、江戸時代の平戸藩と大村藩の境となっている。

ちなみに、広田城に程近い早岐地区には「勝磯（かついそ）」という地名がある。この地名は、広田城の戦いの際に平戸松浦氏の援軍が上陸した地であり、大村氏の軍勢を撃退したことに由来する地名と伝えられている。そして、明治三十七年（一九〇四）に起こった日露戦争の時には、戦国時代の広田城での戦勝に由来するこの「勝磯」から、日本陸軍の先発隊が朝鮮半島に向けて秘かに出発している。

●—井手平城と広田城

●—空撮写真（手前の丘陵が広田城）（佐世保市教育委員会提供）

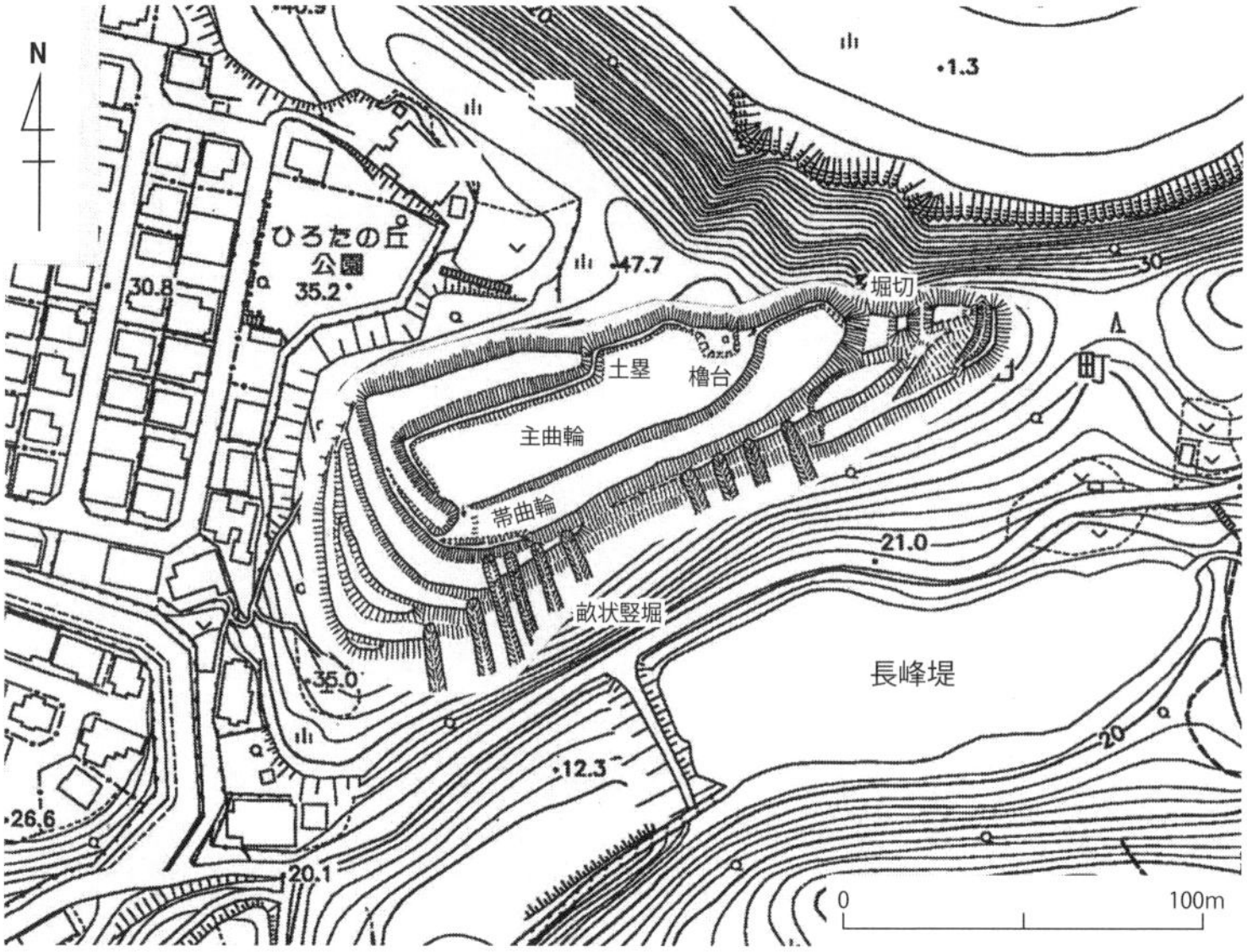

●―広田城縄張図（作図：大野安生）

【城の構造】　広田城は住宅街の奥の森の中でひっそりと佇んでおり、佐世保市内の山城の中では当時の様子が良好に保存されている城の一つに数えられる。広田城の範囲は東西約二五〇メートル、南北一〇〇メートルと広大で、尾根状に発達した丘陵地形を巧みに利用した築城と評される。広田城の南北は急斜面地であり、北は小森川、南は長峰堤（旧来は河川であった可能性が高い）の自然流路に挟まれた好適地である。

　長崎県教育委員会による城館分布調査では、城域の南西側から複数の帯曲輪を左右に迂回し、最後に空堀を横断する土橋を渡って最上位の主郭へ至る通路が検討されている。土橋については天正期になって確立する通路形態であり、当初から構築されたものであるか、空堀を分断する後補通路として造られたか今後の調査課題である。中心となる主郭は東西に細長く成形され、その縁辺には土塁が周回し、もっとも標高が高い地点には方形の櫓台が築かれている。この櫓台は盛土状に約一メートル高くなっており、土砂流失防止を意図した根石も確認できる。また、その北側にはL字形の石積みが残存し、本来は桝形であったと思われるが、城に伴うものであるかは今後検証が必要である。その北側斜面地には痕跡しか確認できないが、二条の竪堀があったと考えられている。主郭の東側は尾根頂部との間に四条の堀切が確認でき、後背からの敵の侵入にも備えていたことが窺える。さらに、主曲輪南側の急斜面地には四条一対の畝状竪堀が東西に設定され、その西側には二条の竪堀の計一〇条の竪堀群がみられる。特

●—溝状遺構（佐世保市教育委員会提供）

●—出土遺物

に畝状竪堀は前時期に構築した犬走を寸断して造られており、城の構築に少なくとも二時期が存在した可能性がある。後述する発掘調査における出土遺物の年代観では一四世紀に少なからず人の介入が窺え、城の構築年代はやや遡る可能性があり、社会情勢に伴う防御施設の改良・改変の結果、最終的な形態が現在に残されていると評価することができよう。

【近年の調査動向】 広田城跡については文献史料がわずかであるが残っており、周辺が新興住宅街として開発されてきたにも関わらず、城域は緑地帯として保護されてきたために、開発に伴う発掘調査は皆無であった。しかし、平成二十八年（二〇一六）に城域の西側で開発計画があり、本調査を実施している。当該地は古絵図で大手道とされる部分にあたり、谷地形の中に溝状の掘り込みを確認している。正式な報告書は今後刊行予定であるが、戦国時代末期には柱穴や石列などの人為的な遺構が構築されていることから、新たに城域として認識するべき地点となった。出土遺物も一四世紀代の遺物が散見され、一五世紀後半から一六世紀初頭の貿易陶磁器が主体的に出土しており、文献資料との整合も今後の課題である。特質すべき遺物として鉛玉や鋳型と考えられる遺物が複数出土しており、当該時期の武装武器についても検討が必要となる。

【参考文献】 佐世保市史編纂委員会『佐世保市史』（二〇〇二）、久村貞男「北松浦地方の城郭」長崎県立大学経済学部『平戸・西海学』（二〇一一）、長崎県教育委員会『長崎県中近世城館分布調査報告書Ⅱ』（二〇一一）

（松尾秀昭）

●海の関所を望む城

針尾城

〈所在地〉佐世保市針尾中町
〈比　高〉約二五メートル
〈分　類〉山城
〈年　代〉一四世紀後半
〈城　主〉針尾氏
〈交通アクセス〉ＪＲ佐世保線「早岐駅」から、西肥バスで「古里」停留所下車、徒歩三〇分。

針尾城
202
針尾IC
西肥バス「古里」
西海パールライン
針尾瀬戸（伊ノ浦瀬戸）
0　1000m

【城の構造】　中世・戦国時代の交通網の主体は海路であり、現在の高速道路と同じような役割があった。特に陸路の整備が近代にまで待たなければならなかった西北九州においては、なおさらのことであっただろう。

長崎県の沿岸は、北部の荒ぶる波の外洋と繋がるリアス式海岸、中央部には波穏やかな大村湾が佇み、その性格が異なる二つの海は伊ノ浦瀬戸（針尾瀬戸）と早岐瀬戸の水道でのみ潮の干満現象を可能としており、その伊ノ浦瀬戸に面する丘陵に構えるのが針尾城である。この瀬戸は江戸時代には伊能忠敬や司馬江漢、吉田松陰らも通過した海峡であり、沿岸部には「津」や「泊」という地名が点在している。時間によっては荒ぶる海峡の潮待ちをするための浦々が発達しており、針尾城の眼下の小鯛港も近代まで対岸の西彼杵半島へ瀬渡し港として栄えた。

【針尾伊賀守と横瀬浦事件】　針尾城を築いたのは、針尾島の南部を領有した針尾氏とされるが、その出自については不明な点が多い。針尾島内で出土した文治五年（一一八九）銘の明星ヶ鼻経筒に刻まれた祈願者は平安時代の当該地の名主であったと推定され、その人物が後世の針尾氏となる可能性があるものの、鎌倉時代前期および元寇以降の関東武士団の下向による針尾氏の発生も針尾家系図などで推測される。

平安時代末の段階で針尾島を含む大村湾の北岸地域は京都東福寺が保有し、彼杵荘の荘園の一部と想定されている。この地縁的な要素は、松浦党とは一線を画した状況をみせている。正慶二年（一三三三）の正慶乱離志裏文書に針尾兵衛太郎入道覚實の名がみえ、これが文献資料における針尾氏の初見であり、南北朝期の彼杵一揆連判（応安六年〈一三七三〉）には針尾勘解由太夫藤原家盛彼杵や川棚氏の連署がみられる。一方、松浦党における四回の一揆契諾状（応安六年、永徳四年〈一三八四〉、嘉慶二年〈一三八八〉、明徳三年〈一三九二〉）には、彼杵郡に一部入る宮村氏を除き、相浦・佐世保・平戸など五島から北松浦一帯の人物で占められ針尾の名はみえない。このことは、彼杵郡と松浦郡では武士連合体としての性格が明確に分かれる状況があり、南北朝期の針尾氏は松浦党には属さなかったことを示している。その後、針尾氏は一五世紀後半から一六世紀の針尾半左衛門、針尾伊賀守の代に全盛期を迎え、針尾島全土を勢力下におき、さらには西彼杵半島の一部も領有していた。

　針尾城の対岸の西彼杵半島北部にある横瀬浦（西海市）は、それまで国内最大の貿易港であった平戸港を移した港町で、針尾伊賀守は、永禄五年（一五六二）に大村純忠が開いたポルトガルとの貿易港、横瀬浦の奉行も務めていた。しかし武雄領主の後藤貴明と共謀して外国船の来訪や教会の設立などで異国情緒が漂っていたであろう横瀬浦の全てを焼き払い、外国人宣教師たちを襲うという、いわゆる「横瀬浦事件」を起こしている。この事件は危うく難を逃れた宣教師ルイス・フロイスの著書『日本史』によりヨーロッパへも伝えられ、この中で針尾伊賀守は「ハリボウ」の名で登場する。

　その後、針尾氏は天正元年（一五七三）に平戸松浦氏との戦いに敗れ、西彼杵半島へと退去した。針尾氏は、後に大村氏に仕え江戸時代を迎えた。

【構造と祭祀遺構】　針尾城は急潮で有名な伊ノ浦瀬戸を見下ろす標高二五メートルの丘にあり、平成十六年（二〇〇四）に発掘調査が行われた。それによると、東西八〇メートル・南北六〇メートルの城域をもつ小規模城郭であり、その中心に東西約三〇メートル・南北約二五メートルの円形の主郭をもち、主郭の後背に同心円状の二重空堀を配し、海峡に面する南側は急斜面となり防御施設などは認められない。主郭の土塁は空堀と最大約五メートルの比高差となっている。佐世保市内において円形の曲輪をもつ城郭は確認されておらず極めて異質にみえるが、独立丘陵状に発達した尾根の先端地頂部を平坦に造成した結果の自然地形に制約を受けた縄張とみることもできる。

　発掘調査では主郭の北側を主体的に調査しており、そこからは建て替えも含め六棟の掘立柱建物を検出した。そのほか主郭の出入口と思われる南東隅で石列を検出しているが、残存状況が限定的であり、虎口基礎部である可能性を指摘す

●—針尾城遠景（佐世保市教育委員会提供）

るのみに留まる。検出遺構の中で特質するべきものとしては、炭化米埋納遺構と青磁皿埋納遺構とするものがある。炭化米埋納遺構は三号建物廃棄時に柱穴を埋め戻し、その後に

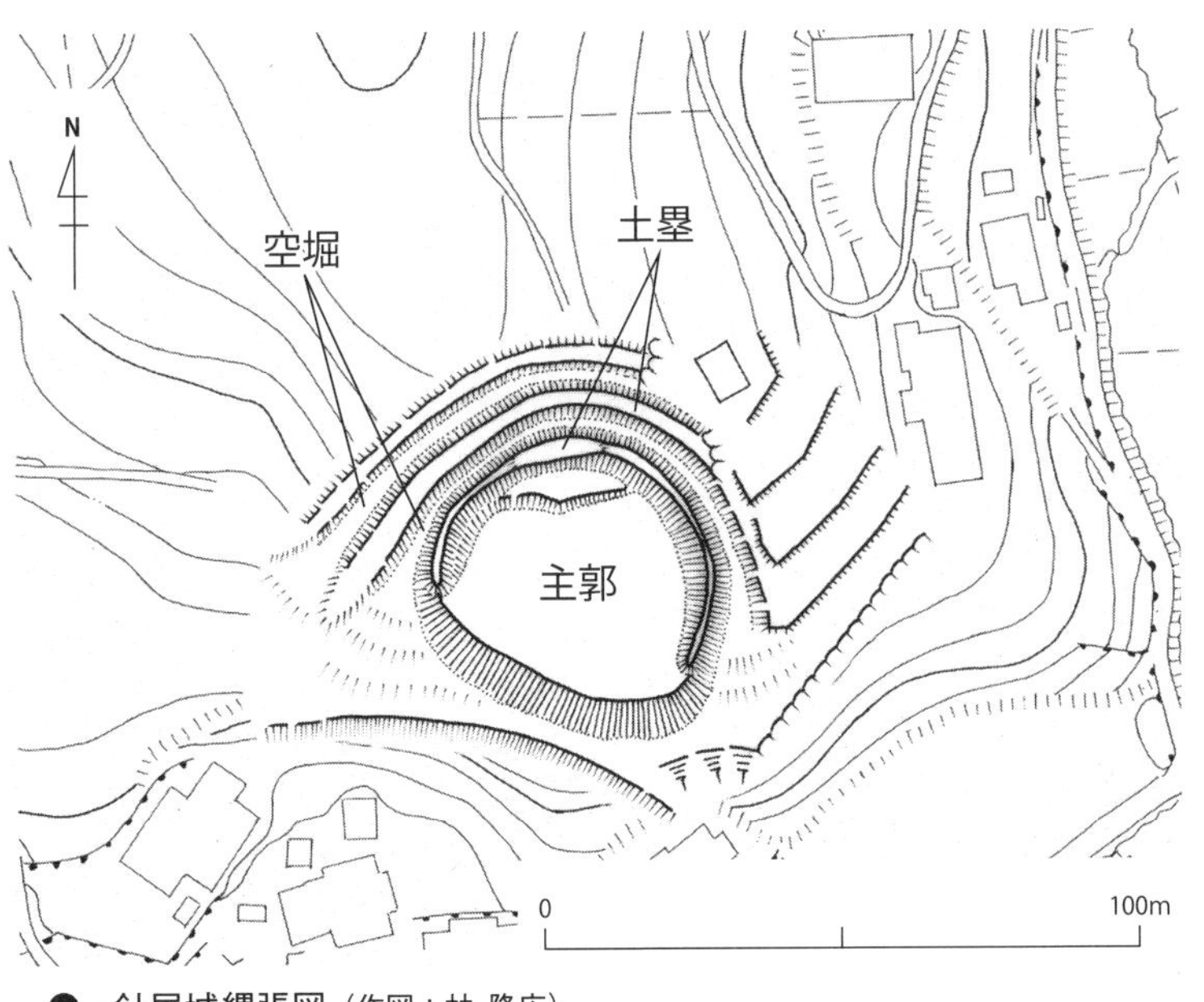

●—針尾城縄張図（作図：林 隆広）

●—空堀と土塁（佐世保市教育委員会提供）

祭祀が行われた痕跡と推察できるものである。また、その脇からは完形の朝鮮産灰釉碗が出土している。炭化米は長軸五〇センチ・短軸三〇センチ・厚さ二センチの範囲で出土し、総重量は一・七キロに及ぶ。断面の観察から、竹や雑木を焼いた後に米を乗せ、最終的に小礫を交えた石材を被せて炭化したと考えられる。青磁皿埋納遺構は炭化米埋納遺構からやや離れた地点で検出し、完形の稜花皿が五枚重ねられた状態で出土した。この遺構も建物の廃棄後の柱穴を利用したものである。これら両遺構は主郭の北東隅に位置するため、鬼門を意識した祭祀遺構と考えられるとともに、完形の灰釉陶器および五枚の青磁皿は建て替えのさいの一種の鎮壇具であると理解することができる。

　これら検出した遺構のみに限ると、数度の建て替えを行いながら居城したことは確認できるが、城の構築時期は不明といわざるを得ない。しかし、出土遺物量が一五～一六世紀にピークを迎えることを考慮すれば、一四世紀後半には築城または築城のための下地が形成されていたと考えられる。

【好適地が生み出す多様な出土品】　発掘調査で出土した遺物は四一五三点を数え、おおよそ一二～一六世紀後半までの約五〇〇年間に収まる。傾向としては一二世紀のものは極めて少なく、一三～一四世紀に数は増え始め、この頃に針尾城が成立した可能性が高い。さらに遺物量が爆発的に増加するのは一六世紀に入ってからで、全体の二五％、貿易陶磁器のみでは約七〇％を占めている。そして、一六世紀後半以降の遺物はほとんどみられない。これらの出土傾向は針尾氏が一四世紀頃から勢力を拡大しはじめ、一六世紀には最大となり、そして一六世紀後半に針尾島を撤退するという文献史実と考古学的知見がまさに一致している。

　針尾城から出土した遺物からは、さらに特徴的な傾向がみて取れる。まず、膨大な量の貿易陶磁器が出土しているが、

●—出土遺物

大村湾の出入り口である伊ノ浦瀬戸を押さえ、海に得分を持っていた針尾氏の性格を考えると、この貿易陶磁器の数は針尾氏自らが直接、海外との貿易を行っていた可能性がある。そして、これらの貿易陶磁器に対して、国産の埦や皿はほとんど出土していない。つまり、貿易陶磁器を生活雑器として使用していたと考えられる。

この貿易陶磁器について詳しくみてみよう。先に紹介した青磁皿埋納遺構で出土した五点一組の稜花皿は、一五世紀後半に中国龍泉窯（りゅうせんよう）で生産されたものであるが、主に一六世紀の中国景徳鎮窯（けいとくちんよう）産の青花碗と皿の割合が高い。当該時期で最も高品質の磁器を作り出した景徳鎮窯の磁器が多いことは、針尾氏の富と実力を示しており、その中でも特別な磁器として瑠璃（るり）釉皿と青磁輪花皿がある。さらに特殊な磁器では八角面取瓶があり、これと同種の瓶はトプカプ宮殿（トルコ）やファエンツァ国際陶芸博物館（イタリア）、ジャカルタ国立博物館（インドネシア）、デヴィッド財団コレクション（イギリス）にあるが、トプカプ宮殿の瓶と文様などの点でもっとも共通している。この種の特殊品をもたらしたのはポルトガルの可能性が高い。中国産陶磁器ではほかに奢侈品としての三彩（さんさい）の鳥形水注や小香炉、茶の湯道具の天目（てんもく）茶碗もある。

●—青磁埋納遺構（佐世保市教育委員会提供）

中国以外では朝鮮産の刷毛目（はけめ）を含

む陶器の碗・皿、叩き成形の壺・甕、タイ産焼締め壺や褐釉瓶などが出土している。タイ産の焼締め壺は硝石などをタイ周辺から輸入し保管する容器として主に用いられたと考えられており、硝石は硫黄とともに鉄砲の弾丸発射に必要な火薬原料として重要なものである。針尾城において鉄砲の鉛玉自体は出土しておらず推測の域を出ないが、鉄砲が普及する一六世紀後半に同種の壺が増加することを鑑み、針尾城で鉄砲による武装化をしていた可能性が指摘されている。

このほか、船釘、鍛冶に伴う鉄滓（てっさい）、銅を精製した坩堝（るつぼ）など武装化に関係するものに加え、茶臼や茶筅（ちゃせん）傷がある青磁碗が出土したことにより、当時の武将らの間で流行していた茶の湯も嗜んでいたことが判明した。

貿易陶磁器以外の国内産の搬入品としては、播州や備前陶器、周防長門系の瓦質土器、下関赤間産の硯（すずり）など多岐にわたっており、当時すでに存在し、現在もその名残を残す早岐の市（現在の茶市）を媒介とした商品の流通が想定できる。

【海上に利権を得た針尾氏】 長崎県北部における山城は、河川や海岸に近い地域に立地することが多いようである。当該地域は山地から海岸までの距離が短く、他地域でみられるような広大な平野の発達は限定的であり、必然的にそのような立地下に築城せざるを得なかったと思われる。ただし、河川や海岸線に立地する山城であっても、少ないながらも平野をもっているにも関わらず、針尾城に至っては生活基盤を求めるほどの平野は皆無である。おそらく生業は海上にあったのであろう。

古代からこの地域には海士（あま）・海女（あま）の存在が知られており、多くの海産物が都へ献上されている。そのことに伴うように海上生活者（家船）や海賊集団なども文献史料では散見され、海に特化した人々が日常的に存在した可能性が高い。このような人々が戦国時代には武装化し、近海および大村湾内へ航行する貿易船を中心として私貿易を行っていたと考えられる。針尾城での暮らしぶりは、国内産を凌ぐ数の朝鮮産・中国産磁器や、中には東南アジアの陶器もみつかっていることから、九州でも有数の財力を誇っていたことが想像される。

【参考文献】佐世保市教育委員会『針尾城跡』（二〇〇五）、久村貞男「北松浦地方の城郭」長崎県立大学経済学部『平戸・西海学』（二〇一一）、『キリスト教の伝来と西海の歴史』（横瀬浦開港４５０周年記念事業実行委員会、二〇一二）

（松尾秀昭）

●松浦氏統一にかけた平戸松浦氏の最前線

鳥屋城（とやじょう）

〔所在地〕佐々町古川免
〔比　高〕約二一〇メートル
〔分　類〕山城
〔年　代〕一六世紀
〔城　主〕志賀田氏、平戸松浦氏
〔交通アクセス〕松浦鉄道西九州線「佐々駅」下車、徒歩約五〇分。

【城の位置】 鳥屋城は、佐々（さざ）町を流れる佐々川の下流域右岸の城辻（しろのつじ）山山頂に立地する。松浦（まつら）惣家である相神浦（あいこうのうら）松浦氏と庶家平戸松浦氏との境目にある城で、平戸松浦氏の最前線であった。惣家の本拠は至近の相浦（あいのうら）川下流域にあり、飯盛城までは五キロ足らずで、視界を遮るものはない。

【城　主】 城は在地領主佐々氏の庶家・志賀田（紫加田）氏に始まる。文明八年（一四七六）、平戸松浦豊久（とよひさ）は佐々氏を鳥屋城に討った。しかしながら、子の正は延徳三年（一四九一）、惣家松浦・有馬・大村連合軍の攻撃を受け筑前に至り、山口の大内政弘に助力を求めた。支援を得て復領した正は名を弘定（ひろさだ）に改名。次に佐々地域の諸氏と婚姻関係を結んで再び勢力を伸ばし、子の興信（おきのぶ）は戦国大名の地歩を固めていく。

さらに二代後、松浦隆信（たかのぶ）は天文十一年（一五四二）あるいは十二年、惣領・親の飯盛城へ最初の攻撃を仕掛け、鷹島を割譲させる。

その後永禄五年（一五六二）、惣領の強力な後ろ盾である有馬氏が佐賀領小城丹坂（おぎにざか）峠で龍造寺（りゅうぞうじ）氏に大敗し、西肥前での影響力が低下すると、隆信は永禄六年夏から秋にかけて、鳥屋城および本陣とする東光寺山城において惣家への攻撃を再開。これが膠着し、佐々を含む境目（さかいめ）地域は長期間の緊張状態に陥った。

最終的に永禄九年、親は松浦隆信の子を迎え、争いは終結した。加えて隆信は、同盟する佐賀領武雄の後藤氏から、早岐（はいき）など佐世保南部地域を獲得した。平戸松浦氏による松浦氏

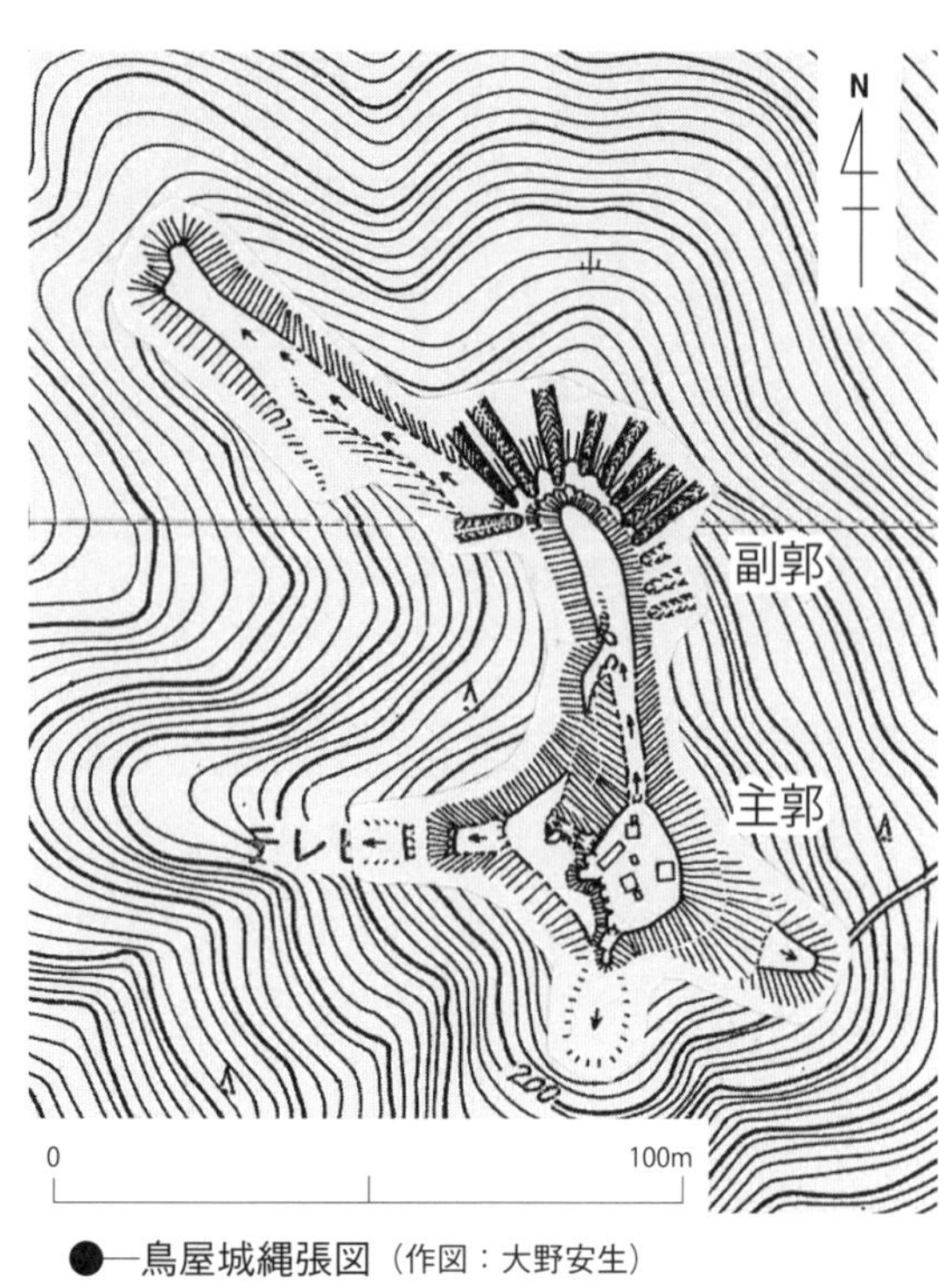

●—鳥屋城縄張図（作図：大野安生）

統一は西肥前北部の安定をもたらしたが、松浦氏の勢力範囲が大きく南下し大村領と境を接することになり、西肥前の情勢は新たな段階に移行する。

【城の縄張】　鳥屋城は、城辻山の尖った山頂に主郭を置く。主郭は狭く、テレビ各局の中継施設がひしめく。西塁線は岩塊が切り立ち、北塁線はスロープが延びる。

このスロープで連絡する副郭は、一番の見どころである。切岸は明確で、北側に畝状竪堀が作られている。最近になって発見したもので、その有無は城の評価に大きく関わる。切岸直下に掘られたこれらの堀は深く、間隔は不揃いである。西側二本がハの字に大きく開くのは、その間に下方の曲輪とを連絡するスロープが取り付くためである。畝状竪堀は、城内通路およびその周辺への回り込みを牽制している。

主郭西塁線には急傾斜のスロープがあって、直下の曲輪とを行き来できる。直下の曲輪が西に張り出した位置には、石積みで補強した切岸下に堀切がある。この尾根はいわば搦手筋に相当するが、その割には小規模な堀であり、戦国初期の志賀田氏にさかのぼる普請であろうか。

鳥屋城は、当初はおそらく高所立地に頼る防御脆弱な詰城であったと考えられるが、畝状竪堀は永禄六年からの両松浦氏の最終決戦において、確かに平戸松浦氏の最前線基地であったことを示している。

【参考文献】外山幹夫『松浦氏と平戸貿易』（国書刊行会、一九八七）、同『肥前松浦一族』（新人物往来社、二〇〇八）、大野安生「永禄期の畝状空堀群一例」『北部九州中近世城郭研究会情報紙二九』（北部九州中近世城郭研究会、二〇一五）

（大野安生）

亀岡（平戸）城

●中世からの姿を残す平戸松浦藩の海城

〔所在地〕平戸市岩ノ上町
〔比　高〕四〇メートル
〔分　類〕平山城
〔年　代〕一六～一九世紀
〔城　主〕平戸松浦氏
〔交通アクセス〕松浦鉄道西九州線「松浦駅」から、西肥バス「平戸市役所前」停留所下車、徒歩一〇分。

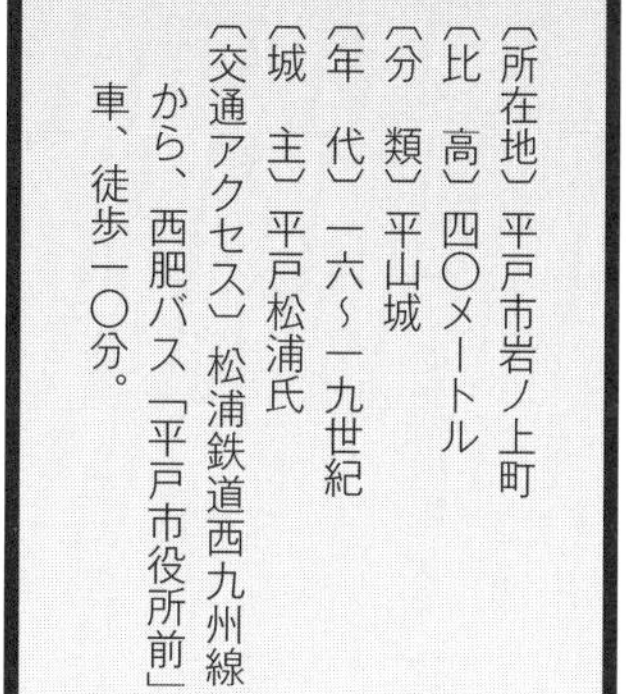

【平戸領地を一望できる城の立地と歴史】　亀岡（平戸）城は、長崎県北部にある平戸島北東部の平戸瀬戸に突き出した円形に近い半島上にある城跡である。三方は海で囲まれ天然の堀となっており、丘陵頭頂部に本丸と西に二の丸、さらに西側に三の丸が配された梯郭式の平山城の形態である。築城の時期は安土桃山時代の末期で、初代藩主松浦鎮信（法印）によって築かれたといわれており、一度破却され江戸時代中期になって再建された。再建にあたっては山鹿素行の軍学に沿って縄張が作られ、平山城としては珍しい山鹿流の城郭といえる。

城主である平戸松浦氏は、松浦党諸家の一人である峯持が小値賀島から平戸に本拠を移した。これが平戸松浦氏の基礎となり、平戸から生月・紐差・津吉・佐々・田平と勢力を広げていった。延徳三年（一四九一）、家督相続をきっかけに、平戸島の箕坪城を舞台として大村氏、有馬氏を巻き込む大きな争いが起こった。その争いに加わった相神浦松浦氏（宗家松浦氏）と平戸松浦氏との間に緊張関係が高まり、一五世紀末から一六世紀にかけて平戸松浦氏による相神浦攻めが行われた。拠城であった大智庵城、飯盛城を次々と攻め落とし、相神浦松浦氏は平戸松浦氏に降りた。その後、松浦鎮信（法印）は時節を読み、豊臣秀吉の九州平定に加わり、壱岐守護を称する波多氏に代わって松浦郡と壱岐一国の所領を安堵された。松浦党最大の大名となった。

【平戸松浦氏の城づくりへのこだわり】　文禄・慶長の役後、

朝鮮出兵に従軍した鎮信は、その経験から慶長四年（一五九九）頃に現在の城地である亀岡に最初の築城を開始した（日之嶽城跡）。築城にあたっては西洋人より築城法や石材加工技術を学び、朝鮮出兵の本営となった名護屋城の用材を貰い受けたとも伝えられている。また、城の構築と並んで家臣を城下に来住させるため町割を行うなどの平戸の近世城下町としての原型が形成された。慶長五年の関ヶ原の戦いの頃、徳川家康からの嫌疑を晴らすため、城の一部を破却したといわれている。また、完成も間近となった慶長十八年には火災により大半を焼失させた。この火災については、松浦家旧記である『壺陽録』に、「鎮信が嫡子で藩主の地位にあった久信が病没したのを悲しんで城に放火したとしている」が、必然性に乏しく、時間的経過からしても疑わしい。豊臣氏と親交が厚く、外様大名として幕府の改易を恐れた鎮信が、警戒心を和らげる目的から放火し焼失させたという意見が強い。火災後、藩は城をすぐには再建せず、港を挟んだ北側に居館を構え平戸藩の藩庁とした。最初の館が中之館であり、その後御館に移った。寛永四年（一六二七）に記された幕府の探索書に見える平戸城が、絵図の内容から御館を示すとみられることから、この頃は御館に居館があったことがわかる。その後、明治時代にはこの場所に旧藩主松浦氏の私邸が築かれ、現在、松浦史料博物館となっている。

四代藩主松浦重信は山鹿素行と交流があり、平戸に迎えたいと希望したがかなわず、貞享二年（一六八五）素行は亡くなってしまう。平戸藩は後に一族の山鹿高基・義昌を藩士として迎え入れた。元禄十五年（一七〇二）、鎮信（重信から隠居により改名）は幕府に平戸城の再築城を願い出て、元禄十六年に許可された。江戸時代中期に築城が許可されたのは異例であり、平戸藩主が五代将軍綱吉のもとで登用され、外様大名としてはじめて寺社奉行に任命されるなど厚遇されたことが要因と考えられる。五代藩主松浦棟によって元禄十七年二月に着工され、宝永四年（一七〇七）にほぼ完成した。天守はつくらず、二の丸に建てた三重三階の乾櫓をその代用としていた。築城指導は山鹿義昌によって行われ、山鹿流軍学に基づく縄張が構築されている。明治四年（一八七一）廃藩置県後の廃城令により廃城となり翌年現存する狸櫓と北虎口門（搦手門）を残し解体された。その後、昭和三十七年（一九六二）に模擬天守および見奏櫓、乾櫓、地蔵坂櫓、懐柔櫓が建てられている。

【山鹿流縄張がみられる構造】 亀岡城の構造を築城願によりみてみると、本丸・二の郭・三の郭・外郭が基本構造である。文化七年（一八一〇）に行われた測量によると、高さ一六丈二尺六寸（約五〇メートル）、東西およそ四町二四間（約四八〇メートル）、南北およそ三町四八間（約四一一メートル）ということであり、半島全体が城域とみることができる。

本丸は櫓二ヵ所と門二ヵ所があり、うち一ヵ所は櫓門である。天守は明記されていないことから存在せず、現在模擬天守がある曲輪（くるわ）が本丸と推測され、南側に櫓門を持つ桝形（ますがた）虎口が配置されている。長崎県北部の山城には主曲輪の中に一段高い小規模な曲輪（物見台（ものみだい）・天守台）が配置されることが多い。松浦市梶谷城跡や佐世保市吉井町直谷城跡などに同様の曲輪がみられ、この亀岡城の本丸も同じく中世からの名残を残す遺構といえる。

二の郭は三角形をしており周囲は石垣で囲まれている。郭の端には六ヵ所の櫓があったという記載があり、乾櫓、狸櫓、地蔵坂櫓、見奏櫓などがそれにあたる。また虎口は四ヵ所あり、大手・北虎口・安寿（あんじゅ）門・方啓（ほうけい）門があった。乾櫓は二の郭の西側に位置し、城域のほぼ中央に位置する。港や城

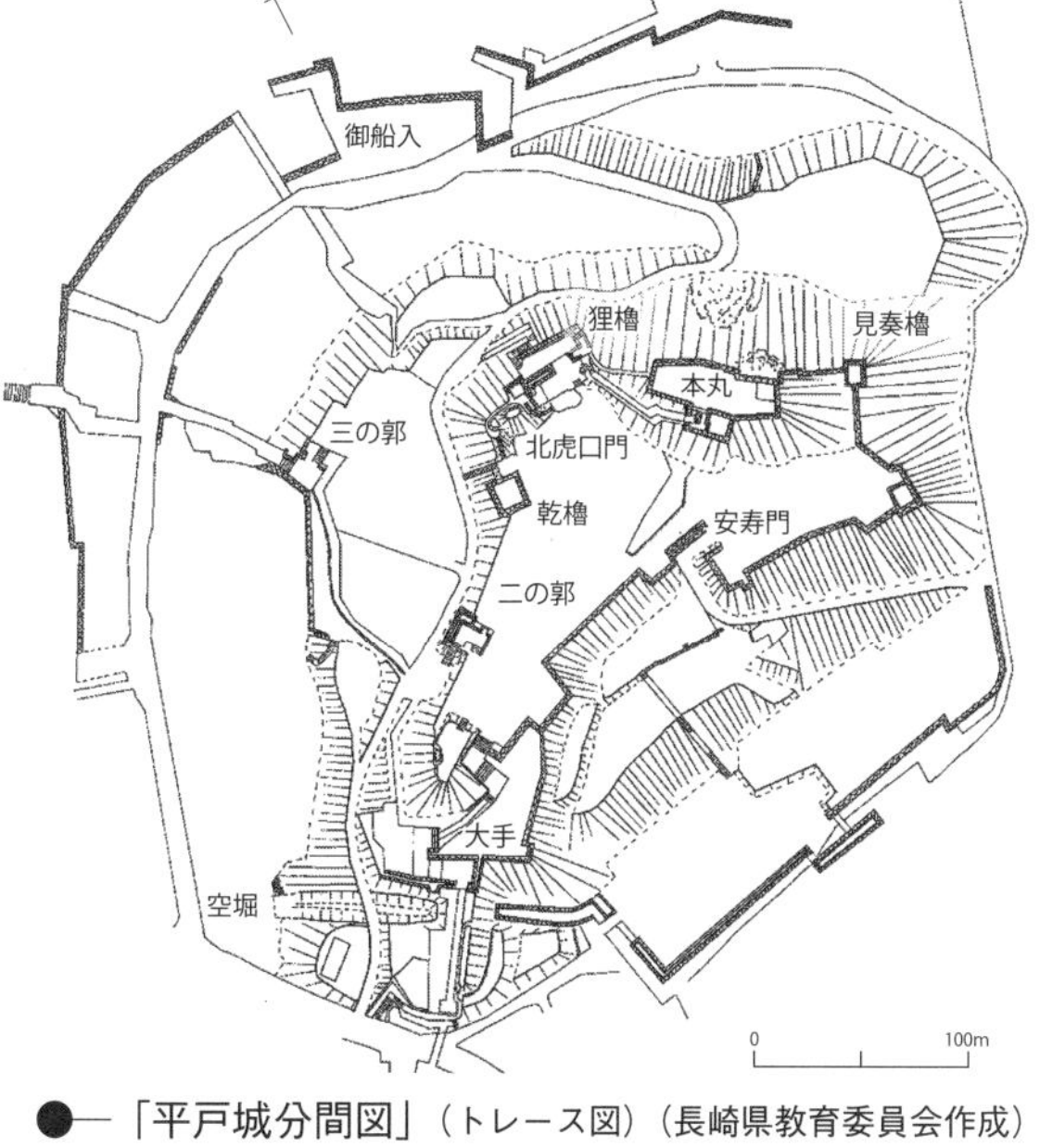

●―「平戸城分間図」（トレース図）（長崎県教育委員会作成）

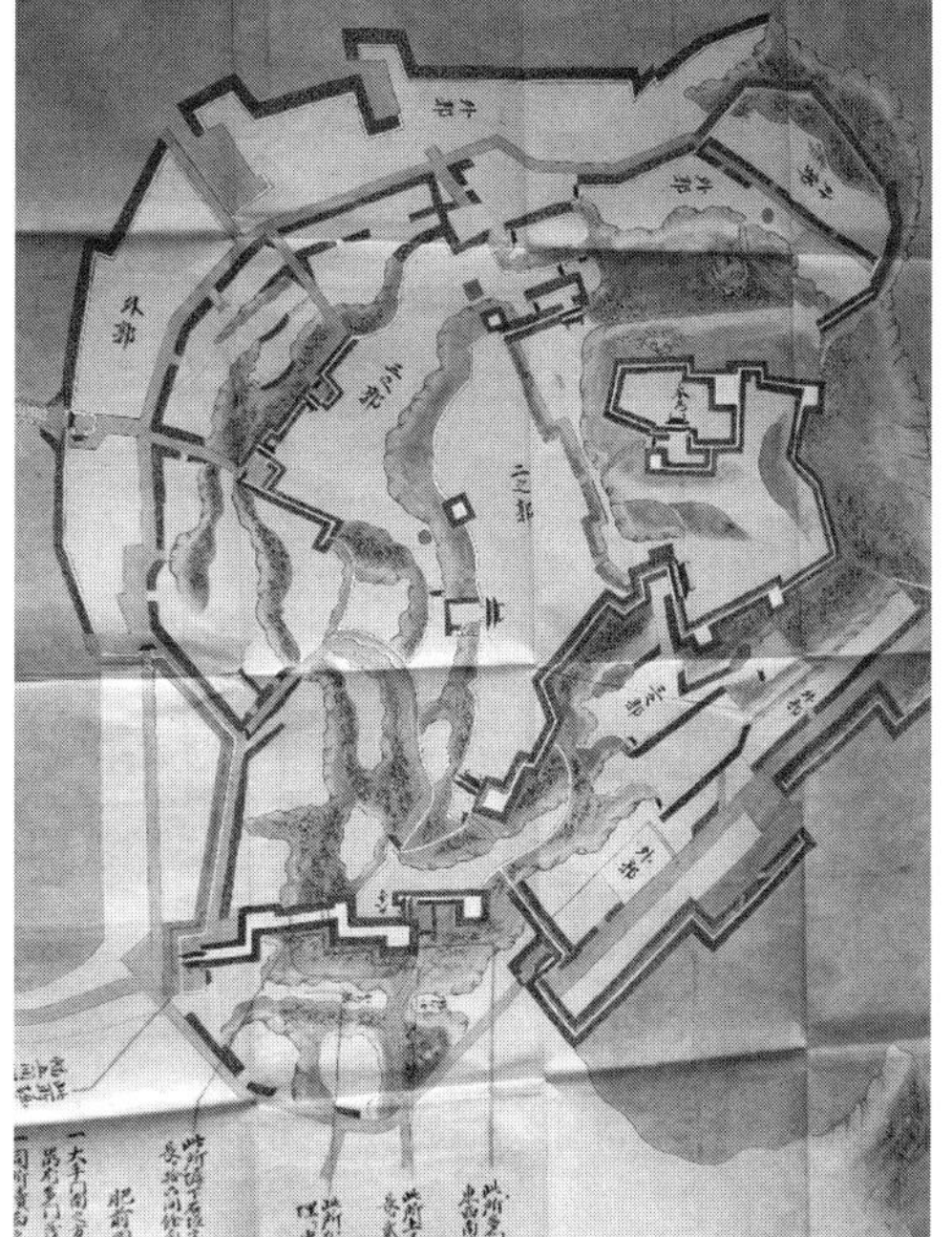
●―平戸城分間図（松浦史料博物館所蔵）

●―亀岡城 天守

●―亀岡城北虎口門

下を見渡す位置にあり、天守としての機能を有していたことが感じられる。狸櫓は北虎口門の東側にあたり桝形に合わせたL字形の形状である。城域の北側にある御船入（船着き場）に面しており、本来北虎口は防御上搦手口としての機能が想定されるが、近世以降御船入の整備とともに構えられた櫓の可能性が高い。見奏櫓は城の東側の海沿いに面しており海域の警備に備えた櫓といえる。安寿門からの搦手道の警備も兼ねたことも想像できる。二の郭の南側には大手が有り、大規模な桝形虎口が作られている。その外側大手櫓、空堀などがみられることから、慶長期の防御を考慮した城構えがみえ、日之嶽城の名残が感じられる。その後、江戸期にはここに番所があったと記されている。現在、二の郭は国登録有形文化財である亀岡神社社殿と境内があり、長崎県県指定天然記念物のマキ並木や、桜、ツツジなどの四季折々の景色がみられる公園として整備されている。

三の郭は、二の郭西側の一段下った郭であり、櫓門二ヵ所、冠木門が一〇ヵ所あったと記載されている。後に新馬場や溜池がつくられている。文化年間の絵図を見ると新馬場や溜池などのほかに花畑や御厩（現在の長崎県立猶興館高校）、御武具方、御城方、御作事方、維新館（現在の平戸市立平戸中学校）などがあり、城の西側には町役所、勘定場、御米蔵、御船入なども見られ、この地に平戸藩の中枢の機能が集約された惣構えがあったことがわかり、今でもその名残を感じることができる城跡である。

【参考文献】『日本城郭大系一七 長崎・佐賀』（新人物往来社、一九八〇）、美坂龍城『城郭建造物遺構「櫓」探訪（上）』（文芸社、二〇〇一）、林隆広・宮武直人・寺田正剛編『長崎県中近世城館跡分布調査報告書Ⅱ』（長崎県教育委員会、二〇一一）

（寺田正剛）

箕坪城（みのつぼじょう）

●巨大な石塁で曲輪間の谷を守る！平戸松浦氏が籠城した城

〔所在地〕平戸市主師町
〔比　高〕約二〇〇メートル
〔分　類〕山城
〔年　代〕不詳
〔城　主〕平戸松浦氏
〔交通アクセス〕松浦鉄道西九州線「たびら平戸口駅」から生月バス平戸線「箕の坪ダム入口」停留所下車、徒歩五〇分。

【由　来】文明十八年（一四八六）に平戸松浦正（後の弘定）は、兄である峰昌（後の志佐純元）の田平里城を攻め奪った。峰昌は有馬氏を頼り逃亡したが、延徳三年（一四九一）に有馬貴純が少弐政資・大村純伊・相神浦松浦定を誘って平戸松浦氏を攻めた。これに対して平戸松浦正は白狐山城に立て籠もったが、守り切れずに箕坪城に籠城し、三ヵ月後には箕坪城を脱出し大内政弘を頼って海路で筑前に逃れている。平戸松浦正は明応元年（一四九二）に大内政弘の援護を受けて平戸に復帰し、大内政弘から偏諱を受け弘定と名乗るようになる。

【縄　張】修験道で名高い安満岳の北東に位置する標高約二九〇メートルの城山山頂に築かれている。山頂はV字状の尾根で、大手口を結節点に東西へ曲輪が展開する構造である。東側曲輪は平坦に整地され、櫓台状の高まりがみられる。またY字状の竪堀や塁線の折れもあり、箕坪城の主郭であったと思われる。西側曲輪は東側曲輪に比べて狭く、武者走状の細長い曲輪が尾根筋に作られる。また短いながらも三条の竪堀を備えて西側斜面の横移動を制約している。東西の曲輪を繋ぐ大手口は小規模な曲輪を用いて外枡形虎口のような構造となり、場内に入る虎口は喰違い状となっており、導線を折ることを意識している。大手口の南西に約三〇メートル急斜面を下ると南西に延びる尾根筋を遮断する堀切が掘られ、その東西は竪堀化している。また大手口曲輪の南斜面には七条の小規模な竪堀が掘られている。東西曲輪の狭間は谷となっているが、この谷からの攻撃を警戒して大規模な石塁(せきるい)を築いており、これが箕坪城の大きな特徴となっている。谷側の石垣高は六(メートル)を測り、板状に剝離した頁岩(けつがん)を平積みにしている。石垣に反りはなく、三段のセットバックで石垣高を維持している。

（林　隆広）

【参考文献】長崎県教育委員会『長崎県中近世城館跡分布調査報告書Ⅱ』（二〇一一）

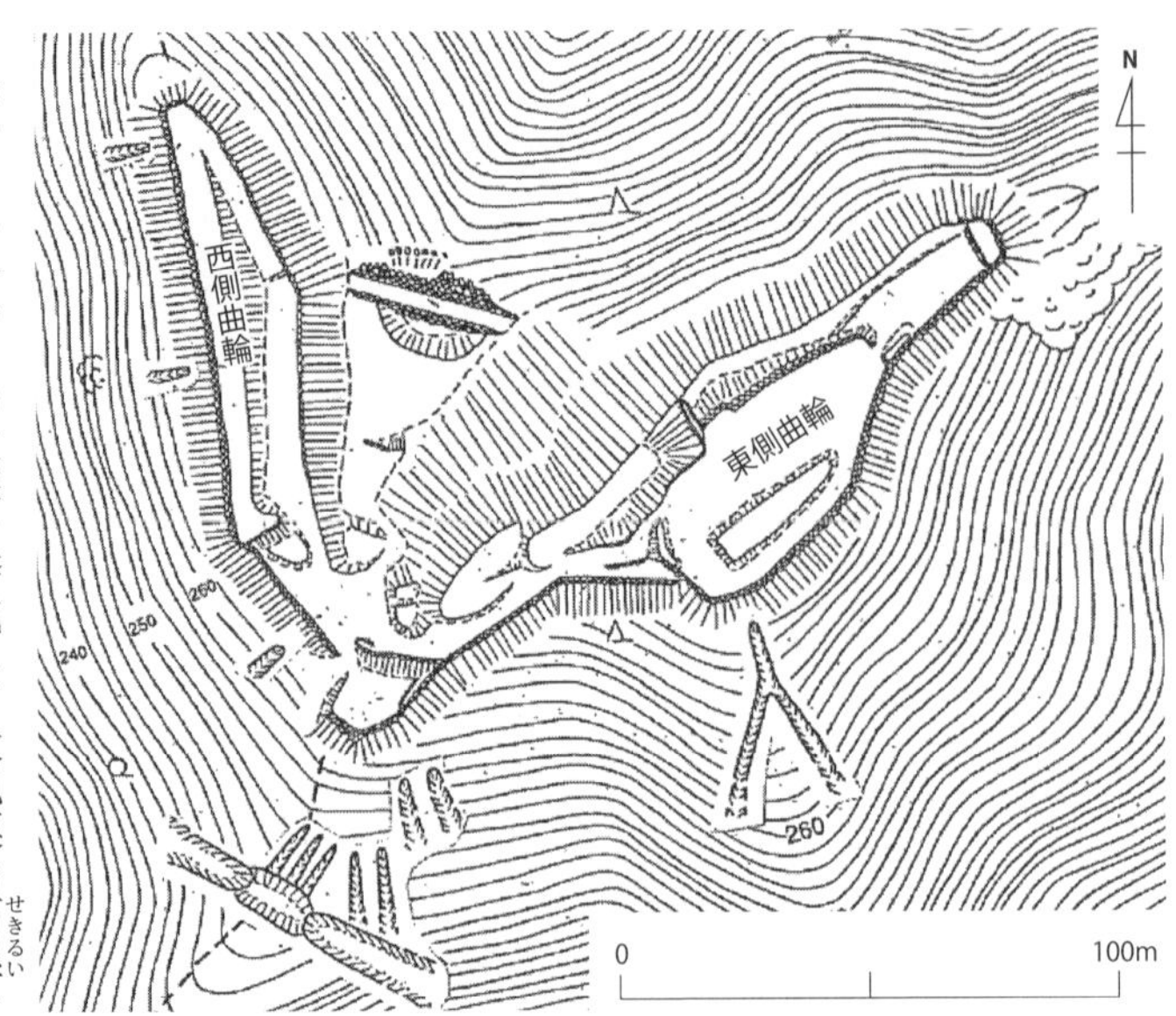

●—箕坪城縄張図（作図：林 隆広〈長崎県 2011 に加筆〉）

●—箕坪城石塁（城内から）

●—箕坪城石塁（外側から）

●平戸松浦氏の出発点となる山城

館山（たちやま）

〔所在地〕平戸市鏡川町
〔比　高〕約六〇メートル
〔分　類〕山城
〔年　代〕不詳
〔城　主〕平戸松浦氏
〔交通アクセス〕松浦鉄道西九州線「たびら平戸口駅」から西肥バス「平戸市観光交通ターミナル」下車、徒歩二〇分。

【歴　史】　安貞三年（一二二九）に上五島小値賀の地頭職を安堵された一一代の松浦持が小値賀から平戸の館山に拠点を移したとの伝承もあるが定かではない。南北朝時代に一九代の松浦勝が勝尾嶽城を築城したとされるので、それまで平戸松浦党の本拠であったと思われる。

慶長四年（一五九九）に松浦鎮信が日之嶽城を築城後に焼失させ、その政庁を中之館からこの館山に移している。また五代藩主の松浦棟が元禄二年（一六八九）に弟の昌に志佐郡・調川郡の新田一万石を分与して平戸館山藩が成立するが、この館山藩の政庁も館山に置かれたとされる。しかし実態は本藩が支藩を管理している状況であり、平戸新田藩の屋敷は平戸城下にあった。

【縄　張】　松浦党特有の円形を呈する代表的な城館である。丘陵の背面を逆U字の形状をした大規模な堀切（横堀）で丘陵から曲輪を遮断している。さらに馬踏のある土塁で守り、堀底から土塁の馬踏まで約五メートルの高さがある。この土塁は、東においては馬踏幅が一〇メートルほどと広く、小規模な区画が段々と連なる構造である。一方、土塁の北側から西側にかけては馬踏幅が二～三メートルほどである。大規模な堀切で丘陵から遮断されているものの、堀切で守られた曲輪は思いのほか狭く、南側にやや傾斜し完全な平坦面とはならない。

このようなU字（馬蹄形）の堀切で丘陵から曲輪を遮断する構造は、ほかにも医王城（松浦市鷹島町）、八幡山城（松浦市今福町）、野寄城（北松浦郡佐々町）、大刀洗城（佐世保市指方町）、上小林城（佐世保市城間町）、太田和氏館（西海市西海町）、針尾城（佐世保市針尾町）、天狗山城（西海市西彼町）など実は長崎県北部に多く点在し、これらは松浦党の城郭として評価される。そのため歴史的にみて、この館山が松浦党の

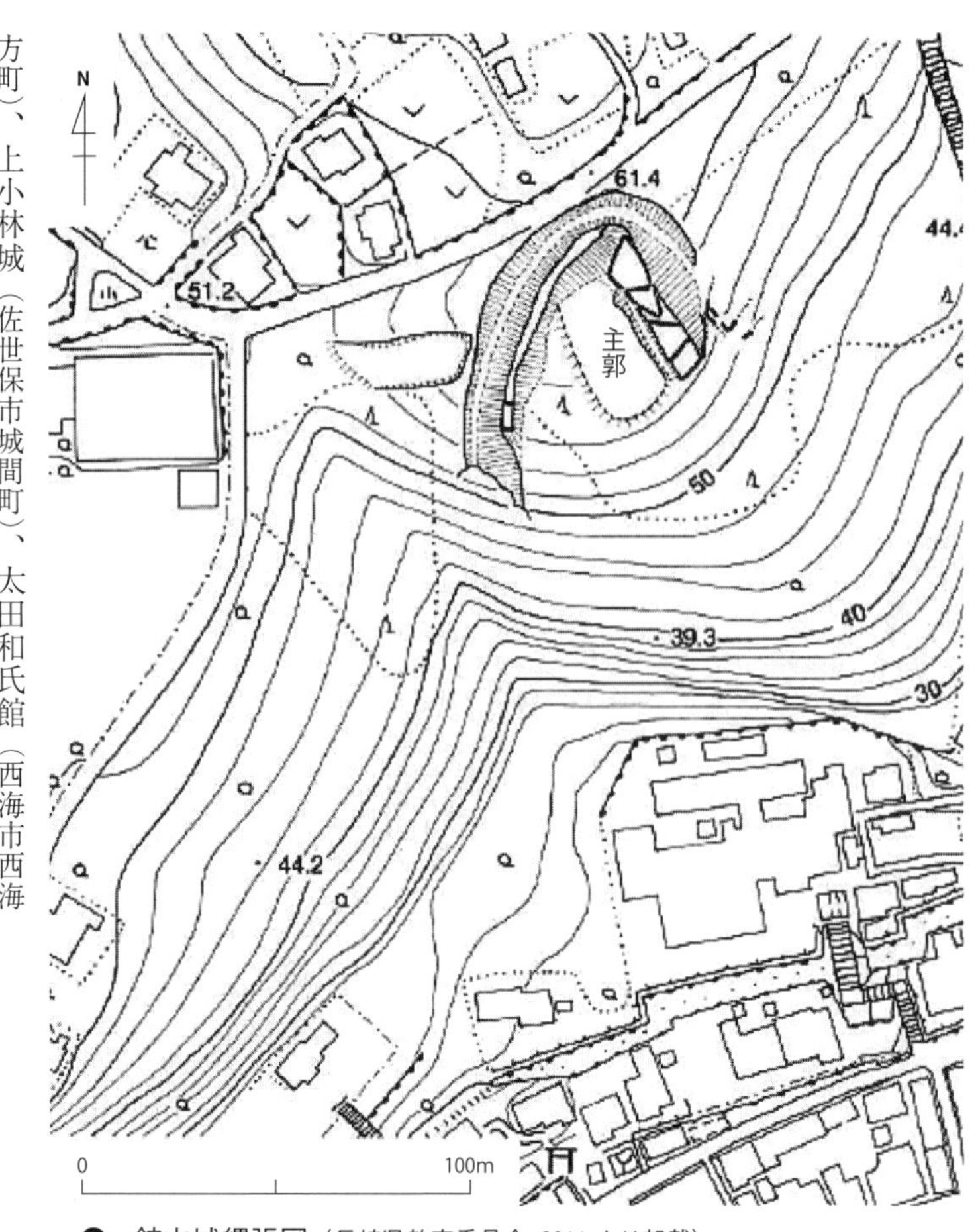

●—館山城縄張図（長崎県教育委員会 2011 より転載）

城郭の特徴である円形プランの曲輪を堀切や空堀（からぼり）で遮断する、いわゆる「松浦型プラン」の祖型である可能性もある。

現在、この館山の中腹には明治二十六年（一八九三）に松浦家の私邸として建てられた「鶴ヶ峯邸」を利用した松浦史料博物館がある。平戸松浦氏の歴史を体感するにふさわしい場所といえる。

【参考文献】長崎県教育委員会『長崎県中近世城館跡分布調査報告書Ⅱ』（二〇一一）

（林　隆広）

籠手田城

●松浦型プランの代名詞！高津城（壱岐）とほぼ同じ構造

〔所在地〕平戸市田平町山内免
〔比　高〕約一五メートル
〔分　類〕山城
〔年　代〕文明年間？
〔城　主〕籠手田栄？
〔交通アクセス〕松浦鉄道西九州線「たびら平戸口駅」下車、徒歩約四分。

【籠手田氏の来歴】　一五世紀中頃に平戸松浦豊久は三男の栄を田平氏の養子としている。その後、田平氏に籠手田氏を名乗らせたという。籠手田氏は延徳三年（一四九一）の田平平戸合戦で、平戸松浦弘定の重臣として奮戦した。また明応七年（一四九八）の大智庵城攻撃の先陣となるほか、戦国期の平戸松浦氏の戦いで活躍した。籠手田氏といえばキリシタン武将の籠手田安経が有名であるが、平戸松浦氏当主の松浦隆信に次ぐ有力者とされる。相神浦松浦氏との争いや波多氏との戦いでは、当主に代わって総大将となり出陣するなどして活躍している。

【縄　張】　籠手田城は丘陵尾根筋の先端に選地され、東西約二八メートル、南北約二三メートルのやや楕円形を呈する円形の曲輪を主郭とする。主郭西側の尾根筋は二重の空堀と三重の土塁で防御を固めている。主郭北東側の空堀は宅地造成で壊されており、また主西側尾根筋を守る土塁も松浦鉄道により破壊されている。主郭の西側塁線は土塁が築かれており、全体として主郭西側を重点的に防御する構造が読み取れる。同土塁はそれほど高くなく、胸壁として使用したようである。はたして主郭東側の防御は、空堀一条のみだったのだろうか。現在は国道となっているためわからないが、あるいは西側と同様に多重の堀が巡っていたかもしれない。

　松浦型プランの代名詞として、高津城（壱岐）とともに重要な城郭である。なぜ遠く離れた場所にあるにも関わらず、この籠手田城と高津城は瓜二つなのであろうか。その理由は

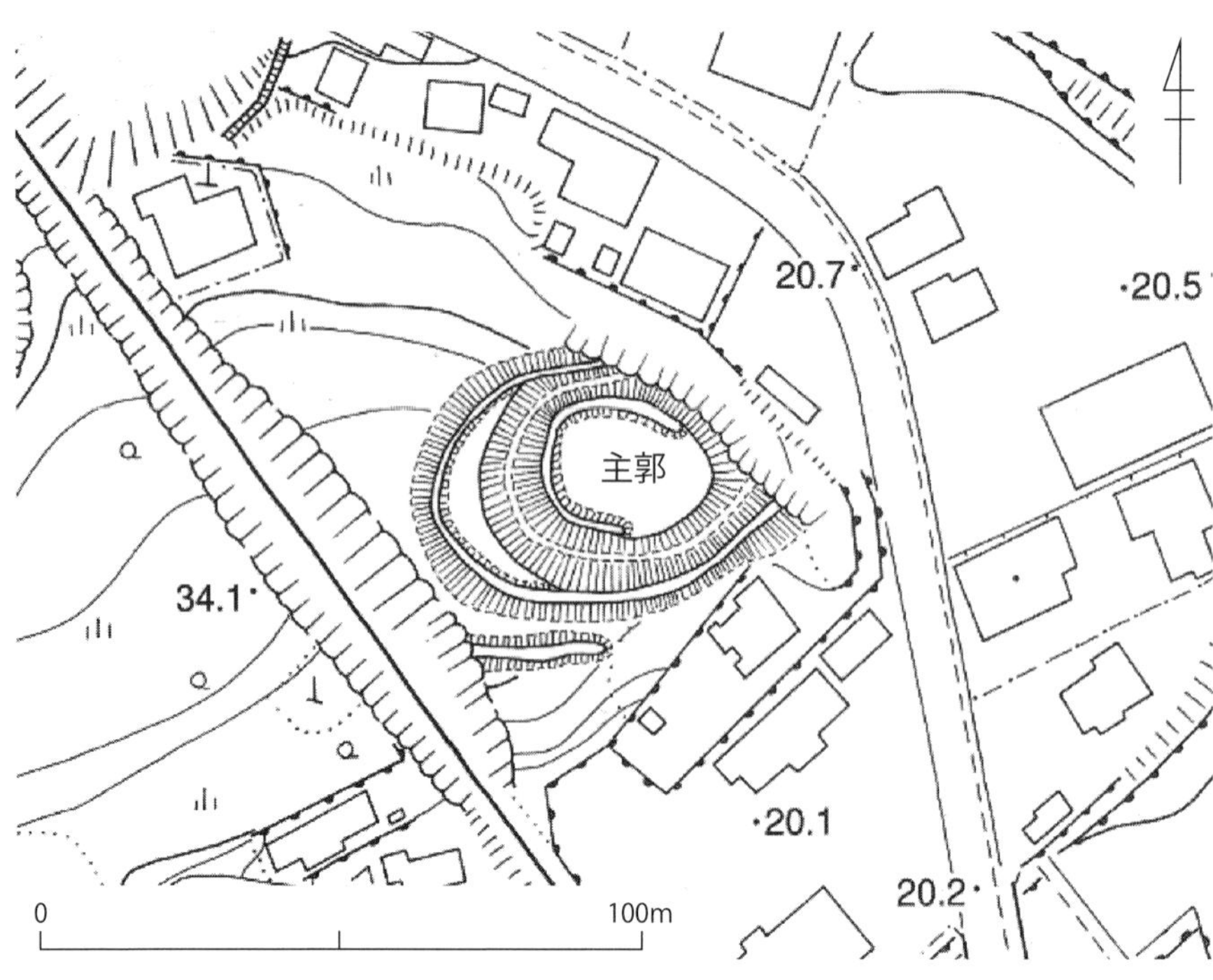

●—籠手田城縄張図（長崎県教育委員会 2011 より転載）

よくわからないが、そもそも主郭を円形に作るという理由には、いくつかの推論を上げることができる。一つは自然地形を利用するため普請が少なくて済むという利点である。次に図のように中心点から同心の円形と方形とでは、その辺の合計距離は円形が短くなり（円周は方形辺長の約八割）、それだけ一人当たりの守備範囲が狭くなる。また鉄砲や弓などを多く用いる籠城戦を想定していれば、横矢（よこや）ではなく鉄砲・弓を主郭土塁内に横並びにして防衛線を構築することができる。鉄砲や弓を持つ守備兵が、胸壁のような土塁の内側で攻城兵の寄せる場所に素早く移動しつつ迎撃する様子が想像される。

農業生産力の乏しい松浦党の地盤では、そもそも人が少なく、籠城も少人数でしか籠れなかったと思われる。松浦型プランは、あるいは松浦党という海賊集団の、面子（めんつ）よりも実利を優先する強かさの表れなのかもしれない。

【参考文献】長崎県教育委員会『長崎県中近世城館跡分布調査報告書Ⅱ』（二〇一一）

（林　隆広）

梶谷城（かじやじょう）

●松浦源久が下向して築いたと伝えられる、松浦党発祥の城

〔長崎県史跡〕

〔所在地〕松浦市今福町東免
〔比　高〕約四〇メートル
〔分　類〕山城
〔年　代〕不詳
〔城　主〕今福松浦氏
〔交通アクセス〕松浦鉄道西九州線「今福駅」下車、徒歩二五分。

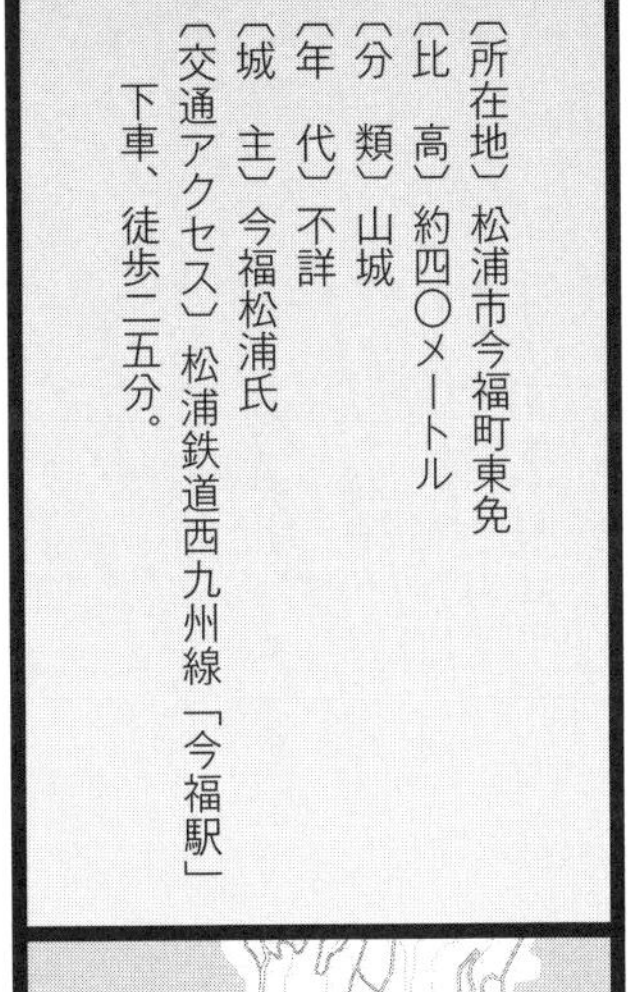

【松浦党の祖・源久】 松浦党は、嵯峨天皇の後裔という嵯峨源氏を祖としている。すなわち『松浦家世伝』では平安末の延久元年（一〇六九）に渡辺綱の嫡子である源久が、宇野御厨検校として肥前国松浦郡今福に下向、土着し、松浦氏の祖となったというものである。一方『小右記』では寛仁三年（一〇一九）の「刀伊の入寇」にさいして前肥前介源知が奮闘したとされる。この源氏姓で、かつ松浦党によくみられる一字名のりである知が松浦氏の祖ともいわれるが、松浦氏の出自については判然としないのが実情である。

【縄　張】 伊万里湾に突出した城山に位置する。城域は大きく二つに分けられるが様相が大いに異なる。まず曲輪①は、その西側に大きく「腕」を伸ばす外桝形虎口（K1）と櫓台（C1）を備え、平坦な割面の割石を用いた石垣で塁線を固めている。さらに東側塁線には櫓台（C2）も張り出し、南北に長い塁線を睨んでいる。曲輪中央には削り残した高まり（C3）が櫓台状となっている。全体的に平坦に削平されており、機能的な城域となっている。一方、曲輪①の北側に広がる曲輪②は自然地形の傾斜を残す様相である。また周囲を石垣で囲むが、この石垣は曲輪①の石垣とは異なり、平たい板石を横積みしてほぼ垂直に積み上げる技法である。これは西彼杵半島を中心とした肥前西部地方でよくみられるもので、曲輪①の石垣とは異なる技法である。

梶谷城は山城としては珍しく発掘調査が行われている。そのさいに城域の東側斜面から一条の竪堀を検出している。面

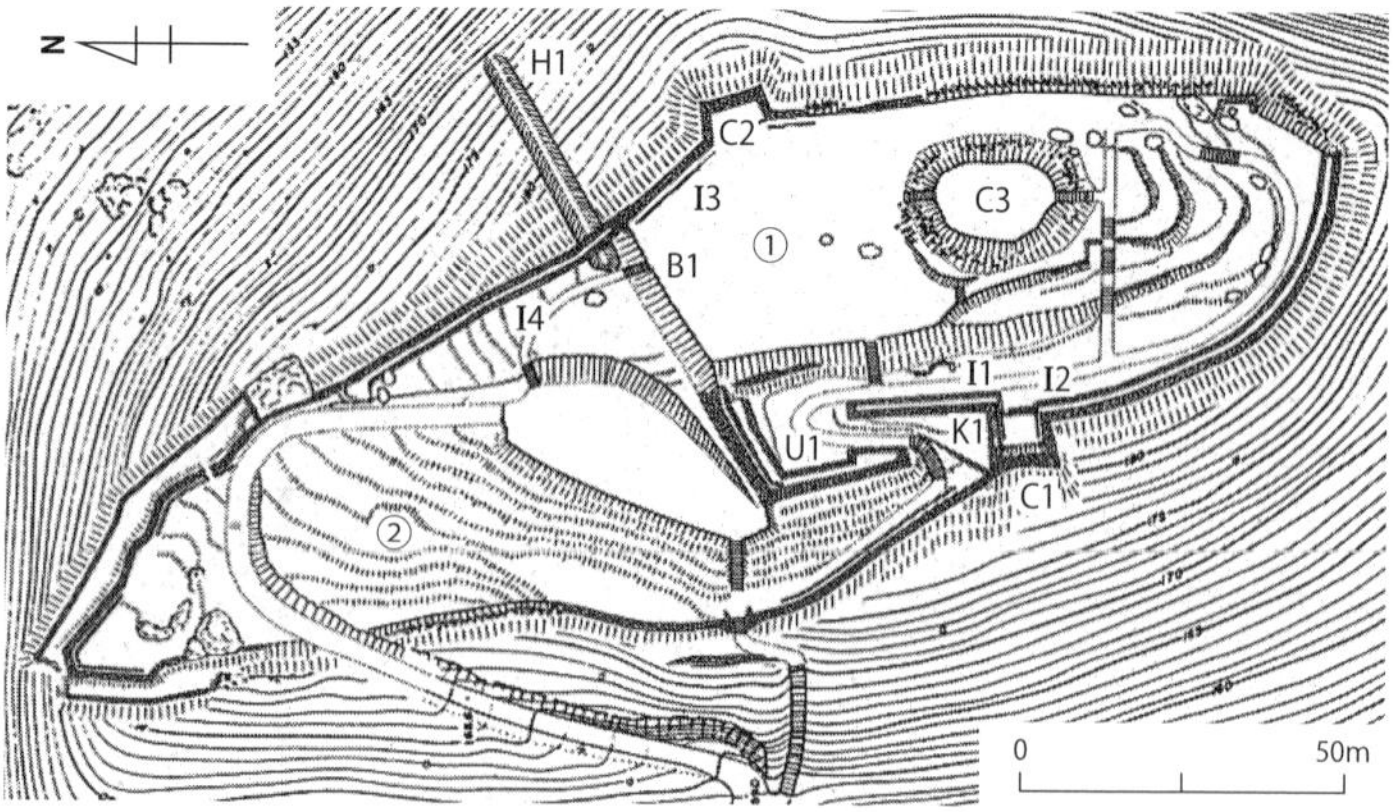

●―梶谷城縄張図（木島 2001 より転載）（作図：木島孝之）

白いことに、この竪堀は曲輪②の東側塁線を固める石塁を潜っている。これは竪堀が城域の塁線を石垣または石塁で固める改修を行うさいに埋められたことを意味し、現在の姿が松浦党発祥時の姿ではないことを物語っている。

このことについて木島孝之は、曲輪①における外桝形虎口（Ｋ１）、櫓台（Ｃ１・２）、曲輪①塁線の石垣を取り払うと、櫓台状の高まり（Ｃ３）を中心に帯曲輪状の削平段が周囲を取り巻き、それをさらに石塁が囲み込む構造であったと推測している。そしてその姿は「松浦型プラン」の範疇で捉えるべきプランであるとしている。

では今日にみられる梶谷城の姿は、いつ改修された結果なのであろうか。これについて木島は外桝形虎口（Ｋ１）の形状が肥前名護屋城東側虎口および朝鮮半島の蔚山城（朝鮮出兵時に日本勢が築城した倭城と総称される城郭の一つ）に類似することから、平戸松浦氏が一連の倭城築城を通して修得した織豊系の縄張技術を駆使して構築したものとしている。梶谷城が位置する今福は鍋島領と接する境目の地域であり、また伊万里から平戸へ向かう厨筋街道が通う交通の要衝でもある。梶谷城が朝鮮出兵後に織豊系城郭として改修を受けた背景には、国境の城としてより防御力を高める必要があったことがうかがえる。

しかしながら、せっかく曲輪①を中心に織豊系の技術で重武装しても、曲輪②から曲輪①への侵入が容易で、そこに「松浦型プラン」への固執というか執着というか、海賊である松浦党の遺伝子のようなものが読み取れて面白い。本当に織豊系の縄張技術に精通したなら、曲輪①と曲輪②の間に高い石垣を構築して隔絶するか、あるいは内桝形虎口を備えるかすべきであろう。

【参考文献】木島孝之『城郭の縄張り構造と大名権力』（九州大学出版会、二〇〇一）

（林　隆広）

●江戸幕府が最後に普請を許した近世城郭

石田(いしだ)（福江(ふくえ)）城(じょう)

〔長崎県史跡〕

〔所在地〕五島市池田町
〔比　高〕五メートル
〔分　類〕平城
〔年　代〕一九世紀
〔城　主〕五島氏
〔交通アクセス〕福江港ターミナルから徒歩一〇分。

【宇久氏から五島氏へ】　石田城は、福江島の西部、五島市街地の中心部にある標高四メートルから九メートルの平城である。現在は周囲が埋め立てられて官公庁や住宅、商店街が広がっているものの、築城当時は三方を海に囲まれた海城であった。現在は、城内の本丸には長崎県立五島高等学校、北ノ丸跡には五島観光歴史資料館や五島市立図書館、五島市福江文化会館が建てられ、二ノ丸跡には五島氏庭園が往時の姿を今に伝えている。

石田城は、幕末の文久三年（一八六三）に福江藩最後の藩主五島盛徳(もりのり)が完成させた五島氏の居城である。幕末期の海上防衛や異国船の来訪に備えるため、城内には台場（砲台）が設けられていた。北海道の松前城とともに幕末の城郭として貴重な城跡である。

藩主である五島氏は一五世紀後半に五島列島北端の宇久(うく)島から移住してきた宇久氏が祖といわれている。それまで五島には宇久氏のほか、上五島を中心に青方(あおかた)氏、白魚(しろうお)氏、有河(ありかわ)氏などの青方一族と呼ばれる小領主が各地を支配していた。一五世紀前半には一同が一揆契約を結び、その中から宇久氏が次第に台頭してきたという。その後、宇久氏は朝鮮との交易により財力を蓄え、平戸松浦氏の援助を受けながら勢力をさらに強め、五島列島南端の福江島岐宿(きしく)に移住し、一六世紀前半には江川城を築城した。

江川城は宇久盛定(もりさだ)により大永六年（一五二六）に築かれたといわれている。その後慶長十九年（一六一四）まで六代にわたり宇久氏の居城であった。天文九年（一五四〇）、明の貿易商人王直が来航し、盛定はこれを歓迎し一行を城の近くに住まわせた。それが今日の唐人町であり、六角井戸や明人堂など当時の遺構が今も残っている。王直と提携して、対外貿易を行っていたその当時が宇久氏の全盛期であった。その後、純玄の頃の天正十五年（一五八七）、豊臣秀吉の九州征伐にさいし、一万五五三〇石の所領が安堵された。文禄元年（一五九二）、秀吉の第一次朝鮮出兵が開始され、出陣命令を受けた純玄は七〇〇余人の兵を率いて朝鮮に渡り、そのさい宇久氏から五島氏へ改称している。文禄三年、純玄は陣中で病没した。慶長十九年八月、五島盛利の時、江川城は放火により全焼し、伝来の文書などはほぼ消失したといわれている。

【幕府に認められた築城の願い】　盛利は、寛永十四年（一六三七）に福江石田浜に陣屋（石田陣屋）を構え藩庁にした。その後、文久年間（一八六一—六四）までの約二〇〇年間、五島氏は幾度となく築城を幕府に願い続けたものの認められず、陣屋で過ごすことになった。陣屋の構築時には唐津城主寺沢広高の助言を得たといわれ、材木などは鬼岳から伐採して充てたと伝えられるが、石田陣屋としての遺構は明確には判断できない。ただ、本丸内堀・外堀石垣の大部分は陣屋当時に作られたものといわれている。

五島氏は江戸初期以来、陣屋にあって城に拠ることもなかったので築城の願望は極めて根強かった。特にわが国の最西端の島嶼部を基盤とする五島藩は、近海に異国船の出没が頻繁であったことで早くから海防の重要性を痛感していた。文化三年（一八〇六）二月当時の藩主五島盛運は異国船からの防禦を目的に幕府に築城を願い出たが、その願いは認められなかった。さらに、同五年に長崎で起こったフェートン号事件により海防の必要性がいっそう痛感されるようになり、盛運の子五島盛繁は文政三年（一八二〇）に再度築城を願い出たがここでも許可されなかった。

しかしその後、嘉永二年（一八四九）七月十日、藩主五島盛成の頃、ついに幕府は築城を許可した。老中阿部正弘から許諾を受けた時の記録によると、「今後、城築立候仰せ出され候様儀ハ、容易ならざる事に候へ共、近年御国地海岸辺へ異国船数艘乗通り、或ハ所々浦々へ渡来致し候。其事情も計り難きの処、五島の儀は洋中の離島、万一非常の儀これあり候はば、進退不都合の次第もこれあるべく、右については防禦の手配格別厳重にこれ無く候ては相成り難く、これにより、出格の思召を以て仰せ出され候事に候」（『五島編年史』（原漢文）から引用、要約され、「日本城郭大系一七」に記載）とあり、五島藩の石高としては通常築城の許可は得られないものの、異国船の度重なる来航に備えた海域への防御を理由に懇願を繰り返し、幕府の理解を得たことがわかる。

盛成は海辺への築城に際し、福江川河口に灯台にあたる常夜灯「常灯鼻」を弘化三年（一八四六）に建設、さらに波の影響から城を守るため、陸へと続く導水堤（防波堤）を嘉永元年（一八四八）に完成させた。海城の築城には財政難や海沿い特有の問題もあり、竣工までに一四年の歳月を要したが、分知した富江藩などからの資金や人夫の援助を受けながら、文久三年六月、五島盛徳の代に築城を終えた。明治維新の五年前に江戸幕府の下で普請され築城された最後の城郭である。

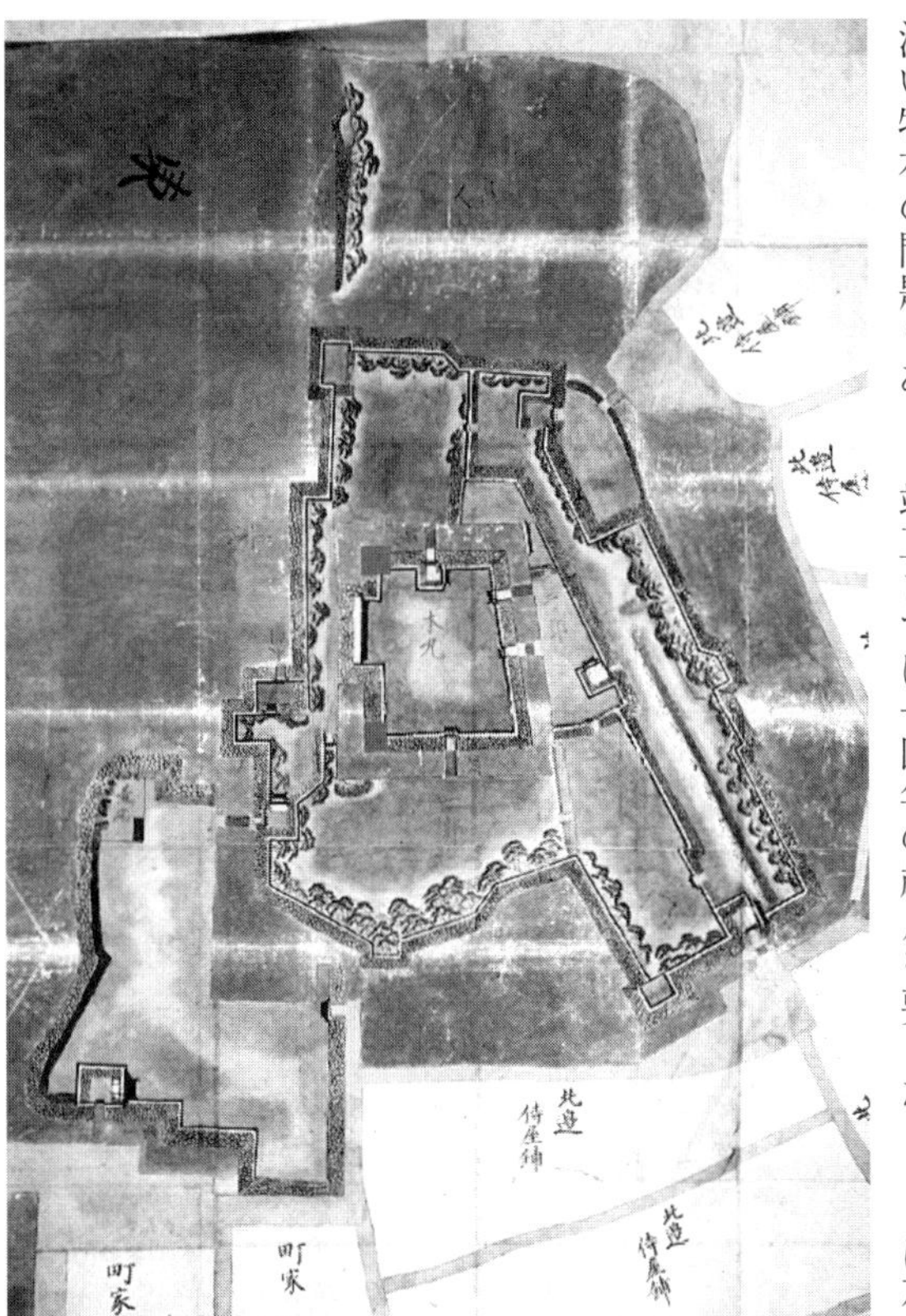

●—『肥前國松浦郡五島福江城絵図面』（長崎歴史文化博物館所蔵）

【海防の城、石田城の縄張と調査】　城の基本構造は本丸と二ノ丸、北ノ丸からなり、本丸の周囲に内堀、城の西側の城下町に繋がる位置に外堀がみられる。また、各郭の隅の要所には石火矢台場が配置されており、海防を目的とした城の特徴がみられる。本丸は一辺約一〇〇メートルのほぼ方形で南側に内枡形の大手を有する。天守はなく、本丸の東隅にある二重櫓がその代用とされたと考えられる。本丸の南東に二ノ丸が置かれ、その東隅の海に面していた部分には重厚な台場が配置されている。城の裏門である蹴出門や外堀に掛かる渡門は、部材の交換を重ねながら今もなお現存しており、土塀の一部や石橋と併せて城の形状を残している。周囲にみられる石垣は自然石を積み上げられた野面積み工法が多用されており、隅石のみ丁寧に剥つられた切石が利用されている。城の北東側の海に面した部分には、コ字型の石積みで囲まれた水門があり、海域の警備を司る船を停泊した船着き場として機能していたと考えられる。

石田城跡は城内にある県立五島高校の校舎および施設改修工事に伴い、五度にわたり発掘調査が実施されている。平成七年度（一九九五）に行われた校舎建替えに伴う発掘調査では、本丸および二ノ丸に計一七ヵ所の試掘坑を設定し範囲確認調査を行った後、既存の建物の合間で調査区を設定し、緊急発掘調査を行っている。二ノ丸周辺においては『旧五嶋領ノ図』（長崎歴史文化博物館所蔵）にみられる「〆切門跡」や「荷上門跡」につながる石垣の基礎部分が確認された。またその後行われた本丸部分の緊急発掘調査では過去に建てられた建築物により壊されており、明確な遺構は確認されなかった。平成九年度には本丸北側の御築山門周辺で校舎建設中に石垣が確認され、各門跡周辺で各種埋管工事が行われる場所で発掘調査を実施し、石垣および基礎、暗渠排水溝などが確認された。平成十年度に行われた体育館改修に伴う発掘調査では旧体育館建設のさいに、盛土保存されていた本丸大手東側内堀の野面積み石垣が約四〇メートルの長さで確認されている。出土遺物としては、平成十一年度の石蔵跡付近

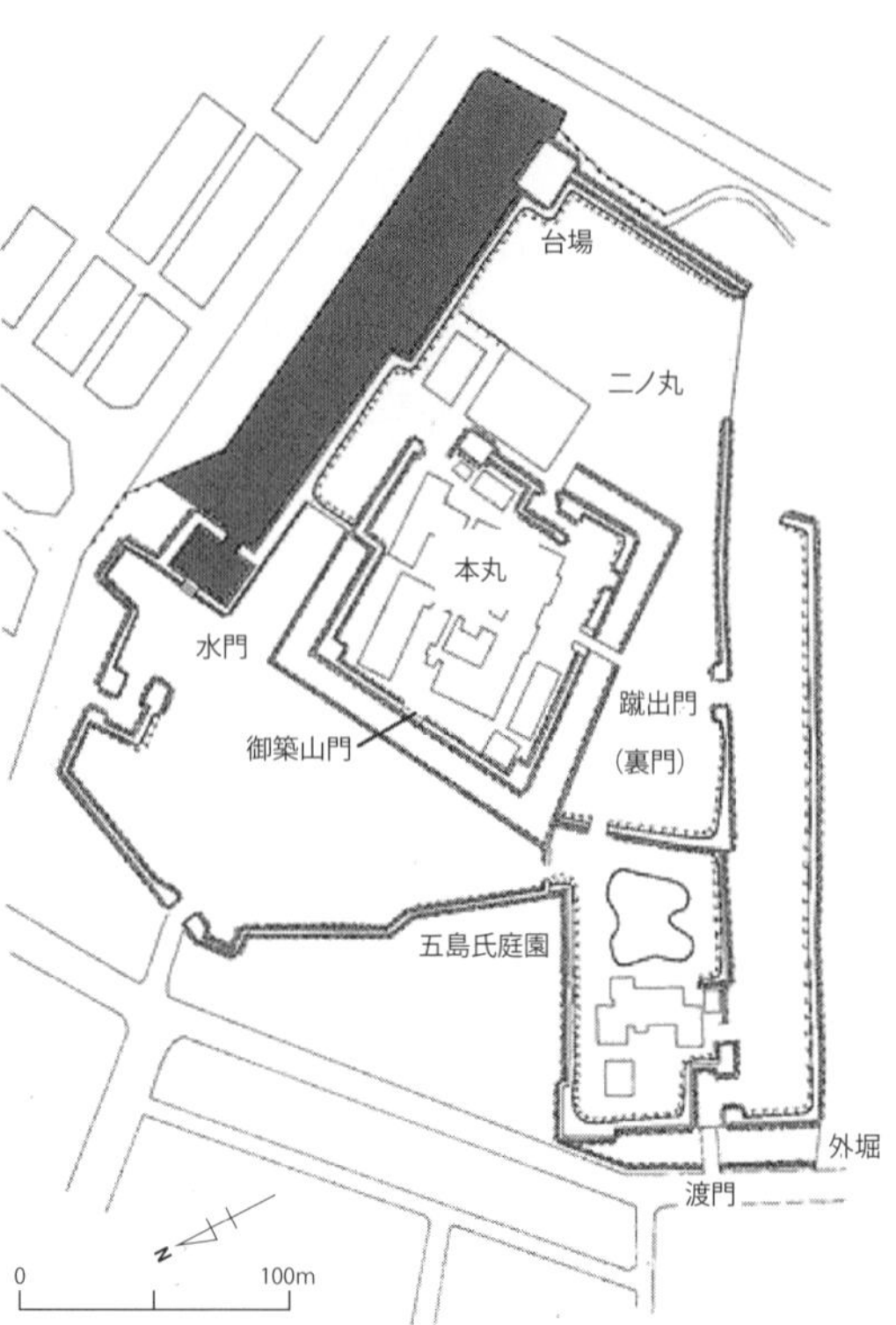

●―「石田城縄張図」（『日本城郭大系 17』からトレースを作成し加筆）

●―石田城 本丸石垣

の調査により一八世紀頃に城内で使われた多量の現川焼(うつつがわ)や波佐見(はさみ)焼や、築山門跡からは五島家の家紋である唐花菱紋様(からなびしもんよう)の鳥衾(とりぶすま)が発見された。

五島氏が懇願して築城した石田城としてはわずか九年で廃城となったが、当時の姿は今もなお地域の大切な城跡として守り続けられている。

【参考文献】『日本城郭大系一七 長崎・佐賀』(新人物往来社、一九八〇)、甲斐田彰編『石田城跡』(長崎県教育委員会、一九九七)、斉藤いづみ編『石田城跡Ⅱ』(長崎県教育委員会二〇〇一)林隆広・宮武直人・寺田正剛編『長崎県中近世城館跡分布調査報告書Ⅱ』(長崎県教育委員会、二〇一一)

(寺田正剛)

●―石田城 外堀渡門

●―石田城 外堀石垣

●―石田城 二ノ丸東側台場跡

●織豊系城郭と松浦型プランの融合

勝本城（かつもとじょう）

〔国史跡〕

〔所在地〕壱岐市勝本町坂本触
〔比　高〕約七五メートル
〔分　類〕山城
〔年　代〕一六世紀後半
〔城　代〕本多因幡守正武
〔交通アクセス〕壱岐交通バス「城山」停留所下車、徒歩五分。

大瀬戸
勝本港
勝本小学校
勝本城
壱岐交通バス「城山」
ふれあいセンターかざはや
0　500m

【朝鮮出兵「つなぎの城」】　勝本城は別に風本城とも呼ばれ、壱岐島の北端に位置する勝本浦の南側、標高七九メートルの丘陵に築かれた城で、現在は城山公園として整備されている。この勝本浦は辰ノ島や若宮島などに囲まれた良港で、北方には対馬の山並みを望むことができる。朝鮮出兵を命じた豊臣秀吉は本営を肥前名護屋に定め、ここから壱岐と対馬、さらには朝鮮半島（釜山）へと繋がる海上交通路を整備した。勝本城は、本営の肥前名護屋と対馬の府中（厳原）を繋ぐ中継地として選地、築城される。『松浦家文書』によれば、天正十九年（一五九一）九月三日に豊臣秀吉から松浦鎮信に築城の命が下され、有馬晴信（日野江城主）、大村喜前（三城城主）、五島純玄（江川城主）に支援させている。また築城後は豊臣秀長（秀吉の異父弟）の家臣である本多因幡守正武が五〇〇人の兵を率いて入城し、慶長三年（一五九八）までの七年間、壱岐島の治安と兵站輸送の責任者として在城したとされる。

【城の縄張～織豊系城郭と松浦型プランの融合】　築城に携わったのはいずれも肥前国の在地大名であるが、勝本城の構造には織豊系城郭の技術がみて取れる。まず勝本浦に面した北西面には高石垣が築かれており、勝本浦からの景観を意識している。ただし、いわゆる鉢巻石垣と呼べる傾斜面上部のみの構築である部分が多く、また勝本浦から死角となる南東面には石垣がほとんどみられない。北西面に大手と判断できる虎口があるが、これは都合四折れする技巧的な構造であり、かつ石垣で桝形虎口を形成していて極めて高い防御力を備えている。東面には搦手口と思われる出入り口があるが、これは平入り小口の都合二折れの導線で、大手口に比べると防御は厳重でない。ただし帯曲輪を越えて南東方向へと続く導線は一部が石垣で築かれており、また主郭部の南東側に配置される複数の帯曲輪からも射程のとれる構造となっている。

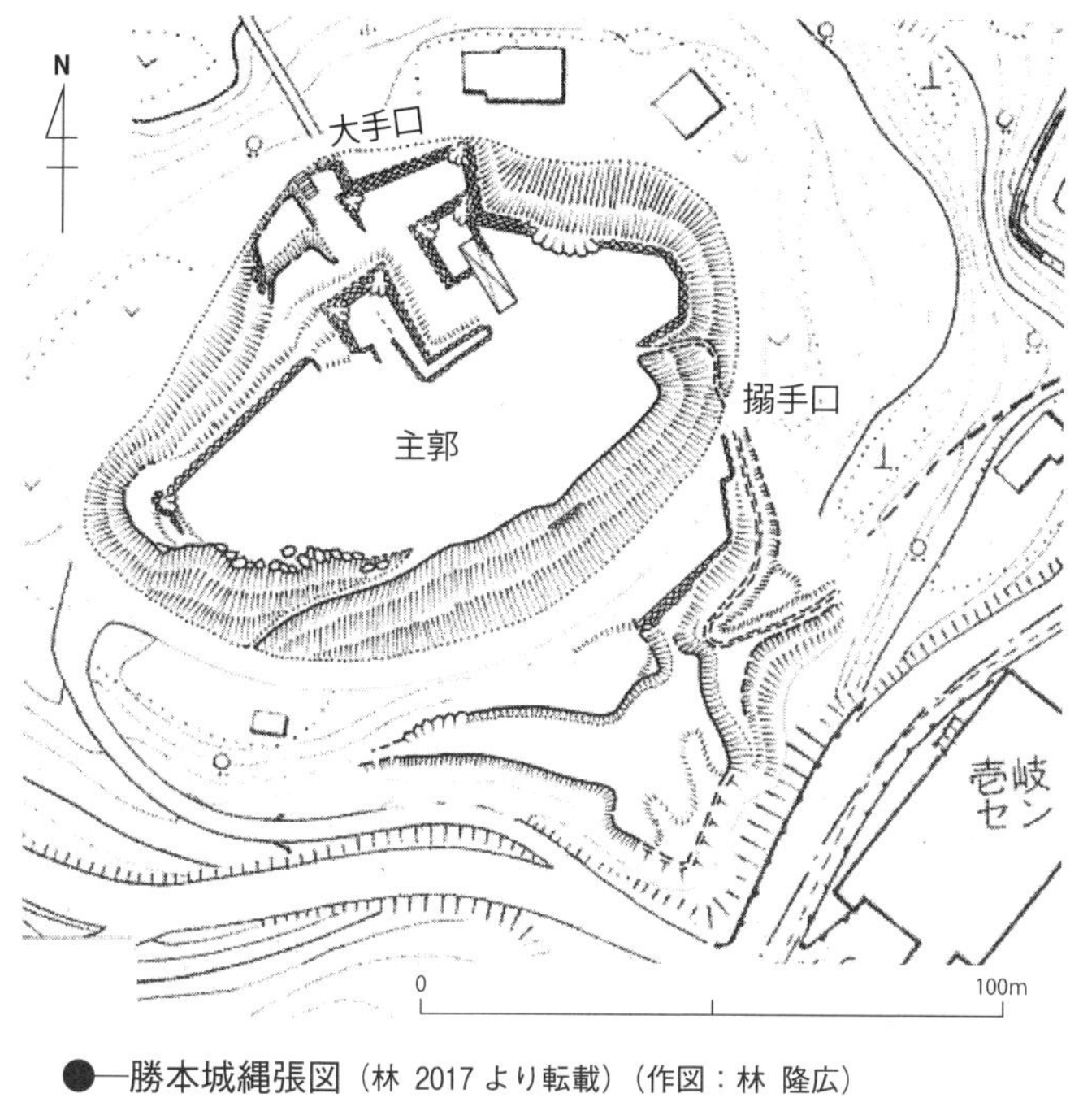

●—勝本城縄張図（林 2017 より転載）（作図：林 隆広）

このように出入り口は石垣と折れを多用した織豊系城郭の特徴を持ちながら、一方で主格となる中心域の形状が楕円形を呈して周囲には帯曲輪が囲繞する、いわゆる松浦型プランの形状で、築城を担当した松浦氏の選地および全体的な縄張（グランドデザイン）がみて取れる。このように在地系城郭と評価される松浦型プランの縄張に、出入り口を中心に部分的に織豊系城郭の技術（パーツ）を導入したのが勝本城といえる。勝本城の築城を担当したのは松浦家を中心とした肥前国の在地大名である。そのため石垣を構築したのも彼らであろうが、その石組の技術はどのように導入したのであろうか。

【御座所はあったのか？】 織豊系城郭を「石垣・礎石建物・瓦葺き建物」の存在で定義するとすれば、勝本城はその要件を満たすと判断される。『壱岐名勝図誌』の「武末城址本丸全図」には、桝形小口に門跡（櫓門か？）、また主郭部に一五〇余の礎石が記されている。この主郭における礎石は、天正二十年四月に豊臣秀吉が細川忠興および羽柴秀勝に普請を命じた「風本之御座所」の礎石である可能性もある。

（林　隆広）

【参考文献】 林隆広「勝本城」『織豊系城郭とは何か』（サンライズ出版、二〇一七）

お城アラカルト

長崎県の特徴的な城構え

林　隆広

【松浦党の「松浦型プラン」】

「松浦型プラン」とは、松浦地方を中心とする地域の城郭プランとして木島孝之が仮称したものである。木島はその特徴として、「一、地形に合わせて素直に削平されており、曲輪(くるわ)の形は丸っぽい。方形には整形されない。二、周囲に帯曲輪(おび)が発達するが、基本的には単郭であり、上位・下位曲輪といった曲輪の明確な機能分化は発達してない。三、虎口(こぐち)は平入りか或いは明確でないものが多く、高度な虎口は発達しない」の三点をあげている。この概念は、北部九州地域で一般的に見られる、比較的標高の高い尾根上に曲輪を連ねた連郭式で、堀切(ほりきり)および竪堀(たてぼり)（畝状空堀群(うねじょうからぼりぐん)）を備える山城との対比で考案されたものである。そしてこの「松浦型プラン」の典型として、大智庵城、籠手田城、松園屋敷、針尾城、陣笠城、沖田城など長崎県北部に所在する城郭をあげている。このような定義に即して長崎県や佐賀県、または福岡県における城郭の縄張図を概観すると、松浦地方以外にも同様のプランをもつ城郭が広範囲にわたって存在することがわかる。そもそも丘陵頂部を平坦に削平し、斜面を削って急峻な切岸(きりぎし)にすれば（結果、帯曲輪が派生する）、おのずと「松浦型プラン」が形成される訳で、他地域における同様のプランは偶然の産物と評価すべきである。そのため、松浦地方を中心とする地域において円形単郭の城郭構造が恣意的に選択された結果、同様のプランが集中する現象を背景に「松浦型プラン」は認定されなければならないだろう。

では、「松浦型プラン」と認定できる城郭は、松浦地方でどの程度存在するのか。管見では高津(こうづ)城・帯田城（壱岐市）、殿山城・城山城（新上五島町）、御館・籠手田城（平戸市）、八幡山城・医王城（松浦市）、大刀洗城・井手平城・針尾城（佐世保市）、天狗山城（西海市）等をあげることができる。しかし、これらは松浦地方を中心とする地域における城郭の大部分を占めるものではなく、決して「松浦型プラン」がこの地域の主流であった訳ではない。確かに松浦地方には北部九州のような連郭式の曲輪構成や、斜面に畝状空堀群を配する城郭は少ないが、かといって円形単郭の城郭だけしか存在しないという訳でもない。松浦地方における城郭は、より変化に富む様相を見せているのが実情である。一方で、松浦党がいわゆる「松浦型プラン」に強いこだわりを持っていたことは確かだろう。これについては籠手田城で述べているが、少ない普請で済み、一人当たりの守備範囲が狭くなるという利点を優先したためと思われる。ある意味で合理的な縄張である「松浦型プラン」と、織豊系城郭のパーツが融合したのが勝本城（壱岐）と評価できる。

【「扇陣」は城郭なのか？「小佐々水軍城」の評価】

小佐々学は多比良城（西海市）を「小佐々水軍城」と呼称して広範囲にわたる遺構群を城郭と評価している（小佐々学、二〇一三）。それら遺構群のなかで最も特徴的なものが「扇陣」である。結晶片岩を用いた平石横積の工法で積み上げられた石垣で、谷状の地形に半円形の段々畑のように構築される。小佐々はこの「扇陣」を永禄初期から中期頃に構築された「威し石垣」とし、「戦う城」から権力を誇示するための「見せる城」に変わった最古の城郭と評価している。さらにその平石横積の工法は朝鮮半島から石工が渡来して伝授したことを示唆している。

西彼杵半島の山間部に分け入ればすぐにわかることだが、「扇陣」と瓜二つの遺構は至る所で目にすることができる。多比良城と同じく、城郭遺構のすぐそばに「扇陣」なる遺構が存在する城として雪浦城、舞岳城、小峰城をあげることができるが、なかでも舞岳城は堀切を「扇陣」が塞いでおり、遺構の新旧関係を明確に証明している。また道明城は堀切の一部を「扇陣」と同じ平たい結晶片岩を横積みした石垣で塞ぎ、果樹園を作っている。舞岳城や八幡山城でも述べたが、西彼杵

●—左：雪浦城の石垣，右：小峰城（写真中央が主郭）の「扇陣」

半島の城郭に伴う石垣（石塁）には平たい結晶片岩ではなく、やや大ぶりな石を用いる特徴がある。城郭のそばに「扇陣」が存在する雪浦城（西海市）も、堀切を超えた主郭の土塁外側には大ぶりな石で石垣を積み、城郭の内と外の境界を主張している。その石垣に防御力があるかといえば疑問だが、堀切を超えたら石垣があることを攻城兵に「見せる意図」が築城者（籠城兵）に伺えるのである。その「見せる意図」のために、わざわざ重い大ぶりな石を用いている。ただ石を積んで土留めするのであれば、軽くて積みやすい結晶片岩の平たい石でよいのである。以上のことから、「扇陣」は城郭遺構ではなく、開墾に伴う遺構、つまりは段々畑の跡であり、それは近世のものであると断定できる。もっとも、多くの城郭研究者はこの「扇陣」について「あえて評価しない」という姿勢をとっているように見受けられるが、それが妥当な判断だと思われる。この「扇陣」を城郭遺構か否か真剣に議論すること自体、城郭研究者としての見識を疑われかねないからである。

【参考文献】小佐々学「小佐々水軍城と西海の城」『海路』第一一号（海鳥社、二〇一三）

●壱岐最大の謎多き山城、その築城者とは⁉

生池城（なまいけじょう）

〔壱岐市史跡〕

〔所在地〕壱岐市勝本町百合畑触
〔比　高〕約四〇メートル
〔分　類〕山城
〔年　代〕不詳
〔城　主〕本城氏か
〔交通アクセス〕壱岐交通バス停「亀石」停留所下車、徒歩一〇分。

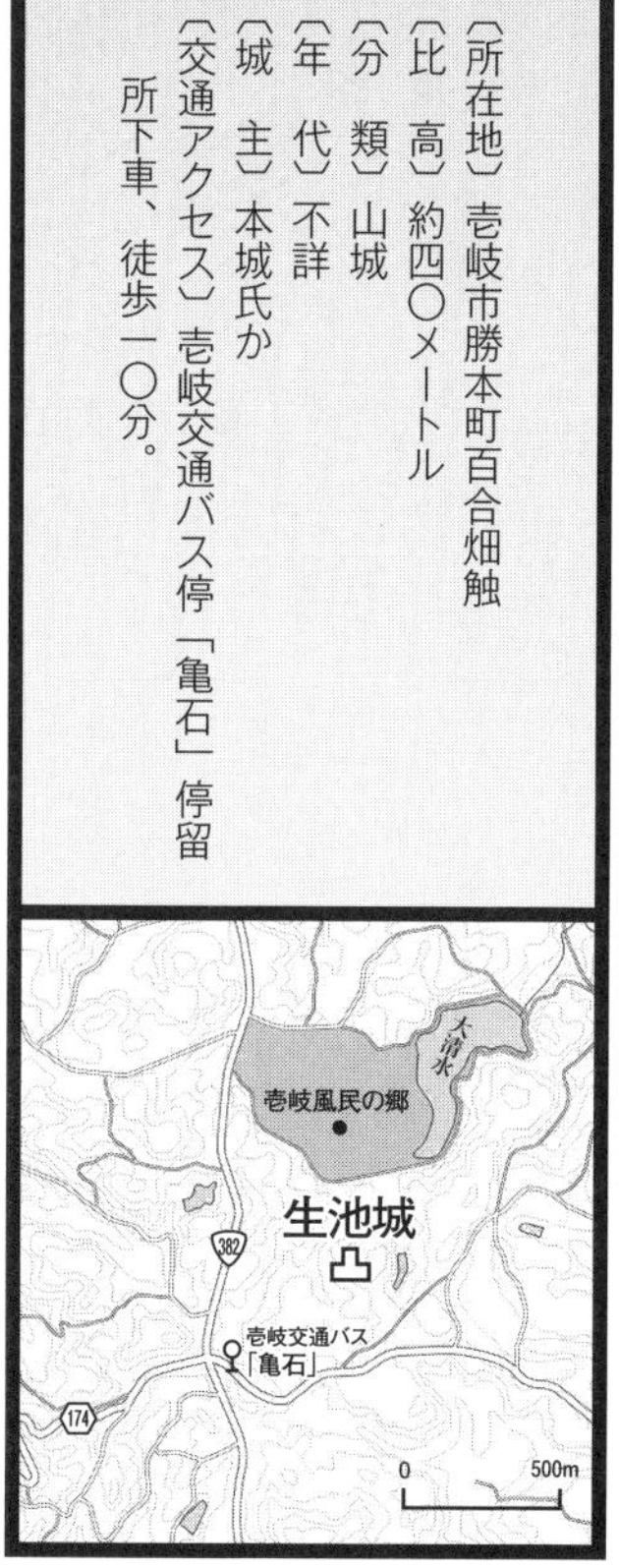

【謎の築城者】『壱岐名勝図誌』には「続風土記云、此城、何れの代、誰人の築けるといふ事詳ならす」とあり、近世末にはすでに城の来歴がわからない状態だったことがうかがえる。報恩寺にある十一面観音菩薩像の像底に墨書が記されているが、それには「天文十年（一五四一）丑十一月吉日書之仍寄進井手忠兵衛尉ナマ池九丈一所右當檀那本命元辰源壹（判）為現世安隠後世善処」とある。この十一面観音菩薩像は慈眼院に奉納されたものとされ、井手忠兵衛尉が慈眼院の檀那である源壹のために生池の土地を奉納したことを伝えている。そのため、この源壹が生池城主と推定されている訳であるが、この源壱は『印寇之跡付』に〝壱岐州居住源壹〟と記される松浦党の一人であり、姓は本城氏であった。また壱岐の安国寺大般若経に「一岐州老松山安国海印禅寺方丈置焉也、大檀那源朝臣本命元辰」と記されている人物でもあり、これは天文八年の大般若経の修復時に記されたと推測されている。

【縄　張】主郭は南北に楕円形を呈し、中心部に僅かな高まりがある。現在、出入り口は四ヵ所確認されるが、北側の出入り口は近年に造成された車両用道路であり、その他はいずれも平入虎口（ひらいりこぐち）である。主郭の塁線は土塁（どるい）で固められ、周囲には二重の堀と土塁が巡らされる。堀と主郭の標高差は六メートルを測り、切岸（きりぎし）も急峻である。主郭には横矢桝形（よこやますがた）および二ヵ所の折れがみられる。曲輪（くるわ）の形状や周囲の空堀（からぼり）から、いわゆる「松浦型プラン」と判断され、同じく壱岐市に所在する高津城（勝本町）や帯田城（郷ノ浦町）とよく似ているが、曲輪や堀の規模がかなり大きい。そして何よりも横矢の存在が極めて特徴的である。壱岐では朝鮮出兵時に築城された勝本城でしか確認されない横矢が三ヵ所も確認される。横矢桝形と

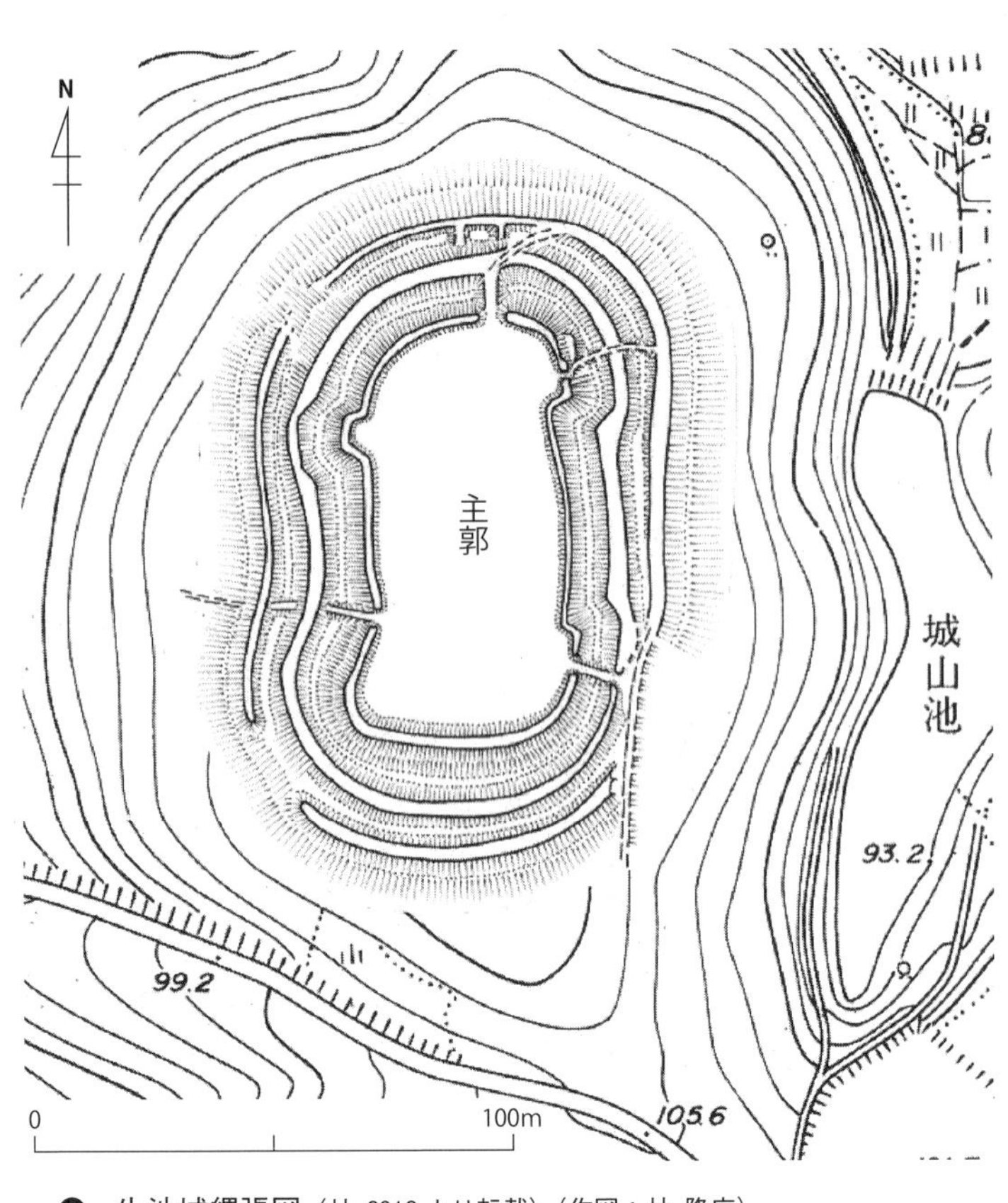

●—生池城縄張図（林 2013より転載）（作図：林 隆広）

塁線の折れに対面する土塁の馬踏（ばふみ）が他に比べて細くなっている。これはもともと楕円形だった主郭に横矢桝形や折れを増築した結果、距離が接近した土塁を部分的に削り取った結果ではないだろうか。「松浦型プラン」の主郭に横矢桝形や横矢の利く土塁の折れを用いる構造は、他の壱岐における山城にはみられない構造である。この要因について、朝鮮出兵時の改修や、朝鮮半島における邑城（ゆうじょう）の影響を受けたものといった考えも唱えられている。

【参考文献】林隆広「長崎県内城郭における横矢（横矢掛り）について～生池城、古田城の検討を中心に」『長崎県埋蔵文化財センター研究紀要 第三号』（二〇一三）

（林 隆広）

●松浦党・佐志氏の壱岐における支配拠点か？

高津城（こうづじょう）

〔壱岐市史跡〕

〔所在地〕壱岐市勝本町西戸触
〔比　高〕約三〇メートル
〔分　類〕山城
〔年　代〕不詳
〔城　主〕松浦党・佐志氏
〔交通アクセス〕壱岐交通バス「大久保屋敷」停留所下車、徒歩二〇分。

【松浦党の佐志氏】『松浦家世伝』によれば、佐志（さし）氏は松浦党の祖とされる源久（みなもとのひさし）の六男・調から始まるとされる。佐志氏が登場する最古の史料は『中村文書』仁治元年（一二四〇）「関東裁許状案」で、肥前国佐志九郎増が地頭清親と怡土郡庄内篠原・安恒両村について相論し、知行を認められたという。その後『有浦文書』文永三年（一二六六）の佐志房（文永の役で子の直、留、勇ともども討ち死にした人物）、『斑島文書』暦応三年（一三四〇）および『白井文書』康永二年（一三四三）の松浦佐志源三郎源披（九州探題である一色範氏のもとで筑後や肥後を転戦）などが確認される。一五世紀の佐志氏の動向は『朝鮮王朝実録』に多く認められる。初見は世宗十年（一四二八）志佐【胤】で、その後に一岐州佐志平種長、一岐州佐志源次郎、肥前州松浦佐志一岐大守源正、上松浦一岐州佐志迅【ママ】源満が確認される。これは佐志氏が朝鮮半島と活発な交易を行っていたことを示すものであるが、種長は松浦党の源流である嵯峨源氏でなく平氏を名乗り、かつ諱が一字名でないなど松浦党としては奇異な印象を受ける。あるいは『壱岐郷土誌』で佐志氏の壱岐における代官とされる田口木工入道盛慶のような、佐志氏物領ではない人物ではないかと推測される。近世の編纂史料である『壱岐名勝圖誌』文久元年（一八六一）には「高津古城址」として「西戸の東にありて、伝にしんそうといひし人の居りし城なりといへり。姓氏又しんそうの本字詳ならす」と記されている。「しんそう」なる人物は中世文書には登場せず、いかなる人物かわからな

い。一八世紀中頃には城の来歴は詳らかでなくなったようである。

【高津城の縄張】 丘陵上に平坦化された円形の曲輪を作り出し、曲輪の塁線は土塁で固めている。曲輪を円形に囲む空堀は深く、堀底と曲輪の標高差は最大四メートルあり、曲輪の切岸は急峻である。空堀の北西側に三日月状の段があるが、用途や性格は不明である。また西側には高津城とほぼ同じ標高の丘陵があり、それとは尾根でつながるが、堀切はみられない。出入り口は曲輪東側の土橋と、南側の堀底からスロープ状に曲輪に接続する導線の二ヵ所であるが、堀底がどこにも開口しない構造を考えれば、このスロープ状の導線は後世の通路である可能性が高いと思われる。空堀の周囲には帯曲輪状の空間が広がるが、緩やかに傾斜して平坦化されていない。この城の北側を走る道路は、かつての勝本浦と瀬戸（芦辺町）を結ぶ往還に由来するとされている。そのため高津城は、陸上交通を押さえる位置に築城されたことが想定され、海を舞台に活躍した松浦党の城跡として興味深い立地といえる。別に掲載する籠手田城とは、まるで同じ設計図をもとに築城されたのではないかと疑うほどよく似ている。

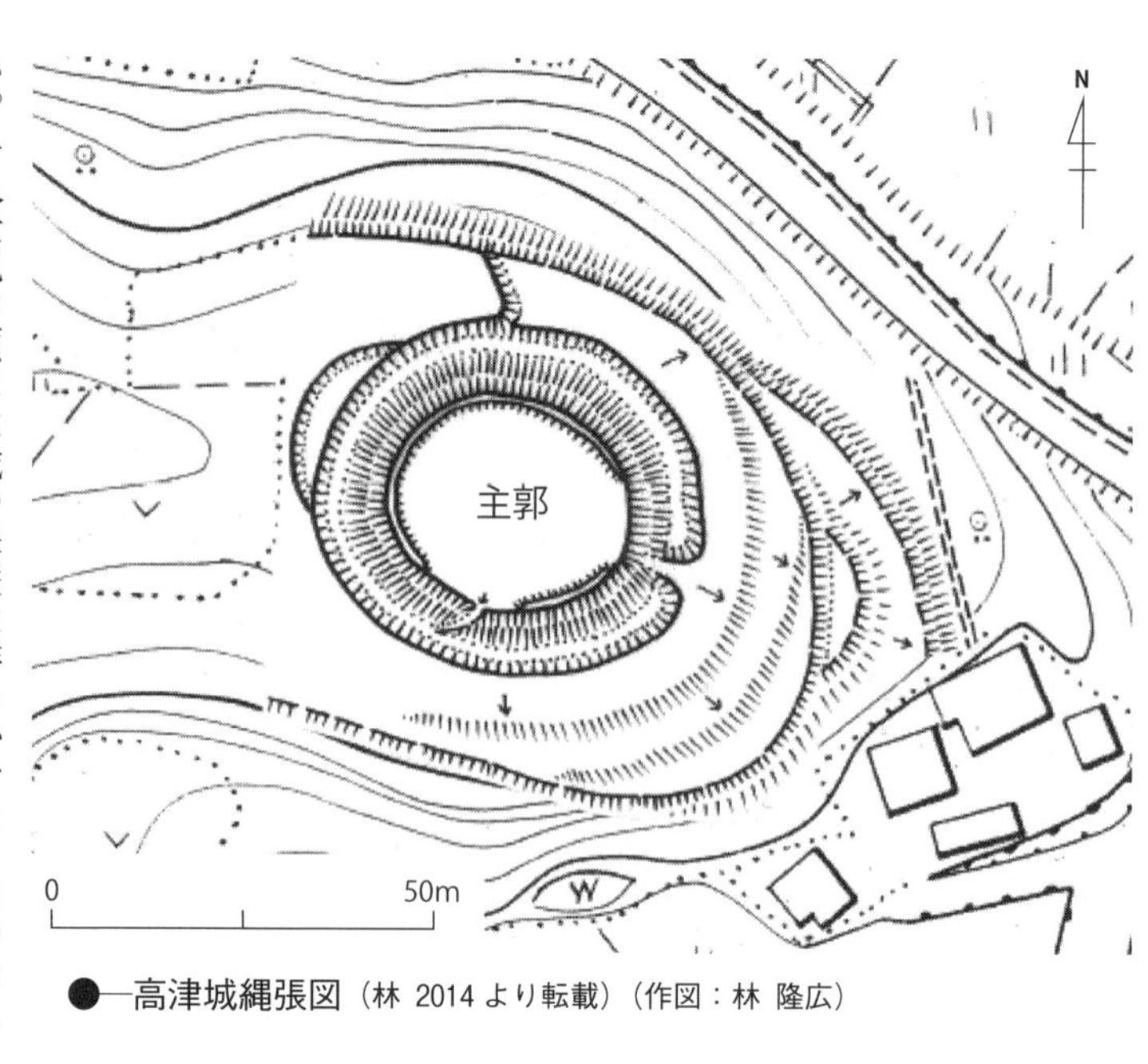

●—高津城縄張図（林 2014より転載）（作図：林 隆広）

【参考文献】 後藤正足（『壱岐郷土史』歴史図書社、一九七八）、長崎県教育委員会『長崎県中近世城館跡分布調査報告書Ⅱ』（二〇一一）、林隆広「松浦党城郭雑感〜佐志氏の城跡」『長崎県埋蔵文化財センター研究紀要 第四号』（二〇一四）

（林 隆広）

●朝鮮出兵の最前線基地

清水山城（しみずやまじょう）

〔国史跡〕

〔所在地〕対馬市厳原町西里
〔比　高〕約一五〇メートル
〔分　類〕山城
〔年　代〕一六世紀代
〔城　主〕不詳
〔交通アクセス〕厳原港より、有明山登山道登り口まで徒歩約二〇分。対馬博物館に駐車場あり

【位　置】清水山城跡は対馬市の最南に位置する厳原町、西里に所在する。西里の背後には南から北へ連なる宝満山、鶴翼山、清水山、成相山が聳え、さらに西方には五五八メートルの有明山が控える。城が造られた清水山は有明山の支脈の一つである。標高二〇八メートルで、南東へ尾根が延びる。頂上からは南東方向に厳原港全体を俯瞰できるとともに、東里の山々と平野北部、そして西里一帯を一望することが可能である。

【築　城】朝鮮出兵を企図した豊臣秀吉は本営を肥前名護屋に定め、ここから壱岐と対馬、さらには朝鮮半島（釜山）へと繋がる海上交通路を整備した。清水山城は、壱岐国の勝本と朝鮮半島の釜山を繋ぐ中継地、いわゆる繋ぎの城として築城される。

城は文禄元年（一五九二）の開戦にあたり、豊臣秀吉が本営とした肥前名護屋城から海を渡った後の中継地として、壱岐の勝本城とともに築いたと考えられる。勝本城については、天正十九年（一五九一）九月三日付けの朱印状が秀吉から松浦鎮信に出され、築城が命じられたことが分かっている。一方、清水山城については秀吉の築城指令を記す史料は確認されていない。しかし、この城が秀吉の命により築かれたという所伝は、対馬では古くからあったらしく、陶山訥庵が元禄十二年（一六九九）に成した『津島紀略』巻之二、山川下、有明峯条には、秀吉が肥前、壱岐、対馬の三ヵ所に駅城として名護屋城とともに築かれたと説明されている。また、藤定房による享保八年（一七二三）成立の『対州編年略』

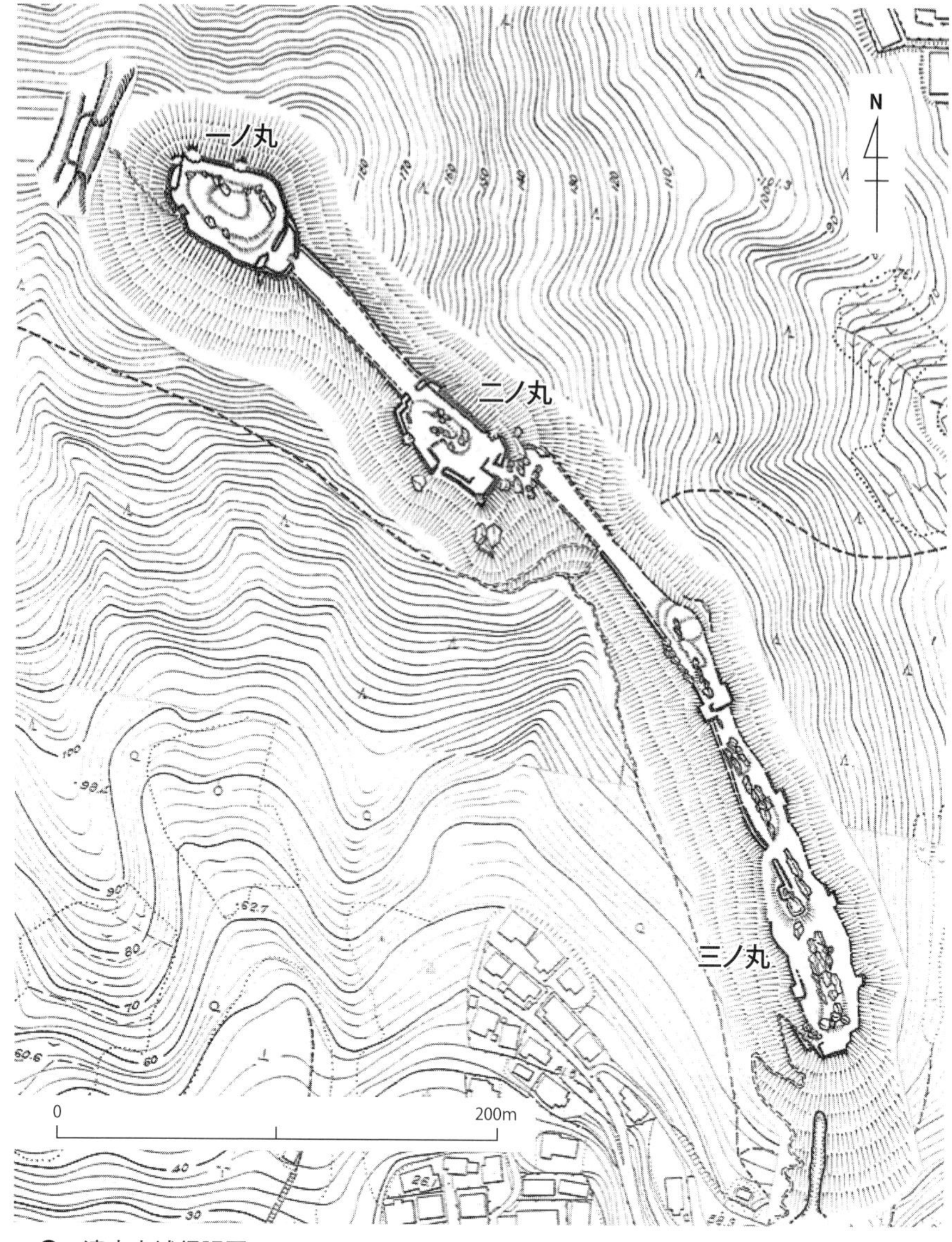

●—清水山城縄張図（作図：林 隆広）

にも同じ内容が書かれており、文化六年（一八〇九）に編纂された平山東山による『津島紀事』では、秀吉の命により毛利高政が築城したと書かれている。築城者についてはこの説が長く流布してきたが、現在では二〇世紀初頭に池内宏が出した、宗義智が主力になり、相良長毎、高橋直次、筑紫広門らが加勢したとする説が有力である。

【縄張】清水山

城は一ノ丸、二ノ丸、三ノ丸と呼ばれる三つの曲輪からなり、延長は約五〇〇メートルである。標高二〇八メートルの山頂部から南東の標高九五メートルまでの高低差のある地形に位置する。各曲輪は尾根筋の平坦部に石垣を築いて造られており、尾根沿いの石塁でつながっている。尾根は岩盤が露出した狭隘な地形のため、曲輪をつなぐ石塁も一〇〜一五メートルの狭い幅で囲われた回廊状になっている。

一ノ丸は清水山の頂上部を石垣で楕円形に囲い造られた曲輪である。各曲輪のなかでもっとも高い場所に築かれている。標高二〇七メートルの山頂を中心に、東西約七〇メートル、南北約四〇メートルの範囲に石垣が巡る。平入り虎口が南東側と北西側の二ヵ所に設けられている。南東側の虎口は外と内に二列の石垣に一ヵ所ずつ二門が開くが、喰違いに配置され直線上には並ばない。虎口から二ノ丸までは、通称、水の手と呼ばれる鞍部に虎口を設けているが、尾根筋を挟んで石塁が延び、曲輪間を繋いでいる。一方、北西側にも平入り虎口が開いており、二ノ丸に続く南東側とは異なり、幅の広い石段が設けられている。この二カ所の平入り虎口周辺は、扁平で小さめの石を積み上げており、他の曲輪を形作る石垣とは明らかに様相が異なる。角がない曲線で構成されているのも二ノ丸、三ノ丸と異なる特徴である。一方で、南東側に開く虎口の内側を築かれた石垣は、鏡石を使用した技法で積まれており、曲輪間の石塁や二ノ丸、三ノ丸の石積みと特徴を

●—清水山城 石垣

同じくする。曲輪の累線上には横矢桝形が一カ所設けられている。絵図には山頂部を囲う方形の基壇が描かれているが、現状での遺構は定かでない。

二ノ丸は清水山城跡の中央、一ノ丸と三ノ丸の間に位置する。標高一六〇メートル前後の平坦部に石垣を築き、不整な長方形の曲輪を構成する。各所に設けられた虎口、階段などの構造が良好に遺存する。東西約五〇メートル、南北約三〇メートルと三ノ丸よりやや狭い。石垣の遺存状態は良好で、構造がよく確認できる。曲面を持たず、鋭角と直角に近い鈍角で構成されるため、三ノ丸に比して直線的な様相である。隅角部には算木積みの要素が窺え、築石部は扁平な割石を多く用いて、一部だけに横の目地が通る布積みと大小の石を多方向に積んだ乱積みと呼ばれる積み方で構築したなかに、他の石材よりも数倍大きな石を随所に配置する鏡積み様の技法がみられる。直線的な曲輪の塁線や桝形虎口は、織豊系城郭の様相をよく表している。

三ノ丸は清水山城跡の東端に位置する。標高九五〜一〇五メートルの尾根の両肩部に石垣を築き、尾根に沿って細長い形状の曲輪を構成する。東西約八〇メートル、南北約三〇メートルである。曲輪の石垣は直線で構成され曲面はみられないが、長辺が一〇〜二〇メートル間隔で緩やかに折れて繋がっているため、一見すると長楕円形を呈する。北辺はやや不明瞭だが南辺は比較的良好に遺存する。隅角部は算木積みの様相を呈し、築石部は扁平な割石を多く用いて、一部だけに横の目地が通る布積みと大小の石を多方向に積んだ乱積と呼ばれる積み方で構築され、他の石材よりも数倍大きな石を随所に配置する鏡積様の技法もみられる。東部南側に虎口が開き、石段が残る。曲輪の塁線上には六ヵ所の横矢桝形がある。三ノ丸の南端から下には、尾根の稜線沿いに等高線に直交して竪堀がある。

朝鮮半島に築かれた倭城では、退路の確保などを目的に、港湾から城までを囲う竪石垣（登り石垣）と呼ばれる構造があるが、清水山城跡の石塁をつないで囲った曲輪は、内部の防御機能向上を意識した結果であろうか。

【参考文献】池内宏『文禄慶長の役正編第壱』歴史調査報告第参（南満州鉄道株式会社、一九一四）、長節子「（五）勝本城・清水山城」『文禄・慶長の役城跡図録解説篇』佐賀県文化財調査報告書第八一集　特別史跡名護屋城跡並び陣跡三（佐賀県教育委員会、一九八五）

（林　隆広）

●朝鮮外交で活躍した宗氏の拠点

金石城（かねいしじょう）

〔国史跡〕

〔所在地〕対馬市厳原町今屋敷
〔比　高〕六メートル
〔分　類〕平城
〔年　代〕寛文五～九年
〔城　主〕宗氏
〔交通アクセス〕対馬交通バス「厳原」下車、徒歩一分。または厳原港ターミナルから徒歩一五分。対馬博物館に駐車場有。

【城の位置と環境】　金石城は対馬市の南部東岸に開いた港の奥で、東流する金石川沿いに延びる狭隘（きょうあい）な平地である金石原に築かれている。北から西にかけては清水山と、これを支脈とする有明山を控え、南には金石川を挟んで鶴翼山を望む。城と港は直線で三〇〇㍍程度の距離にあり、非常に近い。対馬は陸地の八割を山が占めており、集落はその合間にできた狭隘な平地に営まれる。その地理的環境上、連絡は陸路よりも海路の使用が有効である。こうした特性を持つ島に築かれた藩主の居城が港に近接する位置にあることは、選地の経緯や理由とは切り離されたところで、象徴的な意味を想起させる。一方、現実面で、その位置関係が結果的に機能面で有利に働いた点があることは首肯されるだろう。

【築城の経緯】　金石城がここに築かれた契機は、一六世紀前半にある。宗（そう）氏一四代当主の盛賢（もりかた）（後の将盛（まさもり））は、通りを挟んで金石城の東に位置する現在の池神社付近に池館という居館を置いていた。ここに居を構えたのは盛賢が宗家を継いだ大永六年（一五二六）だが、二年後の享禄元年（一五

●―金石城 遠景

●―櫓門と城壁

二八）に一族の内紛が起き、館は焼失することになる。盛賢は金石原の地に難を逃れ、改めて館を建てた。館は金石館といい、以後、長く宗氏の居館となる。金石館の建築から約一三〇年後、城下では大火が相次いでいた。ことに万治二年（一六五九）と寛文元年（一六六一）に起きた大火は激しく、町に甚大な被害を与えた。時の当主、第三代藩主義真は、大火の被害から復興すべく、幕府の援助を受けて大規模な町並みの整備に着手した。金石館を置いていた金石原では、寛文五年に国分寺を日吉に移して敷地を拡張した。館も改修し、同九年に櫓門を建て、城壁を整えた。これらの改修整備を経て、館を含む金石原一帯は金石城に名と姿を変え、宗氏の近世における本拠となった。金石城は万治三年から築城を開始した桟原館（桟原城）が延宝六年（一六七八）に落成した後も用いられ、明治になるまで存続していく。

【城の構造】　城が所在する今屋敷地区と隣接する国分地区を繋ぐ位置に桜橋という橋が架かっている。ここから西の、標高約六メートルから一三メートルに広がる東西約三〇〇メートル、南北最大約一二〇メートルの平坦地が金石城跡の縄張に当たる。縄張の南を流れる金石川の北岸は石垣を築いた城壁で、桜橋から西に延びている。縄張の北にも標高約一〇メートルを天端とする高さ五〜六メートルの石垣が数度折れながら直線的に築かれ、東から一七〇メートル付近までの城壁を構成する。その先は北に敷地が広がり、縄張を作る。への字形の北側縄張境界には、現存しないが絵図では石垣が続いている。城の東端から九〇メートルまでは南北幅二〇〜二五メートルの直線路が延び、そこに東西三〇メートル、南北四〇メートルの桝形が作られる。桝形の西に櫓門が建って城内を区切り、門を抜けるとまた右手に桝形が設けられている。この桝形は北辺の南面する城壁中央が開口している。開口部は御台所門という。文化年間（一八〇四―一八）作成の絵図によれば、この御台所門を北に抜けると中間部屋と書かれた南北に細長い建物がある。門から東には幅の狭い階段が東に上り、西には広めの段を持つ通路が上る。西に上るこの通路は傾斜を持った路面に約二五〇センチ間隔で板石を並べて作った踏み段が並ぶ。東に上る階段は該当箇所が存在を窺わせる構造になっているが遺存しない。櫓門を抜けて御台所門が開く桝形に行かず、そのまま直進すると幅約二〇メートルの大きな階段に至る。階段を抜けると通路が西に延び、藩主の館に続く。一七世紀後葉から一八世紀頃の作成と目される対馬宗家関係資料の絵図をみると、方形の建物が描かれており、文化年間の絵図にも同じ位置に建物がみえる。これが藩主の館で、南の直線と北のへの字形で区画される扁平な三角形様の敷地中央付近に構えられている。館から西に五〇メートル進むと庭園がある。この庭園は藩士で倭館窯での作陶にも携わった中庭茂三の手による。近代以降の土地改変でかつての姿は失われ、わずかな貯水部が心字池という呼び名で殿様の池として市民から親しまれていた。作庭は元禄三年（一六九〇）三月から同六年六月の間とみられる。池底に漏水防止を目的として、二種類の粘土を交互に重ねて叩き締めた版築（はんちく）という工法で底打ちを施すほか、出島では石英

●—金石城縄張図

●—御台所門（対馬市教育委員会提供）

●―旧金石城庭園

斑岩から粉砕した白色土で化粧をし、貯水部には玉砂利を敷きつめて洲浜状の汀線を造るなど、近世庭園としては希少な意匠と構造を持つ。発掘調査の成果に基づく修理と整備を経て、現在は旧金石城庭園という名で名勝の指定を受けている。庭園を過ぎると、城の西端である。さらに西には宗家の墓所があり、境界には石塀が設けられ、区画されている。この西端部には櫓台となる石垣が残る。現在この門跡は搦手門と呼ばれるが、文化年間作成の絵図には銅門と記されている。この銅門（搦手門）から金石川を渡ると、宗家の菩提寺である万松院を擁する史跡対馬藩主宗家墓所の山門前に到る。金石川を挟んだ対岸と城内は、複数の絵図から三ヵ所の橋で繋がっていたことがわかる。川沿いの城壁石垣を観察すると、縦に目地が走る箇所を見いだせるが、橋が架かっていた開口部を後世に埋めたものであろう。なお、どの絵図でも銅門（搦手門）と対岸をつなぐ橋は表現されていない。

【城の価値】 金石城跡がある金石原は、一六世紀に当主の館が築かれた時から本拠地として働き始めた。館が構えられた一帯を改修、整備して城の体裁を取ったのは一七世紀中頃である。城館の造成時に移転されたものの、かつては国分寺が置かれ、それ以前には島分寺が置かれていた。すると、金石原という地は平安時代から近世前半まで長く政治と信仰における重要な位置にあったといえる。一六世紀末の文禄慶長の役に際しては、北の尾根沿いに清水山城が築かれ、一体的に機能していたと推測される。文化八年（一八一一）には朝鮮通信使の接遇の場に充てられた。発掘調査では三〇〇点以上の高麗茶碗が出土した。こうした状況は対外的な面で有していた宗氏の性格を表している。一七世紀後半に桟原城が完成したが、以後も公私ともに宗氏は金石城を用い続けた。地理的な空間として金石原を眺めたとき、平安時代以降に治世上の要所にあったことは疑いない。一方で、金石城について評価する場合、金石原という地と同一視はできない。しかし、近世城郭という意味で評価する場合、構造面、機能面を考慮することが大事である。また、景観面も加味すべき事項である。宗義真は金石城が朝鮮通信使を迎えるには手狭だったことと、港から城まで近すぎて藩として威容を誇れなかったことを理由として桟原城を築城した。機能の面でいえば、水路が重要なインフラである対馬にとって港近くに位置することは有利である。対馬にとって、地形や地質によって生産物が制限される都合、存続に果たす対外活動の比重は相当に大きい。島国である以上、水路は主要で不可欠なインフラになる。その水路の起点および終点となる港に近いということは、移動の労力を低減する意味で有益である。選地の経緯や意図とは離れて、結果的にこの金石原に設けられた金石城は、港に近いという点に価値が見いだせる。港を拠点にして交易にあたる商人が矢来周辺に集合し倉や居を構える町のつくりにあって、為政者である宗氏の居城がこれを眼下に置く位置にあることは掌握監理の上では有利に働くだろう。構造上、城に向かって右手には城壁が延び、左手には堀の機能を持つ川が流れる。その通りの先には屏風様にそびえる有明山、成相山、清水山を背景に櫓門が建つ。櫓門を抜け、広い階段を上ると一転して開けた平坦地に館が構えられている。狭隘ではあるが城下ではかなりまとまった広がりを持つ空間が、平城であるために、より開放感が強調される。館の奥には庭園が広がり、背後に山林の緑が迫る。現在も背後の山には鉄塔などの人工物はないが、当時はさらに周辺に人家もなく、城、そして館の存在は際だったことだろう。確かに港から近く、ほどなく視界に入るこの城は移動に掛かる労力は抑制的で、劇的な印象を与える期待は薄い。そこから生まれる威容には乏しいといえる。しかし、城壁に囲まれた通路から櫓門を抜け、階段を踏みながら徐々に姿を現す、開放感のある空間に建つ館と、その背景に迫る山並みが作り出す景観は、十分に迫力がある。金石城跡の価値は、自然に調和して美的にも優れた迫力ある景観と、中世に形成された城郭および都市構造に端を発する、執政において有利な地理的環境から来る機能性にあるといえる。

【参考文献】長崎県教育委員会『金石城跡緊急発掘調査報告書』長崎県文化財調査報告書 第三三集（一九七七）、厳原町教育委員会『金石城 長崎県下県郡厳原町所在』厳原町文化財調査報告書 第一集（一九八五）、厳原町教育委員会『金石城』厳原町文化財調査報告書 第三集（一九九五）、尾上博一編『旧金石城庭園 金石城跡保存整備事業に伴う範囲確認調査報告書（遺構編）』対馬市文化財調査報告書 第六集（二〇一〇）、尾上博一編『旧金石城庭園 金石城跡保存整備事業に伴う範囲確認調査報告書（遺物写真編）』対馬市文化財調査報告書 第一〇集（二〇一六）、尾上博一編『金石城跡 保存整備事業報告書』対馬市文化財整備報告書第二集（二〇一七）

（尾上博一）

●対馬海峡を睨む国境の山城

撃方山城（うちかたやまじょう）

〔所在地〕対馬市上村馬場町
〔比　高〕一七四メートル
〔分　類〕山城
〔年　代〕一六世紀後半
〔城　主〕毛利高政か
〔交通アクセス〕対馬交通バス「大浦」停留所下車、徒歩五〇分。

【朝鮮出兵「つなぎの城」】　朝鮮出兵を命じた豊臣秀吉は本営を肥前名護屋に定め、ここから壱岐と対馬、さらには朝鮮半島（釜山（プサン））へと繋がる海上交通路を整備した。本営である肥前名護屋城からの経路を記せば、まずは壱岐国の勝本浦（勝本城）、次に対馬国府内（厳原（いづはら）とも、清水山城）、そして同国の大浦湾（撃方山城・結石山（ゆいしやま）城・内方山城）、そこから対馬海峡を渡って釜山ということになる。対馬国の最北端、大浦湾はその湾口を北東に広げており、対馬海流と季節風の影響で波浪の厳しい対馬海峡を渡る風待ちの浦として知られる。文禄・慶長の役に際しても、日本から朝鮮半島へ渡る最後の寄港地として軍船がひしめいたことだろう。実際、文禄元年（一五九二）四月十二日早朝に日本軍の一番隊である宗義智（そうよしとし）と小西行長（ゆきなが）は、七〇〇艘の大小軍船で大浦を出発し、午後には釜山に上陸している。

【縄　張】　撃方山城は大浦湾東側の山頂に築かれ、最頂部は円形の平坦面で、この周囲に帯曲輪（おびくるわ）が巡る。この帯曲輪は北側部分がやや広い。この最頂部から三方向に尾根が延び、そのいずれにも方形を呈する腰曲輪が備えられる。特に東側の腰（こし）曲輪は北東側塁線に石垣が積まれ、また導線も四折れする技巧的な構造であり、織豊系城郭の技術が見て取れる構造である。石垣は大小さまざまな自然石を用いて積まれており、矢穴は確認されない。隅石が崩落しており、算木（さんぎ）積みの様相も確認できない状況である。石垣を備える東側腰曲輪の南東側には尾根頂部を平坦化し、比較的面積の広い二段の曲輪を

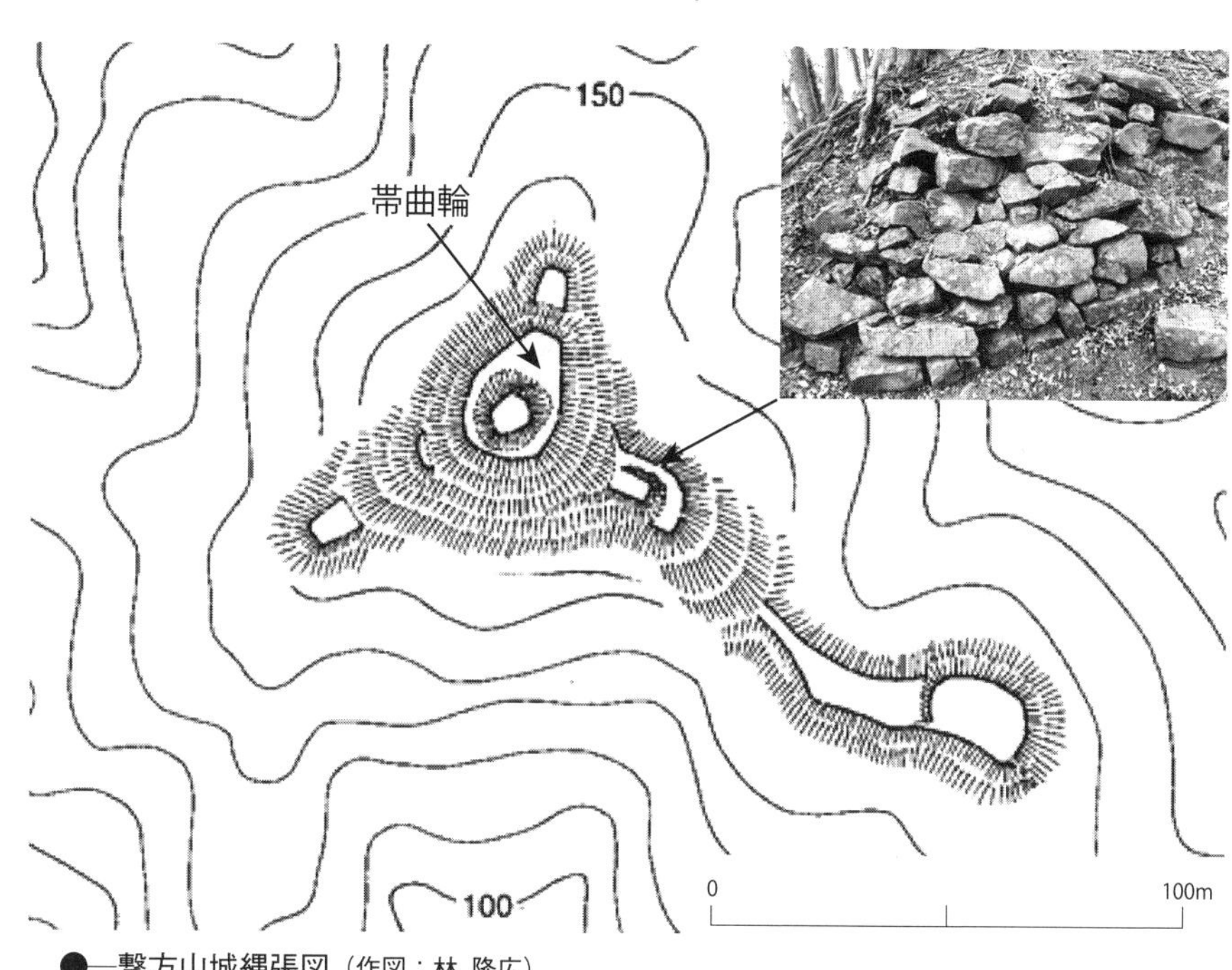

●—撃方山城縄張図（作図：林 隆広）

形成しており、兵員の収用に使用されたと思われる。

『津島紀事』の大浦村「撃方山」に「往昔異賊防キ之所ヲ備置ケリ阿比留囶俊（禅祐坊ノ実名カ）大浦安次（壱岐守）等軍兵ヲ揃ヘ要害ノ所ニ依リテ西ノ邊土ヲ守護スト云モノハ則此處也　天正十九年辛卯毛利民部大輔高政陣屋ノ古跡ニ因テ城ヲ築ケリ（正月十五日摂津守ヨリ大浦左衛門大夫エノ判状に毛利氏歸ラレシ故豊崎ノ城並御地取目録ノ上ヲ以受取ラレ尤也ト有ハ此城ノ事也）」とある。阿比留禅祐坊とは鎌倉時代に対馬宗氏の祖とされる惟宗重尚に滅ぼされた阿比留一族の人物である。また毛利高政によって文禄慶長の役に際して築城されたとある。毛利高政といえば、角牟礼城（大分県）の築城で知られる武将であるが、撃方山城における石垣は極めて部分的な使用に留まっている。同じく対馬国の清水山城や壱岐国の勝本城は港からの景観を意識した石垣を築いているのに対して、撃方山城の石垣は極めて限定的であり、その違いは何を理由とするのであろうか。

【参考文献】林隆広「対馬国における文禄・慶長の役関連未報告城跡について～大浦湾沿岸の撃方山城・結石山城・内方山城」『織豊城郭　第一九号』（織豊期城郭研究会、二〇一九）

（林　隆広）

お城アラカルト

朝鮮出兵の御座所と渡航海路

林　隆広

朝鮮出兵時に築城された壱岐・対馬の城郭のうち、勝本城（壱岐）と清水山城（対馬）は石垣を多用した構造であるが、撃方山城（対馬）は極めて限定的な部分にしか石垣を使用していない。このように勝本城・清水山城と撃方山城の差異は石垣の使用の差に現れるが、もう一つの視点として「御座所」があったか否かの差異を指摘できるであろう。豊臣秀吉は自身が朝鮮半島へ渡航することを想定して諸大名へ「御座所」の造営を命じている。初見は『松浦家文書』における勝本城の築城命令と同時に出されたもので、勝本城普請を担当した松浦鎮信のみならず細川忠興にも別に指示するほど念を入れていることが『綿考輯録』から伺える。

また朝鮮半島についても「高麗渡口」または「釜山」から京城までの「御泊所」普請が指示されていることが『黒田家譜』『中川家文書』で確認される。秀吉が渡航するのであれば壱岐国勝本浦と対馬国府内（厳原）には「御座所」が必要であり、「御座所」とセットで石垣造りの城郭が必要とされたのだろう。さらにその石垣造りの城郭は、港からその威容を誇示することも求められていたのではないだろうか。勝本城や清水山城とは異なる撃方山城の様相は、この対馬北端の地に「御座所」の造営が行われなかったことを示唆するように思われてならない。

【朝鮮出兵の渡海ルート】

ここで改めて、文禄・慶長の役における名護屋から釜山への渡航ルートを考えたい。対馬は南北に長い島であり、かつては北部を上県郡、南部を下県郡としていた。また対馬の西側には対馬海流が流れ、日本と朝鮮半島の国境を形成している。非常に流れの速い対馬海流に、壱岐から直接飛び込むことは、当時の船舶構造や航海技術では困難であったろう。そのため対馬海流の影響が少ない対馬東岸の府内（厳原）を対馬国の経由地と定めたと思われる。もちろん宗氏の本拠地であったことも、通詞を確保することなどの理由からも重要視されたのであろう。

では、この府内（厳原）から釜山までのルートはどうであったろうか。大浦湾や比田勝で漁業を営む地元民の話によれば、対馬の東側では干潮時に南から北へ潮流が生まれるという。逆に満潮時には北から南への潮流が発生し、速さは一ノット（時速約一・八キロ）程度であるという。一方、対馬の西側は前述の通り対馬海流が流れており、その速さは三ノット（時速約五・四キロ）ほどになるという。府内（厳原）は下県郡東海岸のほぼ中間に位置し、もし府内（厳原）から対馬の西海岸へ移動するには、下県郡南端の神崎や豆酘崎を迂回距離にして約二五キロは移動しなければならない。下県郡南端の迂回にかかる労力と時間を考慮しても、府内（厳原）から釜山へ渡航することを目的とすれば、躊躇わずに豆酘崎から対馬海流に飛び込んだほうが早く朝鮮半島に渡航できる、と大浦湾や比田勝の地元漁師達は話す。一方、釜山から対馬へ帰還する際、この対馬海流は大きな障壁となる。そのため、まずは釜山から対馬へ最短距離で対馬海流を渡り、大浦湾に寄港した後に満潮時の潮流を利用して府内（厳原）へと南下するルートをとったに違いない。これが北西方向から季節風が吹く冬季であれば、そのまま壱岐、さらには名護屋までの遠路航海が可能となったであろう。このように考えれば、秀吉の渡航が現実となった際には府内（厳原）から対馬の西側を北上して朝鮮半島へ渡航することが予想され、わざわざ大浦湾に「御座所」を造営する必要はないことになる。

撃方山城や結石山城など大浦湾沿岸に築かれた城郭の防御はあまり高くない。これら国境の山城に与えられた最大の使命は、最頂部の平坦面に物見櫓を建て、大浦湾の彼方に広がる対馬海峡を遠望することだったのではないだろうか。

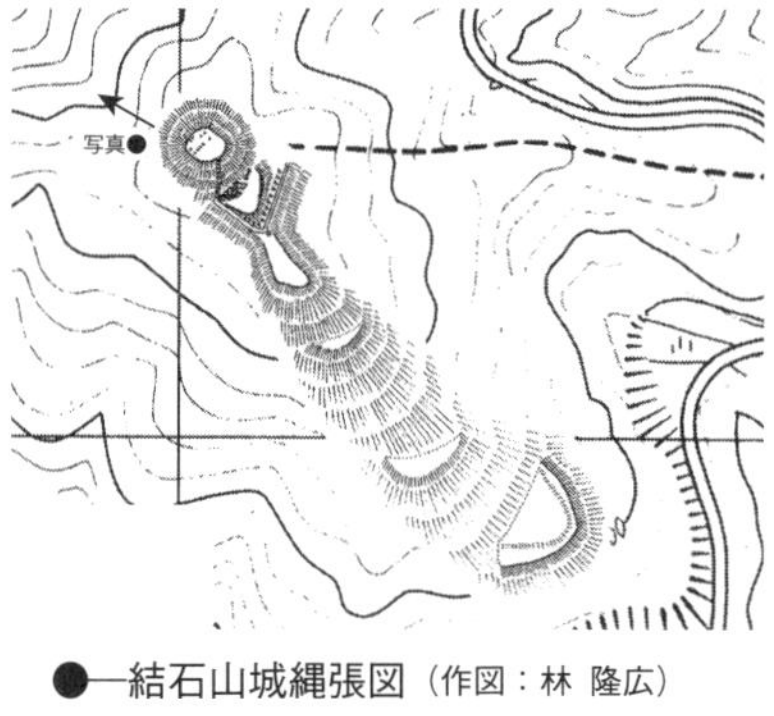

●—結石山城縄張図（作図：林 隆広）

●—結石山城から対馬海峡を望む

【参考文献】林隆広「対馬国における文禄・慶長の役関連未報告城跡について〜大浦湾沿岸の撃方山城・結石山城・内方山城」『織豊城郭第一九号』（織豊期城郭研究会、二〇一九）

執筆者略歴

宇土靖之（うと　やすゆき）	1973年生まれ	㈱埋蔵文化財サポートシステム長崎支店（前：島原市教育委員会）
太田正和（おおた　まさかず）	1975年生まれ	小城市教育委員会 文化課
大野安生（おおの　やすお）	1968年生まれ	大村市教育委員会
岡寺　良（おかでら　りょう）	1975年生まれ	別掲
尾上博一（おのうえ　ひろかず）	1973年生まれ	対馬博物館 学芸員
加田隆志（かだ　たかし）	1963年生まれ	鹿島市教育委員会
桑原幸則（くわばら　ゆきのり）	1962年生まれ	元神埼市教育委員会
坂井清春（さかい　きよはる）	1975年生まれ	唐津市教育委員会
島　孝寿（しま　たかひさ）	1970年生まれ	鳥栖市教育委員会
竹村南洋（たけむら　なみひろ）	1995年生まれ	長崎市文化財課（前：南島原市教育委員会）
田中健一郎（たなか　けんいちろう）	1980年生まれ	㈱とっぺん
田中　学（たなか　まなぶ）	1975年生まれ	長崎市長崎学研究所
寺田正剛（てらだ　せいごう）	1965年生まれ	長崎県埋蔵文化財センター
濵村一成（はまむら　かずなり）	1980年生まれ	長崎県教育委員会
林　隆広（はやし　たかひろ）	1973年生まれ	別掲
樋渡拓也（ひわたし　たくや）	1974年生まれ	武雄市教育委員会
渕ノ上隆介（ふちのかみ　りゅうすけ）	1979年生まれ	別掲
松尾秀昭（まつお　ひであき）	1979年生まれ	佐世保市教育委員会
米田　実（よねだ　みのる）	1995年生まれ	白石町教育委員会

編者略歴

岡寺　良

一九七五年、大阪府に生まれる

一九九九年、大阪大学大学院文学研究科史学専攻修了

九州歴史資料館、九州国立博物館をへて、現在、立命館大学文学部（准教授）、博士（人間環境学、九州大学）

〔主要著書〕

『戦国期北部九州の城郭構造』（吉川弘文館、二〇二〇年）、『九州戦国城郭史　大名・国衆たちの築城記』（吉川弘文館、二〇二一年）

渕ノ上隆介

一九七九年、佐賀県に生まれる

二〇〇四年、岡山大学大学院文学研究科修士課程修了

現在、佐賀県立博物館学芸課博物系担当係長

〔主要共著書〕

『佐賀県の中近世城館』第四集・第五集（佐賀県教育委員会、二〇一七・二〇一六年）

林　隆広

一九七三年、長崎県に生まれる

二〇一六年、長崎大学大学院教育学研究科教職実践専攻修了

現在、長崎県立鳴滝高等学校通信制教諭

〔主要共著書〕

『長崎県中近世城館跡分布調査報告書Ⅱ　詳説編』（長崎県教育委員会、二〇一一年）

九州の名城を歩く　佐賀・長崎編

二〇二三年（令和五）十一月一日　第一刷発行

編　者　岡寺　良（おかでら りょう）
渕ノ上隆介（ふちのかみ りゅうすけ）
林　隆広（はやし たかひろ）

発行者　吉川道郎

発行所　株式会社　吉川弘文館

郵便番号一一三―〇〇三三
東京都文京区本郷七丁目二番八号
電話〇三―三八一三―九一五一（代）
振替口座〇〇一〇〇―五―二四四番
http://www.yoshikawa-k.co.jp/

組版・製作＝有限会社　秋耕社
印刷＝株式会社　平文社
製本＝ナショナル製本協同組合
装幀＝河村　誠

ISBN978-4-642-08430-7

岡寺 良編

九州の名城を歩く 福岡編

名城六一を豊前・筑前・筑後に分け紹介。A5判・二七六頁 二五〇〇円

岡寺 良・中山 圭・浦井直幸編

九州の名城を歩く 熊本・大分編

名城六七を紹介。A5判・二八八頁 二五〇〇円

岡寺 良・渕ノ上隆介・林 隆広編

九州の名城を歩く 宮崎・鹿児島編

名城六四を紹介。A5判・三〇八頁 二五〇〇円

◎既 刊

飯村 均・室野秀文編

六県の名城一二五を紹介。A5判・平均二九四頁

東北の名城を歩く 北東北編

青森・岩手・秋田 二五〇〇円

東北の名城を歩く 南東北編

宮城・福島・山形 二五〇〇円

吉川弘文館
（価格は税別）

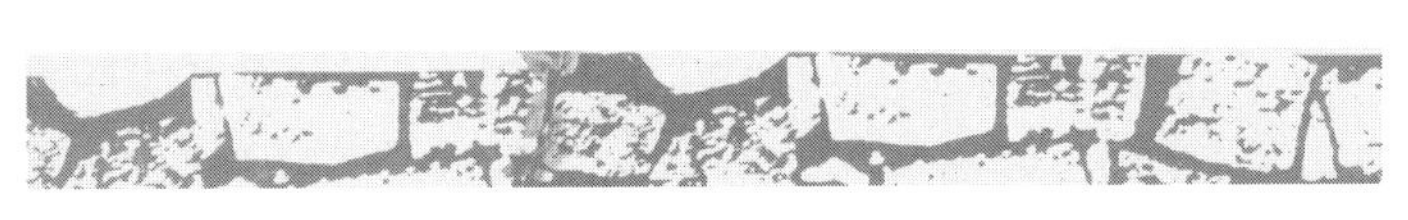

飯村 均・室野秀文編

続・東北の名城を歩く 北東北編

青森・岩手・秋田

六県の名城一二六を紹介。Ａ５判・平均二八四頁

二五〇〇円

続・東北の名城を歩く 南東北編

宮城・福島・山形

二五〇〇円

峰岸純夫・齋藤慎一編

関東の名城を歩く 北関東編

茨城・栃木・群馬

一都六県の名城一二八を紹介。Ａ５判・平均三一四頁

二二〇〇円

関東の名城を歩く 南関東編

埼玉・千葉・東京・神奈川

二三〇〇円

福原圭一・水澤幸一編

甲信越の名城を歩く 新潟編

名城五九を上・中・下越と佐渡に分け紹介。Ａ５判・二六〇頁

二五〇〇円

山下孝司・平山 優編

甲信越の名城を歩く 山梨編

名城六一を国中五地域と郡内に分け紹介。Ａ５判・二九二頁

二五〇〇円

中澤克昭・河西克造編

甲信越の名城を歩く 長野編

名城五九を北信・東信・中信・南信に分け紹介。Ａ５判・三一二頁

二五〇〇円

山口 充・佐伯哲也編

北陸の名城を歩く 福井編

名城五九を越前・若狭に分け紹介。Ａ５判・二七二頁

二五〇〇円

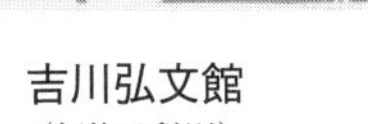

吉川弘文館

（価格は税別）

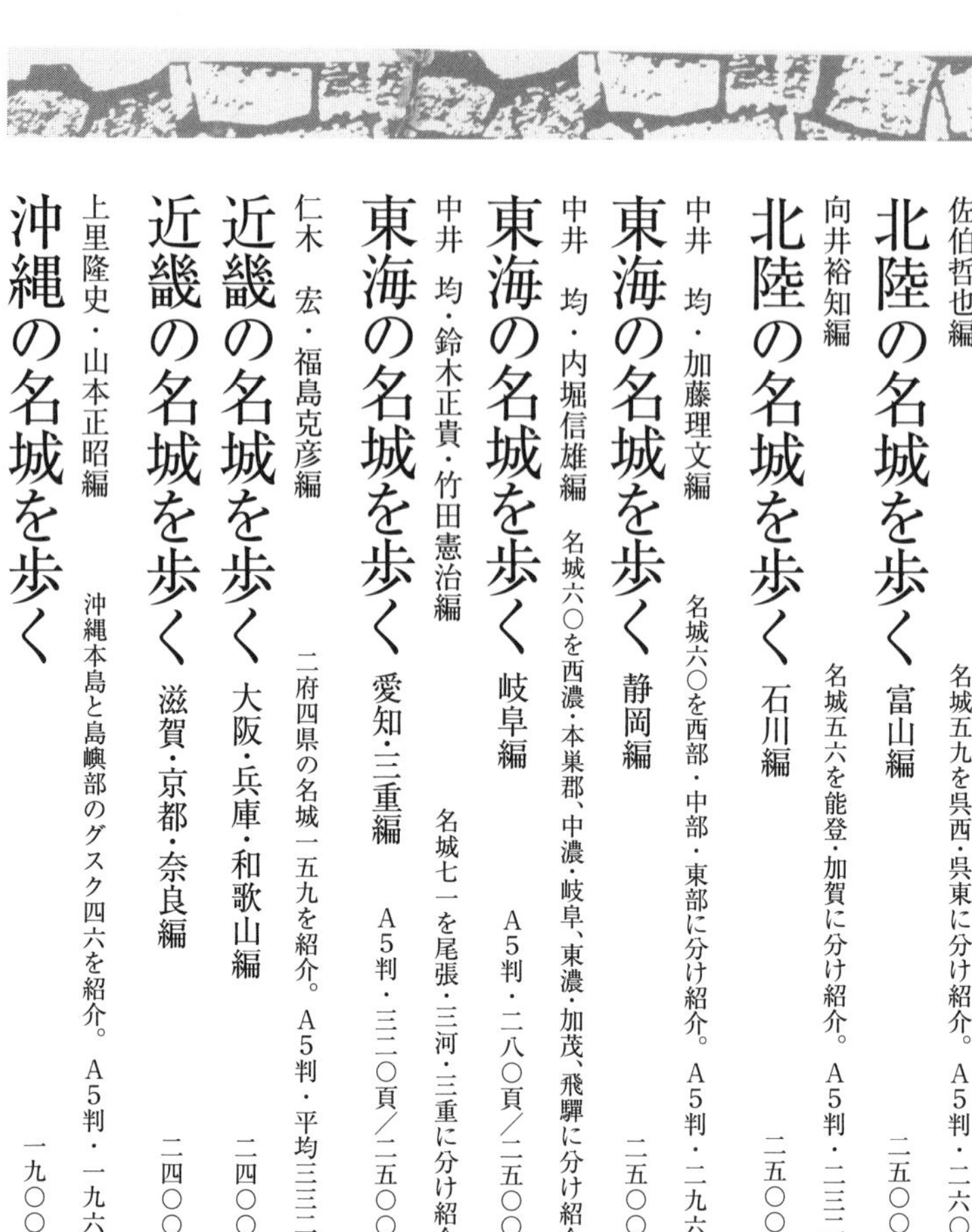
佐伯哲也編
北陸の名城を歩く　富山編
名城五九を呉西・呉東に分け紹介。　A5判・二六〇頁
二五〇〇円
向井裕知編
北陸の名城を歩く　石川編
名城五六を能登・加賀に分け紹介。　A5判・二三二頁
二五〇〇円
中井　均・加藤理文編
東海の名城を歩く　静岡編
名城六〇を西部・中部・東部に分け紹介。　A5判・二九六頁
二五〇〇円
中井　均・内堀信雄編
東海の名城を歩く　岐阜編
名城六〇を西濃・本巣郡、中濃・岐阜、東濃・加茂、飛驒に分け紹介。
A5判・二八〇頁／二五〇〇円
中井　均・鈴木正貴・竹田憲治編
東海の名城を歩く　愛知・三重編
名城七一を尾張・三河・三重に分け紹介。
A5判・三二〇頁／二五〇〇円
仁木　宏・福島克彦編
近畿の名城を歩く　大阪・兵庫・和歌山編
二府四県の名城一五九を紹介。　A5判・平均三三二頁
二四〇〇円
近畿の名城を歩く　滋賀・京都・奈良編
二四〇〇円
上里隆史・山本正昭編
沖縄の名城を歩く
沖縄本島と島嶼部のグスク四六を紹介。　A5判・一九六頁
一九〇〇円

吉川弘文館
（価格は税別）